白求恩精神研究丛书

丛书主编 杨振斌 张希

主编 赵国庆 高继成

践行白求恩

吉林大学出版社（长春）

图书在版编目（CIP）数据

践行白求恩 / 赵国庆, 高继成主编.—长春 : 吉
林大学出版社, 2019.9
（白求恩精神研究丛书 / 杨振斌，张希总主编）
ISBN 978-7-5692-5572-0

Ⅰ.①践… Ⅱ.①赵… ②高… Ⅲ.①白求恩(
Bethune, Norman 1890–1939)—人物研究 Ⅳ.
①K837.116.2

中国版本图书馆CIP数据核字(2019)第196038号

书　　名：白求恩精神研究丛书：践行白求恩
BAIQIU'EN JINGSHEN YANJIU CONGSHU: JIANXING BAIQIU'EN

作　　者：赵国庆　高继成　主编
策划编辑：陶　冉
责任编辑：王瑞金
责任校对：陶　冉
装帧设计：刘　瑜
出版发行：吉林大学出版社
社　　址：长春市人民大街4059号
邮政编码：130021
发行电话：0431–89580028/29/21
网　　址：http://www.jlup.com.cn
电子邮箱：jdcbs@jlu.edu.cn
印　　刷：吉广控股有限公司
开　　本：787mm×1092mm　　1/16
印　　张：16
字　　数：310千字
版　　次：2019年9月　第1版
印　　次：2019年9月　第1次
书　　号：ISBN 978-7-5692-5572-0
定　　价：192.00元

《白求恩精神研究丛书》编委会

主 编
杨振斌　张　希

副主编
李　凡

编 委
（姓氏笔画为序）

于双成　王　飞　石　瑛　刘信君　华树成
佟成涛　张学文　陈　立　屈英和　赵　伟
赵国庆　席海涛　高继成

总序1

今年是伟大的国际共产主义战士亨利·诺尔曼·白求恩逝世80周年，也是毛泽东主席发表《纪念白求恩》80周年，同时是白求恩卫生学校（现在的吉林大学白求恩医学部、中国人民解放军陆军军医大学白求恩医务士官学校、中国人民解放军白求恩国际和平医院）成立80周年。值此三个重要80周年纪念日即将来临之际，吉林大学白求恩精神研究中心成立以来的首批科研成果——《白求恩精神研究丛书》即将出版。

80年前，毛泽东主席指出，白求恩精神就是国际主义精神、共产主义精神，他的毫不利己、专门利人的精神，具体表现为对工作的极端负责、对同志对人民的极端热忱、对技术的精益求精。它虽然诞生于救死扶伤的烽火前线，但时至今日它仍是中国乃至全世界卫生工作者的宝贵精神财富，是我们一代又一代的医务工作者应该努力学习和践行的优秀品质。特别是中国特色社会主义进入了新时代，如何学习、传承、弘扬无私利人的白求恩精神，使它在新时代医疗卫生教育战线乃至全国各行各业发挥不可替代的作用，更好地推动社会主义核心价值观的发展，推动人类命运共同体的建设，是一个重大的课题。

2016—2018年暑期，中国白求恩精神研究会参加了吉林大学师生"重走白求恩路"的活动，很受感动，倍受鼓舞。以杨振斌书记为首的吉林大学非常重视挖掘白求恩精神这一宝贵资源，积极传承和弘扬白求恩精神，把白求恩精神嵌入到校园文化中，成为吉大文化的重要组成部分，这对于新时代医学人才培养有着重要意义。我们也欣喜地看到了白求恩精神在吉林大学的青年学子中生根发芽，并结出了累累硕果，白求恩志愿者被评为全国最美志愿者，更是被李克强总理誉为"世界因为你们而精彩"。

2017年，吉林大学依托丰富的学科优势和雄厚的学术力量在全国高校率先成立了"吉林大学白求恩精神研究中心"，"中心"的成立既填补了我国高校在这一领域研究的空白，也是对高等医学教育事业和高校思想政治工作进行的有益探索和积极实践，具有很强的政治性与针对性。我们携手并肩大力推进"白求恩精神"研究的理论创新和实践创新，开创"白求恩精神"研究新局面。"中心"的首批研究成果——《寻根白求恩》《践行白求恩》《志愿白求恩》《文化白求恩》《育人白求恩》《凝练白求恩》系列丛书的出版，必将从不同维度、多个角度诠释一个可信、可敬、可学的不曾远去的国际主义英雄战士以及展示老白校的传人们传承、践行、弘扬白求恩精神的优秀事迹，从而让注入新时代内涵的白求恩精神成为实现健康中国建设的重要力量，成为中华民族伟大复兴的中国梦的重要组成部分。

袁永林

中国白求恩精神研究会会长

2019年6月

总序2

　　诺尔曼·白求恩是伟大的国际主义战士，中国人民永远的朋友。在那片烽火硝烟的战场上，他留下了一个个感人的故事，那段英雄逝去的记忆里，他的精神不灭、永留人间。1939年12月21日，毛泽东同志在延安杨家岭的窑洞里撰写了《纪念白求恩》一文，高度赞扬了白求恩的国际主义精神、共产主义精神、革命的人道主义精神、毫不利己专门利人的精神和对伤员满腔热情对工作精益求精的精神，从而让中国人民铭记住了这位加拿大人的名字，更继承了这份宝贵的精神财富。八十年过去了，白求恩精神跨越时代、历久弥新，依然深深镌刻在中国人民的记忆中。

　　白求恩，一个外国人，却在中国现代史、中国革命史中产生了深远的影响，我们今人每一次向历史的回眸，都是一次思想的启迪、精神的洗礼。人们追忆白求恩，展现在眼前的总是一个忙碌的医生形象。为了纪念这位伟大的医者，中国人民用他的名字命名了他亲自参与创建和从事教学工作的学校，这就是于1939年在河北省唐县牛眼沟村成立的晋察冀军区卫生学校（白求恩医科大学前身）。这所创建于抗日烽火中的学校，几经迁址，数度更名，不变的是白求恩精神的传承，为国家培养了大批医学人才，造就了许多著名的医学专家，取得了丰硕的科研成果。2000年，白求恩医科大学与原吉林大学、吉林工业大学、长春地质学院、长春邮电学院合并组建成新吉林大学，2004年中国人民解放军军需大学并入吉林大学。原吉林大学前身，是抗日战争胜利后，为培养建立巩固的东北革命根据地和迎接新中国诞生所需的革命干部和专业人才而组建的东北行政学院；吉林工业大学前身，是为适应东北工业发展和长春第一汽车制造厂兴建对专门人才的需要而组建的长春汽车拖拉机学院；长春地质学院前身，是中华人民共和国成立之初，为适应国家大规模经济建设需要，培养地质技术干部而建立。长春邮电学院前身，是为支援解放战争，加速恢复与建设东北解放区邮电通信而组建的东北邮电学校。中国人民解放军军需大学是由中国人民解放军兽医大学几经改建而来，其办学历史可追溯到清朝末期开办的北洋马医学堂。至此，六所具有光荣历史的高等学府，文脉相融增色，合并共建生辉。

　　新吉林大学在老六校光荣的历史积淀和丰富的文化底蕴中，传承了深厚的人文内涵，涵养了独特的精神品质，白求恩精神在这里升华出了新的时代意义，当代白求恩精神熠熠生辉，继续闪烁着真理的光芒。七十多年的办学历史，学校根植于东北沃土，传承赓续了"'红白黄'三源色精神"的血脉。红，是不忘初心、牢记使命的红色革命精神；白，是毛泽东同志概括总结的白求恩精神；黄，是习近平总书记对黄大年同志先进事迹重要指示强调的"心有大我、至诚报国"的黄大年精神。这三种颜色所代表的是吉大精神的源泉和动力，它们凝结着两代领导人的殷切期望，汇聚交融，一脉相承。教育部部长陈宝生在视察吉林大学时强调："学习黄大年同志先进事迹、学习习近平总书记重要指示要和学习白求恩精神结合起来。这两大典型、两面旗帜构成了吉林大学的精神支柱和办学灵魂，也是吉林大学的宝贵财富。"这份财富属于吉林大学，也属于整个中华民族，既体现了吉大师生为天地立心、为生民立命、为往圣继绝学、为万世开太平的精神坐标，也承载了吉林大学立德树人、培养德智体美劳全面发展的社会主义建设者和接班人的使命担当。

战火硝烟中挺立不屈的灵魂，是树立信仰、信念、信心最好的精神食粮。2017年学校成立了吉林大学白求恩精神研究中心，着手创作白求恩精神研究系列丛书六部，分别是《寻根白求恩》《践行白求恩》《志愿白求恩》《文化白求恩》《育人白求恩》和《凝练白求恩》。两年多的时间里，丛书的编者们通过文献研究、人物访谈、实地采风等多种形式，对白求恩同志的事迹和白求恩精神做了系统的整理、研究和编撰。河北太行山、山西五台山、陕西延安、湖北武汉、加拿大的格雷文赫斯特市，丛书的编者们沿着白求恩生活、工作、战斗走过的足迹，收集白求恩的故事、感受其精神的伟大。相信这套丛书的出版，能还原一位真实可信的白求恩，凝练一位真诚高尚的白求恩，为新时代的医学学子、医疗卫生工作者乃至全国各行各业的劳动者树立一个可爱、可信、可学、能学的精神榜样和灯塔。

"一个人的能力有大小，但只要有这点精神，就是一个高尚的人，一个纯粹的人，一个有道德的人，一个脱离了低级趣味的人，一个有益于人民的人。"白求恩是这样的人，黄大年是这样的人，实现中华民族伟大复兴的中国梦需要千千万万这样的人。每一代人有每一代人的长征路，每一代人都要走好自己的长征路。不同的年代，同样的激情，作为当代中国人，我们是幸运的，我们有机会在新时代的历史方位中大展宏图、实现梦想，这是历史赋予我们的神圣使命，更是时代交予我们的责任担当。或许我们手中没有白求恩的手术刀，也没有黄大年的地质锤，但我们的心中同样涌动着奋斗的热血，这热血铸就了中华民族的魂，扎实了中华民族的根，这热血将在一代代中华儿女的血管中奔流不息，汇聚磅礴之力、创造美好未来！

吉林大学党委书记

2019年2月

序

80年前，为中国人民反法西斯事业做出了重大贡献的白求恩同志不幸逝世。毛泽东主席写下了《纪念白求恩》一文，表达了对白求恩逝世的深切悼念，并号召全党向白求恩同志学习。

80年间，白求恩生前创办的晋察冀军区卫生学校几经转隶、迁址、更名，成为吉林大学白求恩医学部。一代代白医学子和传人在白求恩精神的引领下，留下了令人感动的故事，收获了令人欣慰的硕果，取得了令人瞩目的成绩。

80年后，在吉林大学党委的领导部署下，吉林大学中日联谊医院（白求恩第三医院）肩负起发掘、凝练、著述白求恩精神的使命和职责，积极参与《白求恩精神研究丛书》的编著工作，完成了《践行白求恩》一书，向吉林大学医学学科创建80周年、我院建院70周年献礼，向白求恩同志以及广大白求恩精神的传承者和践行者们致敬。

行是知之始，知是行之成。传承弘扬白求恩精神的出发点和立足点贵在"践行"二字，这也是《践行白求恩》的主题和精要。本书全面记述、生动描写了一代代白医人，一代代三院人八十载满腔热忱精益求精，新时代砥砺奋进再创辉煌的壮丽篇章，并从中将践行白求恩精神具化为践行共产主义者精神、医者精神、师者精神、学者精神、使者精神、国际主义者精神的"六者"精神理念，构建了全面立体、生动形象的白求恩精神文化体系，为白求恩精神的理论研究与实践传承提供了理论价值和现实意义。

本书编撰工作历时2年，汇聚了全体编写组成员的智慧与心血。大家克服重重困难和挑战，以另一种形式缅怀白求恩同志，以另一种力量贡献卫生健康事业。值此《践行白求恩》即将付梓之时，我代表全院师生向为编写本书辛勤付出的各位专家、各位同志致以崇高敬意和衷心感谢。

历史因书写而为人铭记，精神因传承而历久弥新。希望《践行白求恩》的出版，能够为新时代白求恩精神的传承与发展提供更大动力。也希望广大医务工作者坚持践行白求恩精神，用实际行动赋予白求恩精神更为深刻、更为广泛、更为创新的时代内涵，在国家卫生健康事业发展中再续华章，在新时代的伟大征程中再建新功。

2019年8月1日

目 录

CONTENTS

第一章　践行共产主义者白求恩 ·· 1

第一节　共产主义者白求恩 ··· 1

第二节　白求恩共产主义者精神 ·· 5

第三节　新时代在医疗卫生行业党建中践行白求恩精神 ········ 16

第四节　新时代在医德医风建设中践行白求恩精神 ············· 22

第二章　践行医者白求恩 ·· 33

第一节　医者白求恩 ··· 33

第二节　白求恩医者精神 ··· 39

第三节　新时代呼唤白求恩医者精神 ····································· 48

第四节　新时代践行医者白求恩 ··· 57

第三章　践行师者白求恩 ·· 81

第一节　白求恩的师者历程 ·· 81

第二节　白求恩师者精神的实践 ··· 86

第三节　白求恩师者精神的发展 ··· 91

第四节　白求恩师者精神的传承 ··· 113

第四章　践行学者白求恩 ·· 125

第一节　白求恩的学者经历 ·· 125

第二节　白求恩的学者精神 ·· 128

第三节　新时代下白求恩医学学者的治学环境 ······················ 140

第四节　新时代践行学者白求恩 ··· 151

第五章　践行使者白求恩 ··· 157

　第一节　使者白求恩 ··· 157

　第二节　白求恩使者精神 ··· 164

　第三节　新时期践行白求恩使者精神的志愿服务 ············· 171

　第四节　新时期践行白求恩使者精神的典范举要 ············· 179

第六章　践行国际主义者白求恩 ··································· 193

　第一节　国际主义者白求恩 ··· 193

　第二节　白求恩国际主义精神 ······································· 198

　第三节　在中国国际医疗援助中践行白求恩国际主义精神 ··· 207

　第四节　国际医疗援助典型事迹 ····································· 223

践行
白求恩

第一章　践行共产主义者白求恩

第一节　共产主义者白求恩

一、白求恩共产主义思想萌芽期——白求恩成长阶段中的鲜明特征

思想是一个人整体的灵魂构成，是主导人从事实践活动的核心。个人的思想对个人成长、行为指导发挥着重要作用，白求恩共产主义思想是指导白求恩实践活动的核心，白求恩的一生在一定程度上取决于思想的成长与高度，探究白求恩共产主义思想从萌芽至升华，对研究共产主义者白求恩有着重要的基础性作用。在白求恩共产主义思想萌芽期阶段，其成长阶段所具有的鲜明特征发挥了决定性作用，决定了白求恩选择成为共产主义者的个人基础。

个人具备的特征是受到成长环境、家庭教育、成长经历等一系列因素所影响的，白求恩在他思想构成的潜意识中，他身上就有着非善即恶的世界观和摧毁恶势力的使命感，从小受到父母的教育影响，他把解救病人、扶助弱者、接济有需要之人视为职责是父母留给他人生的宝贵精神财富①。白求恩独具的性格特征，对于他的从医理想以及对于未来选择的共产主义道路的发展无疑有着根本性的影响。白求恩具有的鲜明特征是指导其思想活动和实践活动的基础，我们主要将其概括为冒险精神、追求公平正义和救死扶伤精神。

（一）冒险精神

1899年3月，白求恩全家乘火车从多伦多前往埃尔默。在这儿的第二个夏天，他和一群同学比赛捕蝴蝶。就在其他孩子都犹豫不前时，诺尔曼爬上了最高的树，冒险攀在最细的枝干上抓蝴蝶。他之所以乐于冒险，似乎是因为他天生就认定自己不会遇到任何不幸。尽管在后来的生活中，他理性地把这一点归结为家庭和个人的命运使然，但似乎从一开始这就成为他性格中的一部分②。白求恩所独具的冒险精神，也对后来从医时期，积极探索新技术、新疗法有了一定的解释。对技术精益求精，

---

① 罗德里克·斯图尔特, 莎朗·斯图尔特. 不死鸟——诺尔曼·白求恩的一生[M]. 中国青年出版社, 2013.8: 26.
② 罗德里克·斯图尔特, 莎朗·斯图尔特. 不死鸟——诺尔曼·白求恩的一生[M]. 中国青年出版社, 2013.8: 22.

不断探索求新，也源于白求恩的冒险精神。

（二）追求公平正义

诺尔曼还有着强烈的正义感，他坚持追求公平正义。1900年8月，家人在伊利湖的伯韦尔港附近租了一个农舍，距离埃尔默很近。一到那里，他们就接到通知，屋子四周的草坪需要再付5美元的租金，否则禁止入内。诺尔曼简直无法忍受不能够在草地上自由嬉戏玩耍。他异常愤怒，认为房东无权强加这样的条件，简直就是抢劫行为，并抱怨父亲不应该委曲求全①。在他从事医生这一职业时，他追求高昂的收入以满足自己对生活的要求，他对富人开出昂贵的费用，但面对穷人时却能做到分文不收。

（三）救死扶伤精神

白求恩所具有的最鲜明的特征便是救死扶伤精神。白求恩的人生中，保护弱者一直是他的天性②。在他染上肺结核之后的时期，作为其思想转折期，他思考如何能做些有意义的事情？如何度过剩下的时间？白求恩尽己之力，选择从医之路，也是反映其救死扶伤精神的一面，救死扶伤精神的另一种角度便是责任感，正因为有了作为医生的责任感，才会具有强烈的救死扶伤精神。

二、白求恩共产主义思想成长期——参观苏联医疗体制

白求恩共产主义思想的成长期处于白求恩吸收学习共产主义的重要阶段。对他影响最大的便是前往苏联参观的经历，在白求恩前往苏联亲自去看苏联医疗体制的运营模式后，促使了他思想中关于共产主义的想法的进一步强化，加快了其共产主义思想的成长。

（一）苏联儿童福利事业的影响

"苏联的儿童福利事业给他留下了很深的印象，在街道和幼儿园见到的孩子们健康快乐。参观了苏联的医院之后，他更深切地认识到政府在医疗保健事业上发挥的巨大作用，尤其是在治疗结核病方面。回国后，他认为苏联的确在医疗方面比加拿大进步，这也坚定了他寻求政府支持去根除结核病的信心。对苏联医疗制度的赞赏也激发了白求恩对马克思主义的好奇心，在旅途中，他就迫不及待地倾听了一个青年研究组织关于马克思主义思想的讨论。③"白求恩处于这个共产主义思想的成长期阶段，马克思主义思想在潜移默化中影响了他，对后来白求恩有着坚定的共产主义信仰产生了重要的作用。同时，在这一时期他对信仰共产主义的问题上，也进行了深刻的思考，对于自身为人类福祉做出贡献的目标还有所差距，这也为后来白求恩申请加入加拿大共产党做了铺垫。

① 罗德里克·斯图尔特，莎朗·斯图尔特. 不死鸟——诺尔曼·白求恩的一生[M]. 中国青年出版社，2013.8: 24.
② 罗德里克·斯图尔特，莎朗·斯图尔特. 不死鸟——诺尔曼·白求恩的一生[M]. 中国青年出版社，2013.8: 55.
③ 罗德里克·斯图尔特，莎朗·斯图尔特. 不死鸟——诺尔曼·白求恩的一生[M]. 中国青年出版社，2013.8: 144.

（二）对马克思主义思想的讨论

白求恩身上的优秀品质，救死扶伤精神、正义感等，这些性格特点恰恰与共产主义所提出的一些理念相吻合，对社会不公平、黑暗的斥责，对社会现状的强烈不满，想要通过自己的力量改变现状，尽一己之力做些对人类、对社会有益的事情，都融入了白求恩的精神世界，可以说选择共产主义这条道路是白求恩的必然之路，是他与生俱来的性格特征和价值观以及环境促成了他对共产主义信仰的坚定。

（三）把共产主义信仰转化为行动

白求恩虽然后来一直致力于反法西斯斗争，有着坚定的共产主义信仰，但同样，白求恩对共产主义也有一番自己的思考与见解。"白求恩在给玛丽安·斯科特的信中写道，相较于人民合作联盟的那些社会民主人士，共产主义者认识到'使用暴力是无法避免的，而且暴力本身才最具说服力。有钱人永远不会主动放弃财富和权力，只有利用更强大的力量去征服他们'。共产主义倡导的这种激烈的、外科手术式的行动很符合白求恩的思路，因为他本身具有热情的性格，迫切地希望把思想转化为行动"①。

三、白求恩共产主义思想成熟期——投入西班牙战争

（一）对政治行动改变社会现状的认识

白求恩共产主义思想的成熟期阶段是白求恩自身实现共产主义转变的重要时期，是其个人思想成长轨迹中的总结提升阶段。白求恩通过之前致力于攻克结核医学领域的努力，渐渐意识到了结核病的社会根源，认识到只有通过政治才能改变社会的现状，改变目前医疗体制存在的问题。"他意识到结核病的社会根源，认识到只有政治行动才能改变社会现状，因此，疾病的源头可以被铲除，大萧条带来的苦难可以得到解决。②"白求恩在个人信仰上也加强了对共产主义的认识，这时不仅仅是白求恩自身的信仰需求，也部分源自他自身的情感需求与寄托。

（二）对马克思主义哲学的吸收探究

1935年11月，白求恩做了一个影响一生的重要决定，即申请加入了加拿大共产党。可以说，这一决定使他的信仰更加坚定，他的共产主义思想实现了进一步强化。"加入共产党使得白求恩在不知不觉中有了核心信仰。③"白求恩在加入了共产党后，对学习马克思哲学的兴趣也日益加深，理论知识的学习也促使了其坚定的共产主义信仰的形成。

（三）医学就是辩证科学

"白求恩对学习马克思哲学理论很感兴趣，尤其是辩证法思想，即矛盾是推动

---

① 罗德里克·斯图尔特, 莎朗·斯图尔特. 不死鸟——诺尔曼·白求恩的一生[M]. 中国青年出版社, 2013.8: 147.
② 罗德里克·斯图尔特, 莎朗·斯图尔特. 不死鸟——诺尔曼·白求恩的一生[M]. 中国青年出版社, 2013.8: 149.
③ 罗德里克·斯图尔特, 莎朗·斯图尔特. 不死鸟——诺尔曼·白求恩的一生[M]. 中国青年出版社, 2013.8: 152.

历史不断发展变化的因素（正题和反题的相互转化）。在他眼中，医学就是一个辩证科学。他注意到对立的平衡，不由得感叹道：'真是有趣，我的一生都在不自觉地使用着辩证法。'另外，他还对小组讨论中有关'国际力量团结起来抵御法西斯主义'的主题很感兴趣①。"

白求恩共产主义思想走向成熟的关键转折是投入西班牙战争，在白求恩带领医疗队前往西班牙前，曾做过一个简短发言，"我之所以站在这里，是因为我信仰民主，医生在传统意义上就是一个人道主义者，要义不容辞地去帮助那些有需要的人。"②在西班牙这段时间，白求恩愈发地觉得是时候宣布自己的政治信仰了，在温尼伯发表的演讲中，白求恩公开说："我很荣幸自己是一名共产党员。"③"在他眼中，共产党员的身份就是信仰的印记，他为此骄傲，并渴望拿来炫耀，因为他已经把整个身心献给了这个信仰。"④白求恩坚定的共产主义信仰，让他十分清楚自己想要做的事情，想要实现的目标。

所谓思想的成熟，我们可以说是一个人的思想体系渐趋走向完善的一个过程，白求恩的共产主义思想体系正是在援助西班牙时期愈发坚定、愈发完善，构成了白求恩思想的成熟期。

四、白求恩共产主义思想升华期——白求恩在中国

一切实践活动都是实现思想超越的前提和基础，思想上的升华，不仅源于自身信仰的坚定，更来自切实的实践活动。白求恩正是通过其实践和行动，实现了思想的升华，他的行为已经超越了原有的共产主义和人道主义，是最高信仰的实现。

（一）拒绝接受生活费

白求恩在中国期间，可以说是其共产主义思想的升华期。白求恩在其余生都始终坚持共产主义的信仰，用他的行动证明这一切。当白求恩得知中国抗日战争爆发后的局势，前往中国进行医疗援助，在前线的战斗经历，也让白求恩更加深入了解了中国军队的生活，深刻加深了共产主义理想信念。在聂荣臻司令员提及军事委员会命令给白求恩每月100元津贴时，白求恩果断地拒绝了生活费，当天晚上的日记透露了白求恩当时的心境，"我没有钱，也不需要钱，可是我万分幸运，能够来到这些人中间，在他们中间工作⑤。"

（二）共产主义是一种生活方式

白求恩到中国后所思考的共产主义已不同于之前，"对于他们，共产主义是一种生活方式，而不是说一套或想一套。他们的共产主义是又简单，又深刻，像膝

① 罗德里克·斯图尔特，莎朗·斯图尔特. 不死鸟——诺尔曼·白求恩的一生[M]. 中国青年出版社，2013.8: 153.
② 罗德里克·斯图尔特，莎朗·斯图尔特. 不死鸟——诺尔曼·白求恩的一生[M]. 中国青年出版社，2013.8: 171.
③ 罗德里克·斯图尔特，莎朗·斯图尔特. 不死鸟——诺尔曼·白求恩的一生[M]. 中国青年出版社，2013.8: 250.
④ 罗德里克·斯图尔特，莎朗·斯图尔特. 不死鸟——诺尔曼·白求恩的一生[M]. 中国青年出版社，2013.8: 251.
⑤ 泰德·阿兰，塞德奈·戈登. 手术刀就是武器——白求恩传[M]. 上海文艺出版社，2005.8: 259.

关节颤动一样的反射动作，像肺呼吸一样用不着思索，像心脏跳动一样完全出于自动[①]。"他逐渐将共产主义看作是一种生活方式，根深蒂固地融入了生活中，融入了思想中，将其浑然天成地付诸实践，可以说是通过坚定的共产主义信仰来指导实践活动。

（三）生是资产阶级，死为共产主义

白求恩曾写下了自己的墓志铭作为一生的志向："生是资产阶级，死为共产主义[②]。"白求恩始终都致力于发挥自身价值，实现自身做一些对人类有益事情的理想，从他前往中国的主观原因来看就有所得知，这也正是对他身上共产主义信仰的最佳诠释。"共产主义理想使他牢固树立了超越国界、帮助劳苦大众求解放的坚定信念；医生的职业道德和高尚情操，也使他牢固确立了终身为患者服务和奉献的思想品格[③]。"

毛泽东《纪念白求恩》一文，使得白求恩在我国抗日战争期间的伟大贡献和事迹家喻户晓，白求恩作为共产主义者，激励着广大中国共产党员，坚定共产主义信仰，全心全意为人民服务。白求恩精神也始终鼓舞着中国人民向前，不论是精神上的熏陶，抑或是医疗卫生领域的行业引领与典范树立，不论是经年累月后的洗礼，抑或是时代精神的延续，白求恩精神历久弥新，发挥着精神动力与标杆的重要作用。

第二节　白求恩共产主义者精神

一、共产主义

马克思、恩格斯所创立的共产主义理论，是建立在对人类社会历史发展规律深入研究的基础上、建立在对资本主义制度无法克服的自身矛盾深刻分析的基础上的科学理论，指出社会主义社会必然代替资本主义社会，最后必然发展为共产主义社会。共产主义作为一种社会制度，是人类历史上最进步最合理的社会制度，它将是社会生产力高度发展，物质财富极大丰富，每个人自由而全面发展，人们精神境界极大提高的共产主义社会[④]。

共产主义，是一种对未来社会的设想，共产主义理想是对未来社会宏观上的描述。历史上伟人们也对什么是共产主义做出过重大论断，马克思、恩格斯对未来社

① 泰德·阿兰，塞德奈·戈登.手术刀就是武器——白求恩传[M].上海文艺出版社,2005.8:259.
② 罗德里克·斯图尔特，莎朗·斯图尔特.不死鸟——诺尔曼·白求恩的一生[M].中国青年出版社,2013.8:173.
③ 冀国均，张业胜.诺尔曼·白求恩在中国[M].中国协和医科大学出版社,2007.11:1.
④ 于江.关于坚定共产主义理想问题[J].长江职工大学学报,2003.12.30.

会的推测、设想、描述充分体现在其著作当中。在《1844年经济学哲学手稿》①中，马克思指出共产主义是对私有制和异化劳动的扬弃，是人"以一种全面的方式，也就是说，作为一个完整的人，占有自己的全面的本质"。在《德意志意识形态》中提出，"共产主义社会是个人的独创和自由的发展不再是一句空话的唯一的社会"②，共产主义革命本身就是个人自由发展的共同条件。《资本论》则把未来共产主义社会称为"自由人联合体"，把每个人的自由发展作为这一社会的基本原则，"只有这样的条件，能为一个更高级的、以每个人的全面而自由发展为基本原则的社会形式创造现实基础。"以个人的自由发展为前提的自由人的联合体的共产主义社会，其基本原则是"每个人的自由发展"。"每个人的自由发展"意味着在这种社会形态中，从人类的生存方式上看，是真正合乎人性的。在"每个人的自由发展"的社会形态中，个人是真正自由的，劳动是合乎人性的，人所获得的是幸福的存在方式③。列宁着重强调了共产主义中的共同利益，"所谓共产主义，是指这样一种制度，在这种制度下，人们习惯于履行社会义务而不需要特殊的强制机构，不拿报酬地为公共利益工作成为普遍现象④。""整个共产主义宣传归根到底要落实到实际指导国家建设。应该使工人群众把共产主义理解为自己的事业⑤。""共产主义是社会主义发展的高级阶段，那时人们从事劳动都是由于觉悟到必须为共同利益而工作⑥。"

（一）共产主义的特点与性质

共产主义是一种社会制度，是一个时刻进行着的运动，更可称之为一种社会理想。

首先，共产主义作为一种社会制度。共产主义社会是共产主义的一种高级的社会制度样态，在这种社会制度中，社会生产力高度发达，社会产品极大丰富，而且社会成员具有高度的共产主义思想觉悟和道德品质；在生产资料上实行共产主义全民所有制，在分配方面实行"各尽所能，按需分配"的原则；工农之间、城乡之间、脑力劳动和体力劳动之间的差别已消失，阶级彻底消灭，国家完全消亡。因此，共产主义是充满友爱和幸福的社会制度⑦。

其次，共产主义作为一种扬弃运动。在马克思、恩格斯看来，共产主义是一

---

① 马克思，恩格斯. 1844年经济学哲学手稿[M]. 人民出版社，2000：92.

② 马克思，恩格斯. 德意志意识形态[M]. 人民出版社，2003：100.

③ 陈寿灿. 从制度和运动层面看对共产主义认识的深化[J]. 浙江学刊，2004.11.25.

④ 列宁. 在俄共（布）莫斯科市代表会议上关于星期六义务劳动的报告[M]//列宁. 列宁全集（第2版）：第38卷. 人民出版社，1986：36—37.

⑤ 列宁. 在全俄省、县国民教育局政治教育委员会工作会议上的讲话[M]//列宁. 列宁全集（第2版）：第38卷. 人民出版社，1986：407.

⑥ 列宁. 在全俄省、县国民教育局政治教育委员会工作会议上的讲话[M]//列宁. 列宁全集（第2版）：第38卷. 人民出版社，1986：407.

⑦ 毛勒堂. 论马克思的共产主义[J]. 云南师范大学学报（哲学社会科学版），2003.03.15.

种理论体系，是一种关于无产阶级反对资产阶级斗争的理论，更是一个长期的运动过程。恩格斯在《共产主义原理》一文中，直接给"共产主义"下了这样的一个定义："共产主义是关于无产阶级解放条件的学说。"这种学说是关于无产阶级解放条件的理论概括。因此我们可以说，共产主义首先作为无产阶级解放运动的一种理论形态，它的任务就是要研究和阐明无产阶级的解放所应具备的条件，论证无产阶级的历史地位和历史使命①，即共产主义是对人的自我异化的扬弃运动，是针对资本主义异化状态而采取的非常现实的革命运动，其目的是要使人成为人，使人展现和复归其自由自觉的活动本质，一句话，是使人从资本主义社会的异化状态下获得解放并实现人道主义、使人的本质得以生成的现实运动②。实现共产主义的过程，是由低级到高级向前发展的过程，每个阶段都有自己的历史任务。共产主义运动至今已经有170多年的历史，就中国来说，我们用了几十年的时间进行革命斗争，推翻了反动统治，消灭了剥削制度，建立了社会主义制度，无数革命先烈为此献出了宝贵生命。现在，我国进入了新的历史时期，党正领导人民建设中国特色社会主义，也是在为共产主义大厦添砖加瓦，可以说，我们每天都在为实现共产主义伟大理想而奋斗。

最后，共产主义作为一种社会理想。共产主义理想信念的合理性就在于它是对以往人类所向往的大同世界的向往，并使之科学化，满足了人们对终极信仰的追求，因而共产主义成为人类最崇高的理想，是我们的奋斗目标和崇高事业，它为我们提供了强大的精神支持，同时给我们指明了人类前进的目标和我们发展的方向，是我们对美好未来社会的一种设计③。共产主义的终极目标是"个人全面发展"，是"个体共同的社会能力成为社会财富"，是"自由个性"的形成。《共产党宣言》作为科学社会主义的纲领性文件，预见了共产主义社会的一个基本特征："代替那存在着各阶级以及阶级对立的资产阶级旧社会的，将是这样一个联合体，在那里每个人的自由发展是一切人的自由发展的条件④。"

（二）共产主义发展历程

实现共产主义社会是一个长期性的过程，实现共产主义是历史发展的必然趋势。对于如何实现共产主义社会，人类历史上有许多仁人志士进行过孜孜不倦的追求。19世纪法国的圣西门、傅立叶，英国的欧文等人曾提出过种种社会主义的方案。但是由于不理解资本主义的发展规律和无产阶级的作用，他们的尝试成了不符合实际的空想社会主义，虽有时代的局限性，但以圣西门、傅立叶、欧文为代表的空想社会主义也成了科学社会主义的直接思想来源，马克思、恩格斯创立的唯物史

---

① 王志林. 恩格斯对"共产主义"含义理论的界定[J]. 湖北社会科学，2003.01.25.

② 许斗斗. 论共产主义运动的现实性和过程性——兼与张奎良先生商榷[J]. 哲学研究，2004.01.25.

③ 毛勒堂. 论马克思的共产主义[J]. 云南师范大学学报（哲学社会科学版），2003.03.15.

④ 陈寿灿. 从制度和运动层面看对共产主义认识的深化[J]. 浙江学刊，2004.11.25.

观和剩余价值学说，使社会主义从空想到科学，在社会主义历史进程中发挥着重要作用。

社会主义作为共产主义的第一阶段，马克思对其进行过阐述。"我们这里所说的是这样的共产主义社会，它不是在它自身基础上已经发展了的，恰好相反，是刚刚从资本主义社会中产生出来的，因此它在各方面，在经济、道德和精神方面都还带着它脱胎出来的那个旧社会的痕迹。但是这些弊病，在经过长久阵痛刚刚从资本主义社会产生出来的共产主义社会第一阶段，是不可避免的。权利决不能超出社会的经济结构以及由经济结构制约的社会的文化发展①。对于共产主义和社会主义的区别，列宁提出，"社会主义是直接从资本主义生长出来的社会，是新社会的初级形式。共产主义则是更高的社会形式，只有在社会主义完全巩固的时候才能得到发展②。"

实现共产主义更具有其历史必然性，这也是无产阶级革命斗争的历史进程证明的。自1848年《共产党宣言》诞生以来，在马克思主义的指导下，国际共产主义运动从无到有，从小到大，从理论到实践，获得了巨大的发展，从一个被反动派称之为游荡在欧洲的"幽灵"，发展成为遍及全世界，对人类命运起决定作用而为资本主义所惧怕的一支伟大的力量。人类社会的发展，是社会内部生产力和生产关系矛盾运动的结果。资本主义社会把封建社会的小生产和自然经济变成了社会化大生产，使生产力得到了前所未有的巨大发展，但是资本主义社会始终存在着一个不可克服的矛盾，即生产的社会化同生产资料的私人占有制之间的矛盾。由于生产资料被资本家私人占有，生产的目的又是为了最大限度地追求利润，这样，资本家总是在剥削工人，以求得最大利润。这样的矛盾发展到一定程度，就会使社会生产的正常比例遭到破坏，导致周期性经济危机的爆发，同时，资产阶级对无产阶级的剥削日益严重，社会财富集中在少数人手中，加剧了各种社会矛盾。历史证明，这些矛盾依靠资本主义根本无法解决，只有通过社会主义制度来代替资本主义制度才能更好地组织社会生产，才能更有效地推动生产力的发展。当前，社会主义制度在我国这样一个14亿人口的东方大国巍然屹立，并且以前所未有的速度发展，这本身就是社会主义的一个伟大胜利，给世界广大的无产阶级和劳动人民以巨大的鼓舞③。

二、共产主义精神

马克思、恩格斯所写的《共产党宣言》，开启了无产阶级社会主义革命的新篇章，其所阐述的共产主义思想对世界产生了重大影响。《共产党宣言》从唯物史

---

① 马克思. 哥达纲领批判[M]//马克思, 恩格斯. 马克思恩格斯文集: 第3卷. 人民出版社, 2009: 434—435.
② 列宁. 在俄共（布）莫斯科市代表会议上关于星期六义务劳动的报告[M]//列宁. 列宁专题文集（论社会主义）. 人民出版社, 2009: 382.
③ 房冲. 论坚定当代大学生的共产主义理想和信念[J]. 淮南师范学院学报, 2005.03.15

观出发，科学论证了人类社会发展的各个历史阶段和总趋势，深刻阐明了"两个必然"科学论断，为我们正确把握人类社会发展的方向，坚定共产主义的理想信念，提供了坚实的理论依据①。

1920年8月陈望道所译《共产党宣言》在中国问世后，共产主义思想在当时引起了极大的反响，广大的先进知识分子受到了思想的洗礼，比如李大钊、陈独秀等，影响了我国老一辈无产阶级革命家。毛泽东在延安与美国记者埃德加·斯诺谈话时说："有三本书特别深地铭刻在我的心中，建立起我对马克思主义的信仰……这三本书是：《共产党宣言》，陈望道译，这是用中文出版的第一本马克思主义的书；《阶级斗争》，考茨基著；《社会主义史》，柯卡普著。周恩来曾发表著名论文《共产党宣言与中国》，曾对陈望道先生说，当年长征的时候我就把《共产党宣言》当作"贴身伙伴"，如果能找到第一版本的《共产党宣言》，我真想再看一遍。邓小平在1992年南方谈话中说："我的入门老师是《共产党宣言》。"②

《共产党宣言》的发表，不仅带来了共产主义思想，更使广大共产党人坚定了共产主义信仰，产生了前所未有的精神支撑和行动力量，形成了前所未有的强大的共产主义精神。

（一）共产主义精神的内涵

共产主义精神是毫不利己专门利人的无私奉献精神。毛泽东在《纪念白求恩》中指出："一个外国人，毫无利己的动机，把中国人民的解放事业当作他自己的事业，这是什么精神？这是国际主义的精神，这是共产主义的精神，每一个中国共产党员都要学习这种精神③。"白求恩毫不利己专门利人的精神，受到了毛泽东的高度评价，称其为共产主义精神。共产主义并不剥夺任何人占有社会产品的权力，它只剥夺利用这种占有去奴役他人劳动的权力④。"过去的一切运动都是少数人的，或者为少数人谋利益的运动。无产阶级的运动是绝大多数人的，为绝大多数人谋利益的独立的运动⑤。"共产主义是为绝大多数人谋利益，号召无产阶级为自身解放进行不懈斗争，将绝大多数人的利益和共同利益放在第一位。

马克思曾在高中毕业作文《青年在选择职业时的考虑》中这样写道："如果我们选择了最能为人类而工作的职业，那么，重担就不能把我们压倒，因为这是为大家作出的牺牲；那时我们所享受的就不是可怜的、有限的、自私的乐趣，我们的幸福将属于千百万人，我们的事业将悄然无声地存在下去，但是它会永远发挥作用，

① 世界社会主义五百年[M]. 当代中国出版社, 2014: 35.
② 韩振峰.《共产党宣言》对中国共产党人的影响. 求是网, 2018.
③ 毛泽东. 毛泽东选集（第2卷）[M]. 人民出版社, 1991.
④ 马克思, 恩格斯. 共产党宣言[M]. 人民出版社, 2014: 45.
⑤ 马克思, 恩格斯. 共产党宣言[M]. 人民出版社, 2014: 39.

而面对我们的骨灰，高尚的人们将洒下热泪①。"由此可见，马克思作为伟人的胸怀以及把人类发展作为自身的事业，马克思理论作为实现共产主义的行动指南，也体现了共产主义精神中包含的无私奉献。

为实现共产主义而不懈奋斗的共产主义者，作为人民群众中的先进分子，一举一动对群众的行为产生影响，因而共产主义者用科学的马克思主义来指导行动以保证先进性的发挥。他们在行动中，把群众的利益和国家利益放在第一位，以自己的工作为群众谋福利，用共产主义者的宽阔胸怀和积极态度对待遇到的困难与压力，为社会主义事业的发展做贡献，在生活中，以共产主义的道德情操树立积极向上的人生态度，用行动诠释着共产主义精神的无私奉献。因此，共产主义精神是一种毫不利己专门利人的无私奉献精神。

共产主义精神是一种国际主义精神。朱德在《纪念白求恩同志》中指出："白求恩同志是真正充满着共产主义国际主义精神的优秀党员，从他身上，表现了共产党人的高尚纯朴的品质。白求恩同志是富于国际主义精神的模范②。"为了共产主义的伟大胜利和全人类的解放，共产主义精神更是一种国际主义精神。

在谈到共产党人同其他无产阶级政党不同的地方，马克思、恩格斯指出，一方面，在无产者不同的民族的斗争中，共产党人强调和坚持整个无产阶级共同的不分民族的利益；另一方面，在无产阶级和资产阶级的斗争所经历的各个发展阶段上，共产党人始终代表整个运动的利益③。共产党人和整个无产阶级跨越了国界，跨越了民族，是一支具有国际主义视野的庞大队伍，其所践行的共产主义精神更是一种国际主义精神，为全人类解放的目标而不断奋斗前行。因此，共产主义精神是一种国际主义精神。

共产主义精神是一种实践精神。共产主义是运动的，是实践的、精神的两方面的同步运动。马克思在《1844年经济学哲学手稿》④中写道："要消灭私有财产的思想，有共产主义思想就完全够了。而要消灭现实的私有财产，则必须有现实的共产主义行动。"马克思在《共产党宣言》⑤中则提出"共产党人……在实践方面，共产党人是各国工人政党这种最坚决的、始终起推动作用的部分；在理论方面，他们胜过其余无产阶级群众的地方在于他们了解无产阶级的条件、进程和一般结果。" 马克思、恩格斯在《共产党宣言》中指出："随着工业的发展，无产阶级不仅人数增加了，而且它结合成更大的集体，它的力量日益增长，而且它越来越感觉到自己的

① 马克思. 青年在选择职业时的考虑[M]//马克思, 恩格斯. 马克思恩格斯全集（第2版）：第1卷. 人民出版社，1995：459—460.
② 朱德. 纪念白求恩同志. 军报记者. 纪念文集，2017.08.12.
③ 马克思, 恩格斯. 共产党宣言[M]. 人民出版社，2014：41.
④ 马克思, 恩格斯. 1844年经济学哲学手稿[M]. 人民出版社，2000.
⑤ 马克思, 恩格斯. 共产党宣言[M]. 人民出版社，2014：36.

力量①"。

共产党人为工人阶级的最近的目的和利益而斗争，但是他们在当前的运动中同时代表运动的未来②。共产主义精神具有开拓奋进的生命力，实现共产主义是不断向前运动的过程。因此，共产主义精神是一种实践精神。

（二）共产主义精神的基本特征

共产主义精神具有全人类性。《共产党宣言》中指出，"每个人的自由发展是一切人的自由发展的条件③"，恩格斯针对共产主义者的目标，进行过阐释，"建立这样的社会：使社会的每一个成员都能完全自由地发展和发挥他的全部才能和力量，并且不会因此而损害这个社会的基本条件④。"共产主义是人类最崇高的社会理想，"个人的全面发展，只有到了外部世界对个人才能的实际发展所起的推动作用为个人本身所驾驭的时候，才不再是理想、职责等等，这正是共产主义者所向往的⑤。"共产主义强调的是人的自由而全面的发展，人类从必然王国向自由王国的飞跃，实现共产主义，是人类最伟大的事业。无产阶级的解放是与全人类的解放是一致的。

11

共产主义精神具有革命斗争性。共产主义否认阶级存在的必要性；它要消灭任何阶级，消除任何的阶级差别⑥。恩格斯也曾对什么是共产主义做出过阐释，"共产主义是关于无产阶级解放的条件的学说⑦"《共产党宣言》中指出，共产党人到处都支持一切反对现存的社会制度和政治制度的革命运动。在所有这些运动中，他们都强调所有制问题是运动的基本问题，不管这个问题的发展程度怎样。最后，共产党人到处都努力争取全世界民主政党之间的团结和协调。他们的目的只有用暴力推翻全部现存的社会制度才能达到。⑧

时刻进行着全人类解放斗争行动的共产主义者，清晰地认识到人类历史社会的发展规律，更时刻将共产主义付诸于实践，他们的目标不局限在一地、一国，而是在整个人类的解放斗争中。实现共产主义是一个漫长的过程，不是说共产主义是在某一个时间点就能达到的，为了实现共产主义的斗争过程本身就是共产主义。因而，共产主义者时刻在为共产主义奋斗着，也时刻实现着共产主义，体现了共产主义精神的革命斗争性。

共产主义精神具有科学性和批判性。马克思、恩格斯站在无产阶级立场上，运用科学的方法，揭示了人类社会发展的一般规律，并在此基础上，指明未来社会发

① 马克思恩格斯文集第2卷[M]. 人民出版社, 2009: 40.

② 马克思, 恩格斯. 共产党宣言[M]. 人民出版社, 2014: 64.

③ 马克思, 恩格斯. 共产党宣言[M]. 人民出版社, 2014: 51.

④ 马克思, 恩格斯. 共产党宣言[M]. 人民出版社, 2014: 69.

⑤ 马克思, 恩格斯. 德意志意识形态[M]//马克思, 恩格斯. 马克思恩格斯全集(第1版)第3卷. 人民出版社, 1965: 330.

⑥ 马克思, 恩格斯. 论波兰问题[M]//马克思, 恩格斯. 马克思恩格斯全集(第1版)第4卷. 人民出版社, 1958: 535.

⑦ 马克思, 恩格斯. 共产党宣言[M]. 人民出版社, 2014: 76.

⑧ 马克思, 恩格斯. 共产党宣言[M]. 人民出版社, 2014: 65.

展的方向，对当今世界社会主义革命具有重要的指导作用。科学的马克思主义指导思想是共产主义者行动的前提。在人类历史发展的过程中，特别是最近一百年来曾经出现过许许多多思想理论，却没有一种像马克思主义那样保持勃勃生机对世界进步发挥着巨大的推动作用。马克思主义作为共产主义者的指导思想，是经过人们的千万次实践证明了的，是经得起实践检验的，这种共产主义的人生观不是对人生的一种抽象的价值取向，而是指导共产主义者在工作、学习、生活，对人对己等思想和行动中的实际存在。共产主义精神的科学性和批判性，引领着千千万万共产党不断向前，为实现共产主义理想而不懈奋斗。

　　共产主义者具有为共产主义奋斗终身的坚强毅力，这样的毅力来自对共产主义远大理想的坚定信念，即坚信共产主义事业的正确性和必然性，对共产主义理想进行执着的追求，自觉地为共产主义事业奋斗，而共产主义精神，可以说是共产主义者坚定共产主义理想信念，在实现共产主义理想和共产主义事业的伟大历程中形成的精神。

三、白求恩共产主义精神

　　共产主义远大理想，是无产阶级政治立场和世界观在奋斗目标上的集中体现，共产主义者的最高理想和最终目标就是实现共产主义。白求恩作为共产主义者，他的共产主义理想信念和实践活动，他毫不利己专门利人的无私奉献，他救死扶伤、保护弱者，他坚定共产主义信仰，为人类福祉做贡献的理想，充分体现了他身上的共产主义精神，并不断激励着广大共产党员和人民群众为实现共产主义而不懈奋斗。

（一）白求恩共产主义精神的体现

　　1.白求恩的无产阶级意识。白求恩自身的性格特质以及青年时期对马克思主义理论的学习，使得他有着一定的无产阶级意识。白求恩在患结核期间，曾说过，"从现在起，不管还能活多久，我都会去做一些对人类有益的事情，一些伟大的事情①。"白求恩为人类福祉做贡献的理想，体现了他的共产主义精神。白求恩曾在援助西班牙战争时期，向加拿大医疗界同行发表过一封公开信，"我作为一名医生和一名人道主义者承担了这项工作，我们作为医生不能袖手旁观，不能因政见不同而眼睁睁地看着成千上万的人缺医少药，身处悲惨境地。解救人类的苦痛是医者的历史使命。我们责无旁贷。在西班牙，有来自英格兰、苏格兰、法国、斯堪的纳维亚半岛国家的医疗队和救护队。加拿大当然也不能无动于衷。我呼吁大家和我一起参与到非政治性的人道主义援助行动中来②。"公开信的内容，充分体现了白求恩的人道主义，以及为人类事业发展奋斗的共产主义精神。在家庭、经历、环境等因素的

---

① 罗德里克·斯图尔特，莎朗·斯图尔特. 不死鸟——诺尔曼·白求恩的一生[M]. 中国青年出版社，2013.8: 85.
② 罗德里克·斯图尔特，莎朗·斯图尔特. 不死鸟——诺尔曼·白求恩的一生[M]. 中国青年出版社，2013.8: 192.

共同影响下形成的无产阶级意识，促使他进一步选择了共产主义，并不断地践行着共产主义精神。

2.将个人理想与人类事业发展统一起来。马克思曾说："在选择职业时，我们应该遵循的主要指针是人类的幸福和我们自身的完美。不应认为，这两种利益会彼此敌对、互相冲突，一种利益必定消灭另一种利益；相反，人的本性是这样的：人只有为同时代人的完美、为他们的幸福而工作，自己才能达到完美。如果一个人只为自己劳动，他也许能够成为著名的学者、伟大的哲人、卓越的诗人，然而他永远不能成为完美的、真正伟大的人物"①。

共产主义者共产主义的理想和信念一旦形成，就会沉积为个人的思想意识的内核，成为共产主义者的精神支柱和力量源泉。当白求恩选择成为一名胸外科医生攻克结核领域时，当白求恩选择成为共产党人前往战争前线时，当白求恩选择来到中国为中国人民抗日战争事业做些事情时，他已然将个人的理想与社会理想统一起来，将个人的理想信念与人类事业发展统一起来。白求恩作为共产主义者，首先是将共产主义作为理想追求的，这是共产主义者最基本的特征。具有共产主义理想的他，产生了巨大的精神动力，焕发出高度的自觉性和创造精神，脚踏实地，艰苦奋斗，将个人理想与社会理想统一，将其个人的一生同整个共产主义事业有机地结合起来。

（二）白求恩共产主义精神的特质

1.坚定信仰。信仰是人类社会所特有的精神现象和精神追求，是人们关于最高价值的坚定信念，是人们做出价值判断和行为选择的根本性的依据、标准和尺度②。信仰是支撑人们实践活动的动力和行为标准，是一切实践活动开展的根基。白求恩的共产主义信仰不仅仅是他的精神追求，也是对共产主义坚定信念最好的诠释。

毛泽东曾指出："世界观的转变是一个根本性的转变"③。白求恩是伟大的共产主义者、国际主义战士，他在1935年参观莫斯科后，开始投身于对马克思列宁主义的学习，毅然决然地选择作为一名共产党员，将共产主义作为自己的终身信仰。他坚信社会主义和共产主义理论是追求社会公平正义的科学真理，当然这与他的社会实践是分不开的，白求恩在行医治病的同时不断解剖社会，他目睹了资本主义社会的丑陋和不公，对劳动人民怀有强烈的同情之感。对于来到中国，他感到无上的光荣，"你们不要奇怪。为什么在三万里以外，地球的那一边像我这样的人要求帮助你们，因为，你们和我们都是国际主义者，没有任何种族、颜色、语言和国界能把我们分开。法西斯在威胁世界和平，我们必须击败他们④。"因为法西斯在威胁着世

① 罗德里克·斯图尔特, 莎朗·斯图尔特. 不死鸟——诺尔曼·白求恩的一生[M]. 中国青年出版社, 2013.8.
② 孙正聿. 理想信念的理论支撑[M]. 吉林人民出版社, 2014.5: 161.
③ 马克思, 恩格斯. 1844年经济学哲学手稿[M]. 人民出版社, 2000: 92.
④ 伟大的国际主义战士白求恩[M]. 中国青年出版社, 1965: 163.

界和平，在阻碍着人类社会的进步，因此要打败法西斯，他的崇高追求是使社会向社会主义社会和共产主义社会过渡，真正实现全人类的解放，这便是他的信念、信仰。

毛泽东在《纪念白求恩》中指出："一个外国人，毫无利己的动机，把中国人民的解放事业当作他自己的事业，这是什么精神？这是国际主义的精神，这是共产主义的精神，每一个中国共产党员都要学习这种精神①。"朱德在《纪念白求恩同志》中也指出："白求恩同志是真正充满着共产主义国际主义精神的优秀党员，从他身上，表现了共产党人的高尚纯朴的品质。白求恩同志是富于国际主义精神的模范。"白求恩精神正是这两种精神的高度统一和有机结合。至此，毛泽东等领导人对于白求恩精神的内涵做出了概括，最核心的便是国际共产主义精神。

白求恩精神是伟大的国际共产主义精神与中国抗日战争革命实践相结合的产物，共产主义的信仰是整个白求恩精神的灵魂。白求恩同志正是认识到了一个共产主义者对于全人类解放事业应尽的责任，因而成为一名伟大的共产主义者，坚定共产主义理想信念，为全人类解放贡献出自己的力量。

2.无私奉献精神。共产主义劳动，从比较狭窄和比较严格的意义上说，是一种为社会进行的无报酬的劳动，这种劳动不是为了履行一定的义务、不是为了享有取得某些产品的权利、不是按照事先规定的法定定额进行的劳动，而是自愿的劳动，是无定额的劳动，是不指望报酬、不讲报酬条件的劳动，是按照为公共利益劳动的习惯、按照必须为公共利益劳动的自觉要求（这已成为习惯）来进行的劳动，这种劳动是健康的身体的需要②。白求恩毫不利己专门利人，高度自觉为公共利益劳动，集体利益高于一切，是共产主义的劳动，是一种无私奉献精神。

宋庆龄曾评价白求恩："白求恩大夫是第一个把血库送到战场上去的医生，他的输血工作曾为西班牙共和国挽救了数以百计的战士的生命。在中国，他提出并实践了这个口号：'医生们！到伤员那儿去！不要等他们来找你们。'在一个与西班牙完全不同的而且远比西班牙落后的环境里，他组织了一种游击队的医疗机构，挽救了成千上万的我国最优秀最英勇的战士。他的计划和实践不仅建立在医疗的科学和经验的基础上，而且也建立在对军事和政治的研究以及人民战争中战场上的经验之上。在西班牙和中国的白求恩是医学战场上的一员先锋③。"正如毛泽东的评价，白求恩毫无利己之心，他对工作极端的负责任，对同志对人民极端的热忱，他救死扶伤，无私奉献，作为共产党员，坚持全心全意为人民服务，高度体现了坚定的共产主义精神。

3.批判精神。马克思认为他的理论全部价值在于这个理论"按其本质来说，它

---

① 毛泽东选集（第2卷）[M]. 人民出版社，1991.

② 列宁. 从破坏历来的旧制度到创造新制度[M]//列宁. 列宁全集（第2版）第38卷. 人民出版社，1986：343

③ 泰德·阿兰，塞德奈·戈登. 手术刀就是武器——白求恩传[M]. 上海文艺出版社，2005.8：第2—3页.

是批判的和革命的①"。可以说，马克思的一生是批判的一生、革命的一生。批判是他激情头脑的革命武器。马克思在《〈黑格尔法哲学批判〉导言》中指出："批判不是头脑的激情，它是激情的头脑。它不是解剖刀，它是武器。"马克思的批判不是简单的否定，而是积极的扬弃。它具有深刻性，指向历史深处；具有科学性，指向实证科学；具有革命性，指向社会实践；具有人民性，指向人的解放；具有现实性，指向群众生活；具有理想性，指向共产主义②。

1935年11月，白求恩在蒙特利尔秘密地加入了加拿大共产党之后，他便进一步利用各种机会广泛呼吁，大力倡导社会化医疗改革。他甚至在1936年2月赴美国田纳西州孟菲斯城参加美国中南部医学大会，宣读有关麻醉术论文时，也不忘进行实行社会化医疗改革的宣传。特别是他在蒙特利尔外科学会一次会议上，发表了题为《从医疗事业中清除私利》的讲演，指出："在'用一切办法赚钱'的资本主义体制下，医疗是一种典型的行业。它会呈现出有趣而令人不快的现象，这种现象可以概括为'医学发达，却健康不足'。"他呼吁："政府应该把保护公众健康看作自己对公民应尽的首要义务和职责。实行社会化医疗，就是解决这个问题的现实做法。社会化医疗意味着保健变成公共事业，就像邮电局、陆军、海军、司法机关和学校一样③。"

因此，具有批判精神可以说是白求恩共产主义者的又一显著精神特质。白求恩以马克思主义理论作为行动指南，总有一个坚定不移的奋斗目标，不向命运低头，也不向恶势力屈服，而是满怀信心，推动人类社会和人类自身向前进。

4.斗争实践。对实践的唯物主义者即共产主义者来说，全部问题都在于使现存世界革命化，实际地反对并改变现存的事物④。白求恩在来到中国之前，他就已经作为一个国际共产主义战士参加了西班牙的反法西斯战争。在中国抗日战争爆发后，他毅然决然地选择到中国参加中国的抗日战争。白求恩在来到中国后，立刻积极投入了战斗，"我来中国是要去解放区工作的，现在抗战形势紧迫，请你尽快安排我们上前线去！⑤"与中国军队并肩战斗，丝毫不退缩。

白求恩在乘"日本皇后号"海轮从温哥华启程去香港的船上，写给弗朗西斯一封告别的信中说明了前往中国参加斗争的原因，这封信是在香港寄出的：当我动身去温哥华以前在蒙特利尔看到你的时候，我想讲明白为什么我要到中国去。我不知道我讲明白没有，我去过西班牙这个事实并不能给我，也不能给任何其他人以现在静坐旁观的特权。西班牙是我心上的一个伤痕，你了解吗？这是一个永远不能愈合

① 列宁. 什么是"人民之友"以及他们如何攻击社会民主党人？[M]//列宁. 列宁选集（第3版修订版）. 人民出版社，2012（1）：82—83.

② 平飞. 论马克思的批判精神与批判辩证法[J]. 马克思主义研究，2013（2）.

③ 中国白求恩精神研究会. 诺尔曼·白求恩[M]. 人民美术出版社，2015.

④ 马克思，恩格斯. 德意志意识形态[M]. 人民出版社，2003：100.

⑤ 冀国均，张业胜. 诺尔曼·白求恩在中国[M]. 中国协和医科大学出版社，2007.11：1.

的伤痕。这痛苦永远会留在我心里，使我记起我见过的事物。我拒绝生活在一个制造屠杀和腐败的世界里而不奋起反抗。我拒绝以默认或忽视职责的方式来容忍那些贪得无厌的人向其他人发动的战争，西班牙和中国都是同一场战争中的一部分。我现在到中国去，因为我觉得那儿是需要最迫切的地方；那儿是我最能够发挥作用的地方①。

正如列宁所讲："离开工作，离开斗争，那么从共产主义小册子和著作中得来的关于共产主义的书本知识，可以说是一文不值②"通过无产阶级革命斗争，实现人类解放与人的自由而全面的发展，这正是共产主义者所向往和追求的。白求恩选择到中国战场的最前线参加反法西斯斗争，早已将个人生死置之度外，将个人理想与社会理想统一起来，"明知山有虎，偏向虎山行"，为了中国反法西斯斗争及人类解放白求恩做出了巨大贡献和牺牲，献出了宝贵的生命，这正是白求恩作为共产主义者精神的伟大之处，正是全心全意为人民服务精神的可贵之处。

第三节　新时代在医疗卫生行业党建中践行白求恩精神

习近平总书记在全国卫生与健康大会上指出的"敬佑生命、救死扶伤、甘于奉献、大爱无疆"十六字精神，对我国广大卫生与健康工作者的医者精神进行了凝练概括，也是对我国医疗卫生行业发展所给予的肯定和鼓励。随着我国医疗卫生事业的不断发展，医疗卫生行业始终坚持为人民服务的宗旨，全心全意为人民服务，在保障人民群众生命健康上发挥了重要作用，充分体现了白求恩的共产主义理想信念和无私奉献精神，用实际行动践行着白求恩精神。在我国医疗卫生体制改革不断深化的背景下，医疗卫生行业党的建设的重要性日益凸显，成为全面促进医疗卫生事业稳步发展的固本之基。加强医疗卫生行业党的建设是保障党的先进性和战斗力的重要任务，也是推动全行业继承并践行白求恩精神的重要组织力量。新时代，我国医疗卫生行业不断加强党的建设，在党建中践行白求恩精神，有利于更好地加强医疗卫生行业建设，为行业思想政治建设、组织建设、作风建设等方面提供强有力的支持与保障，为推动我国医疗卫生事业健康发展贡献了重要力量。

一、加强公立医院基层组织建设

（一）建立健全党建工作领导体制

党的基层组织是党全部工作和战斗力的基础，是团结带领群众贯彻党的理论和

---

① 泰德·阿兰，塞德奈·戈登. 手术刀就是武器——白求恩传[M]. 上海文艺出版社，2005.8.

② 列宁专题文集（论无产阶级政党）. 人民出版社，2009: 279.

路线方针政策、落实党的任务的战斗堡垒，长期以来在推动发展、服务群众、凝聚人心、促进和谐中发挥了重要作用[①]。党的基层组织建设是党的建设工作中的重要部分，随着我国新时期医疗卫生体制改革的不断深入推进，党的十九大报告指出，加强新时代党的建设必须"全面推进党的政治建设、思想建设、组织建设、作风建设、纪律建设，把制度建设贯穿其中[②]"。党的十九大召开以来确立的我国特色社会主义进入新时代的重大论断，新形势下，我国公立医院的党建工作需要适应国情的发展而不断完善，如何建立健全党建工作领导体制，充分发挥公立医院党建工作的重要基石作用，促进公立医院全面发展成为当前工作的重要任务。

明确公立医院的党委职责，切实加强党对公立医院的领导，能够充分发挥党的全面领导作用。加强公立医院党的建设，是推进我国健康中国战略实施的重要组织保障，也是确保公立医院全面建设发展的重要力量，对全面建立中国特色基本医疗卫生制度、医疗保障制度和优质高效的医疗卫生服务体系发挥着重要作用。

（二）加强对公立医院基层党建工作的领导

基层党组织与广大人民群众有着广泛的联系，是党开展工作的基础，要始终把基层党建工作作为重要抓手。公立医院作为我国医疗卫生服务的主体，是党领导的卫生与健康事业的主力军，加强公立医院党建工作对推动实施健康中国战略具有重要意义。

以服务型党组织建设引领基层党建工作，使服务成为基层党组织建设的鲜明主题，推动基层党组织在强化服务中更好发挥领导核心和政治核心作用[③]，是新时期党的基层组织建设的基本方向。全心全意为人民服务是中国共产党的根本宗旨，公立医院作为基层党组织要更好地开展服务型组织建设，这也明确了我国医疗卫生事业的公益性。

加强党的建设，最根本的就是党要管党、从严治党。加强对公立医院基层党建工作的领导，是充分发挥党的执政能力的重要体现，也是坚持和加强党的全面领导的重要体现，也是确保我国医疗卫生事业发展的根本方向，对我国医疗卫生事业发展具有重要意义。

二、加强公立医院思想政治建设

（一）强化思想政治引领

医疗行业是社会服务的一个重要窗口行业，关系到党和政府的形象和威信，关系到患者的切身利益、身体健康和生命安全[④]。公立医院作为我国医疗卫生事业发展

---

① 中共中央办公厅.《关于加强基层服务型党组织建设的意见》. 2014年5月.
② 习近平.《决胜全面建成小康社会，夺取新时代中国特色社会主义伟大胜利》（2017年10月18日），《人民日报》2017年10月28日.
③ 中共中央办公厅.《关于加强基层服务型党组织建设的意见》. 2014年5月.
④ 李成龙. 浅析新形势下医疗行业作风建设[J]. 中华现代医院管理杂志, 2010（2）：65—66.

的主力军，是保障人民群众生命健康的重要主体，新时期我国医疗卫生事业的发展离不开党的正确领导和方向指引，中国共产党通过强化公立医院的思想政治引领，颁布实施加强公立医院建设的政策和举措，不断加强公立医院的思想政治建设，推动了我国医疗卫生事业稳步健康发展。

习近平总书记在中共中央政治局第六次集体学习时强调："马克思主义政党具有崇高政治理想、高尚政治追求、纯洁政治品质、严明政治纪律。如果马克思主义政党政治上的先进性丧失了，党的先进性和纯洁性就无从谈起。这就是我们把党的政治建设作为党的根本性建设的道理所在。"加强医疗卫生行业党的政治建设，要使广大医务工作者始终保持同党中央高度一致，加强全体党员的党性修养和思想觉悟，不断提升党的凝聚力和生命力。

习近平总书记在2016年召开的全国卫生与健康大会上明确提出，"卫生与健康工作方针是管总的。新形势下，我国卫生与健康工作方针是：以基层为重点，以改革创新为动力，预防为主，中西医并重，把健康融入所有政策，人民共建共享[1]。"党中央坚持以人民为中心的发展思想，明确提出把人民健康放在优先发展的战略地位，坚持共产主义理想信念，不断促进人的全面发展，为保障人民群众生命健康做出了重要努力。

新时代我国不断加强医疗卫生行业党的建设，强化思想政治引导方向，党的十七大报告，明确提出了"建立基本医疗卫生制度，提高全民健康水平""人人享有基本医疗卫生服务""病有所医"[2]。党的十八大指出了我国医疗卫生事业的发展方向，提高人民健康水平。要坚持为人民健康服务的方向，完善国民健康政策，为群众提供安全有效方便价廉的公共卫生和基本医疗服务[3]。

2015年，党的十八届五中全会首次提出推进健康中国建设，将"健康中国"建设上升为国家战略。习近平总书记指出，推进健康中国建设，深化医药卫生体制改革，理顺药品价格，实行医疗、医保、医药联动，建立覆盖城乡的基本医疗卫生制度和现代医院管理制度[4]。习近平总书记在2016年召开的全国卫生与健康大会上，强调没有全民健康，就没有全面小康，要把人民健康放在优先发展的战略地位[5]。"健康中国"战略的提出，是中国共产党始终将人民放在首位，高度重视人民健康的体现，开始了"健康中国"建设的新时期。

2016年8月26日，中共中央政治局召开会议，审议通过"健康中国2030"规划

① 习近平. 在全国卫生与健康大会上的讲话（2016年8月19日），《中共中央办公厅通讯》2016年第9期.
② 胡锦涛. 高举中国特色社会主义伟大旗帜 为夺取全面建设小康社会新胜利而奋斗——在中国共产党第十七次全国代表大会上的报告.
③ 胡锦涛. 坚定不移沿着中国特色社会主义道路前进 为全面建成小康社会而奋斗——在中国共产党第十八次全国代表大会上的报告.
④ 中国共产党第十八届中央委员会第五次全体会议公报. 新华网. 2015年10月29日.
⑤ 习近平. 在全国卫生与健康大会上的讲话（2016年8月19日），《中共中央办公厅通讯》2016年第9期.

纲要，确保到2020年实现人人享有基本医疗卫生服务的重大战略目标。习近平总书记在会上强调，"健康中国2030"规划纲要是今后15年推进健康中国建设的行动纲领。要坚持以人民为中心的发展思想，牢固树立和贯彻落实创新、协调、绿色、开放、共享的发展理念，坚持正确的卫生与健康工作方针，坚持健康优先、改革创新、科学发展、公平公正的原则，以提高人民健康水平为核心，以体制机制改革创新为动力，从广泛的健康影响因素入手，以普及健康生活、优化健康服务、完善健康保障、建设健康环境、发展健康产业为重点，把健康融入所有政策，全方位、全周期保障人民健康，大幅提高健康水平，显著改善健康公平。[①] "健康中国2030"规划纲要，是新中国成立以来首次在国家层面提出的健康领域中长期战略规划。

党的十九大，明确指出了中国特色社会主义进入新时代。习近平总书记就我国医疗卫生事业发展指出了正确方向，实施健康中国战略。人民健康是民族昌盛和国家富强的重要标志。要完善国民健康政策，为人民群众提供全方位全周期健康服务。深化医药卫生体制改革，全面建立中国特色基本医疗卫生制度、医疗保障制度和优质高效的医疗卫生服务体系，健全现代医院管理制度。加强基层医疗卫生服务体系和全科医生队伍建设。全面取消以药养医，健全药品供应保障制度。坚持预防为主，深入开展爱国卫生运动，倡导健康文明生活方式，预防控制重大疾病。实施食品安全战略，让人民吃得放心。坚持中西医并重，传承发展中医药事业。支持社会办医，发展健康产业[②]。

健康是促进人的全面发展的必然要求，是经济社会发展的基础条件，是民族昌盛和国家富强的重要标志，也是广大人民群众的共同追求[③]。中国共产党始终加强对公立医院党的建设，坚定共产主义信仰，全心全意为人民服务，通过思想政治引领广大公立医院坚持正确方向，把医务工作者的思想和行动统一到党中央的决策部署上来，为人民群众提供全方位全周期健康服务。

（二）加强领导干部队伍建设和人才管理

加强干部队伍建设是加强我国医疗卫生行业党的建设工作中的重要组成部分。习近平总书记曾强调，党要管党，才能管好党；从严治党，才能治好党。对我们这样一个拥有8500多万党员、在一个13亿人口大国长期执政的党，管党治党一刻不能松懈。组织工作必须认真贯彻党要管党、从严治党方针。党要管党，首先是管好干部；从严治党，关键是从严治吏。建设一支宏大的高素质干部队伍，确保党在发展中国特色社会主义历史进程中始终成为坚强领导核心[④]。

---

① 中共中央政治局召开会议 审议"健康中国2030"规划纲要, 中共中央总书记习近平主持会议. 新华社. 2016年8月26日.

② 习近平. 《决胜全面建成小康社会, 夺取新时代中国特色社会主义伟大胜利》（2017年10月18日）,《人民日报》2017年10月28日.

③ 习近平. 在全国卫生与健康大会上的讲话（2016年8月19日）,《中共中央办公厅通讯》2016年第9期.

④ 习近平. 在全国组织工作会议上的讲话. 习近平强调: 建设一支宏大高素质干部队伍. 新华网. 2013年6月29日.

选人用人，选好干部，是关系我国医疗卫生事业发展的重中之重。好干部要做到信念坚定、为民服务、勤政务实、敢于担当、清正廉洁。党的干部必须坚定共产主义远大理想、真诚信仰马克思主义、矢志不渝为中国特色社会主义而奋斗，全心全意为人民服务，求真务实、真抓实干，坚持原则、认真负责，敬畏权力、慎用权力，保持拒腐蚀、永不沾的政治本色，创造出经得起实践、人民、历史检验的实绩。[①]中国共产党始终重视领导干部队伍建设和人才培育，加强党员的思想政治教育和先进性教育，将从严治党严格贯彻落实到领导干部队伍建设的全过程，强化领导干部理想信念，号召广大领导干部增强带头意识，严格要求自身，充分发挥优秀党员的先锋模范作用。加强领导班子的思想政治建设，要深入学习贯彻习近平新时代中国特色社会主义思想，在思想上政治上行动上同以习近平同志为核心的党中央保持高度一致，坚决维护党中央权威和集中统一领导，坚持医院领导班子理论中心组学习制度的贯彻执行，加强党风廉政建设，严格落实中央八项规定和实施细则精神，营造风清气正的政治生态环境。

习近平总书记指出："回顾党的奋斗历程可以发现，我们党之所以能够不断历经艰难困苦创造新的辉煌，很重要的一条就是我们党始终重视思想建党、理论强党，坚持用科学理论武装广大党员干部的头脑，使全党始终保持统一的思想、坚定的意志、强大的战斗力[②]。"注重加强领导干部队伍的自身建设，号召党员开展"两学一做""三严三实"学习教育，定期开展理论中心组学习，严格要求领导干部自身，开展民主生活会，通过反省自查，提高廉洁意识，防止腐败问题发生。坚定马克思主义信仰，坚定共产主义和社会主义理想信念，牢固树立党的观念，落实管党治党责任，要求全党施行《中国共产党廉洁自律准则》和《中国共产党纪律处分条例》，将党的领导贯穿于党的建设工作的各个方面。

2016年5月，习近平总书记对我国人才制度建设作出重要指示，强调"办好中国的事情，关键在党，关键在人，关键在人才[③]。"人才对我国医疗卫生事业发展发挥着重要的支撑作用，是医院可持续发展的重要保障。加强领导干部队伍建设和人才管理工作，是党加强医疗卫生行业党的建设的重要体现，为医疗卫生事业发展起着重要的促进作用。

三、加强公立医院行业作风建设和医德医风建设

（一）推进公立医院精神文明建设

加强精神文明建设作为医院全面建设发展的重要内容，是一项经常性、长期性的重要工作。深入推进公立医院的精神文明建设，是促进社会精神文明建设的重要

---

① 习近平. 在全国组织工作会议上的讲话. 习近平强调：建设一支宏大高素质干部队伍.新华网. 2013年6月29日.

② 习近平. 在中共中央政治局第四十一次集体学习上的讲话. 人民网. 2017年5月28日.

③ 习近平. 让人才创新创造活力充分迸发. 人民网. 2016年5月7日.

组成部分。新时期，我国加强党的建设，高度重视社会主义精神文明建设，对医疗卫生行业提出的新要求和新挑战。

习近平总书记在全国卫生与健康大会首次对我国广大卫生与健康工作者的医者精神进行了总结和概括，"长期以来，我国广大卫生与健康工作者弘扬'敬佑生命、救死扶伤、甘于奉献、大爱无疆'的精神，全心全意为人民服务，涌现出一大批医学大家和无数人民好医生。特别是在面对重大传染病威胁、抗击重大自然灾害时，广大卫生与健康工作者临危不惧、义无反顾、勇往直前、舍己救人，赢得了全社会赞誉①。"广大卫生与健康工作者"敬佑生命、救死扶伤、甘于奉献、大爱无疆"的精神，是践行社会主义核心价值观的体现，是对白求恩精神的继承和弘扬，并在新时期、新形势的背景下，不断赋予的新的时代内涵。引导广大医务工作者弘扬和践行"敬佑生命、救死扶伤、甘于奉献、大爱无疆"的精神，有利于塑造高尚医德医风的行业风范，有利于医院先进文化形成和发展，对推进公立医院精神文明建设发挥着重要作用。

习近平总书记强调，各级党委和政府要关心关怀广大卫生计生工作者，采取切实措施帮助他们改善工作生活条件，推动全社会形成尊医重卫的良好氛围，加快建立中国特色基本医疗卫生制度，努力开创我国卫生和健康事业新局面②。在全社会形成尊医重卫的良好氛围，推进公立医院的精神文明建设，树立医院文化，广大医务工作者要始终把人民群众健康放在第一位的服务宗旨，坚持以病人为中心的服务理念，促使广大医务工作者具有良好的发展环境和积极向上的良好氛围，能够更好地为人民群众提供医疗服务，有力推进我国卫生和健康事业的新发展。

（二）加强公立医院医德医风建设

十九大报告指出，中国特色社会主义进入新时代，我国社会主要矛盾已经转化为人民日益增长的美好生活需要和不平衡不充分的发展之间的矛盾③。我国医疗卫生行业的主要矛盾已经转化为人民群众对全方位、多层次的健康需求和不平衡不充分的发展之间的矛盾，在对医务工作者医疗服务质量和医疗服务水平的要求和期望也逐渐加大，因此，医患矛盾的问题也越来越突出，加强医疗卫生领域医德医风建设成为当前的卫生与健康工作之一。弘扬新时代医者精神，践行白求恩共产主义精神，对加强我国当代医德医风建设发挥着重要的作用。

医德医风建设，一直以来是我国卫生与健康工作的重要内容。自改革开放后，国家在医疗卫生事业发展上，开始强调医德医风的建设，明确指出卫生战线要积极发扬白求恩对工作极端负责、对技术精益求精、对人民极端热忱的精神。忠于职

---

① 习近平. 在全国卫生与健康大会上的讲话（2016年8月19日）《中共中央办公厅通讯》2016年第9期.

② 习近平. 关于卫生计生工作的指示（2017年8月），《人民日报》2017年8月18日

③ 习近平.《决胜全面建成小康社会,夺取新时代中国特色社会主义伟大胜利》（2017年10月18日），《人民日报》2017年10月28日.

守，积极工作，全心全意为人民服务，从事卫生事业的工作者也在不断践行白求恩精神并赋予新的时代内涵。1994年，政府工作报告中明确提出了发扬救死扶伤的崇高医德，在一定程度上加强了医德医风建设。广大医务人员要发扬救死扶伤的崇高医德，实行优质服务。①

高尚的医德医风，是培养高水平医疗人才队伍的重要因素。医疗人才队伍建设在任何行业领域中的重要作用都不可忽视，建立优良的医疗人才队伍，是中国共产党在医疗卫生事业上不断努力的方向。1990年，国家提出卫生战线要进一步深化改革，加强医风医德建设，发扬白求恩对工作极端负责、对技术精益求精、对人民极端热忱的精神②。这是自改革开放以来，白求恩精神第一次在国家政府工作报告中被明确指出，也体现了白求恩精神在卫生领域的重要精神引领作用，对医德医风建设不断加强的重要作用。党的十八大也提出，提高医疗卫生队伍服务能力，加强医德医风建设③。

加强公立医院医德医风建设，是党的建设中驰而不息的重要工作。医务工作者的医德医风好坏，直接影响着人民群众就医看病的满意程度，只有确保公立医院行业作风建设和医德医风建设的有序有效推进，才能更好地实现党全心全意为人民服务的根本宗旨。

公立医院作为我国医疗卫生服务的主力军，承担着推进健康中国建设的重要任务。加强党对公立医院的领导，关系着人民群众的切身利益，有利于公立医院的全面健康发展。加强医疗卫生行业党的建设，不仅是对我国医疗卫生事业发展的方向性、战略性的把握和指导，也是加强医疗卫生行业作风建设的有力保障，是增强医务工作者医德医风意识和为人民服务意识的有效途径，确保了健康中国战略的顺利推进和实施，不断提高了人民群众的获得感、幸福感，对决胜全面建成小康社会、夺取中国特色社会主义伟大胜利、实现中华民族伟大复兴的中国梦具有积极的促进作用。

第四节　新时代在医德医风建设中践行白求恩精神

习近平总书记在全国卫生计生系统表彰大会上明确强调，"党和国家高度重视发展卫生和健康事业、增进人民健康福祉④。"将卫生与健康事业作为公益性事业

① 李鹏.国务院政府工作报告.中国网.2012年2月14日.
② 李鹏.为我国政治经济和社会的进一步稳定发展而奋斗——1990年3月20日在第七届全国人民代表大会第三次会议上.中央政府门户网站.2006年2月16日.
③ 胡锦涛.坚定不移沿着中国特色社会主义道路前进 为全面建成小康社会而奋斗——在中国共产党第十八次全国代表大会上的报告.人民日报.2012年11月8日.
④ 习近平.在全国卫生计生系统表彰大会上强调.央视网.2017年8月17日.

发展，是党和国家始终坚持的重要举措。党和国家在我国医疗卫生事业发展一直在不断践行着以人为本，为人民群众谋健康、谋福祉的理念。大型公立医院发展坚持公益性，在医疗服务的基础上，为人民群众健康保驾护航，同时，在重大灾害发生时，及时提供医疗救助，展开救援活动。开展巡回医疗，进行公益性义诊。强化思想政治建设，加强行业作风建设，促进医疗卫生行业树立良好的医德医风，历代医务工作者不断践行着白求恩的共产主义精神，在继承和发扬白求恩精神中不断推动我国医疗卫生事业的发展。

一、践行以人民为中心发展思想，坚持医疗卫生事业公益性

"我们党是全心全意为人民服务的党，我们国家是人民当家作主的社会主义国家，这就决定了我们必须坚持基本医疗卫生事业的公益性①。"习近平总书记在全国卫生与健康大会上指出，要毫不动摇把公益性写在医疗卫生事业的旗帜上，把人民健康放在优先发展的战略地位。中国共产党始终坚持全心全意为人民服务的宗旨，公立医院作为我国医疗卫生事业的主力军，在保障人民群众生命健康上发挥着重要作用。在党的领导下，公立医院肩负的重要责任和使命，公立医院践行着以人民为中心的发展思想，坚持医疗卫生事业公益性，把社会效益放在首位，积极践行着白求恩精神。

（一）加强卫生应急能力，开展医疗救援

1976年，唐山大地震发生后，全国人民积极开展灾后医疗救助，吉林大学先后派出医疗队赶赴灾区，抢救伤员。吉林大学中日联谊医院接受来自唐山伤员224名，其中瘫痪伤员42名，危重伤员10名，经治疗无一例死亡。为抢救伤员的急性肾功能衰竭，开展了腹膜透析，挽救了4名伤员。

1991年，安徽、江苏、河南等地发生严重水灾。吉林大学中日联谊医院组织百余名医务人员，利用两个周日的休息时间进行赈灾义诊活动，并将募集到的善款10598.11元全部捐献给灾区人民。9月19日21时，根据卫生部的统一部署，医院组成6人赈灾医疗小分队紧急奔赴洪水重灾区河南省固始县黎集镇开展为期15天的赈灾医疗工作。

1995年10月，吉林省部分地区连降暴雨，受灾严重。吉林大学中日联谊医院积极响应省市政府号召，踊跃为灾区人民捐款捐物，共募集善款5万元、衣物2000余件，全部及时送往辉南灾区。

1998年入汛以来，我国长江、嫩江、松花江流域发生了历史上罕见的特大洪涝灾害。为做好抗洪救灾工作，为夺取抗洪救灾工作的全面胜利做出应有的贡献，学校组织全校教职员工，积极踊跃捐款捐物，共捐款531516.50元，捐衣被15696件，捐献药品价值人民币306000.00元；共派出6批17支医疗队奔赴灾区，送医送药，治病救

---

① 习近平. 在全国卫生与健康大会上的讲话（2016年8月19日），《中共中央办公厅通讯》2016年第9期.

人，为灾区人民排忧解难，深受灾区人民的欢迎和赞扬，为大灾之后无大疫作出了重要贡献。8月11日—31日，吉林大学中日联谊医院连续派出三批抗洪救灾医疗小分队，深入吉林省重灾区，为灾区人民送医送药，总共发放价值1.64万元的救灾药品。全院职工共为灾区人民募集善款156950元，捐赠衣物4950件。

2003年的SARS疫情席卷全国，按照国家及吉林省政府的具体部署要求，非典期间，吉林大学各临床学院肩负着吉林省人民群众生命安危的重任。从4月18日开始，第一医院共派出5批近300人参加非典病人救治工作。在该院二部接受治疗的19例非典患者中，有18例痊愈出院，治愈率达94.7%，在国内居于先进水平；中日联谊医院的医务人员从5月6日开始进驻长春市非典诊治中心，两个梯队共80人参加了一线救治工作。经过一个多月的努力工作，6月10日，所有参加一线救治的人员全部安全撤离；5月7日，吉林大学第二医院派医务人员进驻长春市非典诊治中心，先后派出两个批次72名医务人员参加抗击非典的战斗。经过39天的艰辛努力，医务人员无一例被感染，圆满完成了抗击非典的重任，标志着吉林省抗击非典工作取得阶段性胜利。吉林大学第三医院成立了抗击"非典"领导小组，并成立专家指导小组，建立了涉及医疗、护理、药品、供应、预防、财务、后勤等各部门的综合医疗保障体系。

2004年，根据第三次全国援藏工作会议精神，吉林省与西藏日喀则地区建立了卫生援藏对口支援关系，经与西藏日喀则地区协商，吉林省卫生厅决定选派医疗队对口支援日喀则地区卫生局、地区防疫站及萨嘎、定结、吉隆三县人民医院。援藏医疗队将在日喀则工作一年。根据吉林省卫生厅的通知精神，吉林大学组建了一支由10人组成的援藏医疗队奔赴西藏自治区日喀则地区对口支援当地医院建设，为期7个月。吉林大学中日联谊医院3名医务人员参加了医疗队，对口支援吉隆县人民医院。

同年7月，吉林大学开展支援农村卫生项目医疗，由吉林大学第一医院、第二医院、中日联谊医院16位年轻业务骨干组成的支援西部地区农村卫生项目医疗队，分赴宁夏回族自治区和吉林省延边朝鲜族自治州5县6所医院执行援助任务，在圆满完成了历时一个月的援助任务后返回学校。医疗队员在当地开展各种新技术，为当地医院培训人才，开展专题讲座40余次，总门诊量6000余次，为当地医院的医疗、教学、科研及医院的建设与发展作出了重要贡献。

2008年，四川汶川地区发生了强烈地震。在国家危急、同胞受难的关键时刻，吉林大学各临床学院的广大师生组成抗震救灾医疗队和青年志愿者队伍赶赴灾区，进行医疗救援工作。医疗队全体队员在前线始终发扬白求恩精神，不辱使命，出色地完成了医疗救援任务。中日联谊医院按照吉林省委、省政府、省卫生厅的部署要求，迅速组建了一支由22名高水平、高素质的医学专家组成的抗震救灾医疗救援小分队，由副院长尹维田教授担任领队，骨科主任朱庆三担任队长，医院连夜采购了100余件、总价值50余万元的医疗器械、药品及其他相关物资。

2010年7月31日，吉林省永吉县遭受严重洪灾，医院组建7人抗洪救灾医疗队并筹集了价值5万元的药品奔赴灾区。共为900多灾民提供了医疗服务，收治病人287人次，受到温家宝总理的亲切接见。8月医院捐赠给永吉县医院DR系统、彩超仪等价值约230万元的医疗设备，帮助该院灾后重建。

从2003年抗击非典，到2008年汶川地震医疗救援，医院积极建立健全卫生应急体系，不断提高卫生处置能力和应急能力。突发公共卫生事件紧急救援能力得到了显著增强，为增强区域医疗卫生服务能力做出了积极贡献，对健康中国战略推进实施具有重要作用。

（二）把社会效益放在首位，开展义诊活动

1976年，白求恩医科大学第三临床学院（现为吉林大学中日联谊医院）广泛开展巡回医疗，在改革开放前，医院继续派出约三分之一的医务人员下乡、下厂巡回医疗、巡回医教。同时还面向街道，建立了100多张家庭病床。1977年，医院仍有农村医疗小分队在农村巡回医疗，培养"赤脚医生"。

早期的医疗协作与医疗联合体，在改革开放初期已经在吉林大学及附属医院里有所发展。1984年，吉林大学中日联谊医院成立改革办公室。与8个基层医院建立了协作关系。设有协作病床180张，手术室、基本外科、血管外科、骨科等帮助协作医院开展手术，方便了患者就医，在一定程度上缓解了住院难的矛盾。同时对提高基层医院的医疗水平也起到良好作用。

1986年，与8家医院建立协作关系，通过协议收治病人2397人次，外出查房，会诊127次，开展大、小手术1445例，讲学51次，164学时，听课人达1300多人次。开设了业余门诊，由专家教授出诊，有16个临床科，24个医技科室参加，共出诊3628人次，接诊病人45710人次。

同时，医院设立咨询门诊（即业余门诊）。每周日开诊半天，由各科室主要医师应诊。当日看病，当日检查，当日出结果。开展小手术。消除了排队等候现象。

1990年，为纪念白求恩100周年诞辰，3月3日，吉林大学各临床学院200名医护人员走上街头开展义诊和咨询，共接诊5095人，咨询千余人次。为纪念白求恩100周年诞辰，学校和吉林省邮电管理局在吉林大学白求恩纪念馆举办白求恩纪念邮票发行大会。

2000年7月，为响应吉林省民政局、吉林省卫生厅、吉林省军区的号召，吉林大学中日联谊医院组建"爱心献功臣医疗队"奔赴吉林省前郭县下辖的4个乡镇，行程600多公里，开展为革命老战士送医送药的慰问活动，免费赠送价值1万元人民币的药品，深受各位老军人的欢迎。继2000年之后，医院再次选派4名医护人员、1辆救护车参加由吉林省卫生厅、吉林省民政厅、吉林省军区组织的"爱心献功臣医疗队"，赴大安市巡诊一周，诊治患者300余人次。同时，医院将"三下乡"工作落到实处，组织医务人员赴镇赉县医院义诊。响应吉林省妇联的号召，开展"情系西

部·共享母爱"的捐助活动，捐款6650元人民币。

2004年，根据吉林省卫生厅的通知精神，吉林大学组派了一支由10人组成的吉林大学援藏医疗队，赴西藏自治区日喀则地区对口支援当地医院。吉林大学中日联谊医院消化内科张英平、普通外科李国栋、骨科李志洲3名同志参加了吉林大学援藏医疗队，对口支援日喀则地区吉隆县人民医院。同年7月19日—8月20日，根据《吉林大学2004年度支援西部地区农村卫生项目工作方案》的要求，吉林大学中日联谊医院组建了一支医疗队，赴吉林省延边朝鲜族自治州安图县医院、和龙市医院、龙井市医院、汪清县医院支援农村卫生。医疗队成员为季晓峰、金殷植、周雪艳、王清、赵晴、张小平、齐山、丛宪玲8名同志。

2006年7月，按照《卫生部关于开展2005年度部署（管）医院支援西部地区农村卫生项目的通知》，由吉林大学第一医院、第二医院、中日联谊医院选派的8名业务骨干到延边第二人民医院进行为期一个月的医疗援助。在一个月的工作中，医疗队员发扬白求恩同志对工作极端热忱的态度和全心全意为人民服务的精神，积极开展传、帮、带工作，共进行专题讲座28次，开展各类手术22次。7月底，根据中共吉林省委组织部、吉林省卫生厅、吉林省财政厅联合下发的《关于印发〈吉林省人才支援农村医疗卫生项目实施方案〉的通知》精神，吉林大学中日联谊医院选派由6名具有副高级专业技术职称的医务人员组成的2个医疗队分别赴延边朝鲜族自治州敦化市医院、珲春市医院开展对口医疗支援服务。同年，6月7日，吉林省扶贫开发工作领导小组下发吉扶字〔2006〕1号文件《关于下发吉林省2006—2010年定点扶贫工作实施方案的通知》。吉林大学中日联谊医院作为中省直单位，定点扶贫的重点村是龙井市白金乡勇新村。9月30日，吉林大学团委在长春市幸福乡组织开展"红色社团三下乡免费送医送药活动"。吉林大学中日联谊医院团委组织青年志愿者医疗服务队参加了此次活动，接诊患者200余人次，免费发放药品价值800余元。2006年10月1日，中央电视台在19:00的《新闻联播》中对此次活动进行了报道。

2007年6月10日，吉林大学第一医院二部组成由15个科室主任参加的专家义诊团，赴吉林省九台市开展"送医下乡、造福百姓"大型义诊活动。此次义诊共接诊350余人，并与九台市医院、市政府领导就今后医院发展、人才培养、学术交流等问题进行了座谈。吉林大学中日联谊医院认真贯彻落实卫生部"万名医师支援农村卫生工程"通知精神，先后组建2批医疗队前往吉林省靖宇县开展为期一年的医疗支援工作，李宏伟、张爱臣2位同志因其在医疗支援活动中的突出表现被卫生部授予"优秀医疗队员"荣誉称号，并在全国卫生医疗系统范围内对其先进事迹进行通报表扬。同时，医院选派14名优秀医务人员组建成2支医疗队，分别派驻延边朝鲜族自治州敦化市、珲春市开展为期3个月的医疗支援工作。

保障人民健康是我们党和国家始终坚持卫生和健康事业的发展方向。健康关乎着千千万万个家庭的幸福，是人民幸福和社会发展的需要，是全国各族人民对美好生活的共同追求。党的十九大以来，以习近平同志为核心的党中央，始终站在人民的立场上，推进健康中国建设。在健康中国建设的实施过程中，高校以及附属医院也发挥着各自的职责与义务，为健康中国建设作出了积极的努力。

二、强化思想政治建设工作，加强党的自身建设

（一）优化基层组织建设，增强党员政治自觉

党的基层组织是党全部工作和战斗力的基础。我们党的基本在基层，根基在群众，全心全意为人民服务是我们党的根本宗旨，是马克思主义政党的鲜明特征①。优化公立医院基层组织，是切实履行全心全意为人民服务的根本宗旨的基础，是加强公立医院党的建设的重要体现，也是促进公立医院全面发展的重要组成部分。

习近平总书记曾强调，打铁还需自身硬。我们的责任，就是同全党同志一道，坚持党要管党、从严治党，切实解决自身存在的突出问题，切实改进工作作风，密切联系群众，使我们的党始终成为中国特色社会主义事业的坚强领导核心②。加强公立医院的基层组织建设，提高党的执政能力，通过加强思想政治建设，提高广大党员的政治自觉，是吉林大学第三临床学院一直在不懈努力的重要工作。

医院党组织不断加强自身建设，为医院改革、发展、稳定提供有力保证。深入学习贯彻《中国共产党章程》，进一步明晰基层党组织的地位与作用，完善工作机制，积极探索保持共产党员先进性长效机制，以共产党员先进性教育为抓手，组织形式多样的思想教育活动，努力提升全院思想建设水平。组织全体党员上党课，在开展具体系列党员教育活动中，增强了党员的政治自觉，进而加强党的自身建设。1999年，组织医院全体党员学习优秀共产党员刘克明的先进事迹，观看电影《良心》、反腐败录像片《权惑》以及开展党员民主评议活动，增强了党员的修养。通过开展"共产党员形象工程"，使广大党员能够发挥先锋模范作用。同时，为了充分发挥党支部的战斗堡垒作用，医院党委组织开展了创建标准化党支部的活动，在党员组织发展方面，侧重发展高级知识分子和低年级学生，完善优化党支部建设发展。

医院重视加强党员的思想道德教育，重视医院各阶层人员思想动态，把教职工的思想教育放在首位，坚持将教职工思想政治工作与推进医院发展相结合，不断提高思想政治教育工作的针对性和实效性。在1999年开展了"满意在三院"活动，视病人为亲人，提供全程优质服务。与长春市老龄工作委员会签订协议书，对持有《老年证》的患者，提供优先、优质、优惠的"三优"服务。每年组织全体党员学习先进事迹材料，增强党员的党性修养，认真开展民主评议党支部、党员活动，通过评选先进党支部、优秀党员来提高党员的自觉性和积极性。

---

① 韩美娟.公立医院基层党支部服务功能的思考与实践——以无锡市人民医院内科党总支为例[J]. 价值工程，2014（30）.
② 习近平在新一届中共中央政治局常委中外记者见面会上的讲话. 2012 年11 月15 日.

医院以贯彻落实《中国共产党普通高校基层组织工作条例》为主要内容加强党的组织建设。在2014年召开了医院第四次党代会，大会确立了建设人民满意的大学附属医院的理想。提出始终坚定人民满意的办医、办学、办院方向不动摇，坚定高水平研究型医院建设不动摇，坚定大力加强医院内涵建设不动摇，坚定从战略上谋划医院发展全局不动摇，坚定改革创新推进医院发展不动摇等五个方面的发展理念。这成了医院在加强党的组织建设中具有重要意义的一年。

医院坚持以人民为中心的发展思想，在2018年召开了第五次党代会，是在党的十九大提出的习近平新时代中国特色社会主义思想全面落实，健康中国战略全面实施这一新的历史时期召开的一次重要会议。会议明确了改革方向，汇聚了建设力量，强调全面贯彻落实全国卫生与健康大会精神，落实新时代健康中国建设新要求，为医院未来发展奠定了良好的政治基础，为推进全面从严治党，凝聚医院发展共识，为开创医院事业新局面提供了重要保证。

作为公立医院，党组织全面贯彻执行党的理论路线方针政策，落实好党中央关于医疗卫生事业发展的各项决策部署，贯彻落实深化医改，保证医院发展的正确方向。新时期全体党员坚持以马克思列宁主义、毛泽东思想、邓小平理论、"三个代表"重要思想、科学发展观、习近平新时代中国特色社会主义思想为指导，坚持解放思想、实事求是、与时俱进、求真务实，做到对党绝对忠诚，始终在思想上政治上行动上同以习近平同志为核心的党中央保持高度一致，旗帜鲜明讲政治，坚定不移地维护习近平总书记的领导核心地位，坚定理想信念，始终践行全心全意为人民服务的根本宗旨，坚持马克思主义群众观，站在人民的立场上，把人民对美好生活的向往作为奋斗目标，不断开拓了医院事业的新发展。

（二）加强学生思想政治教育，优化人才队伍建设

教育强则国家强。大学附属医院在提供医疗服务的基础上，还承担着医学教育这一重要职能，培养优秀医务人员，加强医学人才队伍建设，为保障广大人民健康生活提供坚实的人才基础，是大学附属医院的重要职责之一。习近平总书记曾在全国高校思想政治工作会议上强调，高校思想政治工作关系高校培养什么样的人、如何培养人以及为谁培养人这个根本问题。要坚持把立德树人作为中心环节，把思想政治工作贯穿教育教学全过程，实现全程育人、全方位育人，努力开创我国高等教育事业发展新局面。加强思想政治工作，传承与弘扬白求恩精神，是医疗卫生行业多年来矢志不渝坚持的宗旨理念，高校以及大学附属医院践行白求恩精神在史料中也有所体现。

1989年11月10日，吉林大学师生员工隆重集会，纪念伟大的国际主义战士、吉林大学创建人之一白求恩同志100周年诞辰。吉林省副省长刘希林、中共长春市委副书记邢志、吉林省教委副主任范业本、吉林省对外友协会长毕可斌、吉林省卫生厅副厅长鲁安平、中共长春市委高教部部长王曙光、长春市卫生局局长张宇舟和我校

老领导贺云卿、杨智全、齐世凯、杜贵绂、孙瑞宗、张颖之等出席了纪念会。会议由校党委副书记张英笠主持。校党委书记陈远耀在大会上作了讲话，副校长饶明俐宣读了学校《关于进一步学习白求恩，发扬白求恩精神的决定》。

1990年1月12日，卫生部副部长何界生在吉林大学检查工作时指出，要对学生进行国情教育，加强思想政治工作，把思想政治工作和教育有机地结合起来；要按白求恩精神培养白求恩式医生；要建立一支又红又专的专、兼职思想政治工作队伍；业余服务要加强管理、要讲社会效益、要讲医德。此次视察中，明确提出了按白求恩精神培养白求恩式医生的重要任务，同时也强调了将思想政治工作与教育有机结合，加强思想政治工作的重要性。这对医学院校在加强医学人才队伍建设工作上指明了方向。

1999年，临床医学三系学生办公室被卫生部评为部属学校德育工作先进集体。为加强学生的思想政治教育，医院成立了德育暨"三育人"工作领导小组，下设办公室，并制订了德育工作规划和奖励制度。学生们定期开展主题鲜明的校园文化活动，积极参加"白求恩青年志愿者"活动。

2017年，教育部发布《关于进一步做好"5+3"一体化医学人才培养工作的若干意见》（以下简称《意见》），强调创新一体化人才培养模式，强化临床实践能力培养。《意见》明确，一体化人才培养的培养目标是，加强医教协同，适应我国卫生健康事业发展需要，培养具有良好职业道德、人文素养和专业素质，掌握坚实的医学基础理论、基本知识和基本技能，具备较强的临床思维、临床实践能力，以及一定的临床科学研究和临床教学能力，能独立、规范地承担本专业和相关专业的常见多发病的预防和诊治工作的高水平高素质临床医师。由此可以看出，党和国家对医学人才培养的高度重视，政策与制度体系的不断丰富与发展，为我国医学人才队伍建设奠定了坚实的基础。

三、加强行风建设，树立良好医德医风

（一）坚持党管干部原则，全面加强领导干部队伍建设

建设高素质的干部队伍是保证医院建设和发展顺利进行的关键所在。医院始终高度重视院领导班子建设，通过理论中心组学习和党员教育，增强党性修养。针对领导班子的思想作风建设，学习领会中共中央文件精神及学校文件精神，医院制定了系列文件，增强领导班子成员的廉政、勤政意识。早在1999年，医院制定并下发了《关于加强领导班子自身建设的若干规定》和《白求恩医大三院党风廉政建设责任制细则》，密切联系群众，坚持召开民主生活会，倾听群众的意见和建议，加强人民群众对领导班子队伍的监督。领导班子成员通过日常学习，不断提高自身的政治理论水平和党性修养，增强了领导班子的凝聚力和战斗力。2002年，医院领导班子坚持每周五下午的政治学习制度，重视院领导班子廉政建设。

医院始终坚持党管干部的原则，加强干部队伍建设。通过组织考核，把政治素质高、业务能力强的中青年干部提拔到领导岗位，增强医院的活力。医院建立了中层干部廉政档案，促进了干部队伍的廉政建设。2007年，为加强中层干部工作作风建设，带动全院行风工作的进一步提高，院党委把日常教育与干部考核相结合，着力做好中层干部的培训与管理。对于中层干部的教育工作，院党委从正反两方面着手。通过深入学习乔淑萍同志的先进事迹，改善自身服务水平；通过邀请行政管理专家、学者讲学，树立正确的医疗职业价值观，改善提高医院执行力。同时对全院职工深入开展职业道德教育与医疗法制法规教育。

为持续有效推进领导班子和干部队伍建设，完善领导干部廉政制度建设，医院制订《中日联谊医院领导班子工作守则》《中日联谊医院党风廉政建设责任制细则》《中日联谊医院纠风工作实施意见》等规章制度，增强中层干部责任感与使命感。进一步强化领导班子守则意识，完善《医院"三重一大"制度实施细则》《公有车辆使用管理暂行办法》《国内公务接待管理办法》等规章制度。积极推进党风廉政建设。通过各种形式宣传廉政知识，弘扬廉政精神，用廉政文化陶冶全院职工的情操。

医院通过制定《中日联谊医院理论学习中心组会议制度》《中日联谊医院党政联席会议制度》等，将理论中心组学习会议与党政联席会议相结合，完善并严格执行院党政联席会等议事规则和决策程序，进一步落实了民主集中制，坚持了"集体领导、民主议事、集中决策、分工负责"的原则，健全民主管理与民主监督机制，确保了科学决策力和执行力，推动医院领导班子民主、规范、科学决策。为有效加强干部队伍建设，制定《中日联谊医院干部队伍培训方案》，实行请进来，走出去，有针对性地组织培训内容和参观学习。

加强干部队伍建设，关键在于自身。医院号召全体党员要不断加强自身的党性修养，以共产党员的标准严格要求自己，要认真学习马克思主义理论、中国特色社会主义理论体系，带领全体党员全心全意为人民服务，密切联系群众，做人民群众心中的好党员，做推进医院事业全面发展的有为者。

（二）加强党风廉政建设和作风建设，弘扬廉风正气

作风建设是医院党的建设工作的重要组成部分，是实现风清气正、廉洁务实的重要保障。自十八大以来，中国共产党高度重视党风廉政建设工作，在医疗卫生行业，先后出台了《医疗机构从业人员行为规范》《加强医疗卫生行风建设"九不准"》，但医疗卫生行业的党风廉政建设和行风建设问题依然存在欠缺，医务工作者的医德医风仍然没有达到人民群众的满意度。对于公立医院来说，树立党建责任意识，切实抓好党建工作，加强党风廉政建设和作风建设成为突出强调的工作。

医院加强医务人员医德医风建设，建立健全工作体制，保证精神文明及行风建设工作顺利开展。深入开展"三好一满意"工作，认真开展群众评议医院行风工作，定期开展对门诊和住院患者进行满意度测评，出院患者满意度调查和电话随访工作。开展院务公开工作，加强社会公众监督和医院职工民主监督，加大监督检查力度，深入科室走访，整肃行业作风。在1999年医院下发了《关于禁止乱收（报）费和私收现金的决定》，转发了《白求恩医科大学关于加强医务人员职业道德建设和纠正医疗行业不正之风的若干规定》，加大了对违纪人员的处罚力度。

2000年是医院的"优质服务年"。医院开展了"爱岗敬业·弘扬白求恩精神大讨论"活动，召开了"爱岗敬业、优质服务表彰暨演讲报告会"，设立了行风奖励基金，实行了药品集中招标采购，着重开展了药品回扣专项治理工作，加大了对群众来信来访的处理力度，建立了提醒谈话制度。

在2001年，医院针对2000年学校开展的"三讲"教育活动，采取整改措施，制定了《关于加强党风廉政建设和反腐败工作的意见》和《院务公开细则》，成立了党风廉政建设和反腐败工作领导小组，并聘请我院部分同志为党风廉政建设和反腐败工作特邀监督员和监督员，设立了举报箱。医院高度重视人民群众关注的药品回扣和乱收费、私收费等焦点问题，每月定期深入基层检查。根据医院行风办向患者发放调查问卷的统计结果表明，患者对我院的综合满意度达91%，对医疗的满意度达90.2%，对后勤部门的满意度达92.7%。被长春市卫生局评为"白求恩杯"竞赛最佳单位。医院评选了2000年度行风建设先进科室、先进个人、文明窗口，提高全院各科室加强行风建设的积极性与参与度，有效加强了医院的行风建设。

在2005年医院组织全院1405名在职职工进行医德医风教育考试，有效地使广大医务工作者对医德医风的重视程度明显增强。2006年，吉林省卫生系统治理医药购销领域商业贿赂专项工作领导小组组织在长十六家医院院长在《吉林省医务工作者自觉抵制商业贿赂捍卫医学圣洁宣言书》上签名。

2007年，医院以完善行风工作体制和深入开展职工职业道德教育为主线，大力推进行风建设工作。在制订《2007年行风建设工作要求》的基础上，进一步完善了行风工作体制，党委统一领导，行政一把手负总责，纪委组织协调，其他领导实行一岗双责，办公室设在党委办公室。医院与各临床医技科室重新签订了《行风目标责任书》，上下形成网络，使医院工作和行风能够有序结合起来。医院召开班子会和院中层干部会，及时通报、解决和处理当前行风工作问题，监督检查行风建设的常态运行工作。

2008年，医院把长效机制建设作为工作重点，根据长效机制建设的总体要求，紧密结合实际，制定实施细则，对原有的规章制度进行修订完善，部分制定更为具体的制度和办法。真正做到靠制度管权，按制度办事，用制度管人，提高工作的规范化、制度化水平。深入扎实开展治理商业贿赂专项工作，进一步完善了各项规章制度，初步形成了党风廉政建设制度体系。通过开展广泛、深入、有针对地宣传教育和思想教育工作，使广大医务工作者遵纪守法、廉洁行医、自觉抵制商业贿赂的意识明显增强。建立了"重点岗位"轮岗制度，旨在促使职工合理、有序流动，更好地防范和遏制商业贿赂等各类经济案件的发生。

医院坚持依法治院，不断完善民主决策制度、管理运行制度和业务规范制度，为医院规范管理提供坚实保障和有力抓手，在全院范围内开展规范管理自查自纠工作，规范出国境管理，严格按照标准完成公务接待、公车使用、办公用房的自查及整改工作，进一步加强党风廉政建设和反腐倡廉建设，落实从严治党要求。

习近平总书记在庆祝中国共产党成立95周年大会上的讲话中曾指出，"党的作风正，人民的心气顺，党和人民就能同甘共苦。实践证明，只要真管真严、敢管敢严，党风建设就没有什么解决不了的问题。作风建设永远在路上。"始终认真抓好作风建设，对医院全面健康持续发展具有重要的推动作用。医院要切实贯彻党中央推进全面从严治党的各项部署要求，不断强化党员宗旨意识，为党员发展营造风清气正的良好氛围，不忘初心，牢记使命，建设让人民满意和放心的公立医院。

第二章 践行医者白求恩

第一节 医者白求恩

一、白求恩医者精神在医与教中的蒙启

白求恩祖父高明的医术，父母虔诚的信仰和幼时的生活环境，都对于白求恩的成长与成才，形成毫不利己专门利人的精神发挥了重要的作用。白求恩这一姓氏最早出现在公元九世纪某一文献中提及的白图尼亚和里奇伯格地区的首位领主罗伯特·白求恩。16世纪中叶，白求恩家族从法国北部迁移居到苏格兰，此后的两个世纪他们为苏格兰提供了许多医生、教师和牧师。18世纪，白求恩家族迁移到加拿大。白求恩的祖父是多伦多久负盛名的杰出外科医生，父亲是长老会的牧师，母亲是长老会的虔诚信徒。白求恩自幼就表现出强烈的探索精神、创造精神和献身精神。

（一）医学家承

白求恩的祖父诺尔曼·白求恩在爱丁堡和伦敦完成医学学业后回到加拿大，担任多伦多大学维多利亚学院医学教师，并创办了安大略省多伦多市三一医学院。祖父的见解、言行和对医学医术的严谨及钻研精神成为白求恩童年向往的目标，白求恩自幼就以祖父为榜样，发明制造医疗器械，解剖制作动物标本，并立志长大以后要做一名伟大的外科医生。白求恩的人生发展轨迹始终是围绕着"医学"不断探索、追求真理的过程。1915年2月，白求恩在英国受短期训练后，担任加拿大皇家医疗队担架员。1916年12月，获多伦多大学医学博士学位后，担任英国海军"飞马号"军舰上尉军医直至1918年。第一次世界大战结束，部队被遣散后，在伦敦儿童医院担任住院实习医生。为了延续祖父的道路，1923年秋，白求恩去爱丁堡参加英国皇家外科学会会员考试，被录取后返回西伦敦医院担任外科医师。后前往意大利、瑞士、法国和奥地利等欧洲国家进修、观摩。1924年10月，在底特律开设了第一个诊所，不久出任哈珀医院门诊部外科助理医师并兼授底特律药物和外科学院处方学。1927年，在纽约州立结核病医院任职。1929年6月，在蒙特利尔市皇家维多利

亚医院担任北美著名外科医师爱德华·阿奇博尔德大夫第一助手，在特鲁多疗养院任职，并且在麦吉尔大学医学院任教。1932年，从皇家维多利亚医院离职，去美国各州作访问旅行。1933年，被聘为加拿大联邦和若干省政府卫生部的卫生顾问。同年，在赫尔曼·基弗医院、梅伯里疗养院、美国退伍军人医院代爱德华·奥布赖恩大夫任职，这段时间白求恩积累了宝贵的经验。1934年，在圣心医院担任胸外科主任。1935年，被选为美国胸外科学会理事会理事。白求恩的胸外科医术在加拿大、英国和美国医学界享有盛名。1936年10月，白求恩带领医疗服务队跟随加拿大志愿军奔赴西班牙内战前线。1938年1月，受加拿大和美国共产党的派遣，白求恩率领加美援华医疗队援助中国人民抗日战争。

（二）家庭熏陶

尽管白求恩出生于一个虔诚的基督教家庭，但是过往的学习工作生活经历使白求恩毅然决然地选择了以共产主义为自己毕生的信仰，并在共产主义远大理想和医者职业道德情操的感召下，以实际行动在人类历史发展的长河中留下了浓墨重彩的一笔。白求恩的父亲马尔科姆·尼科尔森·白求恩在二十一岁时曾放弃行医、传道和教书的家庭传统，转而从事商业，他和哥哥安格斯前往夏威夷，准备买一片橘林发财。在檀香山，他认识了伊丽莎白·安·古德温，一个离开伦敦到夏威夷传教的传教士，他们的相识使马尔科姆抛弃了庸俗的念头，成了"重生"的基督教徒，并返回多伦多，不久两人结婚。1890年3月3日狂风暴雨的一天，在安大略省北部格雷文赫斯特小镇约翰街235号一座米黄色双层小楼里，白求恩夫妇的第一个男孩子——亨利·诺尔曼·白求恩出生了。白求恩家庭生活总是很活跃、丰富且温暖，这也深深地影响了白求恩。有一段时间，全家爱玩一种识字游戏，大家聚在一起吃饭时，哪个孩子能正确念出一个生词且说出意思就得五分钱作为奖励。尽管白求恩总是得到奖励，可他总是把得到的钱跟姐姐和弟弟平分。此外，白求恩还喜欢按照自己对形状和颜色的想法重新布置每个家庭成员的房间，家人尽管不认同他这种搬动家具的做法，但仍然耐心地任从他这种嗜好。白求恩夫妇对白求恩产生了深刻的影响，"母亲给了我一个传道家的性格，父亲给了我一股要行动、要干的热劲"。[①]后来，白求恩加入共产党，坚定地为人类解放事业和共产主义事业而献身，作为一名虔诚基督徒的儿子，他坚信，假如基督再生，这也会是他的选择。

（三）天生特质

白求恩爱好广泛，喜欢游泳、绘画和雕塑，热爱森林和夏日天空，热爱涂在画布上的颜料和用手捏塑的泥。在西班牙，白求恩写出了《马拉加—阿尔梅利亚公路上的罪行》一书，记录了阿尔梅利亚公路上逃难的老人、妇女及孩子所遭受的残酷对待，唤起了国际社会对法西斯分子暴行的关注。在中国，白求恩拿起画笔沿着冀中抗日根据地的街巷画抗日宣传画，1938年完成的《游击战中师野战医院的组织和

---

① 泰德·阿兰，塞德奈·戈登. 手术刀就是武器——白求恩传[M]. 巫宁坤，译. 上海文艺出版社，2005：17.

技术》大量插图也由他亲手绘制。白求恩富有探索精神。行医后，白求恩愿意在自己身上进行医学试验，在他左肺被压缩治疗后，他不断地用他的气胸器械在自己身上做试验，以尝试一切可能的使人工气胸更有效的方法，以及病人的一切可能的反应。白求恩富有创造精神。行医期间，白求恩脑子里总是充满新技术、新方法、新器械的设计，他改进了肋骨玻璃器，创新了一种新的气胸器械，设计了机械胳臂，发明了白求恩肋骨剪，发表了大量学术论文，成了名副其实的发明家和革新家。在援助中国人民的抗日战争期间，白求恩为适应游击战争发明了白求恩换药篮子和卢沟桥驮子，实施了许多医疗改革计划，为世界反法西斯战争做出了杰出的贡献。白求恩富有献身精神。一年冬季，小白求恩和其他三名小伙伴在湖面上滑冰。一名小伙伴不幸掉入冰窖，其他孩子都吓坏了，只有白求恩奋不顾身地冲上去，趴在冰面上，双手紧紧拉住落水的孩子，最终使他得救。后来，白求恩作为加拿大年薪最高的医生之一，出于"毫无自私自利之心"，义无反顾地舍弃自己优越的生活条件，抛弃自己已有的名与利，英勇地奔赴国际反法西斯战场，率领加拿大输血服务队和加美援华医疗队投身医疗援助。

二、白求恩医者精神在"资"与"社"中的嬗变

白求恩在年轻的一段时间曾沉浸在瓦特·佩特"狂欢的境界"中，但他很快意识到自己应该做些对人类，尤其是贫弱群体有益的事情。资本主义的局限性，社会主义的优越性，使白求恩坚定了为共产主义献身的决心，并且第一次提出了"社会化医疗"。

（一）立志从医，医治穷苦大众

1927年，肺结核痊愈后，白求恩立志要做真正的医学工作者，做探求者、不安于现状者、生命给予者，掌握胸外科新技术以拯救肺结核患者的生命。1932年年中，白求恩发表了《吁请作肺结核早期压缩》的文章，他主张"作为一个民族，我们是能够扑灭肺结核的，只要我们认定花足够的钱来做这件工作是值得的。我们的办法包括改进医学教育、公共教育……强迫定期进行体检和爱克斯光检查，早期诊断，早期卧床静养，早期压缩、隔离以及保护年轻人。"[1]1934年，白求恩担任圣心医院胸外科主任，他用尽早压缩病肺方法治愈了大量病例，但他发现一个令他懊恼的事实：在加拿大全国，在城市贫民区和破产的内地农村，成千上万的人慢慢地死于肺结核，甚至还不知道自己得了这种病，肺结核患者数量不减反增。资本主义世界经济大萧条带来的是，几百万人在生着病、受着苦，而现成的医疗保健资源却大量闲置。白求恩意识到，"富人有富人的肺结核，穷人有穷人的肺结核，富人复原，而穷人死亡……肺结核患者因为缺少时间和钱而死的，比因为缺少对肺结核抵

① 泰德·阿兰，塞德奈·戈登. 手术刀就是武器——白求恩传[M]. 巫宁坤，译. 上海文艺出版社，2005：79.

抗力而死的要来得多。"①他大声疾呼，"我们到人民中间去！取消挂牌行医，改变整个医疗制度。你向窗子外面看看——整条街的房屋。那才是医生必须去的地方。深入每幢房屋，每座城市，每个农庄，挨家挨户，我们把医药直接送到每个人那儿去。我们不待在诊所里，等病人送上门来，诊断一次收多少钱；我们在他得病以前去找他，教给他怎样保持健康。如果他已经病了，我们就用迅速的行动来止住他的病。"②有一天下午，白求恩偶遇失业工人游行，要求政府解决工作问题，却遭到政府警察的镇压，群众被打伤。白求恩亲历此次游行，出于医生的良心和职责，他毫不犹豫地参加了被打伤群众的医疗抢救工作，为受伤的工人进行抢救和包扎。此后，白求恩经常与工人们来往，听取他们演讲，参加他们集会，与他们一起讨论。他奋不顾身地投入了工人阶级斗争的行列，"与其一个个做手术，还不如到大街上去宣传！"

（二）考察苏联，倾心社会主义

1935年夏，由世界著名生物学家巴甫洛夫主持的国际生理学大会在苏联莫斯科、列宁格勒召开，白求恩和四名加拿大代表应邀参加。白求恩出于看看俄国人怎么生活，采用了什么办法来扑灭肺结核和社会化的医疗制度如何实行等目的，参观了苏联许多医院、疗养院，考察了苏联防治肺结核的方法，进行了大量的调查。白求恩发现，十月革命以后的十八年，尽管有近一半时间用于国内经济重建，但苏联肺结核发病率却减少了50%以上，这证实了他关于肺结核是完全可以扑灭的假设。在苏联，在世界上最完备的疗养院和休养所，产业工人享有公费医疗的优先权；在各个医院和疗养院，一切医疗都是免费的，这不是什么施舍，而是病人的公民权利。在这里，他一向鼓吹和设想的许多想法已经成为现实，如官方规定的疾病防护措施包括从幼年起给儿童实行结核菌素试验和大规模的肺结核患者复原制度。苏联作为世界上第一个社会主义国家在大萧条年代里所取得的举世瞩目的成就令白求恩心悦诚服、兴奋异常，他清楚地意识到：一个新的实验正在古老的俄罗斯土地上进行着，它将对全世界人们的生活方式产生深远的影响。回国后，他对加拿大学生、群众团体、医学团体和各种不同性质的组织讲演在苏联耳闻目睹的事实，对社会主义革命和建设给予了盛赞，对人类的未来充满了信心。在蒙特利尔内外科学会所主办的一次医学界人士会议，他以这样一段话结尾："创造新世界，不是、从来也不是一种文雅的姿态。它是粗暴的、激烈的和革命的。但是对于那些相信人类的无限前途，相信人类可以依自己的意志创造神圣的命运的勇敢的心灵——对于这些人，俄国今天呈现着地球上自宗教改革以来人类的进化的、新生的和充满英雄气概的最令人兴奋的景象。否认这些就是否认我们对人类的信心——而那是不可饶恕的罪恶和

---

① 泰德·阿兰，塞德奈·戈登. 手术刀就是武器——白求恩传[M]. 巫宁坤，译. 上海文艺出版社，2005：82.
② 泰德·阿兰，塞德奈·戈登. 手术刀就是武器——白求恩传[M]. 巫宁坤，译. 上海文艺出版社，2005：92.

彻底的背叛。"①

（三）加入共产党，倡导社会化医疗

1935年底，在法西斯到处迫害共产党人的白色恐怖下，白求恩毅然决然地加入了共产党，成了一名自觉地为改造世界、追求真理进行战斗的战士。1936年，白求恩组织一百名医生、牙医、护士和社会工作者成立了蒙特利尔人民保健会，该组织的宗旨是使最需要医药的人们得到适当的照顾。他们向政府提出了许多切实可行的建议以立即改善公众健康状况，如一项适用于所有工资劳动者的强制性健康保险计划；由各专门医院派医生、护士和牙医组成医疗队在各大城市工作；所有失业者以五百人为一组划归当地的医生负责医疗，由政府提供医疗费用，但最终这些并没有得到蒙特利尔当局的采纳。1936年，蒙特利尔内外科学会主办的一次关于医学的经济问题讨论会上，白求恩主张实行社会化医疗，他认为，"资本主义制度下，医业是一种漫天要价的行业。我们是以珠宝的价钱出卖面包的，占我们人口百分之五十的穷人买不起，只好挨饿；我们做医生的卖不出去，也倒霉。"实行社会化医疗制和废止或限制私人开业就是解决这个问题的现实办法和最终形式。

三、白求恩医者精神在血与火中的涅槃

诺尔曼·白求恩的名字在加拿大、西班牙和中国都家喻户晓。他是一位共产党员，也是一位胸外科医生。共产主义的远大理想使他牢固树立帮助最无助的劳苦大众实现自身解放的坚定信念；医生救死扶伤的职业道德和高尚情操使他牢固树立终身全心全意为伤员服务、把伤员放在最前头的思想品格。

（一）西班牙战场

1936年7月，西班牙爆发军事叛乱的消息传到加拿大，面对佛朗哥北方部队马不停蹄地向马德里进攻，白求恩决定采取直接行动援助西班牙。他组建援助西班牙民主委员会带领医疗服务队，带着外科器械、输血用具、抗生素和血清等医疗器材历经困难抵达马德里。在当地医院的所闻所见使白求恩发现大量受伤士兵由于失血陷入休克甚至死亡，而收治伤员的医院、为伤员提供输血的服务站、伤员疏散站大都远离战场，战争环境需要一个提供输血服务的组织，于是他产生了着手筹建流动输血服务队的念头。1936年12月，加拿大服务队开始运转，白求恩采取最新的俄—美采血法，在适宜的温度下将血浆储存在空瓶里，然后在40公里的辐射范围内把血浆送至任何一家有需要的医院。输血服务队通过报刊、地方电台每天的广播号召人们献血，获得了数千名献血志愿者。输血服务队成功创造了战地医疗史上的新篇章：在前线为伤员就近输血成功，使伤员的死亡率降低了75%。白求恩酝酿着怎样让服务队能在更广阔的舞台发挥更大的作用，他原本计划扩大服务范围，为瓜达拉马山区提供服务，并延伸到距城市160公里的范围，但最终输血服务计划还是被军队卫生

① 泰德·阿兰，塞德奈·戈登. 手术刀就是武器——白求恩传[M]. 巫宁坤，译. 上海文艺出版社，2005：106.

组织拒绝。白求恩计划遭到拒绝是他在西班牙工作轨迹的一个拐点，这件事深深影响了他的脾气、行动方式以及与共和国卫生当局的关系。1937年1月，南方民族主义军队武装在马拉加—阿尔梅里亚公路大规模攻击无辜平民造成的灾难使白求恩更加担心战争对平民，特别是儿童的影响，他开始考虑用加拿大为输血队筹集的钱款建设"儿童城"，收留流离失所的儿童。后来白求恩折返回加拿大，开始了各大城市的巡回演讲，讲述西班牙人民浴血奋战的英雄事迹，揭露法西斯惨无人道的罪行和"侵略者默许政策"的虚伪性和罪恶本质，号召人们捐款，这些资金被用于儿童避难所的建造和马德里输血服务队的运转。重返西班牙的计划遭拒后，白求恩关注到遭受日本期略、局势急速恶化的中国，并于1938年1月前往中国。

前往西班牙战场前，白求恩写下了生为资产阶级，愿死是共产党员。西班牙内战期间，诺尔曼·白求恩为反抗法西斯主义、捍卫共和国事业作出了无法估量的贡献：通过加拿大电台讲述其加拿大服务队工作，唤醒了加拿大民众的良知和善意的情感。通过撰写《马拉加—阿尔梅利亚公路上的罪行》向世人通告阿尔梅利亚公路上逃难的老人、妇女及孩子所遭受的残酷对待，唤起了国际社会对法西斯分子暴行的关注。通过推动拍摄关于输血服务队的纪录影片《西班牙的心脏》，使成千上万北美人感受到了与西班牙共和国休戚与共。通过归国期间的巡讲，为西班牙募集到数目可观的捐款并增强了与法西斯主义斗争到底的政治意识。

（二）中国战场

1937年，日本帝国主义者制造了卢沟桥事变，发动了全面侵华战争，当得知中国迫切希望得到国际援助，特别是医疗援助时，白求恩毅然决定到中国去，到最迫切需要他的地方去，到他最能够发挥作用的地方去，与中国人民并肩战斗。1938年1月，白求恩受加拿大和美国共产党的派遣，与帕森斯·吉安·欧文大夫和琼·尤恩护士组成加美援华医疗队前往中国。三人在乘轮船抵港后随即飞抵武汉，在与周恩来同志会见时，白求恩恳切地说："我来中国是要去解放区工作的.现在抗战形势紧迫，请你尽快安排我们上前线去！"[1]1938年3月，白求恩冲破日本帝国主义的追击和国民党的阻挠抵达延安，在与毛泽东会见时，白求恩衷心地请求："到抗日前线去，到抗日战争的人民中间去！"[2]1938年6月，白求恩辗转来到晋察冀边区，并第一时间去后方医院工作。他一到后方医院就要求医护人员不要把他当成老古董，要把他当成一挺机关枪使用！[3]除了紧张的医疗救护工作外，白求恩决定在五台山松岩口筹建一所"模范医院"，从修建医院院舍、制作医疗器械，到举办专题讲座、巡回讲座，进行理论与实践结合的现场实地参观、表演，再到培训医务人员、编写医学教材、制定规章制度，他都亲力亲为。不久，日寇对晋察冀根据地发动

---

① 冀国钧, 张业胜. 诺尔曼·白求恩在中国[M]. 中国协和医科大学出版社, 2007: 10.

② 冀国钧, 张业胜. 诺尔曼·白求恩在中国[M]. 中国协和医科大学出版社, 2007: 14.

③ 中国人民解放军白求恩国际和平医院《白求恩在中国》编写组. 白求恩在中国[M]. 人民出版社, 1977: 54.

"大扫荡"，白求恩不得不随着军区进行转移，开展伏击战。雁北地区广灵—灵丘公路伏击战，他坚持把医疗手术队放在离前线最近的一座小庙中，最终他整整四十个小时没合眼，连续作了七十一个手术，其中只有一名不幸牺牲。这样的结果使他意识到：时间就是生命！医生要到火线疗伤，要到伤员那里去，组织流动医疗队。医生坐等病人的时代已经过去了。为了适应游击战争，他在灵丘杨家庄创立特种外科医院，由医生、护士、伤员、群众组成院务委员会，由人民群众组成"志愿输血队"。为了推广特种战地医院方案，他集中为各部队团以下的卫生工作人员和医生开展了"特种外科实习周"。1939年2月，白求恩率领"东征医疗队"来到斗争更为艰苦的冀中抗日根据地。为了适应平原游击战争，白求恩主张外援获得与就地取材相结合，设计发明了白求恩换药篮子和卢沟桥药驮子（又称卢沟桥流动医院）。齐会战斗中，白求恩把手术室设在战士的身后，亲手冲到前线送防毒面具，亲手制作靠背件、做蛋羹以帮助伤员尽快恢复健康。

1939年夏，白求恩决定回国为中国人民的抗日战争争取更多的国际援助。回国在即，白求恩决定先率领一支战地医疗队奔赴摩天岭前线。白求恩坚持把手术室设在离前线七里的孙家庄边的小庙。在敌人逼近村庄的最后时刻，白求恩仍坚持为所有伤员完成手术，结果不幸划破手指。随后，在为一名患有外科烈性传染病的伤员手术过程中，白求恩不幸感染丹毒，但当他得知前方还有战斗时，仍坚持带着越来越恶化的伤势出发去前线了，随着病情的恶化白求恩不得不转移到后方医院治疗。在生命的最后时刻，白求恩回望在中国的最近两年是他生平中最愉快、最有意义的时日，只留下了"努力吧！向着伟大的路，开辟前面的事业！"[①]的嘱托。1939年11月12日凌晨5时20分，中国共产党和中国人民的亲密战友诺尔曼·白求恩同志的心脏停止了跳动。

第二节　白求恩医者精神

一、白求恩医者精神的内涵

白求恩大夫怀着毫不利己专门利人的动机，把全人类的解放事业当作他自己的事业。白求恩大夫对工作极端负责任，对同志对人民极端热忱。白求恩医者精神融入了中西传统医德最优秀的成分，同时随着时代的发展被赋予了新的内涵。白求恩医者精神突出地表现为对患者的满腔热情和对医术的精益求精。

① 中国人民解放军白求恩国际和平医院《白求恩在中国》编写组. 白求恩在中国[M]. 人民出版社, 1977: 251.

（一）对患者的满腔热情

白求恩克服重重阻力，放弃优越生活，奔赴反法西斯战场，冒着枪林弹雨救死扶伤，最终因在为伤员手术过程中左手中指受伤处被病毒侵袭感染而不幸殉职。作为医生，白求恩以高超的医术全心全意为人民服务，始终把保障伤病员的康复看作自己的神圣职责，用手术刀创造了许多生命奇迹，挽救了许多革命将士。在长期的战地医疗救护工作中，白求恩始终对伤员加倍爱护，宁可自己累一点，也不能叫他们受痛苦；救护工作必须靠近火线，医生要到伤员那里。实现和谐医患关系是人们一直以来孜孜以求的价值皈依。白求恩医者精神在医患方面主要表现为构建和谐医患关系。医患关系是指医疗工作者与患者及其家属之间的相互关系，医患关系在医疗过程中具有重要的意义。第一，和谐医患关系是开展医疗活动的前提条件。医生和患者是两个不同的主体，双方是否能够相互接纳、理解和信任决定医患关系是否能够继续。第二，和谐医患关系是达到理想治疗效果的先决条件。医生是助人者，要满足患者医疗服务和非医疗服务的合理期望，任何医疗救护都必须建立在和谐医疗关系基础上进行。

构建和谐医患关系主要通过以下方面：一是尊重。医生应该把患者作为有价值观念、思想感情、人格尊严、生活追求和独立性与自主性的活生生的人去看待。尊重意味着医生对患者的一切，如世界观、人生观、价值观、道德品质、生活态度、生活方式等，无条件地接纳；尊重意味着医生对患者一视同仁，不得因价值观、信仰、民族、职业、地位、文化程度、金钱、个性及身体情况等差异批评指责患者，或阿谀奉承患者，或排斥贬低患者，或歧视嘲笑患者；尊重意味着医生对患者以礼相待，遵循中华民族礼仪文明；尊重意味着医生应对患者隐私、人格、尊严予以保护，不随意评价、传播患者病情、治疗方案；尊重意味着维护患者的生命健康权、知情同意权、自主决定权、治疗权、求偿权等。

二是信任。医学信息不对称、医患地位不平等、医疗本身不确定性使得患者对医生存在预设性不信任，医生只有修复信任危机，重建医患信任，才能促使患者更积极地提供相关信息并配合治疗，使得治疗方案和治疗效果更佳理想，进而促进和谐医疗环境的建立。医患信任是指患方在择医和就医过程中，由于对未来治疗效果无法确定但充满期望时，所做出的对医方的非理性的选择和依从行为，包括患者对医生诊断和治疗疾病能力的医技信任和患方相信医生能够将患者利益放在第一位，努力实现患者健康利益的最大化的医德信任。医生应坚持提升自身技能，加强医患双向互动沟通，公开各个环节医疗信息，解答患者对疾病、治疗的疑惑，注重根据反馈调整治疗方案，给予患者生理上、心理上、道德上的关爱，树立职业认同感、忠诚感和责任感。

三是理解，又可称作"共情""同理心""设身处地"等。在医疗过程中，医生应从患者的角度而不是自身角度理解、体验及把握患者生理上、心理上、道德上的需求；理解的基础不是有与患者相似的经历和感受，而是要设身处地地理解患者及其存在的问题；表达理解不能一视同仁，而是要因人、因事而异，视情况而定；表达理解应把握时机和恰到好处；表达理解应善于实现医生—患者之间的角色转换；表达理解应善于使用躯体语言，注重姿势、目光、声音、语调等；表达理解应考虑患者性别、年龄、文化习俗等特征；医生应不断验证是否理解，得到反馈后要及时修正。

四是真诚。真诚不等于实话实说，还要充分考虑患者所处环境、生理、心理实际情况，真诚应该实事求是，真诚不是自我发泄，表达真诚应该适度，真诚还体现在躯体语言上，表达真诚应考虑时间因素，真诚体现在医生的坦诚上。医生应以诚待患，把患者的最佳利益放在首位，履行告知义务，不得隐瞒欺骗，在全面、详细了解患者病源、病情基础上，将其疾病症状、治疗手段、治疗药物和预后恢复向患者诚实、准确解释和说明，以取得患者的知情同意。告知时要注意适时适度得体，不能过于自信而说话不留余地，也不能过分夸大和渲染治疗作用和危险。

（二）对医术的精益求精

白求恩认为，"作为一名良好的素质称职的医生，应当具备像鹰一样的眼睛，对病看得准；有一个狮子的胆，对工作大胆果断；有一双绣女的手，做手术灵活轻巧；有一颗慈母的心肠，热爱伤病员。"在医疗救护实践中，白求恩时常问自己：有更好的办法来代替现在正用的办法吗？他时常反思自己和自己的工作能力，从来没有停止过在医学领域里的探索和追求。白求恩医者精神在医术方面可以简单地概括为以下方面：

一是切磋琢磨的精益求精态度。不同于其他技艺，医术作为"至精至微之事"要求医者必须技艺精湛、一丝不苟、坚韧专注、实事求是、尊重科学、勤恳积累、刻苦钻研。作为北美四大名医之一，白求恩的医术在整个八路军医务系统中都是很高明的，但为了适应中国战场平原游击战争，他从未放弃对医学的反思和探索，并致力于推动战地医疗卫生工作的科学化、系统化和标准化，他对战地医疗救护工作要求近乎严苛和近乎挑剔，对每个医疗操作都追求精准、精心、精细，对每场手术都追求极致与完美，精雕细琢，注重细节，发明改进了许多适合战地医疗实际工作的医疗器械和医疗方法，并完成了凝结"他一生最后心血的结晶"的重要著作《游击战争中师野战医院的组织和技术》一书，留给八路军和新四军卫生工作者、指战员、伤员和人民群众许多宝贵的不可多得的精华。

二是孜孜不倦的敬业奉献理念，要求医者必须敬畏生命、救死扶伤、埋头苦干、造福群众、勇于牺牲、甘于付出、常怀恻隐之心。白求恩志在做一名合格的医生，行医期间从未依仗专长谋取私利，他不仅用高超的医疗技艺抢救了无数中国八路军将士的生命，亲手为伤病员换衣服、喂饭、擦脸、翻身、扶伤员大小便、做靠背件、做鸡蛋羹以帮助他们尽快恢复健康，而且慷慨地用自己的鲜血挽救了许多生命垂危的战士。有次一位大腿股骨骨折的伤员，失血过多，高烧不退，精神萎靡，需要立即输血进行手术。白求恩毫不犹疑地说："我是O型血，万能输血者，我可以抽。"卫生部叶部长担心他刚献过血想要另外找人。白求恩却说："前方将士为国家民族打仗，可以流血牺牲，难道我们在后方的工作人员取出一点血液补充他们，有什么不应该的呢？"三个星期后，这位伤员恢复健康，重返前线。

三是物我合一的忘我境界追求，要求医者全情投入、感同身受、废寝忘食、不惧艰险、排除万难、自力更生、艰苦奋斗。白求恩是视工作效率为生命，将伤员死亡率降到最低点的医者典范，在中国战场的医疗救护工作中，他坚持组织战地医疗队到前线去抢救伤员。有一次，他在炮火中奇迹般地连续坚持69个小时，顺利完成了115名伤员的手术.他在日记里这样写道："我确实很累，但我从来没有这样高兴过，我感到满足，我正在做着我要做的事情。这里到处需要我……"即使不幸感染丹毒后，他仍用顽强的意志去往前线救治伤员。在生命的最后时刻，他想到的都是对中国人民解放事业的嘱托，丝毫没有替自己打算，回望起在中国度过的两年是他生平中最愉快、最有意义的时日。

四是臻于卓越的创新创造精神，要求医者与时俱进、开拓进取、追求真理、永无止境、百折不挠、勇于改革、因地制宜。白求恩脑子里总是充满新技术、新方法、新器械的设计，他改进了当时普遍使用的笨拙、沉重、锋利的万能肋骨剪，借鉴皮鞋匠的剪刀设计出新肋骨剪，它的柄把比剪刀头长9倍，这样可以在剪的时候起到强有力的杠杆作用，他还在柄把上安装橡皮抓手以增加摩擦力。它的刀尖用比较坚硬的铜，且略微钝一点儿。这种器械被命名为"白求恩肋骨剪"，沿用至今。

二、白求恩医者精神的特质

每个医务工作者都要学习白求恩毫不利己专门利人的医者精神，努力成为"一个高尚的人，一个纯粹的人，一个有道德的人，一个脱离了低级趣味的人，一个有益于人民的人"[①]。白求恩对患者的满腔热情和对医术的精益求精的医者精神体现了科学性与革命性的统一，理想性与现实性的统一，世界性与民族性的统一以及人本性与专业性的统一。

（一）科学性与革命性的统一

白求恩医者精神以马克思主义实践观为哲学依据，用理论指导实践并在实践中不断检验、完善，在实践的基础上实现了科学性和革命性的有机统一。白求恩医者精神具有科学性，顺应了抗日战争时期历史发展的理论需要与现实需要，批判地继承了人类社会全部优秀文化遗产和思想精华，坚持以实践为基础，坚持以问题为导向，针对时代的前进和实践的发展所出现的新情况、新问题一脉相承、与时俱进地丰富其内涵，坚持辩证唯物主义和历史唯物主义的世界观和方法论，坚持世界的

---

① 毛泽东.毛泽东选集（第2卷）[M].人民出版社，1991：660.

物质性和真理的客观性，坚持用联系的、发展的、矛盾的观点认识世界的本来面貌，透过现象深刻揭示世界的本质和规律。白求恩医者精神的革命性是以严格的科学性为坚实基础的革命性，它表现在坚持彻底的辩证法，"扬弃"人类社会历史上出现过的各种医德观，批判了原始社会、奴隶社会、封建社会直到资本主义社会中医者精神的利己主义本质，坚持阶级性，旗帜鲜明地强调最广大人民群众服务的价值追求和政治立场；坚持实践性，为无产阶级和广大人民群众推翻旧世界、建设新世界、解放全人类、实现共产主义的过程中涉及的医疗救护提供理论指导和精神动力。

（二）理想性与现实性的统一

一种精神如果只有理想性，没有现实性，那就必然沦入空洞、虚幻；如果只有现实性，没有理想性，那也不免陷于实用、虚无。白求恩医者精神是理想性与现实性的辩证统一，是应然与实然的辩证统一，是普遍性与特殊性的辩证统一。白求恩医者精神既为游击战争时期医疗工作者的战地医疗实践活动提供理论指导、精神激励和价值评价，又为未来社会医疗工作者投身于实现中华民族伟大复兴中国梦的社会主义现代化建设指明奋斗目标和前进方向。白求恩医者精神带有指向未来事物美好愿景的理想性特质，但又不仅仅只局限于主观勾勒的"空想"，而是孕育着可以实现的巨大现实可能性。白求恩医者精神不是遥不可及的彼岸世界，它从形成到发展所表现出的强大生命力源于它的现实性，即坚持一切从实际出发，理论联系实际，实事求是，在实践中检验真理和发展真理

（三）世界性与民族性的统一

21世纪的基本特征是经济全球化、政治多极化、文化多元化和社会信息化。白求恩医者精神既是世界的，又是民族的。白求恩医者精神具有世界性，在世界历史的发展进程中，白求恩医者精神超越民族国家界限、超越意识形态，成为各民族国家普遍接受的一种世界性存在。生命健康是每个人希望拥有和永恒追求的东西，任何时代每个有理性、有正义的国家和政府都必须妥善处理好每个公民生命健康需求与国家医疗保健资源短缺之间的尖锐矛盾，白求恩医者精神正是为医疗保健资源公正分配提供了一种前提性依据，因此得到全世界各民族国家的认可。白求恩医者精神的发展创新必须坚持世界性与民族性的辩证统一，共性与个性的辩证统一，普遍性与多样性的辩证统一，时代性与独特性的辩证统一。白求恩医者精神必须坚持世界性，就是白求恩医者精神的发展创新必须以世界眼光，关注世界文化发展趋势，吸取人类共同文化资源的先进因素。白求恩医者精神必须坚持民族性，就是白求恩医者精神的发展创新必须坚持中国特色中国风格中国气派，抵御西方资本主义文化的侵蚀，对中华民族优秀传统文化推陈出新革故鼎新。

（四）人本性与专业性的统一

白求恩医者精神最突出地表现为人本性与专业性的统一。白求恩毅然抛弃加拿

大优越的生活环境和物质待遇，投身于抗击法西斯主义的西班牙战场和中国战场的战地医疗救护工作中，他始终坚持救护工作必须靠近火线，医生要到伤员那里，无论是对伤员还是对百姓，凡是需要救助的人，他都以负责任的态度和热忱的感情，倾其所有、尽其所能给予帮助。即使在敌人逼近的最后时刻，白求恩仍坚持抢救伤员，他对劝他撤离的同志说："战士们没有离开他们的阵地。手术台是医生的阵地，我怎么能离开自己的阵地呢？"①在医疗保健供求双方地位不对等、信息不对称的现实背景下，白求恩医者精神要求医者既要具备丰富的医学知识和精湛的医疗技能等专业素质，又要具备深厚的人文素质；既要敬畏生命、救死扶伤，又要促进人的自由而全面发展；既要成为患者肉体上的医师，又要成为患者灵魂上的医师；在预防、诊断、治疗、预后过程中既要坚持专业性，又要坚持人本性。这里人本性强调的是医患并重、医患双赢，而不是为了维护患者利益不顾医护人员利益，也不是完全依照市场供求交易忽视患者看病难、看病贵。

三、白求恩医者精神对西方传统医学精神的继承与发展

青少年时代的家族影响和艰辛经历是白求恩医者精神形成发展的基础，广泛深入的理论思考和社会实践是白求恩医者精神形成发展的动力，支援西班牙内战和抗日战争的伟大事业是白求恩医者精神形成发展的关键。此外，西方传统医德"尊重生命""践履良知"和"人道主义"等思想也给予白求恩医者精神丰富的滋养。

（一）尊重生命

尊重生命蕴涵着深刻的生命伦理学的体会和企望，人类与自然之间应该建立起一种兄弟般相互尊重的和谐关系，人类要对自己、他人和一切有生命的生物心存敬畏、全然肯定，而不能按照自己的意愿来随意决定自己的肉体生命或他者生命的延续、保存或毁灭、损害。尊重生命意味着人类要尊重生命的自然性和社会性，尊重弱势群体，维持和平远离战争，努力防治病役。医生面前只有一种人，不论他的地位、金钱、年龄、相貌、亲疏、种族、智商等差别，在医生面前都是同一个身份，那就是病人。医生和病人共同面对的也只有一个东西，那就是疾病。医生在履行自己的天职时必须一视同仁，唯有这样才称得上尊重生命。尊重生命具体到医学的领域可以概括为以下方面：第一，生命是神圣的，珍惜生命的存在，尊重生命自身规律。第二，生命是平等的，维护生命在物质上的、精神上的和发展上的权利。第三，生命是唯一的，尊重生命的个性，尊重生命个体遗传的独特性、经历和经验的独特性、生命需要的独特性。第四，生命是美好的，要以人为本，欣赏生命之美，创造生命的价值，关注生命的发展。

（二）践履良知

《西方哲学英汉对照辞典》中良知被认为是"直接和直觉的道德意识，一个人

---

①　中国人民解放军白求恩国际和平医院《白求恩在中国》编写组. 白求恩在中国[M]. 人民出版社, 1977: 174.

借以判断该做什么或什么是在道德上允许的天生的控制或指导力量。"[①]良知是社会道德理念内化于主体的结果，其社会功能主要表现在对道德行为的选择和评价上，是作为理性的人道德自觉行为的捍卫者。良知是医生内心的法则，规制的是医生与其心灵的关系。1964年6月，世界医学会制定的《赫尔辛基宣言》，是关于人体医学研究的伦理准则。该宣言在前言中提出，"促进和维护病人，包括那些参与医学研究的人的健康是医生的义务。医生应奉献其知识和良知以履行这一义务。"医生践履良知可以概括为以下几个方面：第一，良知即独知，是医生内化于心，不假外求的道德自觉，并用以自我审判的真正"法庭"。康德认为，良知是一种自己对自己作出裁决的判断力，即"内部法庭"的意识——每个人都发现自己被一个内部的法官注视着、威胁着，并且对这个法官始终保持恭敬。由于掌握医学专业知识和技能的不对等，病人的需求是医生决定的，加之医学本身的不确定性，医学上的误诊、医疗意外、并发症等风险在所难免，医生实际提供的服务无法加以完全的规范和衡量的，无法用法律法规和条例制度加以约束。再完备的机制、体制、规范也不可能完全管住医生的诊疗行为，在大多数情况下要依靠医生来自内心的良知作为支撑。如果医生不能自律，失去良知，诱导需求，利用自己的职业收红包、拿回扣、过度医疗、发表虚假论文等来赚钱是非常容易的，但也非常可怕。

第二，良知即善端，是医生进行利益平衡和价值选择的重要依托，是医生在医疗活动中如何断别是非善恶，宣示公平正义的根本标准。医生从灵魂深处拒绝"平庸之恶"，就是在医疗进程中，优先考虑病人、社会的利益，怀疑、反抗不道德体制的默认安排，对冷漠行为、非道德行为甚至反道德行为说"不"。

第三，良知即良行，以良知为基础的知行合一是用以克服医生人性弱点和弥补体制漏洞的法宝。作为一名医生，如果仅仅意识到什么是"善"是远远不够的，只有坚持行善之行才能实现真正的良知。面对利益冲突，医生对良知的认识、情感、意志、信念将最终升华为外化践履良知，在日常医疗工作中认真对待每一位病人，给予每一位病人同等的谨慎关注，把病人真正当作一个有价值、有人格、有尊严的人，充分保障病人所享有的合法权益，对病人的健康高度负责，随时准备承担自身的医疗活动可能带来的法律责任、道德责任、社会责任，做到法、情、理的平衡，做到治疗效果与社会效果的平衡，用自己的一言一行、一举一动宣示医疗良知。

（三）人道主义

人道主义具体到医学领域就是强调把为病人谋利益作为医生医疗实践的出发点和落脚点，把救死扶伤作为医生医疗实践的宗旨，该观点在各个时期西方医学誓言均有所体现，如"西方医学之父"希波克拉底在《希波克拉底誓言》提出，"无论到什么地方，也无论需要诊治的病人是男是女、是自由民还是奴婢，对他们我一视

---

① ［英］尼古拉斯·布宁. 西方哲学英汉对照辞典. 余纪元, 编著. 人民出版社, 2001: 186.

同仁，为他们谋幸福是我惟一的目的。"①1948年9月，世界医学协会对该誓言加以修改，定名为《日内瓦宣言》，提出要成为医务界的一员，首要的就是"郑重的保证自己要奉献一切为人类服务"。1975年10月被第29届世界医学大会所采纳的《世界医学学会东京宣言》提出，"实行人道主义而行医，一视同仁地保护和恢复人体和精神的健康。去除他的病人的痛苦是医师的特有权利。即使在受到威胁的情况下也对人的生命给予最大的尊重，而决不应用医学知识作相反于人道法律的事。"医学中的人道主义具体可以概括为以下方面：第一，尊重自主原则，在医疗进程中，医生应该尊重有意识的，有理解力，有决定行为权的病人不受别人控制地选择他享受的治疗方案，并征询病人同意或者拒绝的选择。第二，不伤害原则，医生应该坚决杜绝有意的伤害和责任伤害，尽力减少无意却可知的伤害和意外伤害，尽量使病人的身体、精神、经济利益免受不应有的伤害、损失，把不可避免但可以控制的伤害控制在最低限度之中。第三，有利原则，第一个方面要求对病人确实有利，包括积极地阻止、去除伤害以及提升福祉，称为"积极有利的原则"；第二个原则实际上是第一个原则的补充，包括衡量有利与可选择的有利，有害与可选择的有害，称为"效用原则"。第四，公正原则，包括形式原则，同样的情况必须同样对待，不同的情况必须不同的对待；内容原则，依据相关因素或者相关性质，如个人的需要、个人的贡献、个人的能力、个人的购买力、疾病的科研价值等对医疗资源进行公正的分配。

四、白求恩医者精神与中国传统医学精神的共生与融合

中华民族传统医德集中体现在"良医治人""医者仁心""大医精诚"等思想，白求恩医者精神与中国传统医德高度契合，并在交流融合中得以升华。

（一）良医治人

中国历来推崇"不为良相，即为良医"的传统。医学是统摄治国、治民、治身的大道，医者职业活动必须在对国家、社会、个人三者统一的整体价值结构中才能够获得价值论证，如东汉"医圣"张仲景在《伤寒论·自序》中提出，"上以疗君亲之疾，下以救贫贱之厄，中以保身长世，以养其身"②，唐代"药王"孙思邈也认为，"古之善为医者，上医医国，中医医人，下医医病。"③儒者乃医者，良相被视为儒医，以协助皇帝、参与政治而医国家社会机体之病；良医被视为术医，以医术、仁心而医人身体之疾。良相治国平天下，救民于水火；良医活己活人，悬壶济世，救死扶伤，亦可实现"修齐治平"。良相治国，良医治人，同为利泽生民，位

---

① [古希腊]希波克拉底. 希波克拉底誓言：警诫人类的古希腊职业道德圣典[M]. 綦彦臣，译. 世纪图书出版社，2004：45.

② 王治民. 历代医德论述选译[M]. 天津大学出版社，1990：57.

③ 孙思邈. 备急千金要方[M]. 山西科学技术出版社，2010：5.

不同而道同，良医功同良相。依附封建皇权体制下的传统儒家士大夫，秉承着"学而优则仕"的政治理想，有强烈的入仕精神和淑世情怀。然而，许多仕途暗淡的士大夫医国无望，故转而选择医人，以健康、祛疾为己任，以医学、养生为工具，另辟实现人生价值、施展人生抱负、实践社会理想的蹊径，即所谓的"士遇则为良相，不遇则为良医""达则为良相，不达则为良医""能及小大生民者，固惟相为然，既不可得矣，夫能行救人利物之心者，莫如良医……在下而能及小大生民者，舍夫良医，则未之有也"[①]等。

（二）医者仁心

"仁"是儒家思想最重要、最核心、最根本的范畴。孟子认为，恻隐之心、能够产生仁德的端倪、初生、开端，所谓"医者仁心"就是具有恻隐之心，恻隐之心的本质内涵在于：其一，恻隐之心不是后天教育或外力强加的，不包含任何个人恩怨和利害得失，而是先天赋予人的本能的、自然的情感，是不忍亲眼见到他者受到伤害的惊惧哀痛等自然而然的具体可感、真切实在的情感反应。其二，恻隐之心具有普遍必然性，如，每个人突然看见一个小孩要掉进井里面去了，必然会产生惊惧哀痛的心理。这不是因为要想去和这孩子的父母拉关系，不是因为要想在乡邻朋友中博取声誉，也不是因为厌恶这孩子的哭叫声才产生这种心理。如果一个人没有恻隐之心，那么他就不是人。其三，恻隐之心是一种潜在的"善端"，它昭示着人与生俱有祛恶扬善的可能性。恻隐之心的强大能动性使人们可能在适当的时间、地点及环境下产生正义冲动，使处于萌芽状态的潜在"仁端"真正发展成为"仁德"，并长久保存。

（三）大医精诚

"大医精诚"的本质内涵在于：其一，精湛的医术。医术如同方术、卜卦、占筮，历来难以达到精妙的高度，如果实症却用补法医治它，虚症却用泻法医治它，畅通的还去疏通它，阻塞的还去阻塞它，寒症却用寒凉药，热症却用温热药，这是在加重他的病情。医者为了达到"博极医源"，就必须精勤、不倦、谦逊，广博深入地探究医学原理，根据病因、症状的不同选用医方。其二，高尚的医德。医者必须安定神志，无欲望、诉求的干扰，发自慈悲恻隐的同情心，立志挽救普天生灵的痛苦。医者不应计较病人的社会地位高低、拥有财富多少、年龄大小、相貌美丑、是仇人还是亲友、是汉族还是少数民族、是愚笨的人还是聪明人，都应一视同仁，当作至亲看待，不应瞻前顾后，考虑自身的利弊得失，保护爱惜自己的身家性命。见到病人的痛苦、烦恼，应从内心生出忏悔、悲伤、怜悯、照顾的心情。不避忌艰险、昼夜、寒暑、饥渴、疲劳，全心全意救治病人，没有拖延时间、借故推脱和摆架子的心思。其三，诚挚的医体。医者必须思想澄净，知我内省，目不旁视，庄重严肃。气度宽宏，堂堂正正，不卑不亢。诊察疾病，专心致志，用最大的心思，

---

① 吴曾. 能改斋漫录（下册）[M]. 上海古籍出版社, 1979: 381.

寄予最深的关心。详细考察病状脉候，丝毫不误。处方用针，毫无差错。到了病人家里，纵然满目都是身穿绫罗绸缎的女眷，也不应左顾右盼；琴瑟箫管之声充斥于耳，不应为之分心而表现出欢娱的神色；各种美味佳肴更迭进献，食如嚼蜡；各种美酒杂陈席间，视若无睹。其四，审慎的医法。医者必须慎于言辞，崇尚节俭，不应议论别人的好坏，炫耀自己的名声，诽谤攻击他人，借以夸耀自己的功德；不应依仗自己的专长，一心谋取财物，任意给有钱有地位的病人开珍贵的药物。

第三节　新时代呼唤白求恩医者精神

一、改革开放与市场经济对价值取向的新冲击

改革开放和市场经济背景下，我国社会价值观发生了深刻变迁，社会主义核心价值观处于解构与重新建构之中，价值取向多元化已经成为一种特定的社会现象，随之也带来了价值认知模糊化，价值选择物质化，价值目标个人化，价值追求虚无化等一系列新冲击。医者价值取向的形成与发展也无法避免地受到经济、政治、文化、社会、生态环境的影响，表现为主流积极、健康、向上、向好，积极培育和践行社会主义核心价值观，但一些人仍不同程度地存在理想信念模糊、价值取向扭曲、社会责任感不强、集体意识淡薄、艰苦奋斗精神缺乏等问题。

（一）改革开放对价值取向的新变化

正如习近平总书记所指出的，"历史是最好的教科书"。我国历史深刻地昭示：开放出盛世、封闭致衰落。改革开放是当代中国发展进步的活力之源，是我们党和人民大踏步赶上时代前进步伐的重要法宝，是坚持和发展中国特色社会主义的必由之路；改革开放是决定当代中国命运的关键一招，也是决定实现"两个一百年"奋斗目标、实现中华民族伟大复兴的关键一招。随着改革开放和信息化时代的到来，当代西方社会思潮在我国迅速传播，既有促进我国主流意识形态发展的一面，又有不利于我国主流意识形态发展的一面。深入分析和认真研究这些挑战我国主流意识形态的错误西方社会思潮对于巩固马克思主义在我国主流意识形态的指导地位及实现中华民族伟大复兴中国梦具有重大意义。尤其是新自由主义、历史虚无主义、后现代主义等对我国公民价值取向产生巨大负面影响。

新自由主义认为，在经济上，极力否认公有制和宏观调控，大力宣扬私有化、市场化、自由化；在政治上，极力否定国家干预，大力宣扬自由化；在外交上，极力否定社会主义，大力宣扬以超级大国为主导的全球经济、政治、文化一体化，即全球资本主义化。此外，新自由主义者奉行个人利益至上和追求绝对自由原则，动摇了部分医者共产主义理想信念、集体主义价值追求，误导该群体在日常工作、生

活中，充分展示个性，张扬自我，标榜自由，特立独行，放弃了对社会、对患者的责任。

历史虚无主义在我国有愈演愈烈之势，其本质是虚无历史观、虚无文化观、虚无价值观和虚无发展观，诱使部分医者对中国共产党长期执政的合法性、中国特色社会主义理论体系，适应西方敌对势力对我国实施"和平演变"的政治需要和国内反社会主义势力"西化""分化"我国的策略。习近平总书记关于坚决反对历史虚无主义作过许多论述，针对历史虚无主义企图通过丑化党史人物、歪曲党史事件、质疑党的历史功绩等来否定党执政合法性的情况，必须坚持历史唯物主义原则，谨防历史虚无主义对主流意识形态的渗透和消解，具体要做到：要将党史人物"放到其所处的时代和社会的历史条件下去分析"，正确评价毛泽东的历史地位；要"牢牢把握中共历史发展的主题和主线、主流和本质"，正确看待改革开放前后两个时期；客观评价中国共产党的历史贡献及其重要意义。

后现代主义坚持了哲学的批判性，以批判"现代化"为主要内容，不恰当地渲染和强调现代化的弊端和恶果，消解"中心与边缘的对立""理性主义"和"权威话语"，主张多元性、差异性和不确定性，否认现代性、同一性和确定性，主张相对主义、非理性主义和无政府主义，反对辩证唯物主义和历史唯物主义，解构"单一"的主流价值形态，提倡价值选择和价值判断多元化，尤其是它的"去中心化与消解责任""相对主义与非理性主义"和"功利主义与幸福主义"等思想导致部分医者对现有的社会秩序、伦理规范和价值观念产生质疑，使他们价值判断多元分化、价值选择摇摆不定、价值取向歪曲失范。

49

（二）市场经济对价值取向的新挑战

经济全球化、政治多极化、文化多元化和社会信息化已经成为当今世界不可逆转的发展趋势。1992年，党的十四大明确指出：经济体制改革的目标是建立社会主义市场经济体制。社会主义市场经济体制使得社会主义基本制度的优势与市场经济的优势都能够得到充分发挥，市场在国家宏观调控下对资源配置起决定性作用，但市场调节的短期性、滞后性、盲目性和不确定性等缺点使得享乐主义、功利主义、消费主义等物质化价值取向逐渐侵蚀主流价值导向，物质主义对医者价值取向的冲击是显而易见的。享乐主义从人的自然本性出发，认为人生的目的就在于趋乐避苦，达到肉体上的快乐，在满足个人生存与发展需要的基础上，追求物质生活的享受，追求铺张浪费、奢侈挥霍、相互攀比、一掷千金，甚至不惜牺牲他人来满足自己的利益，使人在享受中意志消沉、精神萎靡、放纵堕落，享乐主义在部分医者身上异化为人生的价值在于趋利避害而非救死扶伤，从医是解决温饱、谋取名利、获得享受的手段。

功利主义尤其对医者的医疗行动产生重要影响，功利主义认为判断一切行为道德与否的标准就是这一行为能否增进幸福或者是减少痛苦，医疗保健资源的有限性

与患者医疗需求的无限性之间的矛盾使得医者选择、利用医疗保健资源时不得不考虑后果，功利主义在部分医者身上异化为区别对待患者，如社会贡献大的病人享有优先权，对于科学研究有重要价值的病人享有优先权，急救病人较慢性病人享有优先权。

消费主义主张无限占有物质财富和贪婪追求无度消费才能彰显身份和地位，才是人生意义和终极目标的价值观念，人因为对物质无穷尽的追求、对消费无止境的需要，甚至会沦为财富、金钱的牺牲品。在消费的目的上，把无度的物质消费看作是自我表达和社会认同的主要形式；在消费的内容上，崇尚物质的过度占有与消耗；在消费本质上，以物质的占有和炫耀为基本内容，导致挥霍浪费。人们通过炫耀性消费、超前性消费、过度性消费以满足不断膨胀却难以彻底满足的购买欲望和消费激情，消费主义在部分医者身上异化为VIP病房等豪华性消费、过度检查、过度治疗、过度用药、拒绝适宜药物和技术等一系列极端表现。

二、医药卫生体制改革的持续与深化

当前，深化医药卫生体制改革具有极大的重要性、紧迫性和艰巨性。医药卫生体制改革必须立足国情，一切从实际出发，坚持正确的改革原则，"坚持以人为本，把维护人民健康权益放在第一位；坚持立足国情，建立中国特色医药卫生体制；坚持公平与效率统一，政府主导与发挥市场机制作用相结合；坚持统筹兼顾，把解决当前突出问题与完善制度体系结合起来。"①作为医药卫生体制改革的持续与深化的重点领域，公立医院改革的基本目标是"维护公益性、调动积极性、保障可持续"②，维护公立医院公益性就是要调控医疗服务合理需求，避免公众因疾病经济负担"过重"或"过轻"而引发对医疗服务的"需而不求"或"不需而求"，通过降低医疗服务成本，控制医疗服务价格，扩大医疗服务数量使公众"看得了病"，提高医疗服务质量使公众"看得好病"，优化医疗服务结构使公众"看得到病"，维护公立医院公益性；调动医务人员积极性就是要坚持"以人为本"原则指导下，引入市场竞争手段，支持医务人员因提供更多、更好、更优的医疗服务而获得相应充分的物质和精神回报，鼓励医务人员为了获得充分的物质和精神回报，积极、主动地向公众提供更多、更好、更优的医疗服务，从而实现医患双方的激励相容的良性循环。

（一）坚持医院公益性

医院公益性的内涵主要包括以下两个方面：一是提供医疗卫生服务的公平性和普惠性，城乡居民都能获得基本的医疗服务，弱势群体也都能获得基本的医疗服务，提供突发性公共卫生事件的医疗卫生服务，提供医疗卫生慈善服务，承担"三

---

① 《中共中央国务院关于深化医药卫生体制改革的意见》，《人民日报》，2009年4月7日。
② 国务院办公厅关于城市公立医院综合改革试点的指导意见[J]. 中国医疗保险, 2016（12）：42.

支一援"任务；二是提供医疗卫生服务的非营利性和共同福利性，提供适宜的医疗卫生服务，承担医疗技术创新、新技术推广及医学教学研究。坚持医院公益性主要体现在以下方面：

第一，推进管理体制改革。"制定医院章程，建立健全内部管理机构、管理制度、议事规则、办事程序等；健全医院决策机制，院长全面负责医疗、教学、科研、行政管理工作，充分发挥专家作用，成立理事会；健全以职工代表大会为基本形式的民主管理制度；健全包括院长第一责任人、首诊负责、三级查房、分级护理、手术分级管理、抗菌药物分级管理、临床用血安全等在内的医疗质量安全管理制度；健全包括人员聘用管理、岗位管理、职称管理、执业医师管理、护理人员管理、收入分配管理等在内的人力资源管理制度；健全包括财务收支、预算决算、会计核算、成本管理、价格管理、资产管理等在内的财务资产管理制度；健全围绕办院方向、社会效益、医疗服务、经济管理、人才培养培训、可持续发展等方面的绩效考核制度；健全包括住院医师规范化培训、专科医师规范化培训和继续医学教育在内的人才培养培训管理制度；健全包括科研项目管理、质量管理、科研奖励、知识产权保护、成果转化推广等在内的科研管理制度；健全包括采购、使用、维护、保养、处置全生命周期管理在内的后勤管理制度；健全有效对接医保、预算管理、药品电子监管等系统的信息管理制度；加强医院文化建设；全面开展便民惠民服务。"①

第二，完善补偿机制。明确财政投入重点，创新财政投入机制，优化投入方式，提高投入财政使用效率；完善医疗服务价格体系，改革"以药补医""以药养医"机制，调整医疗服务价格，完善医疗服务价格体系；在有条件的地区开展增设药事服务费试点；改革付费方式，控制医疗费用的不合理增长，推行按床日付费、按病种付费、总额预预付、按人头付费等新型医疗保险支付方式，探索由社会医疗保险经办机构与公立医院通过谈判方式确定服务范围、支付方式、支付标准和服务质量要求的新机制，严格考核定点医院基本医疗保障药品目录备药率、使用率及自费药品控制率等指标，完善药品集中招标采购办法，加强医药费用的监管控制。

第三，推进价格机制改革。推进医疗服务价格分类管理，根据不同性质的医疗服务分别实行政府指导价、市场调节价、落实市场调节价政策；按照"控总量、腾空间、调结构、保衔接"的路径理顺医疗服务价格；形成多种方式相互补充的定价机制，建立价格动态调整机制，完善政策联动机制；积极推进公立医院收入、费用、增长率、自费比例等信息公开，制定医疗服务价格监管规则，规范医疗服务行为。

第四，推进人事编制及收入分配机制改革。建立健全人员聘用管理、岗位管

---

① 《国务院办公厅关于建立现代医院管理制度的指导意见》，http://www.gov.cn/zhengce/content/2017-07/25/content_5213256.htm.

理、职称管理、执业医师管理、护理人员管理、收入分配管理等制度。在岗位设置、收入分配、职称评定、管理使用等方面，对编制内外人员统筹考虑。实行岗位绩效工资制和年薪制相结合，岗位绩效工资制是由岗位工资和绩效工资组成，把按生产要素分配和按绩效分配相结合，公立医院参照全国公立医疗机构职工平均收入及其比例、公务员收入水平确定岗位工资基础水平，在此基础上根据其运行情况确定工资总量，以劳动业绩为依据支付劳动报酬，考核一定工作岗位需要的专业水平、工作量、承担的责任和风险等来确定岗位工资的实际数。年薪制适用于高层管理者和科室主任，使其承担一定的风险，参与医院预算管理，并作为其考核范畴，此外根据医疗质量与安全、成本控制、服务量、经济管理、合理收费、总费用上涨控制、教学科研等考核结果向其发放风险收入的工资分配制度。

第五，推进医疗监管机制改革。医疗监管的总体目标是实现社会福利最大化，维护公共利益，包括稳定性目标、公平性目标、效率性目标、发展性目标等具体目标。医疗监管机制改革的发展方向应该是构建由法律监管、行政监管、社会监管和自律监管混合的监管机制，其中政府处于医疗监管机制的核心，因此本书主要探讨政府医疗监管机制改革。在社会监管方面，政府应该建立完善监管的法规和制度。探索和建立公立医院监管的长效机制，加强监控医疗服务质量和价格，披露有关服务信息，定期发布医疗机构服务数量、质量、价格和费用信息，减少医患双方信息不对称，保护患者利益；在行业准入方面，政府应加强对卫生机构、从业人员、医疗技术应用、大型医疗设备的准入制度，建立完善相关法律法规和管理制度。推广安全、有效、经济的适宜的技术，对不符合要求的医疗技术进行淘汰，保护人民群众的健康和安全；在促进竞争方面，政府应该营造和规范医疗服务领域有序、平等的竞争环境。通过加强行业竞争，促进公立医院行业内部自我规范行为。加强中介组织建设，充分发挥医学会、医院管理学会、医师协会等中介组织和学术团体的作用，加强行业自律、质量监督和技术培训工作；在监管内容方面，政府应该加强对公立医院的日常监管，建立相应的制度，保证公立医院"公益性"的回归；在监管手段方面，政府通过绩效评价指标实现对公立医院的日常监督和考核，将绩效评价与政府补偿机制有效结合，保证监管工作的有效开展。

第六，建立以公益性为导向的考核评价机制。卫生计生行政部门主导建立医院公益性考核外评机构，公立医院设立专门的管理机构作为医院公益性考核内评机构，发挥人大、政协的监督作用，探索委托第三方（高等院校、咨询公司、社会调查机构）参加考核，对不同科室、不同岗位、不同职级医务人员实行分类考核。建立健全考核机构有保障医疗安全和质量，保障诊疗规范和非营利，保障服务的公平普惠性，费用控制和财务管理，运行绩效和医德医风，完成政策性职能，社会满意度，主动开展公益行活动等结果性指标和明确功能定位和职责履行、保障政府财政收入、政府管理监管、医院内部治理等保障性指标构成的考核评价指标体系。"定

期组织公立医院绩效考核以及院长年度和任期目标责任考核，考核结果向社会公开，并与医院财政补助、医保支付、工资总额、院长薪酬、任免、奖惩、医务人员岗位聘用、职称晋升、个人薪酬等挂钩，建立激励约束机制。"①

（二）坚持现代医院发展方向

当前，医药卫生体制改革进入攻坚期和深水区。现代医院管理制度要求，坚持政府主导与发挥市场机制作用相结合，满足多样化、差异化、个性化健康需求。坚持现代医院发展方向主要体现在以下方面：第一，坚持以患者为中心。以患者为中心的理念就是要满足患者多方面的需求，提高医疗服务质量，构建良好的医患互动关系。借鉴马斯洛需求层次理论，患者需求分为三个层次：根本需求、重要需求和衍生需求。其中，患者根本需求是疗效的需求，医生要"抓住病""治好病"，使患者维持生命，恢复健康；重要需求包括经济的需求，管理与责任心的需求，情感、态度与沟通的需求，公平的需求；衍生需求包括环境卫生的需求，个人偏好的需求等等。将患者看作消费者要求医院不仅要满足患者的功能性需求，还要满足患者的非功能性需求，以满足患者的情感、态度与沟通的需求为例，要做到在穿着服装上，专业着装，佩戴胸卡；在面部表情上，微笑、同情、眼神关注；在语言使用上，真挚亲和、通俗易懂，多使用鼓励性语言、疏导性语言、肢体语言；在诊疗动作上，准确且轻柔；在沟通艺术上，热情接待、耐心倾听、适时沉默；在告知义务上，主动及时告知，与患者及其家属沟通交流，解答疑问，告知病情、诊疗方案、检查结果、服药方法等，为出院患者提供健康指导、康复指导、膳食指导等。

第二，强调绩效评价。医院应该以医疗服务为核心，以卫生服务为重点，以社会服务为辅助和补充，以内部服务为基础。政府和医院的领导层、科室层、员工层共同对医疗服务绩效、医院经济运行绩效、医院人力资源绩效和医院管理绩效进行评价。从绩效的公益性内涵、经济性内涵、管理型内涵出发，绩效评价的内容由以下八个方面构成：组织发展、员工发展、公益实现、制度规范、质量监控、效率评价、服务水平、信息沟通。将此八方面作为医院绩效评价指标体系的一级指标，再结合患者、普通员工、医院管理者、卫生行政部门、食品药品监督管理部门、医保部门六个核心利益相关者的利益诉求，扩展成医院绩效评价指标体系的二级指标、三级指标、具体指标及其权重。其中，组织发展细化为医院形象、运行效果、管理水平三个二级指标，员工发展细化为薪酬待遇、工作条件、发展前途、人际关系四个二级指标，公益实现细化为卫生事业建设的投入情况、公共卫生应急的参与效果、弱势群体救助的表现情况、基本医疗服务的提供情况四个二级指标，制度规范细化为准入制度规范、操作制度规范、财务制度规范、收费制度规范、药监制度规范、医保制度规范六个二级指标，质量监控细化为过程监控、效果监控两个二级指标，效率评价细化为技术效率评价、配置效率评价、治疗效率评价、能耗效率评价

---

① 国务院办公厅关于城市公立医院综合改革试点的指导意见[J]. 中国医疗保险, 2016（12）：42.

四个二级指标，服务水平细化为技术服务、功能服务两个二级指标，信息沟通细化为信息公示、医保系统建设两个二级指标。

第三，增强核心竞争力。未来医院的竞争将是核心竞争力的竞争。医院的核心竞争力包括专业化的特色和优势、市场应变能力和创新能力、抵抗财务风险能力等基本要素。提升医院的核心竞争力主要通过以下途径：一是确立医院的战略地位，医院的战略地位必须建立在客观分析卫生资源与市场需求的基础上，依据医院高层管理者的核心能力，在诸多项目中找出关键、核心的项目与技术，使医院在竞争环境中立于不败之地，具体表现为提供特有的医疗技术和特色服务，高质量的医疗服务机构，专业的临床实践、科研和教学机构，或者是服务区域内的放心医院；二是创造组织内部的核心竞争力，即医院的战略地位一旦确立，就必须贯彻于医院组织、服务和产品中，无论是临床治疗、健康教育还是特色学科建设，落实到相应的量化指标来实施，例如计算和考核临床科室和各职能部门的工作效率、服务质量，通过员工绩效的评估与奖惩制度的建立来提高员工的积极性，通过固定资产的合理配置与管理，成本核算以及应收账款回收率的控制来降低运营成本等；三是明确各级职务、职责、职别及其评估标准，即医院必须通过已创造的组织内的核心竞争力来创建各级工作岗位的工作目标和考核标准，实行个人、团队以及科室的目标管理与定量考核，建立统一的评估与奖惩体系，增强竞争意识。

三、高等医学教育的改革与深化

医学人才是卫生事业发展的第一资源，遵循高等医学教育规律和医学人才成长规律，从我国国情出发，借鉴国际有益经验，培养适应我国医药卫生事业发展的高水平医学人才，培养白求恩式医务工作者，培养卓越医生是我国当前高等医学教育工作的重中之重。

（一）培养白求恩式医务工作者

广大白求恩式医务工作者以实际行动培育和践行了"敬佑生命，救死扶伤，甘于奉献，大爱无疆"的崇高精神。白求恩式医务工作者的培养目标主要是：为实现两个一百年的奋斗目标和中华民族伟大复兴的中国梦，培养具有白求恩精神的医务工作者。

第一，他们必须高举新时代中国特色社会主义的伟大旗帜，以习近平新时代中国特色社会主义思想为指导，牢固树立"四个意识"、坚持"四个自信"、坚持"两个维护"。

二是全心全意为病人服务。全心全意为人民健康服务，实现好、维护好、发展好最广大人民群众身心健康是医务工作者必须遵守的根本宗旨。为病人提供满意的医疗卫生保健服务，保障病人恢复身心健康，提高人们的生存质量是医务工作者必须履行的神圣职责。在实际工作中，医务工作者必须坚持以病人为中心，全心全意

为病人服务，医务工作者面对的主体应当是人而非病，既要关注"病"，更要关注"人"，对病人的生存意义、病人的价值、病人的权利和需求，病人的人格和尊严给予高度的关注。医务工作者要亲密接触病人，尤其是对绝症病人要倍加关怀，细心观察病情，帮助病人增强战胜疾病的信心和勇气。面对绝症病人，医务工作者不仅要探究可能导致病人死亡的原因，而且还要照料病人，帮助减轻病人面临死亡的痛苦和烦恼。医务工作者要加强自身修养，养成良好的性格，控制好情绪，做到对病人既要态度和蔼，体贴病人，灵活处理医患关系；又不能过分迁就病人，放弃医生执业中必须坚持的原则，要采取既坚持原则又实施灵活的方法，真正达到帮助病人克服紧张情绪，积极配合治疗疾病的目的。医务工作者若对于病人的脾气太过于纵容迁就，会导致不能迅速治愈疾病，若是按章行事，过于严谨，会导致并不能充分了解患者的实情，医务人员要做到廉洁奉公、自觉遵纪守法，不以医谋私。严格遵守法律法规，严格遵守医疗卫生规章制度，严格遵守技术操作规范，确保诊断的规范性和安全性，不得以职务之便而要求享受特权，收受、索取患者钱物、接受请吃或馈赠、收受红包，不得利用手中的处方权、手术权和开病假的权利，谋取任何不正当利益，不得为追求经济利益而违背职业精神开"大处方"、过度医疗，不得因为患者是熟人、同乡、同事、上级或亲朋好友而给予特殊照顾，在患者因医疗行为而受到伤害时不得出于保护自身的目的而错误的进行医疗报告和分析医疗差错。这两者都不能迅速治愈病患。因此，理想的医生应当是性情适中的。

三是具有高尚的医德、严谨的医风、精湛的医术。现实中一些医生缺乏积极探索医学科学奥秘的精神、缺乏对疾病病因的整体把握、缺乏对病人应有的关爱、缺乏对疾病的辨证施治。要成为白求恩式医务工作者，必须要做到以高尚的医德、严谨的医风为根，以精湛的医术为魂。医务工作者要爱国守法、爱岗敬业、关爱病人、救死扶伤、终身学习、廉洁行医。中华人民共和国卫生部颁布的《中华人民共和国医务人员医德规范及实施办法》对医务人员医德提出以下规范要求：救死扶伤，实行社会主义的人道主义，时刻为病人着想，千方百计为病人解除病痛；尊重病人的人格与权利，对待病人不分民族、性别、职业、地位、财产状况，都一视同仁；文明礼貌服务，举止端庄，语言文明，态度和蔼，同情、关心和体贴病人；廉洁奉公，自觉遵纪守法，不以医谋私；为病人保守医密，实行保护性医疗，不泄露病人隐私与秘密；互学互尊，团结协作，正确处理同行同事间的关系；严谨求实，奋发进取，钻研医术，精益求精，不断更新知识，提高技术水平。医务工作者要刻苦钻研，孜孜不倦，对技术精益求精，不但要掌握丰富的医学知识，还要具备深厚的哲学人文素质，应当给人们传授健康知识，尤其是要告诫人们克服有损健康的不良行为；重视对病人的病因、病情等基本情况做好详细的记录，尤其是特殊病例。医务工作者要辨证施治，提高诊疗疾病的效率，应当研究致病的原因，包括诱因或推动力；应当研究疾病本身，包括发生的意外；应当研究治疗的方法，包括康复的方式；同时要重视心理因素对疾病的影响。医务工作者要合理用药，减轻病人负担，应当根据不同疾病使用相应药品，不得进行药物滥用和过度用药；同时不因谨慎用药而放弃尝试使用新药的步伐。

四是在本职工作中钻研业务技术，作出重大贡献，取得显著成效，在全国卫生系统有一定影响。刘延东在全国卫生计生系统先进集体、先进工作者和劳动模范及"白求恩奖章"获得者表彰大会上的讲话中，鼓励广大医务工作者要锐意创新，勇攀医学科技进步的高峰，并提出三点希望："希望广大卫生计生工作者立足国家发展需求，瞄准世界科技前沿，潜心钻研，严谨治学，力戒浮躁，恪守诚信，探索未知领域，攻克疑难疾病，聚焦关键技术，力争取得更多突破，增强我国自主创新能力。希望你们将健康技术、产品、服务与群众健康需求更好对接，打造健康产业的中国标准、中国品牌，推动与养老、旅游、互联网、体育、食品等行业融合发展，努力培育知识密集、绿色低耗的国民经济新支柱。希望你们坚持中西医并重，努力实现中医药健康养生文化的创造性转化、创新性发展，推动中医药现代化和"走出去"，让民族瑰宝更好造福人类健康。"医务工作者的先进典型，2017年白求恩奖章获得者姚玉峰，20多年来埋头于眼科角膜移植的研究探索，坐得住"冷板凳"、耐得住寂寞，坚韧不拔、知难而进，攻克关键技术，创造了世界领先、服务人民的科技成果，成功主持了世界上第一例由他独创的角膜移植术，解决了排斥反应这个世纪难题。他所创造的技术被国际眼科界命名为"姚氏法角膜移植术"，已治疗过30万病人，为近3万病人重新带去了光明。他婉拒美国名校高薪，毅然选择报效祖国，毫无保留地把独门秘诀传授他人，无偿献出专利，培训4000多人次的角膜病专业人才，让姚氏法角膜移植术在全国推广。

（二）培养卓越医生

2012年5月，教育部、卫生部决定共同实施"卓越医生教育培养计划"，加强医学生职业道德教育，加强全科医学教育，加强临床实践教学能力建设，提高临床医学人才培养质量，使高等医学教育更好地服务于医药卫生事业发展的需要，服务于人民群众提高健康水平的需求。该计划的目标任务是：适应医药卫生体制改革的总体要求，探索建立"5+3"（五年医学院校本科教育加三年住院医师规范化培训）临床医学人才培养模式，培养一大批高水平医师；适应国家医学创新和国际竞争对高水平医学人才的要求，深化长学制临床医学教育改革，培养一批高层次、国际化的医学拔尖创新人才；适应农村医疗卫生服务需求，深化面向基层的全科医生人才培养模式改革，培养大批农村基层实用型全科医生。该计划重点在以下方面进行改革：一是改革五年制本科临床医学人才培养模式。以强化医学生职业道德和临床实践能力为核心，深化五年制临床医学专业教育教学改革。更新教育教学观念，改革教学内容、教学方法与课程体系，创新教育教学和评价考核方法，将医德教育贯穿医学教育全过程。推进医学基础与临床课程整合，推进以学生自主学习为导向的教学方法改革，完善以能力为导向的形成性与终结性相结合的评定体系，加强医教结合，强化临床实践教学环节，增加基层见习，严格临床实习过程管理，实现早临床、多临床、反复临床，培养医学生关爱病人、尊重生命的职业操守和解决临床实际问题的能力。

二是改革临床医学硕士专业学位研究生培养模式。建立临床医学硕士专业学位研究生培养与住院医师规范化培训有效衔接的制度。着力推动研究生招生和住院医师招录相结合，研究生培养与住院医师规范化培训相结合，专业学位授予标准与临床医师准入标准有机衔接，硕士研究生毕业证书、硕士专业学位证书授予与执业医师资格证书、住院医师规范化培训合格证书颁发有机结合的临床医学硕士专业学位研究生教育改革，强化临床实践能力培养培训，为培养大批高水平、高素质临床医师打下坚实的基础。

三是改革长学制临床医学人才培养模式。深化长学制医学教育改革，加强自然科学、人文科学和社会科学教育，为医科学生的全面发展奠定宽厚的基础；改革教学方式，提高学生自主学习、终身学习能力；建立导师制，强化临床能力培养，提升医科学生的临床思维能力；促进医教研结合，培养医科学生临床诊疗和科研创新的潜质；推动培养过程的国际交流与合作，拓展医科学生的国际视野，为培养一批高层次、国际化的医学拔尖创新人才奠定基础。

四是改革面向农村基层的全科医生人才培养模式。围绕农村医疗卫生服务的基本要求，深化三年制专科临床医学专业人才培养模式改革，探索"3+2"（三年医学专科教育加两年毕业后全科医生培训）的助理全科医生培养模式；深化农村订单定向免费本科医学教育改革，实施早临床、多临床教学计划，探索集预防保健、诊断治疗、康复、健康管理于一体的全科医生人才培养模式，提高医科学生对常见病、多发病、传染病和地方病的诊疗能力，培养大批面向乡镇卫生院、服务农村医疗卫生需求的下得去、用得上、留得住的全科医生。

第四节　新时代践行医者白求恩

一、弘扬医德：向白求恩精神看齐

每个医务工作者都要学习白求恩对工作的极端的负责任，对同志对人民的极端的热忱，对医术的精益求精的职业道德和思想品质，努力成为一个高尚的人，一个纯粹的人，一个有道德的人，一个脱离了低级趣味的人，一个有益于人民的人。

（一）国家战略驱动

党的十八大以来，以习近平同志为核心的党中央把维护人民健康、推进健康中国建设纳入"五位一体"总体布局和"四个全面"战略布局，并作出重要决策部署。

习近平总书记多次强调，没有全民健康，就没有全面小康。要把人民健康放在优先发展战略地位，努力全方位全周期保障人民健康，实施健康中国战略。健康是促进人的全面发展的必然要求，是经济社会发展的基础条件，是民族昌盛和国家富强的重要标志，也是广大人民群众的共同追求。党和国家历来高度重视人民健康。新中国成立以来特别是改革开放以来，我国健康领域改革发展取得显著成就，城乡环境面貌明显改善，全民健身运动蓬勃发展，医疗卫生服务体系日益健全，人民健康水平和身体素质持续提高，为全面建成小康社会、基本实现社会主义现代化奠定了重要基础。同时，工业化、城镇化、人口老龄化、疾病谱变化、生态环境及生活方式变化等，也给维护和促进健康带来一系列新的挑战，健康服务供给总体不足与需求不断增长之间的矛盾依然突出，健康领域发展与经济社会发展的协调性有待增强，需要从国家战略层面统筹解决关系健康的重大和长远问题。

在推进健康中国建设的过程中，我们要坚持中国特色卫生与健康发展道路，坚持"共建共享、全民健康"的战略主题，坚持"以提高人民健康水平为核心，以体制机制改革创新为动力，以普及健康生活、优化健康服务、完善健康保障、建设健康环境、发展健康产业为重点，针对生活行为方式、生产生活环境以及医疗卫生服务等健康影响因素，坚持政府主导与调动社会、个人的积极性相结合，推动人人参与、人人尽力、人人享有，落实预防为主，中西医并重，推行健康生活方式，减少疾病发生，强化早诊断、早治疗、早康复，实现全民健康。把健康融入所有政策，加快转变健康领域发展方式，全方位、全周期维护和保障人民健康，大幅提高健康水平，显著改善健康公平，为实现'两个一百年'奋斗目标和中华民族伟大复兴的中国梦提供坚实健康基础"。[①]广大医务人员要增强在普及健康生活、优化健康服务、完善健康保障、建设健康环境、发展健康产业等工作中的责任感、使命感，全力推进健康中国建设，为实现中华民族伟大复兴和推动人类文明进步作出更大贡献。广大医务人员要继续弘扬"敬佑生命、救死扶伤、甘于奉献、大爱无疆"的精神，全心全意为人民服务，特别是在面对重大传染病威胁、抗击重大自然灾害时，做到临危不惧、义无反顾、勇往直前、舍己救人。

（二）院校着力推动

2012年5月，《教育部卫生部关于实施临床医学教育综合改革的若干意见》明确提出，将医德教育贯穿医学教育全过程。加强和改进医德教育是一项极为重要而紧迫的任务，加强和改进医德教育是发展社会主义市场经济的客观要求，加强和改进医德教育是全面贯彻党的教育方针和实施素质教育的要求，加强和改进医德教育是实现社会主义现代化的重要保证。

将医德教育贯穿医学教育全过程就是要做到以课堂教学为主导，将医德教育

---

① 中共中央 国务院印发《"健康中国2030"规划纲要》，《光明日报》2016年10月26日。

渗透于各个教学环节，充分发挥以思想政治理论课为核心的哲学社会科学课程的育人功能，强化人道主义思想，树立科学道德价值观；切实增强医学专业课教学中医德教育的渗透力，在医学专业课中医德内容更加具体化、形象化，更具有针对性和实效性，对医学学生的教育更具有说服力；拓展其他课程对医德教育的重要补充作用，增加中国传统文化中传统医德的重要思想资源，增强心理学、伦理学、美学、法学、社会学等相关学科内容。要做到以师德建设为基础，发挥榜样作用带动医德教育，将师德师风建设与师资培训相结合，将建立考评激励机制与宣传示范机制相结合，将创新育人载体与思想政治工作相结合，加强教师个人医学职业道德修养不仅是教书育人的需要，也是自身发展、自身提高、自身进步的需要。要做到以校园文化为载体，用主旋律提升医学生的人文素养，通过美化校园，打造优美环境，建设好校训碑、校史馆、文化走廊、标本陈列室，以其直观性和现实性潜移默化地影响学生的价值观和道德情感，通过文化校园培养高尚情操、良好的学术氛围、治学精神、校风学风，能激励医科学生自觉养成爱祖国、讲奉献、重道德的高尚情操和严谨求实的治学态度，鼓励医科学生多参与跨学科、跨专业的各种人文讲坛、学术讲座和体育艺术等校园文化活动。要做到以社会服务为平台，促进医科学生将医德认知转化为医德情感、内化为医德信念、外化为医德行为实践，在实践中检验医德教育成果，在社会实践中培养医学生的责任感，在医疗实践中培养医学生的同情感、仁慈心，在临床实习中强化医科学生医患沟通意识。

尤其是要将"倡导富强、民主、文明、和谐，倡导自由、平等、公正、法治，倡导爱国、敬业、诚信、友善"的社会主义核心价值观融入医德教育之中，加强医学生爱国主义教育使其树立正确的国情观，强化医学生敬业精神的培养使其树立正确的生命观，加强医学生诚信教育使其树立正确的医疗观，强化医学生友善精神的培养使其树立正确的病人观。

（三）医者临床行动

长期以来，我国卫生计生队伍是一支政治坚定、技术优良、品德高尚，党和人民完全可以信赖的队伍，是当之无愧的健康卫士。广大卫生计生工作者牢记党和人民重托，坚守信念、恪尽职守、爱岗敬业、默默耕耘，用智慧和汗水谱写了服务人民健康的壮美乐章，以实际行动彰显了崇高的人道主义精神和人民利益高于一切的思想境界，展现了卫生计生工作者的奉献之美、责任之美、奋进之美、向善之美。2017年获得"白求恩奖章"表彰的20名获得者，就是其中的优秀代表、先进典型。他们中有的医术精湛、医德高尚，为无数患者纾解病痛，创造了一次次的生命奇迹，被誉为"值得托付生命的人"；有的扎根基层，无惧路途艰难，无论寒暑晨昏，与父老乡亲守望相助；有的秉承"燃烧自己、照亮别人"的南丁格尔精神，视患者如亲人，给予悉心照料和呵护；有的面对传染病威胁和重大灾害侵袭，义无反顾、冲锋在前，防控疾病、护佑生命；有的坐得住"冷板凳"、耐得住寂寞，坚韧不拔、知难而进，攻克关键技术，创造了世界领先、服务人民的科技成果；有的术精岐黄、德重杏林，贯古通今、精培后辈，扛起了振兴国医的历史使命；有的勇于担当、敢涉险滩，以破釜沉舟的勇气和壮士断腕的决心，兴利除弊、锐意改革；有的远赴他国，不畏工作生活条件艰苦，为当地人民解除病痛，赢得国际社会高度评价。在他们的身上，集中体现了卫生计生工作者对党和人民的无限忠诚，生动地诠释了"敬佑生命、救死扶伤、甘于奉献、大爱无疆"的崇高精神。广大卫生计生工作者勤勉尽责，扎实工作，推动我国卫生与健康事业快速发展、服务水平大幅提升。在新的起点上，广大卫生计生工作者勇担使命，汇集建设健康中国的磅礴之力；不忘初心，当好守护人民健康的忠诚卫士；实干担当，形成全力推动医改的生动局面；锐意创新，勇攀医学科技进步的高峰；修身立德，自觉秉持精诚仁和的职业操守。

二、促行风：向社会主义核心价值观看齐

2012年11月，中共十八大报告明确提出，倡导富强、民主、文明、和谐，倡导自由、平等、公正、法治，倡导爱国、敬业、诚信、友善，积极培育和践行社会主义核心价值观。每位医务工作者都应该在具体工作中将社会主义核心价值观内化于心、外化于行，构建和谐的医疗行业风气。

（一）贯彻落实八项规定，纠正"四风"

2012年12月，中共中央政治局会议审议并通过了中央政治局《关于改进工作作风、密切联系群众的八项规定》：一要改进调查研究，切忌走过场、搞形式主义；要轻车简从、减少陪同、简化接待。二要精简会议活动，切实改进会风；提高会议实效，开短会、讲短话，力戒空话、套话。三要精简文件简报，切实改进文风，没有实质内容、可发可不发的文件、简报一律不发。四要规范出访活动，严格控制出访随行人员，严格按照规定乘坐交通工具。五要改进警卫工作，减少交通管制，一般情况下不得封路、不清场闭馆。六要改进新闻报道，中央政治局同志出席会议和活动应根据工作需要、新闻价值、社会效果决定是否报道，进一步压缩报道数量、字数、时长。七要严格文稿发表，除中央统一安排外，个人不公开出版著作、讲话单行本，不发贺信、贺电，不题词、题字。八要厉行勤俭节约，严格执行住房、车辆配备等有关工作和生活待遇的规定。

贯彻落实《八项规定》的实践方向主要体现在以下方面：第一，加强党的领导，建立健全各级党委负领导责任、纪委负监督责任的领导体制与工作机制，强调和抓紧落实"一把手"责任制，为贯彻落实中央"八项规定"提供组织领导前提和榜样示范。第二，加强以理想信念为核心的思想理论教育，为贯彻落实中央"八项规定"确立政治灵魂。第三，加强能力培养，提升理论水平与实践操作能力，为贯彻落实中央"八项规定"提供能力支撑。第四，加强法制建设，尤其要建立长期执

行机制，为贯彻落实中央"八项规定"提供制度保障。第五，建立作风建设监督体系，为贯彻落实中央"八项规定"提供监督保证。第六，鼓励担当有为、整治"为官不为"，厉行勤俭节约、反对铺张浪费，为贯彻落实中央"八项规定"营造勤政廉政的良好环境。第七，加强舆论宣传，推进党群干群互动，为贯彻落实中央"八项规定"提供良好的社会舆论和文化氛围。第八，及时总结新鲜经验，坚持改革创新，为贯彻落实中央"八项规定"、不断推进党的作风建设注入新活力。

2013年6月，习近平总书记在党的群众路线教育实践活动工作会议上强调，党内脱离群众的现象大量存在，集中表现在形式主义、官僚主义、享乐主义和奢靡之风这"四风"上。这"四风"是违背我们党的性质和宗旨的，是当前群众深恶痛绝、反映最强烈的问题，也是损害党群干群关系的重要根源。解决"四风"问题主要是"照镜子、正衣冠、洗洗澡、治治病"，"照镜子"是指以党章为镜，对照党的纪律、群众期盼、先进典型，对照改进作风要求，在宗旨意识、工作作风、廉洁自律上摆问题、找差距、明方向。"正衣冠"是指在照镜子的基础上，按照为民务实清廉的要求，勇于正视缺点和不足，严明党的纪律特别是政治纪律，敢于触及思想、正视矛盾和问题，从自己做起，从现在改起，端正行为，自觉把党性修养正一正、把党员义务理一理、把党纪国法紧一紧，保持共产党人良好形象。"洗洗澡"是指以整风的精神开展批评和自我批评，深入分析发生问题的原因，清洗思想和行为上的灰尘，既要解决实际问题，更要解决思想问题，保持共产党人政治本色。"治治病"是指坚持惩前毖后、治病救人方针，区别情况、对症下药，对作风方面存在问题的党员、干部进行教育提醒，对问题严重的进行查处，对不正之风和突出问题进行专项治理。照镜子，不认真照，就看不出美丑；正衣冠，松松垮垮，就树不起形象；洗洗澡，舒舒服服泡温水，就难以清身洁体；治治病，药力不够，也难以药到病除。

（二）贯彻落实医疗卫生行业"九不准"

2013年12月，针对医疗卫生方面损害群众利益、群众反映强烈的突出问题，国家卫生计生委、国家中医药管理局制定了《加强医疗卫生行风建设"九不准"》：一、不准将医疗卫生人员个人收入与药品和医学检查收入挂钩。二、不准开单提成。三、不准违规收费。四、不准违规接受社会捐赠资助。五、不准参与推销活动和违规发布医疗广告。六、不准为商业目的统方。七、不准违规私自采购使用医药产品。医疗卫生机构应当严格遵守药品采购、验收、保管、供应等各项制度。八、不准收受回扣。九、不准收受患者"红包"。以吉林省为例，《吉林省贯彻加强医疗卫生行风建设"九不准"实施方案》工作要求如下：

1.全面贯彻，宣传到位。全省各级卫生计生行政部门、各级各类医疗卫生机构要准确把握"九不准"的要求和精神实质，组织实施好集中学习，把"九不准"要求迅速传达至每个医疗卫生机构、每名医疗卫生人员，在全行业迅速掀起学习贯彻的热潮，实现行业教育100%全覆盖。

2.梳理问题，落实整改。各级各类医疗卫生机构要紧密结合工作实际，研究制订更有针对性、便于操作的具体措施。要将贯彻落实"九不准"与群众路线教育实践活动和医疗行风建设有机结合。对检查出来的违背"九不准"的问题逐一制定措施，逐项整改。要对照"九不准"要求着手优化和完善现有绩效考核方案，确保考核既能科学合理、规范有效，又有利于调动职工积极性。

3.领导重视，落实责任。各级卫生计生行政部门和医疗卫生机构要紧密结合工作实际，对贯彻执行"九不准"承担起"主要负责人是第一责任人"的主体责任，把认真落实"九不准"作为今年行风工作的重中之重，切实履行行业监管职责。坚持领导干部带头和"一岗双责"责任制，自觉接受社会各界和群众监督，同时对所管理人员违反规定负连带责任，实行一票否决。

4.强化督查，严肃追责。"九不准"是国家卫生计生委按照中央党的群众路线教育实践活动整改要求制定的，是向全社会作出的庄严承诺，也是广大从业人员的是非标准和行为底线。严肃查处医药购销和办医行医中的不正之风。重点查办办医中以权谋私、权钱交易、失职渎职和医务工作者收受回扣等案件，以及接受商家支付费用的各类高消费活动的问题。坚决查处索要或暗示送"红包"、乱收费、滥检查、大处方、推诿病人、以谋取私利为目的转送或介绍患者到其他医疗机构就医、指定患者到院外购药等损害群众利益的行为。

对医疗卫生机构和人员违反"九不准"的行为，都要依法依纪严肃处理，决不姑息迁就。对违反"九不准"的医疗卫生机构，各级卫生计生行政部门应当根据情节轻重，给予其通报批评、限期整改等处理。对申请医院评审的医院不予受理，对正在评审的医院暂停评审，对已经取得相应等级的医院给予降低级别或等次等处理；需要给予行政处罚的，依法给予警告、责令停业直至吊销执业许可证的行政处罚。对违反"九不准"的医疗卫生人员，由所在单位给予批评教育、取消当年评优评职资格或低聘、缓聘、解职待聘、解聘；对违反"九不准"的医师一律认定为本周期医师定期考核不合格，由有关卫生、计生行政部门依法给予其责令暂停执业活动或者吊销执业证书等处罚；对违反"九不准"的医务人员一律当年不予晋升上一级职称；涉嫌犯罪的，移送司法机关依法处理。

各市（州）卫生计生行政部门对查处的违规案件，要在本地区、本单位进行公开点名通报，每季度统计上报省卫生计生委，委纠风办将定期汇总，并在门户网站上向社会公布；对责令暂停执业活动的医疗卫生人员，省卫生计生委在全省进行通报；对吊销执业证书的医疗卫生人员，一律上报国家卫生计生委，在全国系统内通报；对顶风违纪、行为和情节严重、影响恶劣的典型案件，上级卫生计生行政部门和医疗卫生机构要直接组织调查，对隐瞒不报、压案不查、包庇袒护的，要严肃追究领导责任。

5.综合施治，惩防并进。要以落实医疗卫生行风建设"九不准"为切入点和突破口，让《关于建立医药购销领域商业贿赂不良记录的规定》真正成为带电的高压线，坚决纠正医药购销和医疗服务中的不正之风，全面整肃公共卫生服务、计划生育服务和卫生计生执法等方面损害群众利益的行为，以行风的实际转变效果赢得人民群众的支持和拥护。一是建立医药购销领域商业贿赂不良记录，按规定对列入不良记录的药品、医用设备和医用耗材生产、经营企业依法依规处理，引导和约束相关行业企业和从业人员遵守国家有关法律法规，形成共同推进的良好局面。同时，结合现有的群众评议医院行风工作、纠风重点联系医院巡视督查和"卫生系统行业作风建设考核评价体系"，探索构建"3+1"（预防、建设、纠治+考核评议）行风建设工作体系，努力在医疗服务中彰显行业主流价值。二是各级卫生计生行政部门、各级各类医疗卫生机构必须确定专门机构和人员，具体负责"九不准"问题举报受理工作，向社会公布投诉举报电话、通信地址、电子邮箱和举报接待时间、地点，公布有关规章制度，医疗卫生机构应在门诊大厅等人员比较集中的地方设立"九不准"举报箱，需要调查核实的，必须及时组织调查，不得延误。要加强与公安、检察和纪检监察等执纪执法机关的协调配合，重点查处顶风违纪的行为和情节严重、影响恶劣的案件。

6.及时总结，上报信息。各级卫生计生行政部门要及时收集汇总本地区贯彻"九不准"工作进展、主要成效、重大案件、问题困难等信息，并明确专门科室和人员负责信息报送。每月5日前报送上一个月的工作进展情况和"九不准"问题查处情况。省卫生计生委将在官方网站统一进行公开发布。

（三）开展"三好一满意"活动

2011年4月，卫生部决定在全国医疗卫生系统开展"服务好、质量好、医德好，群众满意"活动（以下简称"三好一满意"活动）。通过"三好一满意"活动，主要达到以下目标：服务好是指服务态度热情周到，服务行为文明规范，服务流程科学合理，服务措施便民利民，服务环境舒适安全，服务信息公开透明。医疗机构要真正做到"以病人为中心"，时时处处为患者着想，为患者提供方便、快捷、高效、温馨的医疗服务，完善患者纠纷投诉处理机制，构建和谐医患关系。质量好是指严格依法执业，认真履行职责，落实医疗质量、医疗安全各项核心制度，规范诊疗行为，加强药品、医疗技术和大型设备临床应用管理，实施优质护理服务，做到合理检查、合理用药、合理治疗，确保医疗质量和医疗安全。医德好是指要爱岗敬业，遵纪守法，廉洁行医，坚决抵制商业贿赂等行业不正之风；尊重患者权利，关爱患者，因病施治，严谨求实。加强医德医风和纪律法制教育，大力弘扬高尚医德，完善和落实医德医风制度规范，认真开展医德考评，坚决查处损害群众利益的突出问题，严肃行业纪律。群众满意是指卫生行业形象持续提升，人民群众感受不断改善，医疗费用不合理增长得到有效控制，社会满意度有较大幅度提高。通过开展"三好一满意"活动,重点解决以下问题:宗旨意识和群众观念问题、服务意识和方便群众问题、质量意识和确保安全问题以及廉洁意识和行业形象问题。以吉林省为例,在《2011年吉林省医疗卫生系统"三好一满意"活动实施方案》的指导下,在改善服务态度,优化服务流程,不断提升服务水平,努力做到"服务好";加强质量管理,规范诊疗行为,持续改进医疗质量,努力做到"质量好";加强医德医风教育,大力弘扬高尚医德,严肃行业纪律,努力做到"医德好";深入开展行风评议,积极主动接受社会监督,努力做到"群众满意"。取得阶段性实效。具体体现在:普遍开展预约诊疗服务,优化医院门急诊环境和流程,广泛开展便民门诊服务,继续深化"优质护理服务示范工程"活动,推进同级医疗机构检查、检验结果互认,深入开展"志愿服务在医院"活动,继续推进医疗纠纷第三方调解和医疗责任保险,完善调处机制和风险分担机制;扩大临床路径管理和电子病历覆盖面,加强医疗安全和医疗质量管理,严格规范诊疗服务行为,抗菌药物应用专项治理,加强医疗技术和大型设备临床应用管理;继续加大医德医风教育力度,进一步完善医德医风考评制度和行风建设考核评价体系,开展医疗服务收费专项治理工作,坚决查处医药购销和医疗服务中的不正之风案件,严肃行业纪律;继续对全省33家重点联系医院开展出院患者满意度调查,继续以开展群众评议医院行风工作作为推进卫生纠纷工作、维护群众利益的重要载体,积极组织、主动参与全省民主评议软环境和正行风活动,以评促纠、注重整改,继续开展五类医疗机构重点指导制度,加大行业作风建设巡视督察和明察暗访力度,全面推行医院院务公开制度,进一步落实院务公开各项要求以及《医疗机构院务公开监督考核办法(试行)》,增强医疗机构院务公开意识,组织开展院务公开培训,推行单病种费用状况公开。

三、践医魂:向典型模范看齐

(一)吉林大学中日联谊医院:孟宪民

孟宪民(1919—1998),吉林大学中日联谊医院(原白求恩医科大学第三临床学院)外科教授、博士生导师,我国著名外科专家及医学教育家,中华医学会资深会员。曾历任长春大学医学院外科讲师,吉林省军区卫生部后方医院外科主任,吉林省立医院外科主任,中国人民解放军第三军医大学外科教研室主任,吉林医科大学第三临床学院基本外科主任,白求恩医科大学第三临床学院基本外科主任,曾兼任《中华医学杂志》《中华外科杂志》编委、《吉林医学》副主编、《中华实用外科》《普外临床》《肝胆胰脾外科》等杂志编辑部顾问;中华医学会外科学术委员会委员、中华医学会吉林省分会常务理事、中华医学会长春分会名誉会长、东北三省普外科学术委员会主任委员、吉林省外科研究所所长。一生指导、培养千余名普外专科医生,博士生12名、硕士生10名,参与编写著作四部,撰写医学论文71篇。

孟宪民自幼天资聪颖,勤奋好学,小时候在家中翻阅了大量医学科技书籍,深深被国外的先进医疗科学技术所吸引，同时也深深体会到国人被病魔折磨的痛苦，初步立下了从事医疗科学，切实解决国人病痛，为了国家的富强、民族的振兴、人民的幸福的志向。

1950年1月孟宪民向党组织提出了入党申请，在入党志愿书中，孟宪民写道：在我四年的革命斗争实践中，我深深体会到共产主义理论的伟大，中国共产党经历艰苦卓绝的斗争，使中国人民从封建主义、官僚资本主义、帝国主义铁蹄压榨下解放出来，创造了自由独立的新中国，我爱新中国，更爱共产党，我要加入共产党，为党和人民的事业奋斗到底！1952年10月孟宪民光荣地加入了中国共产党。1952年11月孟宪民因荣立两大功、四小功，先进事迹突出，被推选为后勤部功模代表大会正式代表，光荣地到北京出席全军功模大会，受到了党和国家、军队领导人的接见。1959年国庆节，他作为医疗卫生事业战线的英模代表参加了国庆观礼，在天安门上，受到毛主席、周总理等国家领袖的接见并与之亲切握手。此次北京之行，更鼓舞了孟宪民为医疗事业攻克难题、攀登科技高峰的决心。

与此同时，孟宪民还大胆开展外科新技术、新疗法，自1951年，在东北地区率先开展了肝叶切除术，1957年在我国首次开展了肝极量（三叶）切除术，1963年他代表中国在亚非国家外科学术会议上做了学术报告和肝极反切除术的表演，获得了卫生部的通令嘉奖，1964年出版了我国第一部肝脏外科专著《肝叶切除》；50年代孟宪民开展的胃癌扩大根治术和手术，切除范围就与现在胃癌规范的根治术十分相似；60年代初进行胃切除术后消化功能的研究，为了取得科学的数据，需要与健康人对比，他自己率先带头示范，组织全科30多位医务人员吞食胃管，摄取自己的胃液，这项研究成果得到了国家级水平的权威性评价，论文发表在《中华外科杂志》上；1956年至1958年，孟宪民共发表学术论文13篇，其中大多发表在中华外科杂志上。1955年孟宪民被授予少校军衔、准团级，1958年孟宪民被批准担任第三军医大学第三临床学院外科主任兼外科教研室副主任。由此，孟宪民奠定了吉林省外科在国内的领先地位，也因此成为吉林省和医大三院基本外科的奠基人，并成为学校党委委员、医大三院党委委员。

多年的外科临床工作，使他的外科技术炉火纯青，解剖清晰，成功率高，成为后来者不懈追求的理想境界。他的手术刀，使无数挣扎在死亡线上的病人获得重生，为无数个在疾病痛苦中的患者夺回健康，由于他的精湛技艺和手术成功率极高而被人们誉为"孟一刀"。"文化大革命"后期，孟宪民重新恢复了工作。1978年，邓小平在全国科学大会上提出"科学技术是第一生产力"，这个口号给广大科技工作者带来了春天。孟宪民感到自己大胆创新、奋力拼搏的时机来到了，要牢牢把握这个机会，把自己的余生全部献给祖国的医学事业。在此期间，受日本医学同行的邀请，孟宪民到日本讲学，他放弃了日本优越的生活工作条件，婉拒了日本友人的诚意挽留，把在日本得到的工资全部用于购买国内急需的世界先进的医学书籍，带回国内。通过对国内外外科技术的调研考核，经过周密的准备，1979年孟宪民主持开展了肝移植的实验研究（犬，39例），在国内同行中引起强烈反响；在此基础上，1980年、1981年孟宪民教授在临床上成功地开展了北方第一例、第二例"同种原位肝脏移植"手术，成为我国北方肝移植手术的开拓者，为现代肝移植的成功提供了宝贵的经验和先期的范例。在此阶段，孟宪民还开展了脾腔静脉分流术，使门脉高压症患者生存机会大大提高；通过对门脉血流动力学的研究，孟宪民采用贲门血管离断与胃底血管阻断治疗门脉高压症，改进了手术技术，论文获得《中华外科杂志》一等奖；研制了"微机四通道生理测压仪"，经吉林省科委同外地专家鉴定为国际水平；孟宪民还带头在省内开展了胃癌扩大根治术、胰头十二指肠切除术、人造血管移植、甲状腺癌、乳腺癌扩大根治、直肠癌盆腔脏器全切术等方面的研究，并推广至全省各地，使这一时期吉林省的外科水平得到很大提高。

孟宪民教授作为一名共产党员，对党无限忠诚，充满了无限的热爱。无论医疗业务工作多么繁忙，他总是以一个普通党员的身份参加党的组织生活。他发表论著所得的稿费几乎全部都交了党费，或给科室作为科研经费。他一生廉洁奉公，总是以一个共产党员的标准要求自己。1984年，从行政职务退下来后，孟宪民仍然兢兢业业钻研业务，努力培养外科技术的接班人。孟宪民说："我是一名共产党员，不当主任，也要为科室贡献力量，扶持年轻人干好工作。"

他不仅是一位杰出的医学科学家，同时也是一位医学教育家。孟宪民一生为医学事业培养了千余名普通外科医生。自1978年开始带硕士研究生以来，共培养研究生10名，1986年开始带博士生以来共培养博士生12名，这些当年的学生如今已成为其所在科室的技术骨干。孟宪民教授把希望寄托于年轻一代，并为此奋斗了一生。他特别注重医德教育，以身作则，言传身教。1995年他应邀为《中国实用外科杂志》撰写了《外科医生的手技与心理训练》，受到广大外科医生（特别是青年医生）的欢迎和好评。该文被许多医院作为对青年医生进行培养、教育的重点学习内容之一。孟宪民教授强调青年医生在学习上要打好基础，加强基本功训练。外科医生不仅仅是手术，更重要的训练是思维能力，提高对疾病的诊断和手术适应证、术式的选择等治疗本领。他多次强调手术的目的不在于割除病灶，而在于延长患者的生命，并身体力行，他做的手术，有的癌症病人可活20年以上。针对有的医生认为割除患病部位就是手术成功的想法，他及时指出并予以严肃的批评。孟宪民教授以强烈的事业心和高度的责任感，以一名共产党员的高尚情操，以渊博的学识培养了一代又一代的医学人才。

孟宪民教授不仅医术高超，而且品德高尚，深得广大患者和医务界同行的敬重。他始终坚信品德是一个人的立身之本。在他几十年的医疗生涯中，从没利用自己的职权和技术为子女亲属谋取过私利。他认为当医生的收受患者的红包是一种耻辱，是乘人之危，趁火打劫。"孟一刀不收红包"远近皆知。他对待病人胜似亲人，病人都说他态度和蔼，百问不烦。他对病人一视同仁，他经常讲，不论来的人地位高低、穷富，聪明还是愚笨，文明还是愚昧，善良还是不善良，都是病人，都是患者，都是来找你解除病痛的，都要尽自己所能，为病人服好务。他经常与省市领导接触，也经常给农民治病，他对他们一样的热情，谁也看不出半点差别。他对单位的同事也是如此，谁找他，他都全力帮忙，无论是管后勤的，还是开电梯的，他都有求必应。

在70年代末，他因积劳成疾，住进了医院，在他要做手术的那天早晨，人们把他从病房推出来的时候，都被眼前的场面惊呆了，只见楼道里，走廊上，台阶上挤满了身穿白大衣的人们，他们有的是医生，有的是护士，有的是医技人员，有的是管理人员，有的是助杂人员，有的是临时工，他们不约而同地、自发地来到他的病房前，想看看手术前的他，想目送他进入手术室，想表达一下他们发自内心的良好祝愿，想道一声，"孟老师祝你早日康复"。当孟宪民看到这一切时，他的眼角流出了泪水，是啊，这不是对他最高的奖赏吗，这不是对他最好的赞扬吗，这不是对他最充分的肯定吗？1996年开始，孟宪民教授身体出现不适，1997年和1998年两次卧病在床，孟宪民教授的许多病人得知后，纷纷前来探望，他们中有干部、工人、也有个体户，有的在本市，也有的在外地。

1998年，孟宪民教授再次卧病在床，并被确诊为肝癌晚期。从校、院领导、各相关科室医生到护理人员，都前来探望他，并尽心竭力医治护理。基本外科的同志们更是百般操劳，没有命令，没有号召，他们自愿轮流看护，第二天照常上班、手术。他们都想对孟教授多做点事，只有这样，才能充分表达对他的尊敬与敬仰，他们抢着为他做那些最琐碎、最细微的，又脏又累的活。他们说："孟教授平时对我们很好，我们要尽一点心意。"孟宪民教授是幸福的，他得到了很多人的爱；同样，他也非常非常爱他的学生和与他一道共事的人们。孟宪民一生整整有50个春秋是和吉林大学中日联谊医院（包括其前身）基本外科共度的。

1998年6月16日，是孟宪民的两位博士研究生毕业论文答辩的日子，这时他的病情已十分严重。头天晚上，孟宪民告诉他夫人，这次答辩他一定要参加，这将是他最后一次。他怕受到善意的劝阻，便口授让他夫人给担任这次会议主席的何三光教授及他的挚友谭毓珍教授写张条子，其中有这样几句话："这次答辩会我一定要参加，因为我不行了，我要离你们而去了。今天有各位老师，我的同事和我的学生们参加会议，我愿意在一个庄严、欢乐的气氛中和大家再一次相聚……另外，我的学生张伟、宣立学将进行答辩，我要为他们尽到做老师的最后一点责任。"这一宿，他没有睡，一次次地问"几点了？"他怕在半昏半醒中错过了开会时间。天刚蒙蒙亮，他便换好衣服，被他的学生簇拥着用轮椅推向会场。看着他那耗尽精力，勉强抬起头、挺起胸的背影，许多人都被他这种坚毅的精神和崇高的事业心所感动。他辞世前给基本外科同志们的遗言中还念念不忘的写道："我对生活无限眷恋，对你们十分热爱，我希望我们的科室兴旺发达，在全国普通外科领域占有重要一席之地；也希望我的学生们事业有成，成为一个个真正的外科专家。"这几句发自肺腑的话，表达了他殷殷纯情，拳拳的爱心，他带着这火一般殷切的希望，走向人生的最后归程。1998年7月7日凌晨4点10分，孟宪民在与死神搏斗中，体力消耗殆尽，心脏停止了跳动。

孟宪民将一生都献给了医疗和教育事业，在他弥留之际还念念不忘为之奉献一生的医疗事业。他嘱咐将一生购买和收集的所有珍贵医学书籍都赠送给医院，供医学同行们使用；他还嘱咐将他积攒的钱款、亲朋好友寄来的慰问金等27万余元全部捐献给医疗事业，成立一个基金会，用于奖励在外科事业方面做出突出贡献的医院年轻医学人才。

（二）"白求恩奖章"获得者：赵雪芳

"白求恩奖章"是1991年由国家卫生计生委与人力资源和社会保障部共同设置，授予全心全意为病人服务，具有高尚的医德医风、精湛的医术，并在工作中有卓越贡献的医务人员，是对全国卫生计生系统模范个人的最高行政奖励。自1994年授予山西省妇产科主任医师赵雪芳第一枚"白求恩奖章"以来，先后产生了68位获奖者。每一位获奖者都是从全国卫生计生系统选拔出来的具有全心全意为病人服务的优秀品质，具有高尚的医德医风、精湛的医术，并在工作中有卓越贡献的先进典型。他们当中，有的医德高尚、医术高超、以精湛的技术挽救了无数患者的生命；有的刻苦钻研、勇攀高峰、攻克了一个又一个医学难题；有的扎根边远基层，为计划生育家庭排忧解难，为群众健康守望相助……诠释了"敬佑生命、救死扶伤、甘于奉献、大爱无疆"的职业灵魂，值得每位医务工作者学习。

赵雪芳，女，中共党员，1936年12月出生于山西省阳城县李圪瘩乡次滩村一个普通的农民家庭。生前任山西省长治市人民医院副院长、妇产科主任医师、科主任兼党支部书记。1994年首届"白求恩奖章"获得者，第一届全国"十大女杰"获得者，曾获全国优秀共产党员、人民的好医生等称号。1998年5月31日因病医治无效逝世，享年62岁。

巍巍太行山下，一颗圣洁的心灵，温暖了千万个被病痛折磨着的姐妹；一手精湛的医术，重又鼓起了千万个失望者的生活风帆。在三十多个春秋里，她一心只惦记着老区的兄弟姐妹，把自己的一切都融进了为父老乡亲解除病痛的事业中。她实现了自己的人生价值，又在救死扶伤中升华了人生，从而创造了辉煌和伟大。

"病人的生命就是我事业的生命，病人的康复就是我事业的成功，我最大的快乐就是为每一位患者解除病痛。"

赵雪芳出生于贫困的太行山区，她忘不了太行山上那贫瘠的土地，忘不掉那养育自己长大的金黄色小米。1963年她由山西医学院毕业。从小目睹了老区群众缺医少药的困苦和求医问药艰辛的赵雪芳，忘不了行医数十年的爷爷常叨念的家训"当医生必须做到三条：一是不辞辛苦，不怕爬山；二是人命关天，要慎之又慎；三是切不可眼睛向上，穷汉吃药，富汉还钱。"

三十多年来，赵雪芳不分春夏秋冬，不论院内院外，不论生人、熟人，也不管上班还是下班，只要是病人需要，她都尽力而为，精心诊断治疗。遇到抢救危重病人，她总是随叫随到，从不耽误分秒，她把每个病人都看作是亲人。尤其是对那些来自穷山村的姐妹们，买不起药的，她掏钱垫上；术后需要加强营养的，她在家熬好红枣小米粥送到床前；得重病的，她还不时提上罐头、水果到床头看望。她家原本没有病人，她却预备了两个药锅，每天一早爬起来的第一件事就是熬药，然后带到病房让病人趁热喝下。她经常是一台手术接着一台，时间往往持续十几个小时，眼熬得睁不开，腰累得直不起，腿肿得拖不动，一连几天得不到休息。记不清多少次，当她拖着疲惫的身体，在回家的路上，碰到求治的病人，她又返回医院；也数不清有多少回，当她迈进自己家门时，迎接她的不只是丈夫、女儿，还有乡下来的患者，她一边让女儿给稍加捶背、按摩后，一边又精神抖擞在家里给病人开始检查与治疗。当患者表示谢意时，她总是说："你们康复了，就是对我的最大谢意。其他的我什么也不需要。"她每天上班几乎是小跑，她的出勤率在全院最高，她没有节假日，没有星期天。她工作常常是顶着晨星走，迎着万家灯火归。在医疗过程中，经常会碰到一意想不到的情况，稍一迟疑，就会延误病人，给患者和他们的亲属带来痛苦。赵雪芳总是以强烈的责任感，认真对待每一位患者，用自己的爱心，促使她们康复。几十年来，经赵雪芳亲手治疗的患者换了一批又一批，赵雪芳说："她们姓甚名谁，我不可能全记得。但回忆起那一位位母亲初次怀抱婴儿时脸上的幸福笑容，却时时温暖着我的心。想到那些就诊不及时，失去抢救机会而死去的患者的家属们沉重的背影时，泪水又数次打湿了我的眼眶。所以，每当我站在那已站了30多年的产床边、手术台前，都会感到一种新的责任压在肩上。我的心里与眼里只有我的患者存在，当她们在生死之间挣扎，我所想到的只有尽我最大的努力，去拉住那宝贵的生命。"

"我的生命属于患者，只要心脏还在跳动，我就决不离开自己的战斗岗位"。

30多年来，赵雪芳全身心地投入了救死扶伤的工作。在无影灯下、在手术台前，她日见消瘦。人们没有想到，当她把生的希望和人间的温暖送给别人时，疾病正无情地折磨着她，死神正无情地向她逼近。

1989年元月3日，新年上班后，赵雪芳抢救了一位胎盘早剥大出血患者。下午7点多从手术台下来，发现自己全血尿，经病检被诊断为膀胱癌。面对这突如其来的消息，赵雪芳难以抑制内心的痛苦，当她想到将会失去健康人的一切，失去工作能力，甚至失去生命时，吃不下饭，睡不着觉。可当她一走进病房，听到患者对她的问候，看到病人们正等待着她去做手术，她想：我的病人对战胜疾病尚且充满乐观，我作为一名医务人员，怎么能被死神吓倒呢？不，绝对不能。我应该面对现实，去和病魔做斗争。于是，赵雪芳在接受了院党委对她的手术安排后，争分夺秒地又为6名患者做了手术。就在赵雪芳本人接受手术的前一天，她还坚持做完两个常诊手术：子宫肌瘤手术和剖宫产手术。她了解自己的病情，这两名患者也可能就是自己治疗的最后两位病人。她要把生的希望留给别人，用自己生命的燃烧，再给人间添一份温暖。第二天，距赵雪芳自己接受手术的时间只有两个小时了，可她还在查病历、下医嘱，向刚做完手术的两位妇女交代术后注意事项，直到病人放心了，她才平静地躺在了手术台上。过了几天，妇产科的病人含着眼泪到病房去看赵雪芳，她们泣不成声地说；"要知道你得这样大的病，我们真不该拖累你。"术后数月的一天上午，赵雪芳正在家里输液，突然妇产科的一位同志来告诉她，有一位孕妇在手术台上大出血，大家茫然无措。听说病人有生命危险，赵雪芳立即拔下针头，拖着虚弱的身体走进了手术室。在她的指导下，经过两个多小时的抢救，患者终于转危为安，而赵雪芳回家时连楼梯都上不去了。按常规赵雪芳这种手术至少需要休息半年，而她在手术后两个多月不顾领导和同志们的劝说，拖着虚弱的身体又在妇产科病房奔忙。上班后，她一如既往，有时，她一天完成五台手术后，晚上仍坚持值夜班。第二天居然又一刻不差地来到工作岗位。正当赵雪芳把全部心血投注于患者、投注于工作时，又一个霹雳当头击来。1991年12月，她又被确诊为直肠癌。院党委会议提出了手术治疗方案：请北京专家或是省里专家做手术，由赵雪芳自己选定。赵雪芳十分感谢院领导的关心，谢绝了外请专家的建议，坦然自若地提出要本院肿瘤科燕章文主任做。接受第二次手术前，连续几天，她每天要上两台手术。手术后，院党委派专车将赵雪芳送到北京肿瘤医院做进一步检查治疗，并派专人陪同护理。不能进食加上严重的大剂量放疗反应，使赵雪芳有腿却无力迈步，每日三分之一时间蹲在便盆上，三分之二时间躺在病床上，这样的状态长达6个月，直到1993年5月1日以后才能下地活动。

设身处地当了两次患者的赵雪芳，深深体会到了病人对医生的期盼。于是，在身体尚未完全康复的情况下，赵雪芳毅然又一次返回了工作岗位。赵雪芳说："患者离不开我，我更离不开患者。只要病人需要我，我的工作就不能停止。患者的快乐才是我人生的价值所在。"

"病人躺在手术台上，就是把生存希望托付给我们，我们这些做大夫的，都要设身处地想一想"。

赵雪芳深深感到：一个人最大的荣誉莫过于得到群众的信任。面对勤劳的群众，面对哺育、培养她的父老乡亲，她唯一的报答就是多为群众治病。赵雪芳技术上精益求精，不断提高医疗技术，并且言传身教，带出了长治市人民医院妇产科一支阵容整齐的医疗梯队。

赵雪芳总觉得每天二十四个小时不够用，因为妇产科大夫的特点是跑、站、说不停歇，每天屁股坐不上凳子。在这种情况下，挤一挤就能学点东西，松一松就没有时间了。所以，在赵雪芳的办公室、在她的床头，在饭桌旁及其他一切能够用点滴时间学习的地方，她随处都堆放了有关资料和文献，一有空暇便抓紧学一点。赵雪芳对医护人员的要求极其严格。为了锻炼大家的指功，准确掌握接产要领，她找来一个完整颅骨，缝制了一个大小如同新生儿一般的整体胎儿，连同一副盆骨，组成一套接产模具，结合解剖，带领大家反复苦练基本功。原妇产科护士林梅谈起赵雪芳时说："恨她、爱她、敬她。我恨过她，因为她批评人毫不留情。我也很爱她，因为她不厌其烦地手把手教我学本领。我更从心底敬重她，她是我心中的楷模。"严师出高徒，长治市人民医院妇产科75名医护人员个个都身手不凡。副助产长鲁秀芳，1992年6月到北京一家医院进修。第一天上班就碰到一个臀位大胎儿产妇。按照常规处理办法，多采用剖宫产。然而鲁秀芳却不慌不忙，严格按多年来赵雪芳教授的接生法很顺利地使一位8斤重的胎儿安全降生，接着又接生了一个横位9斤重的大婴。使这家医院的医护人员大为惊讶："你有这么高的技术，还来我们这儿进修？快教教我们吧。"鲁秀芳一下子由进修生变成了代教师。后来，这家医院还派了两名护士专程到长治市人民医院妇产科学习。赵雪芳带出的队伍受到老区人民的高度信任，许多人不远千里。慕名来这里求诊。在赵雪芳的带领下，妇产科进行了多方面的科研攻关。先后研制出了H871、H872、H873号治疗宫颈癌前病变药物，承担完成了多项省部级科研课题。近5年，共发表学术论文89篇。

"等我把工作做完，我才能放心地去做治疗。"

一个两次身患癌症的人，不顾自己手术后虚弱的身体，却要去为别人解除疾病痛苦。赵雪芳就是这样心中只有患者，唯独没有自己。由于长期的超负荷运转，赵雪芳的身体状况又急剧恶化，1995年4月，无情的癌细胞扩散至她的两肺。

那是4月4日下午，近来感到胸部疼痛的赵雪芳在院领导和同事们的陪同下，走进了CT室检查，当清晰的CT屏幕上显示已被癌细胞侵蚀的两肺时，院领导惊呆了，同事们惊呆了，简直不敢相信这残酷的事实。赵雪芳看到CT片时，心中也是不由一怔，大家你看着我我看着你，眼泪情不自禁地流下来，赵雪芳见大家这么伤感的样子，强作微笑地说："没什么，没什么，两次我都挺过来了，还是让我再与它做一次较量吧。"院领导当即决定让赵雪芳停止手头的工作，准备起程赴京治疗，赵雪芳望着给予自己无数关怀的院领导，哽咽地说："明天就是我的门诊了，许多患者还等着我呢！等我把工作做完，我才能放心地去做治疗。"深深了解赵雪芳的院领导含泪答应了她的请求。于是，在以后的四天中，就出现了这样的场面：星期二，确诊赵雪芳病情；星期三赵雪芳坚持做完30多个专家门诊；星期四上午做了一台子宫全切手术，下午又组织本科室爱婴医院的学习考试；星期五做了一台宫颈癌手术，下午召开了本科主任护士长会议并交代工作；交代工作时，赵雪芳落了泪，这位坚强的女性再也无法控制自己的感情，其他主任、护士长也都含着泪静静地听赵雪芳同志的工作安排。就在星期六上午她又赶做了一台宫颈癌手术，下午在办公室

将全国各地的来信近百封做了答复。这几天，每次上手术台之前，她都要先给自己输些白蛋白，以增强体力，保证手术正常进行。

赵雪芳同志无私奉献为人民，人民群众对她也有着十分深厚的感情。那次赴京治疗，当车行至河北武安县时，车上的人都十分口渴，赵雪芳同志服药也没水喝，车正好停在一个村庄，同志们就去找村民们讨要一些开水，朴实的山里人一听说是赵雪芳在车上，都赶紧跑回家，提上开水，送至车前，大家争着要让人民的好医生喝自己的水，同志们看到这种情景倍受感动，赵雪芳同志也激动得流下了眼泪。

1996年5月从北京治病回来以后，赵雪芳同志仍坚持每天上门诊，许多同志劝她注意自己的身体，可她却说："如果能用我的疲惫换回患者安康的话，我无怨无悔。"①

（三）全国道德模范中的医务工作者：周宪梁

全国道德模范是由中央宣传部、中央文明办、中央军委政治工作部、共青团中央和全国妇联共同主办的评选表彰活动，全国道德模范就是具有为了维护大我（或有益于国家富强、民族振兴、人民幸福）的利益或幸福，而牺牲小我的利益或幸福的言行，且事迹突出、品德高尚、群众认同度高、示范引领作用强的个人或集体。每位全国道德模范都是医务工作者可亲可敬可学的道德榜样。

第二届全国道德模范周宪梁恪尽职守，几年、十几年、几十年如一日，服务人民、尽心尽力、勇于拼搏勇于奉献；在每一个平凡的岗位上，将责任心、使命感化作了坚守的动力，为祖国的繁荣昌盛奠定了牢不可撼的根基。

周宪梁，男，中共党员，1963年8月出生于河南省信阳市，中国医学科学院阜外心血管病医院门诊部主任。"心中要永远装着病人"，这是周宪梁常说的一句话，也是他的实际行动。从医20多年来，周宪梁全心全意为患者服务，病人只有病情轻重之分，没有高低贵贱之别，用自己精湛的医术和"医疗大篷车"，为无数患者特别是老少边穷地区病人解除了疾病痛苦。

1. 德医双馨的医学专家

周宪梁教授是著名的心血管病专家。他不仅医术精湛，而且医德高尚，视病人如亲人，全心全意为患者服务，处处为患者着想，对工作极端热忱，每周坚持上专家门诊、查房、讲课、手术等，慕名找他看病的各地患者总是络绎不绝，经常加班加点，放弃节假日和休息时间为病人看病，对于来自偏远贫困地区的老百姓来看病，时常捐钱给那些经济困难的患者看病，深受广大患者的爱戴，连续两年被评为阜外心血管病医院兢兢业业好医生。他积极培养人才，作为主讲教师，担任研究生、住院医师及进修医师的大课讲授，讲课重点突出、层次分明，通俗易懂，幽默风趣，教学效果好，讲授的内容既有多年丰富宝贵的临床经验，又有当今学科的

① 《心中只有患者唯独没有自己——山西省长治市人民医院副院长赵雪芳同志先进事迹》，http://www.bqejsyjh.com/newslook.asp?FID=86&NewID=2525&SID=143&page=0.

最新进展，深受同学们的一致好评。他刻苦钻研业务，对技术精益求精，熟练掌握常见及疑难心血管病的诊断和治疗及危重心血管病的抢救，尤其在高血压病及心脑血管疾病新的危险因素的基础与临床研究方面，有很高的造诣。承担国家973攻关课题、国家自然科学基金、科技部社会公益研究专项基金项目及中国博士后科学基金项目研究，先后获得教育部科技进步奖一等奖、北京市人民政府科技进步奖二等奖、河南省人民政府科技进步奖二等奖、中华医学科技进步奖三等奖、中国博士后优秀论文奖等5项省部级科技进步奖，主编专著1部：《心血管分子生物学实验技术》，参加编写专著8部，发表论文60余篇。担任《中国分子心脏病学杂志》编委，《中国循环杂志》特约审稿人，北京市西城区医疗事故技术鉴定委员会委员，北京市医疗事故技术鉴定委员会委员，北京市劳动能力鉴定委员会委员，中国博士后科学基金会理事会第四届理事。

2. 情洒西部的援疆干部

"到条件最艰苦、群众最需要的地方去。"这是他一个深藏已久的念头。这个来自大别山革命老区军人的后代，深知偏远地区百姓的疾苦、看病的不易。对老百姓来说，有时一次小病就是一场大灾，会毁掉一个家庭几十年的奋斗。他决心用自己所学的本领去服务那些最需要他的人，为人民服务，做人民健康的守护神。临行前，医院领导问他有什么要求，组织可以帮助解决。周宪梁没有提任何要求，只回答说："我希望尽快到新疆工作。"可当时的情况是，周宪梁的爱人正在国外留学，孩子还在上小学，非常需要人照顾。离家那天，儿子哭了，周宪梁也是热泪盈眶，他对孩子说："西部边疆有许多病人，爸爸作为医生必须去。这对爸爸是个锻炼，对你也是一个锻炼。"他把孩子托付给亲戚，很快就赶到了新疆，来到南疆阿克苏地区新疆生产建设兵团农一师医院。他说："党和国家培养我们多年，我们有义务有责任用我们的技术给当地各族群众服务。"

阿克苏市紧邻塔克拉玛干沙漠，自然条件恶劣，卫生基础薄弱，群众看病不易。想起临行前阜外心血管病医院领导的谆谆嘱托，他感到自己身上的担子沉甸甸的。

短短几天，"来了北京名医"的消息在周边地区迅速传播开来，不少群众搭着马车，连夜从郊县赶来求诊。看着乡亲们热切期待的目光，他把所有的苦和累都抛在了脑后，马上废寝忘食地工作，不管白天晚上，随时随地给前来就诊的患者看病。刚去第一天，他就开始了门诊，一口气工作到下午6点，开处方的纸用完了，他就把写着自己名字的桌牌纸也用来开了处方，连喝水、上厕所的时间都没有，送走最后一位病人，他已经筋疲力尽，满头虚汗，眼前发黑，试图站起来，身子晃了一下，险些栽倒。到边疆的第一天，周宪梁就为50多位患者看了病。他出诊时经常是忙到了中午时分，还仍有20多个病人在等候，因上午看病的人比较多，他也相当累，一有困意他就用自己的指甲狠狠掐自己大腿上的肌肉，因产生剧烈疼痛而强打

起精神坚持为患者诊治。下午2点多，他草草吃了几口已经凉了的简易快餐后，又继续看起病人来，一直坚持把所有的病人都看完，往往已是下午4点半了，虽然他已精疲力竭，但心里却感到特别的踏实。为了方便老百姓看病，他还把新疆家里和办公室里的电话都公布了出去，以便老乡可以随时找到他。

3. 开启医疗大篷车

医治好了前来看病的维吾尔族患者，他又想到了，现在只能是坐诊行医，能不能再送诊下乡呢？这样，就会使那些位置偏远、行动不便的农牧民，在家里不就可以看病了吗？"医疗大篷车"就是他来到南疆后的一个创举，他把医院各个学科的骨干医生动员起来，组成了"医疗大篷车"下乡送医、送药、送医学科技知识到最偏僻、最艰苦、条件最差的地方。每逢周末时，他们都要到附近地区宣传医学防治知识，医治患者，受到当地百姓热烈的欢迎。一批位置偏远、治病不便的农牧民，在家中享受到了"医疗大篷车"的温暖和关爱。

2005年7月中旬的一天，他到和田地区给当地维族患者会诊，早上很早就出发了，途中要经过一段500多公里长的沙漠公路，因当地环境十分恶劣，地表温度高达70～80度，汽车最易爆胎发生事故。临走前，兵团领导再三强调、劝说，你是国家的人才，路上太危险千万别去，当时他顾不上这么多了，因为那里的维吾尔族心血管病人等待他去会诊，为了当地病人能得到阜外专家的救治，他亲自驾车，经过12个小时的长途跋涉，终于在晚8点多到达目的地。匆匆地吃上了几口饭，看到了那里一直等待的几十位维吾尔族病人，看到他们怀着期盼的目光，他顾不得休息，就开始对病人进行诊断医治。等到最后一个病人看完后，已经是凌晨5点多了，精疲力竭的周宪梁，眼前发黑，满头虚汗，一下子瘫倒在地上，什么也不知道了，后来听说还是当地的医生把他抬到了床上休息。

4. 培养一支"带不走"的专家队伍

到新疆后，他就思考，阿克苏地区这么多等待看病的患者，仅靠他一个人的力量毕竟有限，要想使边疆群众长期受益，就必须培养一支"带不走"的专家队伍。每到一处，周宪梁都要给当地医护人员授课，并坚持查房、会诊，对基层医务工作者进行传帮带。

周宪梁同志在当地组织起了"心血管病最新进展"系列讲座，共讲授26讲，他把多年积累的经验与医学新进展传授给当地的基层医务工作者，提高了他们的业务水平，开阔他们的眼界，启发了他们的思维，使得百姓受益，他要给当地培养一批带不走的专家队伍，使当地群众在当地就能享受到北京大医院专家的服务。

在征得医院领导同意后，他把阜外医院享有的6项医疗专利和先进技术也无偿引入兵团的医院。"血浆同型半胱氨酸"是国际上近年来发现的心脑血管病的新的独立危险因素，对心脑血管病这种危险因素的早期干预治疗，可以避免心脑血管病导致严重并发症，有着非常重要的意义。以前这种检测全国只有阜外医院能做，在周宪梁的帮助下，现在新疆的农一师医院、兵团总医院也可以做了。此外，他还设法为新疆兵团农一师医院、兵团总医院争取科研经费100万元。在院领导的支持下，阜外医院30多名医疗专家来到新疆，为边疆各族群众送医、送药、送健康，一周内义诊1600人，开展各种心血管手术120台，讲座36场，并为农一师医院赠送了价值300多万元的医疗设备。还与兵团卫生局签订了长期心血管人才培养协议。

这些年来，周宪梁创造的医药下乡的"医疗大篷车"足迹遍及河北的万全县、山西的浑源县、河南信阳以及大别山、井冈山市等一些国家级贫困县。到这些地区，并不是受领导指派，而大多是他利用周末及节假日主动前往的，他像一面猎猎飘动的旗帜，影响和带动着很多专家，大家都加入到了送医送药下乡、义务为群众看病、宣传健康知识的行列中来。2006年五一期间，在院领导的支持下，周宪梁同志和阜外医院30多名医疗专家再次来到新疆，为边疆各族群众送医、送药、送健康，义诊1600人，开展各种心血管手术120台，讲座36场，并为农一师医院赠送了价值300多万元的医疗设备。

5. 新疆各族群众的亚克西

12岁的维吾尔族小姑娘努尔古丽患上了右面部巨大海绵状血管瘤，当她来农一师医院求医时，已经到了根本无法进食的地步，生命危在旦夕。治疗这个病至少需要2万元钱，而努尔古丽的家由于父亲患病、母亲丧失劳动能力，家里的东西都卖光了。整个家庭被努尔古丽的病拖到崩溃的边缘，她的父母几乎准备放弃治疗了。主攻心脏病的周宪梁看到一家人无助的眼神时，第一个反应就是，一定要想方设法治好这个孩子的病。周宪梁在农一师医院发起了为努尔古丽捐款的活动，不但自己带头捐款，还发表了热情洋溢的演讲，不到半个小时就筹集资金近3万元。努尔古丽的母亲激动地握着他的手说："感谢党！感谢农一师医院！感谢党中央派来这么好的医生，给了我孩子第二次生命！"但囿于当地的设施、技术水平都无法胜任这样的手术，征求了院领导的意见后，他立即给当年母校的同学，如今已经是国内分泌学的著名专家打了电话说："机票已经给你送去了，你来也得来，不来，我就是绑架也得把你绑来。"就这样，经过精心治疗，努尔古丽病情已经痊愈，能和所有健康的孩子一样，在学校愉快地学习了，逢人便说是北京的周叔叔治好了她的病，决心好好学习，将来报效祖国。这个感人的故事在新疆电视台新闻联播上播出后，在边疆少数民族地区引起了强烈反响，纷纷称赞周教授是民族团结的楷模。2006年"五一"期间，周宪梁再次来到努尔古丽家看望他们，并送去了600元钱。

在援疆挂职期间，周宪梁同志还尽全力帮助家住阿克苏市依干其乡十七大队的李红梅。李红梅正在读初三，品学兼优。由于母亲患病，妹妹年幼，还要赡养80多岁的老奶奶，家里几次商量着要小红梅退学。他知道后，亲自赶到小红梅家，把"知识改变命运"的道理说给她父母听，并当场承诺，每月拿出300元钱资助小红梅读完高中，同时带了些新买的衣服和学习用品送给她，鼓励孩子奋发读书，将来要报效祖国。如今的小红梅正在当地最好的高中农一师中学努力地学习。

从2005年起，周宪梁和阜外医院门诊部的同事们连续两年开展向新疆建设兵团农一师一中和二中的10名贫困学生献爱心捐款活动，共捐款两万多元，不仅为10名贫困生交了学杂费，还给每名学生买了衣服、书包和文具。周宪梁说，以后每年他们都将开展向贫困学生献爱心活动，直到这些孩子考上大学。

2005年6月，他被授予新疆阿拉尔市荣誉市民，2005年7月被评为新疆生产建设兵团农一师优秀共产党员，2005年7月荣立新疆生产建设兵团农一师三等功，2005年8月荣立新疆生产建设兵团三等功。他的事迹也引起中央保持共产党员先进性教育活动领导小组及中宣部、中组部的重视，被评为时代先锋，先进事迹在2005年7月1日，中央电视台新闻联播《时代先锋》栏目及中央人民广播电台新闻和报纸摘要节目《时代先锋》栏目中播出。

6. 心系百姓的门诊部主任

阜外心血管病医院是国内外著名的心血管病专科医院，每天门诊部都挤满了来自全国各地的心血管病患者。2005年，他任阜外心血管病医院门诊部主任后，为缓解百姓看病难，采取了一系列措施：第一，实行敞开挂号制度，使来阜外心血管医院就医的患者当天能挂上号，挂上号的患者当天能看上病。为把此项制度落到实处，医院增加出诊专家人数、加号，医院的许多专家常常加班加点。看到就医患者满意的表情，这些超负荷工作的专家和大夫们也都忘记了自己的辛苦。第二，为就医患者开辟绿色通道。医院在门诊大厅设了导医咨询服务，年轻的导医服务人员，胸前佩戴"请问我"标牌，为就医患者提供全程优质导医和咨询服务。开展门诊就医流程改造，采取挂号、划价、收费一条龙服务，增加挂号、收费服务窗口，缩短患者排队等候的时间。门诊检查科室加班加点，尽快出检查报告，以方便患者就医。第三，开设集中检查预约、结果查询窗口，简化了就医环节。制作阜外心血管病医院门诊出诊医师专业简介，方便患者选择医生。成立内科、外科会诊中心，为提高门诊整体医疗水平，防止漏诊及误诊，避免医疗纠纷等，开设了会诊门诊，内科、外科疑难病人可选择到内科、外科会诊中心会诊，会诊中心联合其他科室一起对疑难、复杂的病人进行诊断，病人通过门诊会诊就能够得到正确的诊断与治疗，提高了门诊的确诊率。建立了门诊医生工作站，用电脑书写病历、开处方和各种检查单，大大提高了工作效率，减少差错的发生。第四，制作了常用心血管药物价格一览表，把同类药品不同药物的价格标示出来，让出诊医师根据患者的经济状况选择合适的药物，缓解看病贵的问题。第五，搭建门诊学术交流平台，每周三中午请院内外的著名专家给各级门诊出诊医师讲授心血管疾病诊断及治疗新进展，提高长期在门诊出诊医师的业务能力和水平，不断更新知识，更好地服务患者。第六，开设特色门诊、周末门诊、节假日门诊等，方便平时工作忙而没有时间看病的患者。重视开展门诊患者健康知识宣传，普及健康知识，加强疾病的预防。周宪梁提出并得到医院领导支持的一系列管理新举措实施后，效果十分显著，2005年医院总门诊量达26.8万人次，同比增加11.8%，2006年，医院总门诊量比2004年增加了18.9%。2007年上半年，医院总门诊量比去年同期又增加了25.6%。与此同时，门诊患者人均看病费用下降了5.5%，患者门诊就诊满意度已达97.8%。门诊部系列改革新举措在阜外心血管病医院保持共产党员先进性教育活动中，受到北京市及中国协和医科大学领导的一致好评，被评为阜外心血管病医院2005年十大卓有成效的管理措施之首。门诊部被评为2005年及2006年阜外心血管病医院先进集体，周宪梁同志被评为2005年及2006年阜外心血管病医院先进个人。为加强疾病预防工作，周宪梁经常奔走于机关、社区、企事业单位之间，举办心血管病保健讲座，倡导健康生活理念，被卫生部聘为全国健康教育专家。2008年，他积极参与奥运会的医疗保障工作，为奥组委官员和其他筹备工作人员提供保健服务。

7. 不忘老区人民的赤子之心

周宪梁同志还心系革命老区和贫困地区群众的健康。2003年8月，他和惠汝太教授一起在革命老区大别山区河南省信阳市平桥区建立高血压病临床科研基地，免费普查信阳市平桥区8个乡50～75岁农民12000多人，其中6000多人患高血压病。近四年来，他经常带领研究生们深入乡村、田间地头，为当地农民免费看病、随访、检查和治疗，患者的血压得到很好控制，并发症大大下降，避免了因病返贫，因病致贫，他被当地百姓亲切地誉为农民健康的守护神。2005年10月，带领阜外心血管病医院18名医疗专家到国家级贫困县河北省张家口市万全县开展送医送药下乡活动，义务为当地群众看病，开展健康知识讲座，用自己的工资为贫困的乡亲们购买药品，免费发放，受到当地老百姓的欢迎。他常利用周末及节假日带领阜外心血管病医院医疗专家到国家级贫困县河北省张家口市万全县、大别山区河南省信阳市平桥区及革命老区井冈山市等地开展送医送药下乡活动，义务为当地群众看病，宣传健康知识，用自己的工资为贫困的乡亲们购买药品，免费发放，受到当地老百姓的爱戴，每到一地，都把党的温暖送到群众心中。

周宪梁先后被评为首都十大公德人物、首都十大健康卫士、北京市优秀共产党员、全国卫生系统先进个人。2005年被评选为"时代先锋"；2008年，被授予白求恩奖章；2009年，在第二届全国道德模范评选中荣获全国敬业奉献模范。①

（四）全国劳动模范中的医务工作者：杜雪平

全国劳动模范是党中央、国务院授予在社会主义建设事业中做出重大贡献者的荣誉称号。在共和国的光辉历史上，各条战线都涌现出成千上万的先进模范人物。他们在不同的发展阶段，始终走在改革开放和社会主义现代化建设的最前列，以忘我的献身精神，激励着一代又一代劳动者为祖国的繁荣富强而拼搏。他们是推进中国先进生产力发展和先进文化发展的代表，是当之无愧的时代领跑者。

---

① 《记北京协和医学院阜外心血管病医院门诊部主任周宪梁》，《人民日报》2010年04月25日.

从租下一间15平方米的房间作为"阵地"，到总建筑面积2380平方米；从2名社区医生发展到200人的医护防队伍；从日门诊量20人次到1000人次；从只提供简单的基本医疗服务到预防、医疗、保健、康复、健康教育、计划生育技术指导、科研、教学多种功能为一体，居民满意度90%以上……坐落于北京市西城区的月坛社区卫生服务中心，从起步到成长为今天的规模，只用了短短的18年，并一度被誉为中国社区卫生的先行机构。世界家庭医生组织主席Richard Roberts在参观后甚至撰文赞赏道："我走遍了世界各地的社区卫生服务机构，月坛是其中最好的一家！"而带领"最好的月坛"从无到有、从有到优的就是原复兴医院副院长、现月坛卫生服务中心主任杜雪平。因在社区卫生领域的突出贡献，荣获世界卫生组织颁发的2010年度笹川卫生奖。2015年被评选为全国劳动模范。

1. "白手起家"建月坛

杜雪平从事心血管临床工作多年，1989年创建复兴医院冠心病监护室（CCU），担任第一任科主任，相继开展了急性心肌梗死Swan-Ganz漂浮导管血流动力学研究，人工心脏起搏器的安装，冠状动脉造影等心血管高科技业务，弥补了复兴医院的空缺。1994年担任业务副院长。1995年，杜雪平在国家级课题"月坛社区卫生与健康促进示范工程"的推动下，启动了复兴医院社区卫生服务工作。当时的杜雪平只是一名心血管内科医生，从未接触过社区工作，一切都要从头开始。1996年，主动离开副院长岗位的杜雪平为了给社区卫生服务站找个家开始四处奔波，终于在三里河三区租下了一间15平方米的房间，在这有限的空间内，正式创建了红苹果社区卫生服务站，这就是月坛社区卫生服务中心的雏形，建立了在全国多个地方推广的全科医生5年规范化培养模式、并积极探索"无病早防、有病早治、即病防残"三级预防。由于当时全科概念尚未普及，医疗设施也比较简陋，一开始，附近的居民并不知道这个小小的"房间"到底是干什么的，很少有人上门看病。杜雪平决定不再坐等患者上门，而是主动出击。她以健康教育为切入点，带领站内医务人员利用周末在小区空地上宣讲健康知识，从认识高血压到如何限盐，从了解吸烟的害处到糖尿病患者的饮食指导，用最基础的健康知识打开居民对社区卫生认识的大门。然而最开始的时候只有三五个居民远远观望，半信半疑地站在小区空地上，听他们拿着当时利用率最高的"麦克风"——喇叭，详细讲解健康知识……风雨无阻的宣讲让"有人免费说健康"的消息在居民中不胫而走。后来每逢周末，赶来听课的居民足足站满了整个小区空地，很多人甚至在宣讲前就早早地从家里搬来椅子占好座位。有了良好的群众基础，杜雪平乘胜追击，开展了一系列的社区工作。2001年，"红苹果"与月坛医院合并后，月坛社区卫生服务中心正式建立，并遍地开花，相继建立了10个卫生站，为附近的百姓提供愈加多样化的服务。2002年起，她逐步建立了社区常见慢性病的规范化管理指南和双向转诊标准。其中，"双向转诊"的实施，形成了小病在社区，大病进医院，康复回社区的服务圈，提高了居民的健康水平。

自1998年成立以来，经过21年的发展，月坛社区卫生服务中心已逐渐覆盖社区卫生网络内的14万居民，仅月坛中心每日门诊量就由最初的20人增加到今天的1000人。在全国首创复兴社区卫生服务模式，已形成以复兴三级医院为依托，月坛社区卫生服务中心为主体，社区站为基础的服务于病人及健康人的防治网络体系，进行了月坛社区动员、社区诊断、社区干预、社区评价，用流行病学方法进行了心脑血管病流行病学研究，及社区常见病双向转诊临床路径的研究。较大程度地提高了社区居民健康知晓率，改变居民不良生活方式，提高了高血压、糖尿病管理率、控制率，并在三级综合医院建立起全科医学、流行病学学术人才梯队，形成预防为主、以人为本的无缝隙专科与全科互动的防治结合网络。赶上忙的时候，很多医生甚至每天要看100多名患者。很多居民在社区看惯了病，在医生建议转诊的情况下，也不愿意去大医院做进一步检查，因为他们觉得这里态度好、面孔熟、技术高，没必要"折腾"。

月坛的发展模式同样得到了世界家庭医生组织主席Richard Roberts的认同。一次，杜雪平在向他请教中国社区未来的发展方向时，Richard Roberts幽默却认真地回答："中国需要成千上万个月坛社区卫生服务中心！"

2. 扎根基层走向世界

众所周知，基层是最难留住人才的地方，但在杜雪平这里，这个魔咒仿佛被打破了。"一个好的全科医生是能扎根基层的全科医生，但个人的扎根是难以满足基层需要的，打造一个好的团队是根本，因此，提高团队的整体医疗服务能力和医学素养是关键。"杜雪平的要求很高，但她认为这是必须以及必要的。因为"越规范，人才才能越聚集；在北京做得好，在国内做得好，才能走向世界。"为了让月坛的全科医生学习国外的先进经验，为居民提供高水平的服务，杜雪平曾数次出国学习，并和多所国外的优秀大学建立合作交流关系。然而鲜为人知的是，在零交流的前提下，杜雪平是如何打消合作方的顾虑，完成"破冰"之旅的。

杜雪平找的第一家学校是费城大学的一家可供全科医生实习的诊所，在说明来意后，对方表示没什么兴趣，态度也很冷漠。这让抱着很大希望的杜雪平很是失落。

碰壁并没有让杜雪平舍弃目标，在2001—2003年，杜雪平三次找到美国全科医师培养排名前五的威斯康星大学家庭医学院，前两次均以失败告终。就在2003年，中国成功抗击非典的经历吸引了医学院的教授们，他们希望了解中国的成功经验。就这样，从2004年开始，月坛每年输送2~3名全科医生或研究生去美国学习，由此开启了中国全科医生出国交流的先河。如今，月坛已经成功建立了同美国威斯康星大学、纽约哥伦比亚大学、英国伯明翰大学稳定的全科医生互派培训交流渠道，输送了近20名月坛全科医生到国外学习。为了让中国的全科医生加强学术交流，2004

年，杜雪平组织举办了第一届北京市全科医学论坛，并准备了100人的会场，开幕时却挤满了从全国各地赶来的200多名医生，大大超出预期。更让她意外的是，很多全科医生在看到2名美国家庭医生后的反应："很多中国的全科医生是第一次听美国医生讲课。"这让杜雪平坚定了连续举办学术会议的想法，并坚持了下来。至今已成功举办了10届，成为国内外全科医生的交流的平台，大大开阔了中国全科医生的视野，也逐渐让世界了解中国的全科事业。

3. "拼命三娘"获世界肯定

帮扶中西部贫困地区社区卫生走上平稳发展的道路多年来一直是杜雪平内心的牵挂，在获得"笹川卫生奖"3万美元的奖励后，她一直在考虑该如何将钱用在最需要的地方，经过深思熟虑，她决定购买40台笔记本电脑，捐赠给呼和浩特和乌鲁木齐市的社区卫生机构。"我觉得作为一个好医生，不仅要把月坛建设好，将人才培养出来，为附近的居民服务好，更多的应该去支持贫困地区。"

同事们给杜雪平起了个外号，"拼命三娘"。虽是玩笑话，但足以见得她每日的辛苦，因为很少有人看到她休息。但就在2010年5月20日，"拼命三娘"破天荒地休息了一天。这一天，是她获奖的日子。每年，"笹川卫生奖"都会在全球范围内评出一位在卫生发展方面取得成就的个人，在最终确定的9名候选人中，杜雪平脱颖而出，成为获得此项奖项的中国第一人。在准备申报材料时，杜雪平心里没底，于是特意请教自己多年的老友——美国纽约哥伦比亚大学家庭医学系主任Kathleen Klink教授帮着修改。Kathleen Klink教授读后，为她添加了支持中西部贫困地区发展的内容，而正是这画龙点睛的一笔，助她最终得以顺利摘下"笹川卫生奖"。

正式确认获奖后，任原卫生部部长陈竺转发给杜雪平一封WHO会务组的信函，内容注明：请着正装。这件事让杜雪平着实费了一番功夫。最后，杜雪平拿好了主意：她想找到一件"不说话也能代表中国人"的衣服。

一切准备就绪。2010年5月17日当天，瑞士日内瓦，身穿紫红色绣花旗袍的杜雪平优雅从容地走上领奖台，用母语向台下的193名世界各国卫生官员讲述中国社区卫生事业的发展和自己对贫困地区的支持。掌声一次次响起，杜雪平站在台上，言语铿锵，目光中自信满满，"那一刻，我为祖国的强盛、祖国全科医学的发展感到骄傲！"

能够站在世界舞台上展示中国全科医生的风采，杜雪平颇感自豪，但对她而言，获奖是一件很淡然的事，这份对名利淡如菊的态度就像她当初为何选择走上全科道路一样，"是偶然也是必然，但既然走上了，就要好好走下去。"淡然却无丝毫马虎，平淡却注定不平凡[1]。

---

[1] 《杜雪平：中国社区卫生事业的急先锋》，《医师报》2013年8月29日.

第三章　践行师者白求恩

　　白求恩同志是一位时代的英雄，他有崇高的信仰，有坚定的决心，有战胜不公平的勇气和卓越的技能，他用热血和生命在中国的大地上谱写了一首壮美赞歌。八十年过去了，中国人民仍然没有忘记这位为中国的独立和解放做出巨大贡献的外国友人，白求恩这个名字更是成为无私奉献的医者的代名词。

　　当我们重新回顾白求恩同志短暂而光辉的一生，对白求恩同志的研究不断深入，白求恩同志人文精神中熠熠生辉的很多个侧面仍然给今人很多鼓舞和力量，这其中就有白求恩同志作为师者的一面。白求恩的师者形象虽然不及他医者形象那么广为人知，但白求恩同志身上的师者精神对时代的发展和社会的进步却有着重要的意义和深远的影响。

　　白求恩同志的师者形象是怎样的？他身上所呈现的师者精神又有着哪些具体的体现？这些精神对当下医学教育有什么样的影响？本章将在以上几个方面的基础上，进一步发掘白求恩师者精神的深刻内涵，并结合新时代医学教育的情况，提出践行白求恩师者精神的方式和方法，以期为医学教学和医学人才培养提供新的实践路径。

第一节　白求恩的师者历程

　　白求恩成长为一名出色的医生离不开他医学世家的传统。同样，白求恩呈现出优秀师者的一面也得益于他的成长经历。重新回顾白求恩的成长历程，不难看出，白求恩同志成长为一名优秀的医学教师，和他的人生历程有着密不可分的关系。总体而言，历经萌发阶段、形成阶段和成熟阶段这三个阶段的积淀，最终铸就了白求恩同志的师者精神。

一、萌发：家族精神遗产的传承

（一）盛产医生和教师的家族

从法国北部迁居苏格兰后的白求恩家族盛产医生和教师，这两种职业像是遗传密码一样融入了这个古老家族的血脉中。18世纪，白求恩家族迁居到加拿大，尽管离开了欧洲，但这一家族传统依然被代代传承着。

（二）祖父的榜样

1890年3月3日，诺尔曼·白求恩出生在加拿大安大略省。父亲马尔科姆·尼柯尔森·白求恩，母亲伊丽莎白·安·古德温。白求恩的祖父亨利·诺尔曼·白求恩曾在爱丁堡和伦敦学习，后回到加拿大行医，是多伦多一位杰出的外科医生，不仅担任多伦多大学维多利亚医学院的教师，还创办了多伦多市三一医学院①。祖父在白求恩的心目中有极高的地位，以至成了他人生追求的标准。在祖父膝下成长起来的白求恩，从小便耳濡目染祖父在医学领域的成就：他医术高超，治病救人，得到了病人的信任和感激；他传道授业，受到学生与同行的尊重。祖父行医的奉献精神和教学的认真态度在白求恩的心底种下了一颗小小的种子，在后来漫长的岁月中，开出绚烂的花朵。

二、形成：丰富成长经历的历练

白求恩的成长经历是丰富而曲折的。他曾送过报，在学生食堂当过招待员，在客轮上当过侍者，在报社当过兼职记者。在众多生活的实践中，少年白求恩还曾经在农村小学当过教师，这也是他第一次作为教师角色的一个小小尝试。这样丰富的生活经历，使得白求恩从年轻时就对社会底层人民的生活有了深刻的了解和切身的体验，并产生出深深博爱情怀。

（一）求学期间的战地经历

1909年秋，19岁的白求恩考入多伦多大学，学习生物物理学和生物化学。1911年9月，白求恩开始在安大略省苏必利尔湖以北的边疆学院任教，后又在阿尔戈尔马区丛林里当过一段伐木工，这期间他利用晚上时间给移民工人上英语和文化课，白求恩凭借家族传承的优秀口才，教年纪比他大得多的学生读、写、计算，赚取大学的学费②。1912年9月，他重入多伦多大学学医。1914年，第一次世界大战爆发，正在大学读书的白求恩应征入伍，在加拿大第二战地救护团服役。1915年11月，退伍后的白求恩又回到多伦多大学医学院继续上学。

这一段反复在学与教中切换的时光，让白求恩对于学与教都深有体会。军旅战地的救护生涯也让他深刻体会到，争分夺秒地救助对于挽留一个生命有何等的意

---

① 泰德·阿兰，塞德奈·龙登. 手术刀就是武器——白求恩传[M]. 巫宁坤，译. 上海文艺出版社，2005：9.
② 泰德·阿兰，塞德奈·龙登. 手术刀就是武器——白求恩传[M]. 巫宁坤，译. 上海文艺出版社，2005：16—17.

义。而战场上，一个医生的力量始终是有限的，只有足够的医疗队伍才能为军队提供有效的医疗保障。

（二）行医期间的教育理想

1.反思资本主义医学教育制度

1924年，经历过参军、考取英国皇家外科学会会员、在欧洲游历观摩外科名医手术后的白求恩来到了美国的底特律，并正式挂牌行医。在行医过程中，他目睹了很多急需治疗的人因为贫穷失去生命，他对西方医学教育进行了反思："在医学课程中很少提起的最需要医疗的人，正是最出不起医疗费的人。"他开始思考资本主义医疗行业的弊端，他对妻子弗朗西斯说："这不是医疗，这就像是在木头腿上涂芥泥一样。他们需要治疗的时候，要么自己并不知道，要么就害怕出不起钱。最后当他们还是来的时候，往往又太迟，或是健康已经完全给糟蹋了[①]。"

1926年，他被聘为底特律医学院医药学讲师，正式开始在医学院任职，开始了他医教并举的职业生涯。1926年12月，白求恩因为肺结核被转入美国纽约州特鲁多疗养院进行治疗。在疗养院期间，他的医学教育观念又发生了转变，更多地关注病人的心理状况，他拟定了肺结核病人复原方案，并计划在疗养院里设立一个大学，由患有肺结核并在恢复健康的病人担任教员，在职业和心理两方面帮助肺结核病人回归社会进行准备[②]。他身体力行，在疗养院主办的米尔斯护士学校担任生理学和解剖学的讲师。

2.改变呆板的医学教育模式

1928年，白求恩在维多利亚皇家医院做外科工作的同时，兼任了圣·安娜贝莱佛军医院退伍军人分院肺结核顾问。白求恩的授课方式给学生留下了很深的印象，他喜欢从在手术台上病人的角度来说明外科问题。他拥有出色的手术示教，在示教中，他尽力使学生看到手术刀的用法或是血管的扎法，给予医学生最直观的感受，同时他对医学教育的陈腐思想进行了毫不留情的批评，他的课在整个大学里都非常受欢迎[③]。

1931年秋，赴美国西南部进行短期讲学和研究工作，并做手术示范。白求恩经常被邀请外出会诊、讲学以及做手术示范，他的多篇学术论文在加、美医学刊物上发表，并应聘在麦吉尔大学兼课。他始终关注医学教育，认为提高加强对医学生的教育是提高全民健康水平的重要举措，1932年，他在《吁请做肺结核早期压缩》的文章中明确提出，要"扑灭肺结核……我们的办法包括改进医学教育、公共教育……"白求恩对儿童教育也极其关心，1935年，他出资赞助成立了蒙特利尔儿童美术学校，免费为贫民区的孩子提供美术、艺术教育，开启了加拿大慈善教育的先

---

① 泰德·阿兰，塞德奈·龙登. 手术刀就是武器——白求恩传[M]. 巫宁坤，译. 上海文艺出版社，2005：28—29.

② 泰德·阿兰，塞德奈·龙登. 手术刀就是武器——白求恩传[M]. 巫宁坤，译. 上海文艺出版社，2005：51—52.

③ 泰德·阿兰，塞德奈·龙登. 手术刀就是武器——白求恩传[M]. 巫宁坤，译. 上海文艺出版社，2005：61—62.

河①。

（三）共产党人的信仰追求

1935年11月，白求恩加入加拿大共产党。1936年4月，白求恩发表了《从医疗事业中清除私利》的讲演，抨击加拿大资本主义制度，揭露了资本主义医学教育的剥削本质，他说："医学专科学习的费用贵得使许多人不能向这方面发展。年轻的医生为了缴纳医学教育的费用，被迫去做任何有利可图的工作，不论那种工作多么不合他的志趣。"白求恩主张实行社会化医疗制度，把医学教育作为国家公共事业。

白求恩将教学和临床实践紧密结合，精益求精，在教、学、研中不断超越自己，他研制和革新了白求恩氏人工气胸器械、白求恩氏肋骨剪等三十多种外科器械。在这些历练下，白求恩对为人师者有了更为深刻的认识，白求恩的师者精神也日渐形成。

三、成熟：投身正义事业的洗礼

白求恩的成长之路始终没有脱离底层的贫苦大众，并一直伴随战火的洗礼。作为一名共产党员，白求恩积极参与国际主义救援，在西班牙反法西斯战场建立战地流动输血站，使得伤员的死亡率大幅降低。面对战火荼毒下的前线战士，白求恩愈发认识到一己之力的局限性。这个问题始终萦绕在他的心头，而教授培养更多医务人员的愿望最终在中国得以实现。

（一）历尽艰辛援华抗日

1.奔赴中国抗日前线

1938年3月底，白求恩医疗队顶着日本法西斯的炮火，冒险来到革命圣地延安。白求恩对中国共产党领导下的延安充满了期待，他在日记中写道："虽然延安是全中国最古老城市，我立刻觉出它是管理得最好的城市。"白求恩考察了延安的学校，充满了喜悦，"这里有一个大学，吸引着来自全国各地的成千上万的学生。还有一个新成立的卫生学校，为部队培训医务人员。"白求恩梦寐以求的社会化医疗，在延安也积极地实践着，"医院的设备虽然简陋，这儿的政府却已经实行了人人免费医疗的制度②。"

2.培养医生服务战争需要

看到抗日前线战场上医务人员短缺、技术水平低下，远远不能适应抗日战争需要的情况，白求恩十分忧心。他对八路军首长重视医务人员的培养并计划建立卫生学校的设想十分赞赏。因此，在忙于医疗工作的同时，很重视整顿医院的工作，并致力于筹建模范医院，作为对在职医务人员进行示范教育的重要基地。白求恩还积极编写教材，制订培训计划。从1938年8月13日白求恩写给聂荣臻司令员的信中可以

---

① 泰德·阿兰，塞德奈·龙登. 手术刀就是武器——白求恩传[M]. 巫宁坤，译. 上海文艺出版社，2005：109—109.
② 泰德·阿兰，塞德奈·龙登. 手术刀就是武器——白求恩传[M]. 巫宁坤，译. 上海文艺出版社，2005：225—227.

看到，他甚至曾愿意有条件地出任卫生学校校长一职。他在信中写道："如果不涉及把我的活动仅限于本医院（注：指后方医院），我愿意接受校长的职务。"对如何办好卫生学校，白求恩有十分详尽的考虑，在这封信中，他强调指出："关于建立训练学校的问题，首先必须认识其迫切性，其次应有建校规划。……它应有称职的教员；明确的教学计划；教科书；实习的医院或病房。"

（二）创建医院培育人才

1.创办模范医院

1938年，在白求恩的建议下，五台县松岩口创办了一所示范性医院——模范医院，开展医疗和培养医学生工作。他在晋察冀军区松岩口模范医院落成典礼上讲道："一个医生，一个护士，一个护理员的责任是什么？只有一个责任，那责任就是使你的病人快乐，帮助他们恢复健康，恢复力量。你必须把每一个病人看作是你的兄弟，你的父亲。因为，实在说，他们比兄弟、父亲还亲切些——他们是你的同志。在一切的事情中，要把他们放在最前头。倘若你不把他们看得重于自己，那么你就不配在卫生部门工作，其实，也简直就不配在八路军里工作。"白求恩将学员分成卫生员、护士、医生三个组，亲自给学员讲课、做示范和组织练习。而且三个组每天轮换一次，使大家全面体验各种工作，医疗救治水平很快得到了普及和提高，为战地救治培养了一批骨干。

2.编写授课教材

1939年夏，白求恩在晋察冀卫生学校讲授《野战外科示范课》。白求恩说，当一名好医生不仅要技术好，还要时刻准备上前线。7月初，回到冀西山地参加军区卫生机关的组织领导工作，提议开办卫生材料厂，解决了药品不足的问题；创办卫生学校，培养了大批医务干部；编写了《游击战争中师野战医院的组织和技术》《战地救护须知》《战场治疗技术》《模范医院组织法》等多种战地医疗教材。还将自己的X光机、显微镜、一套手术器械和一批药品捐赠给军区卫生学校。

正是在中国、在延安，白求恩最终完成了他从一名医者到一名医学教师角色的升华。在贫苦百姓中成长、受共产主义思想影响、在战火洗礼下历练的白求恩，已然认识到为共产主义事业奋斗需要更多的合格医生，他们不仅要有崇高的信念，更要有高尚的品格和精湛的业务水平。他更认识到一名医生所为有限，必须培养更多合格的医务工作者才能发挥更大作用的道理。

第二节　白求恩师者精神的实践

诺尔曼·白求恩作为一位医生为世人所熟知，但在医学学科范围内，他也是一名教师，他把他的知识、技能毫无保留地传授给了那些站在反抗法西斯主义和帝国主义第一线的人们。在白求恩的心里，法西斯主义是一种比任何其他疾病对人类危害更大的疾病，一种摧毁千千万万人的身心的疾病。诺尔曼·白求恩在日军的炮火之下把技术传授给他的中国学生——八路军战士们，这些战士又把这些技术用于服务人民、服务人类，并一代一代传承下来，白求恩的精神在知识的传授中不断被继承和弘扬。

一、何为师者精神

教师是人类历史上最古老的职业之一，也是最伟大、最神圣的职业之一。在中国文化中，"师"字含义丰富，它既指擅长某种技术的人，也有榜样、效法、传承之意。也就是说，为师者，基本的要求就是做到言行高尚、业务精熟、无私传授。

自古以来，中华民族就有尊师重教、崇智尚学的优良传统，正所谓"国将兴，必贵师而重傅；贵师而重傅，则法度存"（《荀子·大略》）。在古代，孔子被推崇为"大成至圣先师"，被誉为"万世师表"。正如习近平总书记2014年在北京师范大学师生代表座谈时提及的那样，在中华民族五千多年文明发展史上，英雄辈出、大师荟萃，都与一代又一代教师的辛勤耕耘是分不开的。

在中国传统语义和文化内涵中，师者和医者有着千丝万缕的联系。在古代的典籍中，很早就出现了"医师"一词，《周礼·天官·医师》有云："医师，掌医之政令。"宋人梅尧臣在《闻刁景纯侍女疟已》一诗中写道："医师尤饮食，冷滑滞在脾。"可见在古代，医师既指古代执掌医务的官员，也指救死扶伤的医生。为师者须得技艺精湛，承传授受；为医者治病救人，无私奉献。医与师，精神精髓中有着互通互融的部分，二者在文化内涵上有着深刻的内在联系。

1939年11月，白求恩不幸病逝。毛泽东同志亲笔书写了挽词："学习白求恩同志的国际精神，学习他的牺牲精神、责任心与工作热忱"；并于12月21日撰写了《纪念白求恩》一文，毛泽东在文章中这样评价白求恩："一个外国人，毫无利己的动机，把中国人民的解放事业当作他自己的事业，这是什么精神？这是国际主义的精神，这是共产主义的精神，每一个中国共产党员都要学习这种精神。"毛泽东号召每个中国共产党人都要学习他的光辉榜样，他的"毫无自私自利之心的精神"永远是人类最美的精神。白求恩作为民族精神与时代精神的统一、个人价值与社会价值统一、党的精神与群众精神统一的集中体现，不仅体现在白求恩本人时刻践行上述这些价值，更对当今医务人员有着重要的"榜样"教育意义。白求恩虽然是加拿大人，但他既有"以身殉志，不亦伟乎"的革命情怀，又有"救死扶伤、恪守医德"的人道主义风尚，还有"严谨求实、精益求精"的开拓意识，他的精神与中华民族精神息息相通。

二、白求恩师者精神的内涵

（一）对白求恩师者精神的理解

白求恩虽不是在中国文化熏陶下成长的，但放眼世界，人们对师者和医者的理解却有着共同的认识。对共产主义的追求，使得白求恩有机缘踏上中国的土地，并在这里为理想的实现不懈奋斗；家族精神的传承和自小在下层社会目睹阶级的剥削、底层人民的挣扎，塑造了白求恩博爱的情怀和牺牲奉献的精神；在教中学，在学中研，在研中教，白求恩穿梭于教室、实验室和战场、病房之中，每一个生命对于活下去的渴求，促使着白求恩不断提升自己的医疗水平，精益求精持续超越。在实践中，白求恩不断成长，在成长中他不断加深对为人师者的理解。

今天当人们重新回顾白求恩短暂而灿烂的一生，总结他作为师者角色留下的宝贵精神财富，其中三个方面的精神值得所有从事医学教学工作的人认真学习。为人师者，各有千秋，但白求恩教会我们：要有崇高的信仰，要有高尚的品德，要有精湛的业务。纵观天下师者无一不有这三点共性，而对于从事医学教学的医学院教师而言，这三点更是这一特殊行业的必需素质。

（二）白求恩对师者精神的实践

提起白求恩，很多人会想到他是一名共产主义战士、一名大爱无疆的医生，但是很少有人会直接将白求恩和教师形象联系到一起。1978年，一所医学院校以白求恩名字命名，这就是白求恩医科大学。这所培养专业医疗人才的学校成为教师和医生共同身份的展现平台。即便是这样，白求恩的教师形象对大多数人而言依然模糊。当我们翻开历史的画册，在时间的隧道中找寻白求恩的形象时，当一段段历史拼接出白求恩的一生时，人们才更清楚地看到，白求恩除了是优秀的共产主义战士、大爱无疆的医生，更是一位杰出的教师。他作为教师角色所展现的精神，仍然给时人无尽的启发和力量！

1.学高为师的崇高信仰

个人命运和时代命运总是纠缠在一起，这在白求恩的人生经历中尤为清晰。青年时期的白求恩曾经三次参军，也经历过第一次世界大战战场的残酷，他目睹了一个"医学发达，健康不足"的残酷世界。在血雨腥风中成长的白求恩对底层人民的苦难和世界的和平有着更为深刻的理解。这样的人生经历，让他在接触到马克思主义和共产主义的理念后，对理想社会产生了更加强烈的向往。

白求恩看到社会主义的苏联对肺结核病的预防和治疗已经取得明显的效果，肺结核病的死亡人数，只有沙俄时代的五分之一，这不免引起了白求恩的震惊。从苏联返回加拿大后，白求恩开始逐渐与加拿大共产党接近，热情参加魁北克省共产党组织的报告会和马克思主义研究小组的活动。1935年11月，白求恩在蒙特利尔秘密地加入了加拿大共产党。白求恩在日记中写道："千百万爱好自由的加拿大人、美国人和英国人的眼睛都遥望着东方，怀着钦佩的心情注视着正在与日本帝国主义作着光荣的斗争的中国……我被派来做他们的代表，我感到无上的光荣……法西斯们在威胁世界和平。我们必须击败他们。他们在阻碍着人类向社会主义社会前进的、伟大的、历史的、进步的运动。正因为加拿大、美国和英国的工人以及抱着同情的人明白这一点，所以他们现在帮助中国来保卫这个美丽可爱的国家。"

正是怀揣着一颗热情澎湃的心、一个崇高的灵魂，正是秉持着这样坚定的信仰和高尚的理想，白求恩不远万里来到中国，全身心地投入到中国的反侵略斗争和国际共产主义事业中去。可以说理想和信仰是一个人努力奋斗的最核心内驱力。没有理想和信仰的人生是苍白的，正是因为白求恩抱有努力实现共产主义远大理想，才有了后来他在艰苦的条件下创办医校，自己编写教材、做教具，努力培养医疗事业的接班人。

做好老师，要有理想信念。老师肩负着培养下一代的重要责任。正确理想信念是教书育人、播种未来的指路明灯。不能想象一个没有正确理想信念的人能够成为好老师。唐代韩愈说："师者，所以传道授业解惑也。""传道"是第一位的。一个老师，如果只知道"授业""解惑"而不"传道"，不能说这个老师是完全称职的，充其量只能是"经师""句读之师"，而非"人师"了。古人云："经师易求，人师难得。"一个优秀的老师，应该是"经师"和"人师"的统一，既要精于"授业""解惑"，更要以"传道"为责任和使命。好老师心中要有国家和民族，要明确意识到肩负的国家使命和社会责任。

为人师表，当为表率。只有怀揣崇高的理想和信仰，才能在教学中以身作则，做好传道授业的工作。我们的教育是为人民服务、为中国特色社会主义服务、为改革开放和社会主义现代化建设服务的，党和人民需要培养的是社会主义事业建设者和接班人。好老师的理想信念应该以这一要求为基准。好老师应该做中国特色社会主义共同理想和中华民族伟大复兴中国梦的积极传播者，帮助学生筑梦、追梦、圆梦，让一代又一代年轻人都成为实现我们民族梦想的正能量。

2.行为师范的高尚品德

"师也者，教之以事而喻诸德者也。"为人师者，当有高尚的品德。老师对于学生而言，就是一面旗帜。老师的人格力量和人格魅力是成功教育的重要条件。"师者，人之模范也。"教师的职业特性决定了教师必须是道德高尚的人群。合格的老师首先应该是道德上的合格者，好老师首先应该是以德施教、以德立身的楷模。师者为师亦为范，学高为师，德高为范。老师是学生道德修养的镜子。好老师应该取法乎上、见贤思齐，不断提高道德修养，提升人格品质，并把正确的道德观传授给学生。白求恩同志用亲身实践为学生、为周围的人做出了表率。

提到白求恩高尚的品德，首先要学习的是他仁爱的精神。千里迢迢来到中国，为了帮助深陷战争和苦难的中国人民。来中国前的白求恩有好的工作，在专业领域内也有一定的威望，而决定到炮火纷飞的战区本身就是一件冒险的事情，更何况他将要服务的并不是本国和本民族的人民。正是本着仁爱的精神，白求恩踏上了征程并将最后一滴热血洒在这异国他乡的土地上。他的仁爱不仅仅是一名医生的职业素养，更是一位师者所应具备的重要品格。习近平总书记2013年《向全国广大教师致慰问信》中提到，教师是立教之本、兴教之源。教育是一门"仁而爱人"的事业，爱是教育的灵魂，没有爱就没有教育。好老师应该是仁师，没有爱心的人不可能成为好老师。高尔基说："谁爱孩子，孩子就爱谁。只有爱孩子的人，他才可以教育孩子。"教育风格可以各显身手，但爱是永恒的主题。爱心是学生打开知识之门、启迪心智的开始，爱心能够滋润浇开学生美丽的心灵之花。老师的爱，既包括爱岗位、爱学生，也包括爱一切美好的事物。而对于从事医学教学的老师而言，这种仁爱更加重要。老师教会学生们有仁爱之心。培养出的学生大多数奋战在国内医疗的第一线上，他们带着这仁爱之心奉献的是全社会。所以对于一个老师而言，有仁爱之心非常重要，对于一个医学院的老师而言有仁爱之心更加重要。这是白求恩师者精神中至关重要的一点，更是这个时代对所有医学教学系统的要求！

其次，要学习白求恩不自私自利、牺牲奉献的精神。毛泽东在《纪念白求恩》一文中写道："我们大家要学习他毫无自私自利之心的精神。从这点出发，就可以变为大有利于人民的人。一个人能力有大小，但只要有这点精神，就是一个高尚的人，一个纯粹的人，一个有道德的人，一个脱离了低级趣味的人，一个有益于人民的人。"此后数十年，白求恩毫无自私自利和甘愿牺牲奉献的品格都在影响着几代中国人。

1939年10月20日，是白求恩预定启程回加拿大的日子。晋察冀军区为白求恩回国举行的欢送大会开过了，眼看就要上路了，偏在这时，日寇突然集中近3万兵力，向我晋察冀边区发动了大规模"冬季扫荡"。军区命令卫生部即刻组织战地医疗队，赶赴涞源北部摩天岭一带抢救伤员。听到这个消息，白求恩立刻决定暂缓回国，参加战斗！决定留下的那一刻，白求恩早已经将个人生死置之度外，在他脑海里焦虑的是急需救治的伤员和医疗水平尚有欠缺的医护人员。白求恩在离前线非常近的小庙里依然不动声色进行手术。哨兵来报告敌人逼近的消息和白求恩的冷静、果断、有条不紊形成了鲜明的对比。同志们劝白求恩赶快转移，躺在手术台上的朱德士也不愿意让白求恩冒险，他恳求白求恩，说："您快走吧！给我一颗手榴弹，等鬼子来了，我就和他们拼了。"白求恩却说："孩子，谁也没有权力把你留下。现在如果不实施手术，你这条腿就保不住了。"说完，立即开始为朱德士进行手术。手术中，白求恩的左手中指被碎骨刺破，但他没有顾及，一直坚持把手术做完。第二天，白求恩手指的伤口发炎了，但他没有言语，在转移到易县甘河净一分区医院之后，又一连两天检查了两个医疗所的工作，做了几十例手术，还为医务人员讲了两次课。11月2日，他带着伤痛为200多名伤员做了检查。11月6日，白求恩居然没有用麻药，亲自给自己感染的手指开刀放脓。

像白求恩一样做一个高尚的人、纯粹的人、脱离了低级趣味的人，应该是每一个老师的不懈追求和行为常态。好老师要有"捧着一颗心来，不带半根草去"的奉献精神，自觉坚守精神家园、坚守人格底线，带头弘扬社会主义道德和中华传统美德，以自己的模范行为影响和带动学生。老师是天底下最光荣的职业，他像蜡烛一样燃烧自己，照亮学生们的人生。这种不自私自利、甘愿牺牲奉献的精神，是代代教师奉为圭臬的精神内核，更是新时代下社会对于教师行业的热切期盼。

3.精益求精的精湛业务

陶行知先生说："学高为师，身正为范。""学高为师"意思是指一个人既要有精深的专业知识，又要有广博的科学文化知识，这样才可以做个真正传道授业解惑的教师；"身正为范"要求教师不仅要教书，还要育人。正如习近平总书记提到的，做好老师，要有扎实学识。老师自古就被称为"智者"。俗话说，前人强不如后人强，家庭如此，国家、民族更是如此。只有我们的孩子们学好知识了、学好本领了、懂的更多了，他们才能更强，我们的国家、民族才能更强。"水之积也不厚，则其负大舟也无力。"知识储备不足、视野不够，教学中必然捉襟见肘，更谈不上游刃有余。

毛泽东同志在《纪念白求恩》的文章中深情地写道："白求恩同志是个医生，他以医疗为职业，对技术精益求精，在整个八路军医务系统中，他的医术是很高明的。这对于一班见异思迁的人，对于一班鄙薄技术工作以为不足道、以为无出路的人，也是一个极好的教训。"

精益求精对一名教师而言至关重要，对一名从事医学教育的教师而言更为重要。白求恩作为医生，他以高超的医疗技术全心全意为人民服务，他一面工作、一面研究，针对现实环境和实际需要，改进了许多技术上和工作上的作风，创造了在游击战中适合的组织形式和工作方法。这就要求教师在教学工作中也要借鉴白求恩精神，既注重传播知识，开启学生智慧；又指导学生，掌握科学方法，同时还要感化学生，塑造学生品格。白求恩从治疗方法、手术器械到医疗制度，乃至社会制度，总是善于发现问题并认真思考产生问题的原因，探索解决问题的办法，积极地付诸实施。他发明了"铁的实习医生"肩胛骨推拉器、"人工气胸法"、胸膈涂粉法等。"在整个大陆上，只要有医生同肺结核作斗争的地方，以他命名的器械总是他们必不可少的武器。"在中国，面对晋察冀军区艰苦的条件和恶劣的工作环境，白求恩从实际出发，创造性地开展工作，没有正规的医院，就自己开办建设；没有器械，就自己制作；没有医护人员，就自己培养；没有教材，就自己编写。白求恩在医疗教学工作中将精益求精发挥到了极致。

教育实践表明，仅有知识但缺乏创造精神的教师，只能一般地完成教育教学任务，不会有创造性的内容、方法和思路。因此，教育的改革和创造具有整体性、综合性、复杂性和长期性等特点。时代赋予今天的教师的创造以新的内容。创造精神是教师必备的精神品格之一。白求恩同志对待教学精益求精的精神对今天在创新中求发展、在发展中求转型的中国而言意义非凡！

第三节　白求恩师者精神的发展

一、中国当代医学教育发展历程

（一）1939年—1949年医学教育发展情况

1.抗日战争时期的医学教育

1937年7月7日，日本帝国主义发动全面侵华战争，中国人民奋起抵抗日寇侵略，抗日战争全面爆发，由此中国革命进入了抗日战争的新时期。1937年8月25日，中国共产党和国民党政府建立了抗日民族统一战线，将陕甘宁边区红军主力改编为国民革命军第八路军。10月，国共两党达成协议，将南方红军游击队改编为国民革命军新编第四军（简称新四军）。抗日战争的号角吹响，部队奔赴前线，深入敌后，发动群众力量，开始全面抗日的伟大斗争。抗日战争对中国来说是一场极为残酷的战争，日军占领城市和主要交通要道，我军主要采取游击战的作战方式，战争态势"犬牙交错"。战争初期和中期日军武器装备明显占据优势地位，使得战争表现极端残酷。由于抗日部队的规模逐渐扩大，军事斗争日益频繁，导致军队伤亡人数增多。另外，根据军事斗争的需要，军队流动性较强，传染病易于流行。但是，我军当时卫生条件差，药品器材供应困难，医务技术人员数量明显不足。基于以上现实状况，军队对卫生工作人员的需求逐渐加大，各部队需要加紧开办训练班和学校，快速培养卫生干部，以满足抗日战争医疗卫生救助工作的需求。

白求恩逝世后，1939年12月21日，毛泽东撰写了《纪念白求恩》一文，他号召每一个共产党员，一定要学习白求恩同志的这种真正共产主义者的精神。

1942年2月28日，中共中央发出《关于在职干部教育的决定》（以下简称《决定》）。《决定》指出："在目前条件下，干部教育工作在全部教育工作中的比重，应该是第一位的。而在职干部教育工作，在全部干部教育工作中的比重，又应该是第一位的。"由《决定》中的这一句话可以清晰地看出，抗日战争时期我军面临的战斗形势十分严峻，在职教育工作意义重大。抗日战争时期在职教育不仅局限于医学业务教育，还涉及政治、文化和理论教育。卫生战线的在职干部，其业务教育主要与卫生工作实践紧密联系，实行"做什么、学什么"的口号。部队的医疗卫生工作者，要精通本职业务，军事医学教育要以这一目标狠抓教学，提升教学质量，把教育任务和学习任务作为第一要务去抓。每天坚持把教育与学习当成工作的一部分，日日坚持不懈，在抓紧业务教育的同时，不忘思想政治教育，把思想和业务水平结合在一起，保证在职教育培养的人才在政治上和业务上达到规定的水平。在抗日战争环境下，前方和后方部队存在相对差异。后方机关特别是陕甘宁地区已经普遍加强军事医学在职教育学习，而前方各部队因1942年反扫荡战争的频繁加剧，斗争形势艰苦，部队高度分散流动，在职教育学习并没有普遍展开。直到1943年下半年，形势才逐渐转好。卫生人员开始开展业务技术练兵，在比武中不断总结经验，提高水平。具体的练兵内容主要包括：医疗卫生人员学习内容和进度的计划安排，建立考试制度，多样学习方式，举行学术活动，成立卫生人员俱乐部等。把学习教育和考核比赛相结合，丰富军事医学教育形式，通过在职学习、业务技术练兵，使医疗卫生人员水平普遍提高。

抗日战争时期八路军军事医学教育以"坚持为战争服务、为部队服务、为全体抗日军民服务"为教育根本方向。各根据地从实际情况出发，应用多样的训练方法培养各类医疗卫生人员。据不完全统计，8年中晋察冀军区卫生学校、晋绥军区卫生学校、山东省军区卫生学校、十八集团军卫生学校和中国医科大学共计培养医药卫生干部3000余名。为及时补充部队医疗人员空缺，各种形式的短训班培养人数达上万名。新四军非常重视军事医学教育，把医学教育工作作为一项长期坚持的战略任务。皖南事变前新四军根据卫生干部的实际情况和部队发展的实际需求，决定一方面继续动员国内抗日爱国积极分子中的优秀医师壮大军队卫生力量，另一方面则自力更生，创造条件开办医学院校，培养军队内部的医疗卫生工作者。"据初步统计，1938年5月至1945年9月，新四军共举办各种训练班、卫生学校、医学院等102期，培养卫生技术人员4011人次、药剂人员300人、化验人员51人、集训团卫生队长以上250余人"。这批训练班主要的教学原则是一切从实战需要出发，理论联系实际，少而精，实践性、针对性强。训练时间均不长，一般是在半年左右。教学条件十分简陋，和八路军一样也是自己动手编写教材，制作教具。教学管理要求严格，严抓教育质量，并开展学习互助的活动，克服了文化层次的差异。同时，继续坚持抓政治教育，保证了教学任务的完成。这一系列举措对新四军日后的军事医学教育起到示范作用。

2.解放战争时期的医学教育

解放战争时期军事医学教育依旧坚持红军时期毛泽东同志提出的培养政治坚定、技术优良的医务工作者，这一教育方针各院校始终坚持不变。军事医学教育不同于一般医学教育，只有医疗工作者具备足够坚定的思想政治觉悟，才有资格接受军事医学教育，才能承担起革命战争的医疗救助任务。德才兼备、技术精湛的医务工作者才是真正为战斗需要的合格医务工作者。

解放战争时期，军事医学教育培养人才的目标是为解决部队医务人员紧缺的现状。培养专门服务于战争的医护人员，面向部队，符合战争要求、时代要求，这就是军事医学教育的办学原则。把保证部队战争需求作为教育的根本任务，采取各种教育手段，加速培养部队需求的医药技术人才，满足部队需求，为部队打赢战争做好卫勤保障工作。

在教学上坚持重点教育，政治与技术、理论与实践相结合的教学原则。教育不能盲目，尤其是战时军事医学教育不能通抓，但也不能偏抓。要采取抓住重点，全面培养的方式达到教育目的。让学生树立良好的思想政治品德和正确的价值观，忠心于革命事业建设，做到技术、政治一手抓，培养德才兼备的革命好战士。让教育形式灵活起来，把理论知识贯彻到战伤救治的实践中，让医疗卫生人员尽快应用其所学加入战斗的行列中。

解放战争时期以学以致用为主要目的，能够快速把所学应用到实际工作中，解决战争实际环境中医疗救助工作存在的问题和困难。让在职卫生干部通过边工作、边学习的方式运用医学刊物补充医学理论知识，通过临床工作实践提升实际工作能力，做到工作学习两不误。在职教育主要是以战伤救治，部队常见病、多发病的防治救治为主要学习内容。学习方法主要是以自学为主，讲授为辅。1946年5月，由军委卫生部及联防军卫生部合办公共卫生班，招收各卫生队长、护士长60人，主要教授他们预防医学及公共卫生技能，以提高在职军医的技术能力。1948年，华中军区就采用传帮带的方法，在被敌人分割的状态下依然培养了一批基层卫生工作人员。1948年10月，新成立的东北军区卫生学校由于训练人员有限，不能满足需要，东北军区卫生部规定："采取带徒弟与讲授兼施的办法，多操作少讲课"，这种方法对于提高受教育者的水平很有帮助。

从抗日革命时期，直到解放战争时期，我军培养了一大批具有坚定共产主义信仰和崇高理想的"红色军医"。正是在这些"红色军医"以及包括白求恩同志等一大批共产国际友人的共同奋斗下，我军的军事医学教育工作才能在物资严重匮乏、生产生活条件极其艰苦的不利条件下，完成了从无到有、从弱小到相对完善的发展历程。革命初期，军事医学人才的来源、阶级成分相对比较复杂，层次素质相差较大，思想政治教育工作不仅统一了学员的政治理想，而且将军事医学实践行动统一到为革命斗争服务上来。他们克服各种教学、教育资源极度匮乏的不利条件，利用一切能利用的资源，尽可能创造条件进行军事医学教育实践活动。

（二）1949年—1978年医学教育发展情况

新中国成立初期，党的领导集体的卫生思想来源于马克思主义卫生思想，并根据中国的具体国情又丰富和发展了马克思主义卫生思想。马克思曾指出："保护健康，坚持一切价值的源泉即劳动能力本身，这是医生的神圣职责。"马克思和恩格斯认为卫生工作应该是为无产阶级劳动者服务的，要保护广大劳动人民的身体，提高人民群众的健康水平，是以人为本的体现。结合我国实际，新中国成立后，中国共产党制定的卫生工作的四原则里"面向工农兵"的方针，就是来源于马克思主义卫生理论的这一观点。

1.重视医疗卫生防疫

毛泽东十分重视卫生防疫工作，并把它看作一项重大的政治任务，他在关于加强卫生防疫和医疗工作的指示中就指出："今后必须把卫生、防疫和一般医疗工作看作一项重大的政治任务，极力发展这项工作"，并且提出应加强党对卫生工作的领导："对卫生工作人员必须加以领导和帮助，对卫生工作必须及时加以检查"，还要求领导干部必须要重视卫生工作："必须教育干部，使他们懂得，就现状来说，每年全国人民因为缺乏卫生知识和卫生工作引起疾病和死亡所受的损失可能超过每年各项灾荒所受的损失，因此至少要将卫生工作和救灾防灾工作同等看待，而决不应该轻视卫生工作。"朱德在第一届全国卫生会议上指出："当前卫生工作的任务，是保卫经济建设与国防建设的顺利进行，贯彻为群众服务的方针。为此，就要加强对疾病的预防工作。中西医务人员要加强团结，互相学习，发挥所长，为保障全国五亿人民健康的伟大艰巨事业而奋斗"。1952年8月12日在北京市第四届人民代表大会上讲话，要求"改善人民的卫生条件"。1953年1月4日为第二届全国卫生工作会议题词："团结全国卫生工作者，依靠广大群众贯彻预防为主的方针，为保证国防、经济、文化建设而努力。"

2.开展群众性爱国卫生运动

抗美援朝战争爆发后，美军在朝鲜战场及我国东北地区开展细菌战，威胁到我国军民的身体健康，在毛泽东预防为主的思想的指导下，全国人民掀起了以反对美军细菌战为中心的爱国卫生运动。这一运动不仅打击了美国侵略者的嚣张气焰，同时使得城乡卫生环境得到极大的改善，清洁卫生的观念也开始深入人心，在减少疾病和移风易俗方面起到了不小的作用。环境卫生和个人卫生都有了很大的改善，几种烈性传染病基本上也因此而得到控制。群众性卫生运动符合中国的具体实际情况，是中国卫生事业的一大特色，也是成功地把群众路线运用到卫生工作中的伟大创举，是新中国卫生奇迹的主要经验之一。面对美国对我国东北地区和朝鲜发动的细菌战，周恩来迅速对国内反细菌战进行紧急部署，并亲自制定防疫计划，并于1952年3月14日提出在全国范围内开展人民防疫运动。会议决定成立中央防疫委员会，后来称为"中央爱国卫生运动委员会"，周恩来任首任主任。1952年12月31日又签署《政务院关于一九五三年继续开展爱国卫生运动的指示》。《指示》提出一九五二年成立的各级领导爱国卫生运动的机构，今后统称为爱国卫生运动委员会，其职责为领导反细菌战工作及群众性卫生运动。在他的领导和推动下，全国迅速掀起了群众性卫生运动高潮。

3.锻炼身体的思想

新中国成立初期，由于连年战争，国贫民弱，广大群众普遍身体素质很差。毛泽东等党和国家领导人都非常注重身体的锻炼，认为国防建设和经济建设都离不开健康的身体。毛泽东早年求学时，就认为学生的身体健康应该是要放在第一位的。为提高人民群众的身体素质，毛泽东多次指示要广泛开展群众性体育活动，增强民众的身体健康，提出要"发展体育运动，增强人民体质"。青年是国家和民族的希望和未来，对于青年学生的体质毛泽东更是尤为关注。新中国成立后，由于国民党长期的反动统治，造成学生体质羸弱，患病者很多，因此毛泽东在1950年和1951年两次给当时的教育部长马叙伦的信中都说道："要各校注意健康第一，学习第二"。1953年6月，毛泽东同志对青年团的全国代表们说："我给青年们讲几句话：一、祝贺他们身体好；二、祝贺他们学习好；三、祝贺他们工作好。"希望青年学生能有个健康的身体。

4.加强农村卫生工作的思想

中国是一个农业大国，农民的健康状况直接关系到整个国家的国民身体素质。新中国成立初期广大农村缺医少药，许多疫病在农村肆虐流行，严重危害到人民的身体健康。为此，党的领导集体多次对农村的卫生工作作出指示和讲话，要求要加强农村的疾病防治工作，改善农村的卫生环境。对于在农村地区广泛流行的血吸虫等疾病，毛泽东十分关心，多次作出指示和具体安排，提出要把消灭血吸虫病作为重要的政治任务，并向全国发出了"一定要消灭血吸虫病"的号召。在毛泽东等同志的关怀下，血吸虫病防治工作进展顺利，大量病人得到救治。广大农村地区疾病流行的一个重要原因是农村卫生环境差，农民缺乏基本的卫生常识，为此，党的领导集体提出要在农村开展爱国卫生运动，建立基层卫生组织，提高广大农民的卫生意识。

1951年10月9日，周恩来在谈到农村和广大老革命根据地的卫生情况时强调，农村和老革命根据地卫生工作也要作为重点。朱德也多次提出要"搞好农民的文化、卫生工作"，以提高农民的健康水平。由于农村地区十分缺乏卫生机构，周恩来、刘少奇、李先念等人都强调要建立和完善基层卫生组织，要使每一个县都有医院，每一个区都有卫生所，还要开办卫生医疗人员训练班、新法接生训练班。

5.保障工人健康权益

工人阶级是社会主义建设的重要力量，只有工人的身体健康，才能让他们全身心地投入到社会主义的建设中来。刘少奇十分关心工人的健康问题，对于工人请病假的情况作了具体指示。在1952年8月2日他提出："工人生病，生活更加困难，不应少发工资，这是一方面。但另一方面，有些工人觉悟不够，没有病或者只有微小的病，也请病假，医生不给证明有病时，他们常向医生斗争，医生不能不给签字。因此，如在第一个月发百分之百的工资，病假立即增多，特别私人企业如此。因此，少发一部分工资也是可以考虑的办法，如有特殊困难者，则由行政或工会另定办法补助（对特殊困难者的办法总是要有的）。对国家工作人员的待遇，一定要照顾到工人。否则，可能陷入被动。"1956年1月8日在听取全国总工会主席赖若愚、副主席刘一宁等的汇报后，提出："工人得了职业病应积极治疗，可先由工会出钱办。"

6.卫生工作要为人民服务

毛泽东曾说过卫生工作不应是为少数人服务的，因此新中国成立后确立了卫生工作方针——"面向工农兵"，这一方针其实就是要求卫生工作要面向全体大众。这一方针充分体现了卫生工作要为人民服务的宗旨。新中国成立后，党和国家领导人都非常关心人民的生命健康，经常对卫生工作作出指示和安排，要求卫生部门的工作要以人民的健康为重。1951年9月7日，卫生部副部长贺诚向中央报告全国卫生防疫工作，指出不少领导干部对卫生工作重视不够，甚至认为是"天灾"。对此，毛泽东批示"今后必须把卫生、防疫和一般医疗工作看作一项重大的政治任务，极力发展这项工作"，这体现了毛泽东将为人民健康服务的卫生工作上升到政治高度，极为重视。另外对于卫生部在新中国成立初的官僚主义作风问题也多次提出批评和指示，提出"严肃地检查一次政府卫生部的工作"，"并对存在的问题决定解决方案，付诸施行"，要"建立真正能工作的机关"。

7.加强医护人员的思想政治教育

新中国成立后，国家接手了旧中国的大量医务人员，同时也创办了一批医疗卫生机构和医学院，这些医疗卫生人员成分复杂，为使他们能全心全意为人民的健康服务，为社会主义建设服务，就必须对他们进行教育和改造。因此，以毛泽东同志为核心的第一代中央领导集体强调，要把这些人培养成符合社会主义建设需要的、政治坚定、业务精湛、道德高尚的医疗卫生技术专业人才。同时在医学教育方面，在医学院校增设政治课，要坚持正确的政治方向，培养全面发展的医疗卫生人才。1954年4月8日，中共中央强调，"今后各级党委务必加强对这方面的领导。首先应加强对卫生人员的思想领导，提高他们的政治觉悟"，"帮助他们改进领导和工作作风"。1953年卫生部的工作报告说，对于医务人员，要提高他们的政治觉悟，树立起为人民服务的意识，"必须加强政治学习，着重提高他们爱国主义思想，确立为人民服务的观点"。

（三）1978年—2012年医学教育发展情况

1.高等医学教育事业恢复和发展时期

党的十一届三中全会以来，党对我国政治、经济领域进行了全面拨乱反正。高等医学教育事业逐步得到了恢复和发展，进行了一系列的整顿和改革。1977年全国恢复统一高考制度，高等医学院校招收了"文革"后的第一批学生，我国的高等医学教育又逐步走上了健康发展的道路。这一时期我国高等医学教育改革的主要任务是进行拨乱反正和调整恢复工作。

1978年，卫生部转发了国务院颁布的《关于高等学校教师职务名称及其确定与提升办法的暂行规定》，要求充分发挥老教师的作用，重点抓好中青年师资力量的培养与提高。1979年9月10日，卫生部草拟了《高等医药院校基础学科助教培养考核试行办法》和《高等医学院附属医院住院医师培养考核试行办法》，1980年6月，又颁布了《高等医药院校讲师培养考核实行办法（草稿）》，要求各医学院校加速提高师资力量，培养一支力量强大的教师队伍，以适应医疗卫生事业现代化的需要。

1978年2月，国务院提出："为了加强各部委对面向全国和面向地区的全国重点高校和非重点高校的领导，必须调整这些学校的领导体制，少数院校由有关部委直接领导，多数院校由有关部委和省、市、自治区双重领导，以部委为主。"1979年9月，中央批转教育部《关于建议和重新颁发〈关于加强高等学校统一领导、分级管理的决定〉的报告》。此后，国务院各部委和各省、市、自治区对各自所属的高等学校的领导管理关系进行了调整，使我国高等教育逐步恢复了"中央统一领导，中央和省、市、自治区两级管理"的领导管理体制。

1980年6月，卫生部、教育部联合召开了全国高等医学教育工作会议。会议的主要任务是学习和贯彻中央书记处关于教育工作的重要指示，修订《全国高等医学教育事业发展规划（草稿）》和《关于高等医药院校专业设置和专业调整的意见（草稿）》。要求高等医学教育要力求做到"全国范围布局合理，大区范围专业齐全，医药院校各有特点"。1985年前原则上实行调整、充实、提高的发展方针，1985年至1990年要适当发展。预计十年内招收大专学生三十万人，研究生一万人左右。

1983年3月15日到20日，卫生部召开了部属高等医学院校工作会议，重点讨论对医学教育如何进行改革的问题。会议认为，我国医学教育改革从整体上来说，从学校与外部关系来说，全国的高、中、初级医务人员培训比例失调，高、中、初级医务人员中各专业比例也失调，应花大力气进行人才预测和规划，包括现有疾病的构成和发展趋势。学校内部体制应认真贯彻执行中央制定的党委领导下的院（校）长负责制，实行党委统一领导、行政负责指挥、群众参加管理的基本领导体制。以此次会议为契机，我国高等医学教育逐步在指导思想、学位制度、落实"五定"措施、研究生教育和医学专业业务统考等方面进行了积极的改革探索和有益尝试。

1985年，中共中央作出《关于教育体制改革的决定》，明确提出了我国原有教育体制的弊端之一，就是"在教育事业管理权限的划分上，政府有关部门对学校主要是对高等教育学校统得过死，使学校缺乏应有的活力，而政府应该加以管理的事情，又没有很好地管理起来"。《决定》明确指出：改变政府对高等学校统得过多的管理体制，在国家统一的教育方针和计划的指导下，扩大高等学校的办学自主权，加强高等学校同生产、科研和社会其他各方面的联系，使高等学校具有主动适应经济和社会发展需要的积极性和能力。由此，把扩大高校办学自主权作为我国高等教育体制改革的一项重要内容加以实施。医学教育战线坚决贯彻中央的决定，从我国的国情出发，全面而有系统地、坚决而有秩序地进行了体制改革和结构调整。

1988年，为了加强招收自费生工作的管理，卫生部转发了国家教育委员会《关于发出〈一九八八年普通高等学校试行招收自费生办法〉的通知》。《办法》中指出，普通高校在完成国家招生任务的前提下，可以根据社会需要和自身的培养能力，安排自费生招生计划。招收自费生计划由普通高校按照国家编制年度招生计划的要求单独编列，随同国家任务、委托培养招生计划一并报送主管部门审核汇总，并报经国家教委纳入年度招生计划下达执行。委托培养、招收自费生计划属调节性计划。在国家核定的招生总额不变的前提下，如签订的委托培养合同不足计划数，其剩余部分可以招收自费生。有条件的省、自治区、直辖市可适当缩小国家任务招生计划，扩大调节招生计划。这样，我国高等医学院校招生体制由以往国家统一计划招生改变为国家计划招生、用人单位委托招生和国家计划外招收少数自费生的新的招生体制。

1988年，国家教育委员会《关于试办七年制高等医学教育的通知》中指出，我国高等医学教育的修业年限三、四、五、六、八年并存，较为混乱。决定将我国高等医学教育的学制逐步规范化为：修业三年，暂不授予学位的医学专科教育；修业五年，授予医学学士学位的医学本科教育；修业七年，授予医学硕士学位的高等医学教育；医学研究生教育维持原制不变。1988年秋季，在全国135所高等医学院校中选择北京医科大学等15所有办长学制医学教育经验、专业较齐全、教育质量较高的学校，试办七年制高等医学教育。批准北京医科大学等15所院校试办七年制临床医学专业和口腔医学专业。七年制高等医学教育主要培养具有良好的思想品质和职业道德、较广泛社会科学知识、较宽厚的自然科学基础、较深厚的医学基础理论、较熟练的专业实践技能和解决临床医学实际问题能力的高级临床医师。为了实现这一目标，各试办院校在办学过程中不断探索，大胆改革，创出了培养高层次医学人才的新经验和新路子。

1989年，中共中央在（1989）4号文件中指出："在今后一个相当长的时期内，高校仍应实行党委领导下的校长负责制。"1990年7月，中共中央在（1990）12号文件中再次明确："高校实行党委领导下的校长负责制。"1992年，国家教育委员会《关于国家教委直属高校内部管理体制改革的若干意见》中明确指出："国家教委直属高校是由国家教委直接管理的教育实体，具有法人地位。国家教委有关职能部门不对学校自主办学权范围内的事务进行行政干预。"

2.高等教育体制深化改革时期

1992年，党的十四大确定把教育摆在优先发展的战略地位。1993年，中共中央颁布了《中国教育改革和发展纲要》，成为新时期高等教育改革与发展的纲领性文件。《纲要》明确要求"深化高等教育体制改革"，改革的主要内容是理顺政府与学校之间的关系，转变政府职能，扩大学校办学自主权，逐步确立高等学校的法人地位，进一步明确学校的权利和义务、利益和责任，以利于增强学校办学活力，主动适应和服务于国家经济建设和社会发展需要；《纲要》要求要"建立多种渠道筹措教育经费的体制"，还提出了高等教育发展的目标是"规模、结构、质量、效益"，注重四者的协调发展。同时《纲要》在高等教育基本任务方面提出："高等教育担负着培养高级专门人才、发展科学技术文化和促进现代化建设的重大任务。"这意味着高等教育的功能将由文化、政治、促进人全面发展三大功能拓展到文化、政治、促进人全面发展和经济这四大功能上。1995年，我国建立实施了"高等医学教育面向21世纪教学内容和课程体系改革计划"。经过改革发展，突破学校一次性教育的传统观念，大力发展继续教育，形成"终身教育"的观念，逐步形成了医学教育连续统一体模式，即医学院校基本教育、毕业后医学教育和继续医学教育三个不同阶段的统一体。高等医学院校除了全日制的本科、专科教育外，研究生教育、各种类型的成人教育，特别是继续医学教育的职能明显加强。

按照1992年中央提出的"共建、调整、合作、合并"的八字方针，高校改革取得了显著的成绩。从1993年至2001年，全国已有31个省、市、自治区，60多个部委参与了改革，涉及近1000所高校，其中医学院校与综合性（多科性）大学合并已成为高校管理体制改革非常重要的部分。1995年，国家教委发布《关于深化高等教育管理体制改革的若干意见》，单科性的医学院校与实力较强的综合大学合并或与其他单科性院校合并组建成综合性大学，已占全国原有130余所医学院校总数的三分之一以上，从而大大地改变了我国绝大多数的医学院校为单科性院校的格局。

1999年6月15—18日，党中央、国务院在北京召开了全国教育工作会议。会议的主题是：动员全党同志和全国人民，以提高民族素质和创新能力为重点，深化教育体制和结构改革，全面推进素质教育，振兴教育事业，实施科教兴国战略，为实现党的十五大确定的社会主义现代化建设宏伟目标而奋斗。在此次会议上，发布了《中共中央、国务院关于深化教育改革全面推进素质教育的决定》。《决定》对全面推进事关中华民族前途和命运的素质教育做了总体谋划，是构建21世纪充满生机活力的有中国特色的社会主义教育体系的指导思想和行动纲领。

结合当时中国的健康事业实际发展状况，进一步丰富和发展卫生健康事业的基本内涵，进一步明确我国健康卫生工作的目标以及工作标准。1999年10月，江泽民在《中国农民基本常识读本》序言中提出，在对农民进行科学种田等知识宣传时，应该结合农村农民的具体实际宣传卫生保健知识，即学习"卫生保健、计划生育、环境保护和法律等方面的知识"。

针对人民群众反映突出的"看病难、看病贵"问题，以及我国医疗卫生事业改革发展中出现的体制机制问题，胡锦涛明确指出，医疗卫生事业是造福人民的事业，关系广大人民群众的切身利益，关系千家万户的幸福安康，也关系社会协调发展，关系国家和民族的未来。2009年4月，中央出台了《中共中央、国务院关于深化医药卫生体制改革的意见》和《国务院深化医药卫生体制改革近期重点实施方案（2009—2011）》，深化医药卫生体制改革工作进入实施阶段。新一轮医药卫生体制改革紧紧围绕党的十七大提出的"人人享有基本医疗卫生服务"的目标，使医药卫生事业从理念到体制机制都有了巨大的突破，使人民切实享受到了医改的成果，有力地推动了中国特色社会主义现代化建设。

（四）党的十八大以来医学教育发展情况

1.加强医学人才培养质量时期

"人民对美好生活的向往，就是我们的奋斗目标"，这是广大人民的愿望和追求，也是中国共产党的努力奋斗方向。卫生健康是民生领域的重要内容，对国家的长远发展具有举足轻重的作用。自党的十八大以来，以习近平同志为核心的党中央，将全民卫生健康视为治国理政的重要篇章，将全民健康的目标融入到政策制定与执行中，努力促进全民健康从而实现国家的长远健康发展，践行为人民服务的宗旨。

习近平在不同场合多次规劝"年轻人不要总熬夜"，提醒年轻人时刻关注身体。"那个时候我年轻想办好事，差不多一个月大病一场。为什么呢？老熬夜，经常是通宵达旦干。后来最后感觉到不行，这么干也长不了。先把自己的心态摆顺了，内在有激情，外在还是要从容不迫。"习近平以自己的亲身经历证明了健康生活对于身体健康的重要意义，使其理论观点更具说服力和影响力。习近平十分关注领导干部的生活作风和生活情趣，认为："一名领导干部的蜕化变质往往就是从生活作风不检点、生活情趣不健康开始的。"领导人在生活细节上体现出来的态度，绝不是小事，习近平号召广大干部注重培养健康的生活情趣，正确选择个人爱好。

2013年10月14日，《国务院关于促进健康服务业发展的若干意见》（国发〔2013〕40号）发布，《意见》强调，建立健全健康服务业从业人员继续教育制度。

2013年11月12日，《中共中央关于全面深化改革若干重大问题的决定》发布，《决定》强调要深化教育领域综合改革。全面贯彻党的教育方针，坚持立德树人，加强社会主义核心价值体系教育，完善中华优秀传统文化教育，形成爱学习、爱劳动、爱祖国活动的有效形式和长效机制，增强学生社会责任感、创新精神、实践能力。

2015年3月6日，国务院办公厅发布了《全国医疗卫生服务体系规划纲要（2015—2020年）》，《纲要》强调，加强卫生人才队伍建设，注重医疗、公共卫生、中医药以及卫生管理人才的培养，制订有利于卫生人才培养使用的政策措施。切实加强医教协同工作，深化院校教育改革，推进院校医学教育与卫生计生行业需求的紧密衔接，加强人才培养的针对性和适应性，提高人才培养质量。建立住院医师和专科医师规范化培训制度，开展助理全科医生培训，推动完善毕业后医学教育体系，培养合格临床医师。以卫生计生人员需求为导向，改革完善继续医学教育制度，提升卫生计生人才队伍整体素质。到2020年，基本建成院校教育、毕业后教育、继续教育三阶段有机衔接的具有中国特色的标准化、规范化临床医学人才培养体系。院校教育质量显著提高，毕业后教育得到普及，继续教育实现全覆盖。近期，要加快构建以"5+3"（5年临床医学本科教育+3年住院医师规范化培训或3年临床医学硕士专业学位研究生教育）为主体、以"3+2"（3年临床医学专科教育+2年助理全科医生培训）为补充的临床医学人才培养体系。加强以全科医生为重点的基层医疗卫生队伍建设，健全在岗培训制度，鼓励乡村医生参加学历教育。加强政府对医药卫生人才流动的政策引导，推动医药卫生人才向基层流动，加大西部地区人才培养与引进力度。制订优惠政策，为农村订单定向免费培养医学生，研究实施基层医疗卫生机构全科医生及县办医院专科特设岗位计划。创造良好的职业发展条件，鼓励和吸引医务人员到基层工作。加强公共卫生人才队伍建设，加强高层次医药卫生人才队伍建设，大力开发护理、儿科、精神科等急需紧缺专门人才。大力支持中医类人才培养。加大对中西部地区高等医学院校的支持，缩小区域、院校和学科专业之间培养水平的差距。

2.加快推进健康中国建设时期

2015年10月，党的十八届五中全会首次提出推进健康中国建设，"健康中国"上升为国家战略。在党的十八届中央政治局常委同中外记者首次见面会上，习近平总书记便表达出对人民健康福祉的密切关注：我们的人民热爱生活，期盼有更可靠的社会保障、更高水平的医疗卫生服务、更优美的环境……2014年12月，总书记在考察江苏镇江市世业镇卫生院时谈到，医疗卫生服务直接关系人民身体健康，要推动医疗卫生工作重心下移、医疗卫生资源下沉，推动城乡基本公共服务均等化，为群众提供安全有效方便价廉的公共卫生和基本医疗服务，真正解决好基层群众看病难、看病贵问题。解决"看病难、看病贵"这一老百姓的迫切期待，一直被总书记记在心里。他多次在主持会议中强调医疗卫生改革的重要性，从破除公立医院逐利机制到推动建立分级诊疗制度，推进家庭医生签约服务，以期让老百姓在家门口能享受到便捷优质的医疗服务。维护人民群众健康，公共卫生是重要防线。2015年11月25日，埃博拉出血热疫情防控工作表彰大会在京举行，习近平作出重要指示："要始终把广大人民群众健康安全摆在首要位置，切实做好传染病防控和突发公共卫生事件应对工作。"艾滋病防治也是总书记长期关注的领域，在第25个世界艾滋病日到来之际，习近平就来到北京市丰台区看望艾滋病患者，他指出："防治艾滋病是一个复杂的医学问题，也是一个紧迫的民生问题、社会问题，需要全民参与、全力投入、全面预防。要从个人健康、家庭幸福、社会和谐的角度，看待艾滋病防治工作。"

在导致贫困的诸多因素中，与健康、医疗相关的问题较为突出。2016年6月21日，国家卫生计生委等15个中央部门联合发布《关于实施健康扶贫工程指导意见》。一直以来，党中央、国务院高度重视健康扶贫工作，在中央扶贫开发工作会议上，习近平总书记、李克强总理对健康扶贫工作作出了重要部署。中共中央、国务院《关于打赢脱贫攻坚战的决定》明确提出，要开展医疗保险和医疗救助脱贫，实施健康扶贫工程，保障农村贫困人口享有基本医疗卫生服务，努力防止因病致贫、因病返贫。

2016年7月28日，习近平来到唐山市截瘫疗养院慰问截瘫疗养院的截瘫伤员。离开唐山市截瘫疗养院时，习近平对围拢过来的医护工作者表示，大爱无疆，医者仁心，人道主义精神在你们这里得到充分体现。生命是最值得珍惜的。唐山大地震是毁灭生命的灾难，但我们这里看到了浴火重生：有伤残者的奋斗毅力，有民族精神的弘扬，有中国共产党领导和我国社会主义制度的巨大优越性，还有广大医护人员充满大爱的无私奉献。全面建成小康社会，残疾人事业、医疗卫生健康工作都是重要组成部分。你们的事业是最高尚、最神圣的。希望你们不忘初心、继续前进。

2016年10月25日，中共中央、国务院印发了《"健康中国2030"规划纲要》，《纲要》中强调，核心是以人民健康为中心，坚持以基层为重点，以改革创新为动力，预防为主，中西医并重，把健康融入所有政策，人民共建共享的卫生与健康工作方针，针对生活行为方式、生产生活环境以及医疗卫生服务等健康影响因素，坚持政府主导与调动社会、个人的积极性相结合，推动人人参与、人人尽力、人人享有，落实预防为主，推行健康生活方式，减少疾病发生，强化早诊断、早治疗、早康复，实现全民健康。首先，完善医疗卫生服务体系。全面建成体系完整、分工明确、功能互补、密切协作、运行高效的整合型医疗卫生服务体系。县和市域内基本医疗卫生资源按常住人口和服务半径合理布局，实现人人享有均等化的基本医疗卫生服务；省级及以上分区域统筹配置，整合推进区域医疗资源共享，基本实现优质医疗卫生资源配置均衡化，省域内人人享有均质化的危急重症、疑难病症诊疗和专科医疗服务；依托现有机构，建设一批引领国内、具有全球影响力的国家级医学中心，建设一批区域医学中心和国家临床重点专科群，推进京津冀、长江经济带等区域医疗卫生协同发展，带动医疗服务区域发展和整体水平提升。加强康复、老年病、长期护理、慢性病管理、安宁疗护等接续性医疗机构建设。实施健康扶贫工程，加大对中西部贫困地区医疗卫生机构建设支持力度，提升服务能力，保障贫困人口健康。到2030年，15分钟基本医疗卫生服务圈基本形成，每千常住人口注册护士数达到4.7人。其次，创新医疗卫生服务供给模式。建立专业公共卫生机构、综合和专科医院、基层医疗卫生机构"三位一体"的重大疾病防控机制，建立信息共享、互联互通机制，推进慢性病防、治、管整体融合发展，实现医防结合。建立不同层级、不同类别、不同举办主体医疗卫生机构间目标明确、权责清晰的分工协作机制，不断完善服务网络、运行机制和激励机制，基层普遍具备居民健康守门人的能力。完善家庭医生签约服务，全面建立成熟完善的分级诊疗制度，形成基层首诊、双向转诊、上下联动、急慢分治的合理就医秩序，健全治疗—康复—长期护理服务链。引导三级公立医院逐步减少普通门诊，重点发展危急重症、疑难病症诊疗。完善医疗联合体、医院集团等多种分工协作模式，提高服务体系整体绩效。加快医疗卫生领域军民融合，积极发挥军队医疗卫生机构作用，更好为人民服务。再次，提升医疗服务水平和质量。建立与国际接轨、体现中国特色的医疗质量管理与控制体系，基本健全覆盖主要专业的国家、省、市三级医疗质量控制组织，推出一批国际化标准规范。建设医疗质量管理与控制信息化平台，实现全行业全方位精准、实时管理与控制，持续改进医疗质量和医疗安全，提升医疗服务同质化程度，再住院率、抗菌药物使用率等主要医疗服务质量指标达到或接近世界先进水平。全面实施临床路径管理，规范诊疗行为，优化诊疗流程，增强患者就医获得感。推进合理用药，保障临床用血安全，基本实现医疗机构检查、检验结果互认。加强医疗服务人文关怀，构建和谐医患关系。依法严厉打击涉医违法犯罪行为特别是伤害医务人员的暴力犯罪行为，保护医务人员安全。医疗是个民生问题，事关国家发展全局，习近平总书记在2016年7月25日会见世界卫生组织总干事陈冯富珍时，再次阐述了推进"健康中国"的决策部署：使全体中国人民享有更高水平的医疗卫生服务，也是我们两个百年目标的重要组成部分。

3.医教协同推进医学教育改革发展时期

2017年7月10日，全国医学教育改革发展工作会议在北京举行，李克强总理批示强调："人才是卫生与健康事业的第一资源，医教协同推进医学教育改革发展，对于加强医学人才队伍建设、更好保障人民群众健康具有重要意义。希望教育部、卫生计生委、中医药局会同相关方面，按照党中央、国务院部署，围绕办好人民满意的医学教育和发展卫生健康事业，加大改革创新力度，进一步健全医教协同机制，立足我国国情，借鉴国际经验，坚持中西医并重，以需求为导向，以基层为重点，以质量为核心，完善医学人才培养体系和人才使用激励机制，加快培养大批合格的医学人才特别是紧缺人才，为人民群众提供更优质的医疗服务，奋力推动建设健康中国。"这也意味着医学教育要始终贯彻党的教育方针和卫生与健康工作方针，坚持育人为本、立德树人，强化临床实践能力培养，培育医术精湛医德高尚的高水平医学人才。

党的十九大报告强调，深化医药卫生体制改革，全面建立中国特色基本医疗卫生制度、医疗保障制度和优质高效的医疗卫生服务体系，健全现代医院管理制度。加强基层医疗卫生服务体系和全科医生队伍建设。全面取消以药养医，健全药品供应保障制度。坚持预防为主，深入开展爱国卫生运动，倡导健康文明生活方式，预防控制重大疾病。

2018年1月24日，国务院办公厅印发《关于改革完善全科医生培养与使用激励机制的意见》。《意见》明确指出，从三个方面改革完善全科医生培养与使用激励机制。一是建立健全适应行业特点的全科医生培养制度。高校面向全体医学类专业学生开展全科医学教育，加强全科临床见习实习。有教学潜质、符合条件的全科医生可以聘任相应教师专业技术职务。扩大全科专业住院医师规范化培训（以下简称住培）招收规模。支持认定为住培基地的综合医院独立设置全科医学科，与基层实践基地联合培养全科医生。二是全面提高全科医生职业吸引力。推进基层医疗卫生机构绩效工资改革，使基层全科医生工资水平与当地县区级综合医院同等条件临床医师工资水平相衔接。到基层工作的本科及以上学历或经住培合格的全科医生，可采取面试、组织考察等方式公开招聘。对经住培合格到农村基层执业的全科医生，可实行"县管乡用"和"乡管村用"。住培合格本科学历全科医生到基层工作的，在人员招聘、职称晋升、岗位聘任等方面，与临床硕士研究生同等对待。鼓励社会力量举办全科诊所。非营利性全科诊所享受政府办基层医疗卫生机构同等待遇。三是加强贫困地区全科医生队伍建设。加大定向免费培养、在岗人员继续教育培训力度。扩大全科医生特岗计划实施范围并适当提高财政补助标准。经住培合格，取得中级职称后在贫困县农村基层连续工作满10年，可经考核认定直接取得副高职称。在院校医学教育方面，一是全面加强全科医学教育。要求高校面向全体医学类专业学生开展全科医学教育和全科临床见习和实习。鼓励有条件的高校成立全科医学教研室、全科医学系或全科医学学院，开设全科医学概论等必修课程。二是深入实施农村订单定向医学生免费培养，推进农村基层本地全科医学人才培养。三是依托全科专业住院医师规范化培训基地和助理全科医生培训基地，建设一批全科医学实践教学基地。四是加强全科医学师资队伍建设。全科医学实践教学基地有教学潜质的全科医生可聘任高校教师专业技术职务。在毕业后医学教育方面，一是加强全科医学学科建设，住院医师规范化培训基地（综合医院）要独立设置全科医学科，与基层实践基地联合培养全科医生。二是以县级综合医院为重点，加强助理全科医生培训基地建设。三是严格培训基地动态管理，将全科专业基地建设和作用发挥情况作为培训基地考核评估的核心指标。四是完善全科专业住院医师规范化培训人员取得硕士专业学位的办法，推进住院医师规范化培训与专业学位研究生教育的衔接。在继续医学教育方面，鼓励二级及以上医院有关专科医师参加全科医生转岗培训，对培训合格的，在原注册执业范围基础上增加全科医学专业执业范围，允许其在培训基地和基层提供全科医疗服务。

2018年8月19日是我国首个"中国医师节"。这一天，习近平作出重要指示强调，长期以来，我国广大医务人员响应党的号召，弘扬敬佑生命、救死扶伤、甘于奉献、大爱无疆的精神，全心全意为人民健康服务，在疾病预防治疗、医学人才培养、医学科技发展等方面发挥了重要作用并取得了丰硕成果，涌现出一大批医学大家和人民好医生。特别是在面对重大传染病威胁、抗击重大自然灾害时，广大医务人员临危不惧、义无反顾、勇往直前、舍己救人，赢得了全社会高度赞誉。

二、新时代医学教育面临的挑战

（一）医疗卫生改革提出医学教育新要求

1978年，中共十一届三中全会做出改革开放的重大决策，由此开启了中国改革开放历史新时期。改革开放激发了医学教育的活力。医疗卫生部门在党和各级政府的领导下，进行了前所未有的医疗卫生改革。

1979年初，时任卫生部部长的钱信忠同志提出，卫生部门也要按照经济规律办事；1985年国务院批转了卫生部《关于卫生工作改革若干政策问题的报告》，提出了"放宽政策，简政放权，多方集资，开阔卫生事业的路子"；随后，围绕这一目标，政府允许医院采取了一系列市场运作的办法，允许医院以药养医，以械养医，提高医疗服务的价格，在医院领导的考核指标中强化了经济管理指标的地位；直至1987年全国各级各类医院开展了由点到面、由浅到深、由单项到综合的改革。

到了20世纪80年代末，80%以上的卫生机构实行了多种形式的院、所、站长负责制。推行多种形式的承包责任制，使得医疗卫生条件大为改善、管理效率大大提高，广大卫生技术人员的积极性不断增强，卫生服务范围得到扩大，医疗卫生机构活力得到增强，最大限度地挖掘了医疗卫生机构服务于社会的潜能。但与此同时，也产生了一些片面追求经济收益，忽视服务质量、社会效益的现象，甚至不少医务人员在处理医患关系时，以"钱和物"作为"砝码"，收受红包和医药回扣。在不少医院领导的深层次思想里，强调经济效益就必须淡化社会效益；强调经济利益就必须淡化道德利益、淡化人道主义。因而，在实践中，医学道德便成了他们"挂在嘴上、写在纸上、贴在墙上"的装饰品，医学道德建设便常常面临"说起来重要，做起来次要，忙起来不要"的尴尬境遇。

面对医疗卫生改革所出现的道德负面影响，我们坚持什么样的道德原则，坚持什么样的道德价值取向，便成了医学伦理学界研究的热点和难点问题。对此，1981年在上海召开的第一次全国医学伦理学学术研讨会上，对医疗卫生改革中坚持什么样的医学道德原则进行了专题讨论。与会同仁们最终达成了统一的认识，并制定了我国医疗实践中必须坚持"防病治病，救死扶伤，实行革命的人道主义，全心全意为人民服务"的道德原则，并以此原则作为评估医疗机构及其医务人员的道德砝码。这一原则在1988年10月西安全国第五届医学伦理学学术会议上得到再次重申。

随着医疗卫生改革的深化，在社会主义市场经济体制建立的进程中，人道主义越来越难以应付市场机制引入医疗卫生的现实。对于功利主义无论我们是否认同，它在医疗实践中，在不同的地区、不同的医院，都已经在发挥着潜移默化的作用，学术界对此有了更为清醒的认识。于是，在理论界有更多的学者开始对功利主义在医学道德建设中的作用开展了研究。

（二）市场经济环境带来医学道德新讨论

随着我国的卫生经济政策由原来的福利性卫生经济政策向商品性卫生经济政策调整的转化推进，开放了所有制体制，提出全民、集体、个人一齐上，允许医务人员从事有偿服务；引进承包责任制，强调自我造血、自我发展；医疗卫生服务收费可拉开档次，实行优质优价；开展特殊医疗、实行高收费，向社会开放；利用新技术、新设备开展医疗服务项目，实行按成本收费。然而，在医学道德实践中，奉行"防病治病，救死扶伤，实行革命的人道主义，全心全意为人民服务"的道德原则却遇上了前所未有的难题，面临着严峻的挑战，引发"医务人员选择医疗行为的困惑……医院选择医疗行为的困惑……稀有卫生资源分配的行为选择的困惑……"。由此引起了一些异议，认为"医德基本原则忽视了社会主义初级阶段的现实，提出过高的、无法实现的要求，带有空想的、极"左"的痕迹，医德基本原则忽视了医德的层次性，对全体医务人员提出同一要求，缺乏科学性和可操作性"。针对上述异议，虽然理论界主流认为难以成立，但也引发了人们对时下的医德基本原则进行了理性的反思。如何处理好"人道"与"功利"这一古老问题便成了人们对医学道德原则反思的核心问题，医疗实践呼吁人道主义解除对功利主义的排斥，吸取其合理成分，为我所用。对此，1988年创刊的《中国医学伦理学》杂志采取了积极态度和宽容行为，于1988年2月刊登了冯泽永撰写的《重利未必轻仁义》一文，文章提出"我们需要革命的功利主义………只有功利主义才能适应商品经济的需要。只有功利主义才能使医疗卫生事业在商品经济的大环境中得到发展，只有功利主义才有助于解决医疗供需矛盾，才有助于从根本上提高医疗服务质量，提高医德水平……，重利未必轻仁义……如果我们瞻前顾后，坐失振兴经济的良机，那才是最大的不仁不义。"继后，李义庭于1989年在《中国医学伦理学》杂志上发表《医疗卫生承包责任制与医德的功利主义原则》，在医学道德原则的研究中提出引入医德的功利主义原则。从道德的社会经济根源来看，作为经济关系表现的利益同道德是一致的，但二者既是不同领域，也就有不一致。如果我们把利益完全归结为个人利益时，利益和道德就会发生冲突，所以只有当功利是指公共利益、社会利益（包含个人利益）时，道德与功利才表现为一致性。依据此原理，在医疗卫生承包责任制中，应确立人道主义与功利主义的统一，社会效益与经济效益的统一，国家、集体、医者和患者利益的统一及义务与功利相统一的原则。

医疗卫生行业引入了市场经济的某些机制和做法，给传统的医学人道主义带来了冲击。与其说是挑战，不如说是机遇。因为利用这一改革，人道主义能够夯实自身的社会基础。而且对国人来讲，人道主义不仅仅意味着一系列福利体系和制度的安排，还寄托了国人追求公平的社会理想。如果否定人道主义，就会违背医学伦理精神；如果把人道主义当成凝固不变的，就会丧失人道主义的生命力。面对人民群众日益增长的医疗需求，我们必须从传统的人道主义发展到现代的人道主义，这是一个不可逆转的必然趋势。"市场经济与道德伦理有着天然的、不可分割的联系。那么，应该如何看待医德与功利关系呢？首先，必须明确肯定医德并不排斥功利，不仅在市场经济下不排斥，而且事实上也从来不排斥。在市场经济条件下，功利原则的合法性和合道德性得到普遍承认。那种以人道原则来排斥、否定功利原则的论调已鲜有市场了。在伦理学上功利原则的内涵是很清楚的，即通过正当手段谋取正当功利，用功利主义倡导人的话来说，谋求多数人的最大幸福才是最大最高的功利。其次，功利原则又不能成为医德的主导原则。这是由医务卫生事业治病救人的性质所决定的。"在坚持发展人道主义的前提下，把对现实的考虑和对理想的追求有机融合起来。医学事业是人道主义事业而不是功利主义事业。"功利主义可以作为医学及医学伦理学的理论或原则应用于医疗实践之中，但它不可能成为起主导作用的中心原则。医学中的功利主义仅是人道主义思想的一种表现形式，是为达到人道主义最高目标或宗旨的方式或手段而已。医学人道主义强调的人的价值不只是精神价值，而且强调物质利益的价值；不仅强调尊重医患人格尊严，也强调医患双方的权利和利益，更强调社会人类整体的长远的健康利益这些功利内容。"

（三）科学技术进步开启医学教学新模式

目前，世界发达国家在实现工业化的基础上，进入信息化发展的阶段。我国对外交流和开放日益扩大，发达国家信息化发展给我国的国民经济及各项领域的建设注入了新的活力。社会发展、科技进步、医学科学领域中技术的不断涌现，医学与其他学科的交叉融合及新学科的产生，信息传递手段的飞速发展进步，给全球卫生领域的继续医学教育发展带来新的机遇。在我国，由于医学模式从传统的生物医学转变为生物–心理–社会医学模式的进程加快，卫生改革逐步深入，继续医学教育的内涵更加广泛，这就促使医务人员不仅要重视学习医学科学及人文社会科学知识，而且要认清我国继续医学教育发展的趋势。

医学教育的目标从技术目标转向以人的素质提高为本的全面发展目标：医院是实施继续医学教育的重要场所，也是学习者的实践场所。按世界通行的定义，医学教育是一个连续统一体，是终身学习的过程，每个个体完成了医学院基本教育，进入住院医师培训或研究生教育，再进入继续医学教育，直至整个职业生涯。在中国接受继续医学教育对象界定为取得中级及中级以上职称的卫技人员。继续医学教育的目标应该体现在三个方面：（1）促进医务人员个人的自我发展，学会终身学习、学会做人、学会合作。（2）理解和适应社会对医师的角色要求，将自己塑造成为一个医德高尚的医师。（3）在本专业领域内不断学习新知识、新技术，具有指导他人学习和工作的能力。继续教育对象虽然完成了学校基本教育及毕业后教育，但知识和技能远远不够，我们期望医生获得较高的认知能力，即解决问题的能力、创造能力、合作学习的能力及具备在医生这一工作岗位上面对新的环境学习、应用知识的所有技能，只有终身学习才能得以实现。此外，随着我国卫生体制、人事制度的改革，竞争机制的引入，如医疗机构改革，会使相当部分医务人员转岗换岗。在客观上营造了医务人员在职学习的环境，加之认识的提高，可以预见终身学习会成为医务人员的自觉行为，力求整个职业生涯跟进医学发展的各方面要求。因此，继续医学教育的目标将会多元化，以提高人的素质为核心。除技术领域的要求外，医务人员更要有良好的人格和全面的素质，以适应社会、适应竞争。

医学教育内容的开放性和不确定性体现了信息传递的多元化特征：医务人员继续医学教育的主要形式有学术讲座、研讨会、培训班、病例讨论、手术演示，在日本一些医院还有学术预演会及医学外语论文抄读会等。这些内容应具有新知识、新理论、新技术、新方法，并突出针对性、实用性、先进性。这已成为医学界的共识。由于信息社会的发展，知识贮存期缩短，与学校学习的内容相比具有开放性和来源渠道的多样性和不确定性，与传统的学校教育有别。通常医学院校教科书上的知识是规范的，经过多年的实践应用，被认为是权威性的、确切的，并已按照医学特定的体系划分，如以学科为中心，基础和临床分界清楚，这种基于文本的、印刷媒介的知识具有稳定的特征，学习者通常在学校这一有限的场所中通过教师的启发式传播而获得。而继续医学教育对象在医院工作中不断面临着由于科学发展涌现的新知识，这些新知识侧重实际应用，是基于情景的、跨学科的，甚至是异类的，保存限期是短暂的。与传授的教科书不同，这些知识基于屏幕的、多种媒体、甚至可能是虚拟的，来源途径多种多样，非课堂教育所获。所以，继续教育的内容更开放、更灵活。要求学习者基于个人知识背景，一切围绕个人需求来定学习计划，有选择地进行个别化学习。现有传统的以系统的课堂集中学习的模式将不能满足广大医务人员的个别化学习需要。而对学习者个人而言，信息时代新知识显现的特征，要求我们要有敏锐的观察力和强烈的求新欲，只有进行创造性地学习，才能及时掌握科学发展的新动向，才能更好地选择学习的内容，并学以致用，提高业务水平。

医学教育的重点从传播新知识到提高个体能力：医学信息学是研究生物医学信息、数据和知识的存储、检索并有效利用，以便在卫生管理、临床控制和知识分析过程中作出决策和解决问题的科学。它是信息技术学与医疗卫生科学的交叉学科，前者是其方法学，后者是其应用领域。医学信息学的发展，使知识的传播方便快捷，医务人员可以自行获取信息。加之，信息时代，知识更新速度加快，知识贮存期限短，仅仅依靠课堂讲座形式向学习者传播新知识已显然不够，必须唤起学习者对医学知识的渴望，发展学习者个人的潜力，培养他们独立的适合自己发展的终身学习能力，将知识传授与能力培养结合起来，既能帮助受教育者凭借所学解决当前临床工作面临的问题，也能帮助受教育者在未来社会中有所发展。因此，应该注重使学习者在获得新知识的基础上，培养以下几方面的能力：（1）在认知领域方面：1）知识的管理能力：信息时代知识来源途径很多，要能够对各种知识识别、分类、归档、存储、索引、鉴定、应用。2）批判性思维能力：能判断、分析、综合知识，有效正确地应用新知识解决新问题，而不是盲目照搬习得的知识。3）掌握在因特网上的搜索技能：包括电子通信技能、通信和书面表达所需的多媒体运用能力。4）交流能力：能够与同行及患者进行有效交流与合作，特别是在患者中建立良好的形象；具备外语应用能力与国际同行交流。（2）在情感领域方面：有道德感、理智感和美感；有责任心、爱心和高尚的人格，对患者有同情心和人文关怀，以在整个职业生涯中保持良好的医德医风。

医学教育手段现代化且学习形式发生变化：由于计算机及信息通信技术的突飞猛进的发展，教育信息化步伐的加快，世界各国的教育形式正在发生重大变化。现代电视技术、卫星技术、计算机和网络技术的现代远程教育正在普及。这一切将给我国继续医学教育带来更多的方便，使继续医学教育由于教学对象多层次、教学内容开放、教育时间灵活而不适合用传统的、稳定的师生关系，在一个确定的空间和时间内进行教学活动的矛盾逐步得到解决。计算机的普及，使学习的非群体性显著增强，由集中形式逐步过渡到个人根据自己的需要自主学习，给自学这一古老的学习方式赋予了新的内涵。学习者不必到特定的场所中去学习，而可以自己计划，利用网上资源自行安排，居家学习成为普遍行为。这种开放性和个别性的新型教育形式要求医院或举办单位承担的社会角色，不再是组织学习者在特定的时间内学习特定的内容，而是提供一些教育的环境和设施、学习的资源即网络课件等，使学习者能够跨越时间和地域的限制，在任何时间、任何地方，都能学习他所需要学习的任何知识，这正是继续教育的理想境界。

109

三、培育新时代医学人才的实践

（一）推进医学教育全面发展

"医学是伴随着人类痛苦的最初表达和减轻这份痛苦的最初愿望而诞生的。"医学的核心即"以人为本"，而这恰恰是白求恩精神的实质。在全面深化改革的今天，医学教育同样需要在"以人为本"的前提下实现全面发展。2017年国务院印发的《国家教育事业发展"十三五"规划》中明确把"立德树人"作为重要的原则和根本任务。《规划》中强调，"把立德树人作为教育的根本任务，培养德智体美全面发展的社会主义建设者和接班人。要遵循教书育人规律、遵循学生成长规律，以学生为主体，以教师为主导，创新育人模式，培育和践行社会主义核心价值观，不断提高学生思想水平、政治觉悟、道德品质、文化素养，让学生成为德才兼备、全面发展的人才。""完善全科医学人才培养体系……逐步扩大医学等高等教育认证范围。"这表明我国医学教育进入提高质量、优化结构、促进公平的新阶段。

现阶段之所以要学习白求恩精神，推进医学教育全面发展，是因为我国发展仍处于可以大有作为的重要战略机遇期，也面临诸多矛盾叠加、风险隐患增多的严峻挑战。有效应对各种风险和挑战，不断开拓发展新境界，对实现教育现代化提出了前所未有的新任务、新要求。

1.国际层面

世界多极化、经济全球化、文化多样化、社会信息化深入发展，国际金融危机深层次影响在相当长时期依然存在，新一轮科技革命和产业变革蓄势待发，互联网、云计算、大数据、智能机器人、三维（3D）打印等现代技术深刻改变着人类的思维、生产、生活和学习方式，国际竞争日趋激烈，人才培养与争夺成为焦点。优先发展教育，构建现代医学教育体系，培养医学领域大批创新人才，已成为促进人类全面发展的关键。

2.国内层面

统筹推动"五位一体"总体布局和协调推进"四个全面"战略布局，贯彻落实创新、协调、绿色、开放、共享的新发展理念，实现2020年全面建成小康社会目标，深化供给侧结构性改革，保持经济中高速增长，深入实施创新驱动发展战略，推进大众创业万众创新，实施"中国制造2025"和"一带一路"建设等战略，迫切需要教育优化人才培养结构，加快培养各类紧缺人才。随着人民群众生活水平和质量普遍提高，生育政策调整，学龄人口、劳动年龄人口规模结构改变，人口老龄化速度加快，教育需求发生结构性变化，对高质量、多样化的医学教育需求日益增长，医学教育体系、结构和布局面临深刻挑战。

3.教育层面

当今世界教育正在发生革命性变化。确保包容、公平和有质量的教育，促进全民享有终身学习机会，成为世界教育发展新目标。教育与经济社会发展的结合更加紧密，以学习者为中心，注重能力培养，促进人的全面发展，全民学习、终身学习、个性化学习的理念日益深入人心。教育模式、形态、内容和学习方式正在发生深刻变革，教育治理呈现出多方合作、广泛参与的特点。要清醒地看到，我国教育改革发展虽然取得了显著成就，但尚不能完全适应人的全面发展和经济社会发展需要，仍存在一些突出问题，主要表现为：医学科学的教育理念尚未牢固确立，促进学生全面发展的育人模式与环境有待完善，产教融合、科教融合的协同培养机制尚未形成，学生创新创业能力的培养有待加强；教育发展还存在不平衡、不协调的问题，城乡、区域之间教育差距仍较大，优质教育资源总量不足、布局不合理；医学教师队伍素质和结构不能适应提升质量与促进公平的新要求。

（二）提升教师队伍整体水平

人才和人力是国家最大的资源，今天培养的人才将是实现第二个百年奋斗目标的主力军，教育必须承担起实现中华民族伟大复兴中国梦赋予的历史使命，毫不动摇地坚持中国特色社会主义教育发展道路，不断深化对中国特色社会主义教育发展规律的认识，树立科学的教育发展观、质量观、人才观，以更加奋发有为的精神状态和踏石留印、抓铁有痕的工作作风，勇于实践，善于创新，不断实现改革新突破，迈上发展新台阶。在此情况下，要积极学习白求恩师者的精神，坚持共产主义信仰，为推动中国特色社会主义事业发展奠定医学人才的雄厚基础。

习近平总书记强调：教师要时刻铭记教书育人的使命，甘当人梯，甘当铺路石，以人格魅力引导学生心灵，以学术造诣开启学生的智慧之门。医学教育在经历"大改革、大发展"之后，进入到"大提高"阶段，由以规模扩张为特征的外延式发展向以质量提升为核心的内涵式发展转变。教师队伍是教育的第一资源，是决定教育质量的关键环节。建设一支高水平的教师队伍是深化教育教学改革的关键。站在全面深化改革的历史背景下，诸多高校出台了建设高水平医学教师队伍的政策建议。概括起来，主要呈现出以下几个特点：

1.进一步调整和完善人才队伍建设工作思路

坚持领军人才铸造与青年教师培养并重，坚持引进与培养并重，坚持硬件建设与人才软环境建设并重，坚持教师队伍建设与其他队伍建设统筹推进，不断完善师资队伍结构、年龄结构、职称结构，增加数量，提高水平。

2.为教师心无旁骛地安守教学岗位提供制度保障

建立改革教师评价办法，突出教学业绩评价，形成激励竞争机制，分配政策向教学一线倾斜。首先，要完善教学名师评选制度，大力表彰在教学一线做出突出贡献的优秀教师，引导广大教师以学术素养、道德追求和人格魅力教育来感染学生。其次，要建立创新人员考核机制，加强专职科研队伍建设。高校目前以博士生为主要力量的科研队伍组织方式，难以提高高校科技创新能力，又严重影响了人才培养质量，必须通过机制创新，科学、规范地利用科研经费，建立一支以预聘制教师、访问学者、博士后为主体的相对稳定的专职科研队伍，充分释放教师的积极性和创造性，为提升学科创新能力和人才培养水平提供有力支撑。

3.深化教师聘任制度改革

完善遴选制度，拓宽选人视野，全面推行公开招聘，促进不同高校、不同学术流派之间的交流。鼓励高校聘用实践经验丰富的专家担任专兼职教师，鼓励教师拥有校外学习、研究和工作经历，优化专兼职教师结构。同时，完善退出机制，实现教师能进能出、能上能下，增强用人活力。

4.完善教师培养培训体系

加大对教师特别是中青年教师的培养、培训和支持力度，通过公派留学培训、增加科研启动费、提高工作生活待遇等多种措施，创造出更多的机会，营造更为公平、宽松的环境，使青年教师快速成长，不断提升中青年教师学历层次和具有博士学位的教师比例，充分发挥教师在教学发展中的作用，有计划地开展教师培训、教学咨询等，提升中青年教师的专业水平和教学能力，让中青年教师逐渐挑起教学科研实践的大梁。

5.不断加强师德建设

教学和人才培养是教师的神圣使命。教师应增强质量意识，增强教书育人的责任感和使命感，关爱学生、严谨笃学、淡泊名利、自尊自律，以人格魅力和学识魅力教育感染学生，做学生健康成长的指导者和引路人，争做有理想信念、有道德情操、有扎实知识、有仁爱之心的"四有"好教师。学校要营造尊重教师、尊重知识、尊重劳动、尊重创新的良好氛围，提高教师地位，维护教师权益，改善教师待遇，创造有利条件，造就一支师德高尚、业务精湛、结构合理、充满活力的高素质专业化教师队伍。

（三）培育白求恩式医务工作者

毛泽东同志在《纪念白求恩》中，号召以白求恩同志为榜样，学习他毫不利己、专门利人的精神，学习他对工作极端负责、对人民极端负责、对技术精益求精的精神，做"一个高尚的人、一个纯粹的人、一个有道德的人、一个脱离了低级趣味的人、一个有益于人民的人"。白求恩精神就是忠于职守、献身医学的爱岗敬业精神；是毫不利己、专门利人的无私奉献精神；是救死扶伤、极端负责的人道主义精神；是钻研医术、精益求精的科学精神；是团结互助、密切协作的集体主义精神；是严守医德、不谋私利的廉洁自律精神。学习白求恩对人民满腔热忱，对工作极端负责的工作态度，医疗机构和医务工作人员就要在医疗过程中真正做到"以病人为中心"，尊重病人、关爱病人、方便病人、服务病人，切实改变见病不见人的单纯技术服务模式，牢固树立质量第一、服务第一、病人第一的服务理念。树立以人为本的观念，重视文化服务，改善就医环境和设施，改进服务流程，改善服务态度，提高效率，为病人提供社会、心理和人性化的医疗保健服务。学习白求恩对工作极端负责、一丝不苟的工作作风和对技术精益求精、严谨认真的科学精神，医疗机构和医务人员就要在医疗服务过程中真正做到严格遵守、认真执行医疗卫生法律、行政法规、部门规章、诊疗护理规范和常规。健全医疗机构内部管理和技术规章制度，并严格执行、落实监管考核。医疗机构要实现医务公开和医疗服务信息公开制度，完善住院费用清单制、医疗收费和药品收费透明度，尊重患者的知情权和选择权，自觉接受社会监督。

新时期新形势下学习白求恩精神，还要求各级卫生行政部门进一步强化对医疗机构的监管职能和社会服务意识，建立科学的医院评价制度和信息发布制度，把加强医疗服务质量监管和纠正医疗服务中的不正之风有机地结合起来，增强医疗服务质量管理工作透明度，加大医疗服务信息公示力度和范围，促使医疗机构和医务人员自觉接受病人和社会监督。要重点检查和评估医疗服务质量、医疗收费行为、医生处方、开单检查情况，定期将辖区内医疗服务机构的服务数量、质量、价格、单病种等费用、医疗服务投诉及处理等评价和监督信息向社会公布，引导病人自主选择就医，促进医疗机构之间的良性竞争。

今天，医疗卫生系统学习白求恩精神，必须紧密结合自己的本职工作和深化医疗卫生体制改革的现实背景，把最广大人民群众尤其是要把每一个病人的根本利益，作为考虑问题、解决问题的根本出发点和最终归宿，树立病人利益高于一切的价值观念，始终坚持全心全意为人民服务的宗旨，一切为了病人，为了病人的一切。只有这样，才能在纷繁复杂的工作实践中摆正自己的位置。只有这样，才不会淡忘自己的职责和义务，才能够牢固树立医疗卫生工作者在人民群众心目中"白衣天使"的圣洁形象。

第四节　白求恩师者精神的传承

一、新时代践行白求恩师者精神的要求

（一）树立高尚的师德师风

2018年习近平总书记在北京师范大学座谈会上的讲话中强调：评价教师队伍素质的第一标准应该是师德师风。师德师风建设应该是每一所学校常抓不懈的工作，既要有严格制度规定，也要有日常教育督导。我们的教师队伍师德师风总体是好的，绝大多数老师都敬重学问、关爱学生、严于律己、为人师表，受到学生尊敬和爱戴。同时，也要看到教师队伍中存在的一些问题。对出现的问题，我们要高度重视，认真解决。

卢启华等人主编的《医学伦理学》一书中将医德定义为："医德，即医务人员的职业道德。是医务人员应具备的思想品质，是医务人员与病人、社会以及医务人员之间关系的总和。"司马光有云："才者，德之资也；德者，才之帅也。"医德素养在医学院校大学生的基本素质中居于核心地位，良好的医德是大学生学习医学知识和技能的精神动力。

党的十九大提出，把立德树人作为教育根本任务，培养德智体美全面发展的社会主义建设者和接班人。"医无德者，不堪为医"。技术不是衡量一个医生好坏的唯一标准，作为医务人员首先应具备良好的职业道德，医务人员的道德水平直接关系到我国医学卫生事业发展的方向和人民群众的生命安危。医学院校是培养医疗卫生后备人才的基地，在医学教育体系中，医学大学生是我国医疗卫生事业的接班人，现代研究认为良好的医德教育环境和氛围可以运用感染、暗示、趋从等方式影响医学大学生医德心理发展和医德观念，有利于医学大学生形成良性的医德心理发展和医德观念。医学大学生正处于医德逐渐形成的关键时期，因此，医学院校应该充分利用学校教育的主动性、自觉性和计划性的优势，加强医德教育，塑造和培养医学大学生的医德认识、医德感情、医德信念、医德行为和习惯，使医德教育不仅

体现在道德知识的传授上，更重要的是能体现环境育人，通过优美的校园环境、优良的校风、高尚的师德等潜移默化的隐性教育方式，提高医学大学生的医德素质，这对于提高医学教育质量，使之成长为现实社会需要的德才兼备的医学接班人具有重要意义。

（二）淬炼精湛的医疗技术

现代医疗技术是指在诊疗、护理、预防、保健和康复等医疗实践活动中，采用现代物理的、化学的、生物的尖端技术成果，直接应用于人体的医学技术。现代医疗技术包括如人工生殖、器官移植等技术以及利用电子计算机进行断层扫描（CT）的技术、核磁共振等技术。医学科研的进步，很大方面体现在医学技术的研究和创新。医学技术不同于其他的科学技术，其他的科学技术的目的一般不是它的直接目的，而是通过创造服务于人。比如，建筑技术的直接目的是建筑物，而其根本的目的则是为人居住的，为人的生活提供便利。而医学则有这样一种责任，"为广大集体着想，尽可能不要出现病人。既然预防胜于治疗，人们就能够从社会的角度看出医疗艺术和医疗科学的更高的责任。对这种责任的担忧现在可能超出健康而触及幸福和不幸这一完全不同的维度，而且超出正在活着的人与下一代，甚至涉及地球上人类的命运。[①]"

随着医学日益发展，治疗疾病、抑制流行病和降低死亡率上有突出的成就，但同时却可能导致大规模的人口爆发。医生在此就会陷入道德与信念的冲突之中。如何避免这种为自身生存而危害他人乃至人类的矛盾的发生？医生在医学研究上必须负起责任。医学不仅是一门自然科学还是一门社会科学；不仅是治愈疾病，还要保证人类延续和发展。从此意义上讲，医生就是要承担这种长远的全球性的责任。

但是，我们也应当看到，在医学技术应用中，也存在消极的"恶"。因为现代医学技术的发展使人类活动无论在规模、对象和后果都产生了巨大的变化。医学技术的"社会化"大多呈现出一种设计结构的特点。但是这种设计或计划，只是对人体机能的改变。比如，基因技术和治疗是把某几个基因改变，并强加于系统中，但也得听从系统的摆布。技术的行为只是具有干预的形式，而没有制造的形式。由于人体机能的复杂性，"设计"多半不能确定，科学研究人员即医生对这个整体的命运的预言局限于猜测。并且医学的每一步前进都是无法收回的，不像汽车出问题可以召回。但是医学如若应用于临床，要纠正就太迟了。事实上，人们要如何对待不可避免地发生的遗传学干预的失误，如何对待出现的失误产生的"怪胎"或"废品"，这都是伦理学问题，至少在我们迈出第一步时就要看清并给予回答。

（三）保持优秀的科研能力

医生有责任认真研究和预测医学科学技术发展对人类、自然和未来可能产生的各种后果，从而提出有效解决方案，促进医学技术有目的地健康地发展。预测医

---

① 王忠诚. 论医生的责任[J]. 中国医学伦理学, 2009.6

学科学技术发展是指预测由医学技术应用带来的对未来的破坏，换句话讲就是对医学发展整体性的预测。这就要求医生运用各种复杂的科学知识，紧跟医学科学技术发展的步伐，运用最先进的前沿技术，比较准确地预测未来的医学科学技术发展状况。预测只能是推演可能性的结果，因为满足短期预测的科学，并不能够满足对长期的预测。而且即使短期预测能达到确定性的要求，长期预测也永远无法达到。这是由于社会和生物圈整体效果具有较大的复杂性以及深不可测的人性和预测未来发明的不确定性等因素导致的。这就决定了预测的不确定性，这种不确定性表明医学科学技术发展的多种可能性，像一面双刃剑。面对这种复杂的可能性，预先防范无疑比盲目乐观更为明智。正是因为这种不确定性的存在，更要求医生给出一个较为确定的预测原则："对不幸的预测应该比对福祉的预测给予更多的关注。"

二、新时代践行白求恩师者精神的路径

习近平在2014年同北京师范大学师生代表的座谈时讲到，教育是提高人民综合素质、促进人的全面发展的重要途径，是民族振兴、社会进步的重要基石，是对中华民族伟大复兴具有决定性意义的事业。当今世界，科技进步日新月异，国际竞争日趋激烈。特别是经历了历史上罕见的国际金融危机，各国纷纷调整发展战略，更加注重科技进步和创新驱动。当今世界的综合国力竞争，说到底是人才竞争，人才越来越成为推动经济社会发展的战略性资源，教育的基础性、先导性、全局性地位和作用更加突显。"两个一百年"奋斗目标的实现、中华民族伟大复兴中国梦的实现，归根到底靠人才、靠教育。源源不断的人才资源是我国在激烈的国际竞争中的重要潜在力量和后发优势。

教师做的是传播知识、传播思想、传播真理的工作，是塑造灵魂、塑造生命、塑造人品格的工作。在这样的时代背景下，新时代为当前医学教育提出了更高的要求。新的时代要求我们广大医学教育工作者做好学生发展的引路人，具体说来有以下几个方面。

（一）引导学生完善健康人格

党的十九大强调："青年兴则国家兴，青年强则国家强。青年一代有理想、有本领、有担当，国家就有前途，民族就有希望。广大青年要坚定理想信念，志存高远，脚踏实地，勇做时代的弄潮儿，在实现中国梦的生动实践中放飞青春梦想，在为人民利益的不懈奋斗中书写人生华章！"在中国的革命时期，毛泽东就提出了"掌握思想政治教育是我们的第一等业务"[1]。阿尔都塞在《保卫马克思》中写道："为了培养人、改造人和使人们能够符合他们的生存条件要求，任何社会都必须具有意识形态。正如马克思指出的，历史是对人类生存条件的不断改造，即使在社会主义社会中也是如此；因而人类必须不断地改造自己，以适应这些条件。这种适应

---

[1] 毛泽东文集（第2卷）[M]. 人民出版社，1999：392.

不能放任自流，而应该始终有人来负责、指导和监督，这个要求的表现形式就是意识形态。"①如何锤炼学生的意志品格，坚定其理想信念，白求恩为新时代的教师树立了良好的榜样。

保持崇高信仰、坚定意志品格是新时期践行白求恩师者精神的重要支柱。白求恩在晋察冀边区工作的时候，始终坚定共产主义理想信念，坚守医生救死扶伤的意志品格，为边区军民排除病患，为中国抗战胜利做出了重要贡献。白求恩精神的核心内容之一就在于他"崇高的信仰和坚定的理想信念"②。白求恩放弃了国外优越的物质生活条件，主动请求到中国支援，来到了条件异常艰苦的革命地区，只因为他始终明白自己的身份和职责。作为一名久经考验的国际共产主义战士，白求恩始终坚守自己的理想信念，用自己共产主义战士的意志品格克服种种不利因素，为中国的抗战殚精竭虑。

传承白求恩师者精神也要把坚守理想信念、锤炼意志品格放在首位，时刻要求学生把思想道德境界的提高作为工作的出发点，把树立崇高理想作为自己的工作目标。从培养学生伊始，就要进行职业道德情感教育，用白求恩师者精神引导学生让其时刻树立道德意识，坚定意志品格，明确行为准则，在学习和日后的工作中始终保持自身的职业责任感和无私的奉献精神，始终坚守理想，为实现崇高的理想而不懈奋斗。

（二）教育学生开拓知识视野

"教师是人类灵魂的工程师，是人类文明的传承者，承载着传播知识、传播思想、传播真理、塑造灵魂、塑造生命、塑造新人的时代重任。"③马克思讲道："人们在自己生活的社会生产中发生一定的、必然的、不以他们的意志为转移的关系，即同他们的物质生产力的一定发展阶段相适合的生产关系。这些生产关系的总和构成社会的经济结构，即有法律的和政治的上层建筑竖立其上并有一定的社会意识形式与之相适应的现实基础。物质生活的生产方式制约着整个社会生活、政治生活和精神生活的过程。不是人们的意识决定人们的存在，相反，是人们的社会存在决定人们的意识。"④经过长期努力，中国特色社会主义进入了新时代，中国社会主要矛盾也发生了变化。随着人民生活水平不断提高，人民群众的需要呈现多样化多层次多方面的特点，期盼有更好的教育。正如马克思所讲："思想、观念、意识的生产最初是直接与人们的物质活动，与人们的物质交往，与现实生活的语言交织在一起的。观念、思维、人们的精神交往在这里还是人们物质关系的直接产物。表现在某

① 路易·阿尔都塞.保卫马克思[M].顾良，译.商务印书馆，1984：162.
② 王京跃.白求恩精神的现代意义[J].马克思主义研究，2009（12）.
③ 习近平在全国教育大会上强调 坚持中国特色社会主义教育发展道路 培养德智体美劳全面发展的社会主义建设者和接班人[EB\OL].中央人民广播电台http://news.cnr.cn/native/gd/20180910/t20180910_524356347.shtml
④ 马克思恩格斯选集（第2卷）[M].人民出版社，1995：32.

一民族的政治、法律、道德、宗教、形而上学等的语言中的精神生产也是这样。"[①]新时代新形势，改革开放和社会主义现代化建设、促进人的全面发展和社会全面进步对教育和学习提出了新的更高的要求。

新时代仍然需要白求恩师者精神，救死扶伤是其神圣使命和职责，这就需要学生掌握新时代医学知识，攻克新时代医学难关，要时刻以病人为中心，以全心全意为人民服务为宗旨。医生的工作对于患者的生命健康至关重要，医生这一职业与其他职业相比，医生的知识与责任显得格外沉重。白求恩在治疗方法、手术器械和医疗制度等方面都做出了卓越贡献。他发明了"铁的实习医生"肩胛骨推拉器、"人工气胸法"、胸膈涂粉法等。在中国，面对晋察冀军区艰苦的条件和恶劣的工作环境，白求恩从实际出发，创造性地开展工作，没有正规的医院，就自己开办建设；没有器械，就自己制作；没有医护人员，就自己培养；没有教材，就自己编写。在那样艰难的时代条件下，攻克了一个又一个医疗难题。白求恩认真对待每一次手术，细致观察伤员病情，企望尽量减少伤员。他对医护人员的知识也提出了相关的要求，他曾说过："作为一名良好素质称职的医生，应当具备像鹰一样的眼睛，对病看得准；有一颗狮子的胆，对工作大胆果断；有一双绣女的手，做手术灵活轻巧；有一颗慈母的心肠，热爱伤病员。"[②]

新时代，我们仍要践行白求恩师者精神，在培养学生"增长知识见识上下功夫，教育引导学生珍惜学习时光，心无旁骛求知问学，增长见识，丰富学识，沿着求真理、悟道理、明事理的方向前进"[③]。不断用白求恩师者精神强化学生的基础理论、基本知识和基本技能的学习，在此基础上开展医疗难题公关，提高疑难杂症诊治水平，通过新技术、新业务和新项目的开展，不断提高学生的知识水平，促进医学教育的进步。

（三）鼓励学生激发创新思维

大学生的创新意识是其创新的观念体系，包括一切智力因素和非智力因素。在这个观念体系中，创新思维处于核心地位。大学生的记忆、注意、观察、想象等都是在创新思维的指导下进行的，也是围绕着其创新思维的需要进行的。大学生的创新动机、目的、愿望和要求的确立，往往要经过创新思维的审视，其创新意识、创新信念也要受创新思维的调节，服从其自身创新思维的需要。正是在创新思维的统一安排下，各种创新意识才组织起来，相互影响、相互制约，协调一致，共同发挥着创新的作用。大学生进行学习其实就是在从事创新活动，这就需要预设一定的目标，制定一定的计划和实施方案，因而需要创新思维事先在头脑中进行科学性和可

① 马克思恩格斯全集（第3卷）[M]. 人民出版社, 1960: 29.
② 钱晓虎, 武原晋. 白求恩精神引领我们前行[J]. 解放学报, 2015（7）.
③ 习近平在全国教育大会上强调 坚持中国特色社会主义教育发展道路 培养德智体美劳全面发展的社会主义建设者和接班人[EB\OL].中央人民广播电台http://news.cnr.cn/native/gd/20180910/t20180910_524356347.shtml

行性的论证，把创新的结果、过程、步骤和方法等设置出来，形成方案，然后加以实施。没有创新思维的前期工作，就不可能有创新的实际行动；在大学生创新活动开始后，也需要其创新思维对整个创新过程的新信息、意外情况进行判断和分析，及时调整自身创新的方法和步骤、内容和形式，以达到创新任务的完成。创新的结果出来以后，也需要创新思维进行逻辑分析和验证，并形成试验或实践检验的方案。显然，创新是在创新思维的主导下进行的，在整个创新过程中是以创新思维为灵魂的。

大学生创新教育是一切教育活动的基础，教师是科学文化知识的传播者，是思想道德素质和创新精神与实践能力的培育者，也是全面推进大学生创新思维培养的有力保障。第一要加强师德建设，全面提高教师队伍的整体素质。要培养出创新型的大学毕业生，必须有高素质的教师，必须时刻做好教师的师德建设和现代教育理论培训工作，努力使教育从老师讲授为重点的观念，转变为学习知识前提下以大学生创新思维培养为重点的观念，唤醒学生学习的主体意识。第二要加强教师的教学能力，教学生学会学习。这是素质教育的一个重要内容，也是创新思维培养的重要保证，这就要求素质教育工作者加强现代教育技术学习，不断改进教学方法和手段，以利于培养大学生的信息意识和创新能力。第三要充分发挥专业课教师、政治理论课教师、辅导员和班主任在大学生素质教育活动中的积极作用，引导学生标新立异，敢持己见，培养其思维的多向性、批判性以及人格独立性，更好地发挥其创新思维个性。

（四）带领学生助力社会进步

当代大学生是祖国的希望、民族的未来，是具有中国特色社会主义建设事业的接班人，是全面建设小康社会和实现现代化的中坚力量。大学生接受高等教育，是社会中一个相对高素质的群体，在承担社会责任方面有着重要而不可忽视的作用。大学生能否树立强烈而牢固的社会责任感，不仅关系个体理想信念的实践，更与国家前途和民族命运紧密相关。每个大学生，作为社会当中的一个成员，都应该积极培养自身社会责任感，强化社会责任意识，主动承担新时期新形势下国家社会所赋予的责任，为实现中华民族伟大复兴、实现"中国梦"贡献自己的力量。

在当代，世界各国都颇为重视对大学生社会责任感的培养，一个国家、一个民族能否完成其千秋伟业和民族的振兴，能否屹立于世界民族之林，关键在于青年一代人才的较量。中共中央国务院发出《关于进一步加强和改进大学生思想政治教育的意见》中明确指出："大学生是十分宝贵的人才资源，是民族的希望，是祖国的未来。加强和改进大学生思想政治教育，提高他们的思想政治素质，把他们培养成中国特色社会主义事业的建设者和接班人，对于全面实施科教兴国和人才强国战略，确保我国在激烈的国际竞争中始终立于不败之地，确保中国特色社会主义事业兴旺发达、后继有人，具有重大而深远的战略意义。"大学生作为一个高素质的特殊群体，新时期新形势下，他们拥有前所未有的发展机遇和自我提升的广阔空间。

与此同时，他们也面临着时代发展所带来的巨大生存压力和挑战。因此，怎样塑造及培养德才兼备、勤于学习、善于创造、甘于奉献的大学生，成为当今人才培养中的重要课题。思想政治教育的目的是培养人、塑造人、提高人的素质，而人的素质就其现实性来说，又是由多种要素构成的系统，社会责任感则是大学生的首要素质。他们掌握着先进科学文化知识的同时，也在传承和创造人类文明，所以他们不仅为社会的发展提供先进科学技术成果，也为社会提供优秀的精神文明成果。他们接受了多年的基础教育，具有良好的素质和社会责任感。

大学生通过学习，参加社会实践，勤工俭学和志愿者活动广泛接触社会，自愿成为和谐社会的推动者。在城市日益繁华的今天，许多大学生主动放弃城市现代化的生活，赴西部支教、创业、支援西部建设；下基层、去农村，把所学付诸实践，建设社会主义新农村，他们不畏环境恶劣条件艰苦，奉献青春，主动担负起国家民族及社会所赋予的时代责任，成为培养教育综合性人才的良好榜样。

高校思想政治教育的任务之一就是教育大学生培养对他人、对集体、对社会、对国家的责任意识。高等教育是科学文化和人文精神的交融荟萃之地，也是社会责任感培育的理想示范区。通过高校对大学生普遍广泛的社会责任意识教育，促使大学生增强社会责任感，以个人的良性发展带给社会无限生机，从而可以更好地培养人才回报社会，实现人为社会做贡献、社会为人服务的良性循环。

由此可见，当代大学生社会责任意识的教育在新形势新时期下的人才培养中具有不可小觑的重要地位，在构建和谐社会、实现中华民族伟大复兴的进程中发挥着重要而深远的作用。只有大学生培养强烈的社会责任感，将所学的科学文化知识与实践相结合，甘于奉献，才能最大限度地促进社会发展、民族进步。

三、当代中国践行白求恩师者精神的典范

（一）复旦大学附属华山医院顾玉东

顾玉东，男，1937年出生，我国著名手外科、显微外科专家，1961年毕业于上海第一医学院，现任复旦大学附属华山医院手外科学科带头人、中国工程院院士、国务院学位委员会委员、中华医学会副会长、中华医学会手外科学会名誉主任委员、上海医学专家顾问委员会主任委员、《中华手外科杂志》总编。1996年"白求恩奖章"获得者。[①]

顾玉东院士是一位"红色院士"，他做人做事的原则是：要做一名好医生，就要向白求恩大夫学习，具有"四心"：对工作要有责任心、对事业要有进取心、对病人要有同情心、对同志要有团结心。他认为做一个好医生，首先要有全心全意为人民服务的红心，要求手外科党支部常年坚持学习白求恩同志先进事迹和医疗战线

---

① 做人民满意的医务工作者——记复旦大学附属华山医院手外科顾玉东院士https://huashan.org.cn/party/content/4064

上模范人物的事迹，每年年终进行科室"白求恩奖""老黄牛医生""护理服务明星"等奖项的评比。

在顾玉东院士的带领下，华山手外科从只有4名医生、15张床位发展到如今拥有30多名医生、112张床位、年手术量4500台的全国重点学科、211重点建设学科、卫生部重点实验室、上海市领先学科。医疗技术处于国际先进水平，部分达到国际领先地位。连续举办了五届国际臂丛神经损伤研讨会，反响热烈。现在承担着多项国家973、985及211重大课题，承担多项国家自然基金课题、卫生部、上海市、中华医学会等数十项重大课题，科研经费上千万元；成为《中华手外科杂志》编辑部所在单位。

顾玉东院士非常注重全体成员的思想道德教育，强调要做一名合格的医生，首先要学会做人，要把个人融入集体之中。手外科专家教授多，各有特长，顾院士反复强调团结的重要性；强调学科建设中的集体力量、梯队建设和优秀人才培养；强调发挥大家的积极性，发挥每个人的所长，优势互补。

在顾玉东院士的带领下，华山医院手外科荣获上海市"科委创新团队"称号，并拥有一大批优秀中青年人才，如：全国主任委员2名、卫生部中青年专家2名、教育部跨世纪优秀人才3名、全国青年十大岗位能手1名，人才辈出，被誉为"中国手外科医生的黄埔军校"。

（二）吉林大学（原白求恩医科大学）刘树铮

刘树铮教授是我国著名放射生物学家、医学教育家，中国辐射兴奋效应理论主要奠基人。他在中学时期就热爱自然科学，立志"科学救国"。1945年夏以优异成绩考入湘雅医学院。在求学期间他就开始了科研生涯，曾在卢惠霖、易见龙等名师指导下克服当时环境艰苦、条件简陋的困难，开展生殖内分泌和血液生理等方面的实验，参加由基础医学教师组成的"求真读书会"。刘树铮教授在北京协和医院内科实习期间，在张孝骞、邓家栋等名师的培育下养成了一丝不苟、实事求是的科学作风和认真负责、体贴入微的人文精神。

1960年春，刘树铮教授负责组建了我国高校第一个放射生物学教研室。放射生物学教研室由当初的几名青年教师发展到现在由高、中、初级专业人员和研究生组成的几十人的学术梯队，在其领导下成为培养本科生（1960年开始）、硕士生（1978年开始）、博士生（1983年开始，为国内第一个放射医学博士学位授权点）和博士后（1990年开始）等高级专业人才的基地，科研工作由整体水平向细胞和分子水平的多层次方向不断深入发展。在放射生物学领域的研究中，刘树铮教授有其独特的风格，他的研究思路始终贯穿着一条主线，就是电离辐射对机体防卫适应功能的影响。他把研究重点置于电离辐射对免疫系统和神经内分泌调节的影响，就是最明显的体现。刘树铮教授在20世纪60年代主要研究辐射对非特异性免疫功能的影响和辐射内分泌效应，在高剂量辐射效应方面取得了较系统的资料后，根据和平利用核科技和发展核能的需要，于1965年开始转入低剂量辐射效应的研究。70年代中期至80年代中期，以受低水平照射的人群检查为主，组织全室人员参加了全国医用诊断性X射线工作者剂量效应的研究和广东天然辐射高本底地区人群健康的调查等全国性协作项目，并负责主持难溶性天然铀化合物对机体作用的现场调查和实验研究达10年（1976—1985）之久。这一阶段研究的特点是将精细的先进检测技术引入人群效应的观察，获得了一批国际文献中未曾记载过的新资料。在上述高剂量实验研究和受低剂量照射人群观察的基础上，20世纪从80年代初期至今一直坚持低水平辐射生物效应的系统实验研究，在这一领域的研究中刘树铮教授引导全室科研人员在低水平辐射增强免疫功能、诱导适应性反应、影响神经内分泌调节、提高抗癌作用等方面开展了全面系统的探究，取得了大量成果，使该室的研究始终处于这一领域的前沿。刘树铮教授发表专著、译著和参编论著共12部，其中《低水平辐射兴奋效应》（1996）、《辐射免疫学》（1985）和《医学放射生物学》（1986，1998）为代表作。他主编的《医学放射生物学》（第1版）一书获核工业部1987年优秀教材奖。《铀毒理学》一书获核工业总公司（部级）1997年科技进步二等奖。刘树铮教授共发表研究论文300余篇，其论文、论著被国内外学者引用500余次。

121

刘树铮教授十分重视人才培养，他对青年学子既严于要求，又敢于放手；既善于引导，又肯于支持，促使他们在学术上尽快成长。他培养了一大批具有较高教学能力和独立科研方向的高层次科技人才，培养博士生33名，硕士生18名，博士后8名（包括国外2名）。已毕业的研究生遍布国内外，均已开创了各自的独立研究方向。

刘树铮教授是我国有突出贡献的专家，曾获多项荣誉称号，曾被评为全国优秀教师（1989）和卫生系统全国优秀留学回国人员（1990），获《吉林英才》奖章（1993）。其事迹被收入《中国人物年鉴》（1989）、《中国当代教育名人传略》（第二部，1994）和《吉林科技精英》（1988）等辞书，以及《世界知识分子名人录》（第八版，第十一版）、《大洋洲和远东名人录》（第一版）、《世界杰出领导名人录》（第二版）等国际传记，并获国际传记中心《20世纪成就奖》（1994）。

（三）吉林大学（原白求恩医科大学）杨贵贞

杨贵贞教授是中国免疫学、微生物学界的学术带头人之一。她治学严谨，学术思想活跃，勇于创新，能及时抓住信息，掌握学科发展的脉搏和动向。她坚持立足国内、放眼世界的原则，以发展祖国医学为基础，瞄准生命科学的前沿领域，利用现代尖端技术，发展交叉和边缘学科，逐渐形成了"中药免疫调节""神经内分泌免疫调节"和"免疫生物工程"三个主要研究方向，居国内领先地位，在国际上有较大影响。

杨贵贞教授常说："作为科学家，最珍贵的莫过于时间，时间意味着发现与创造；作为教师莫过于奉献时间，时间意味着人才和未来。"

杨贵贞几十年的辛勤耕耘，换得的是在科学研究和人才培养方面的丰硕收获，她的巨大成就为国内外医学界所瞩目。在科学研究方面，杨贵贞是中国当代免疫学的开拓者之一。她以其独特的科研体系，开创出多个免疫学发展的重要方向，特别是在开展"中药免疫药理学""神经内分泌免疫调节的免疫生理学"和"免疫生物工程"等研究方面成就卓著，获得诸多开创性和奠基性的重要成果。其研究成果获得国家教委科技进步奖、卫生部重大医药成果奖和省科技成果奖等20余项。先后发表科研论文300余篇，出版《免疫学》《医用免疫学》《免疫生物工程纲要与技术》《边缘免疫学》等著作20余部。在人才培养方面，迄今为止，杨贵贞培养的博士、硕士、博士后百余名。已毕业的研究生遍及英国、美国、法国、德国、加拿大、日本、瑞典、西班牙等十多个国家和国内各地。在国外医学实验室学习和工作的人成绩都十分出色，其中有些人已作出很多世界首创性的杰出工作，成为国际知名学者，许多人已成为校长、院长、所长和研究室主任。一些人获得中国科协青年科学奖、全国有突出贡献的博士学位获得者，入选国家教委跨世纪优秀人才，获全国中青年医学科技之星称号，以及获得香港求是科技基金会杰出青年学者奖、霍英东青年教师奖等重要奖项。为此，杨贵贞教授的教育思想和人才培养方法受到医学教育界的广泛重视和高度评价，她本人因此获得国家级优秀教学成果奖和国家级优秀教师称号，以及国家教委、国家人事部和中国教育工会授予的优秀教师奖章。

（四）吉林大学饶明俐

饶明俐教授历任吉林省脑血管病研究所所长、国家神经内科培训中心主任、中华医学会神经病学分会顾问、东北地区神经病学学术交流协会名誉主任委员、中国阿尔茨海默病协会推荐名医、吉林省心理卫生协会名誉理事长、国际神经病理学会会员、国家脑血管病专家组成员、《中风与神经疾病杂志》总编及20余份杂志顾问、编委或特约编委。

饶明俐教授一直在脑血管疾病治疗领域潜心研究，她既有坚实的神经内科基本理论，又有丰富的临床经验，对神经内科的一些重要领域也有独到见解，最早采取锥孔脑室外引流加腰穿放液治疗重症原发性脑室出血的病人，挽救了不少人的生命。对于脑血管疾病、脑炎及脱髓鞘疾病也有独到、深入、系统的研究。如对20世纪60年代末开始发现的一组原因未明的"散发性脑炎"，经过大量研究认为在该名称下实际包括了病毒性脑炎及急性脱髓鞘脑病两种性质完全不同的疾病，从而联合国内多位专家发表《对"散发性脑炎"的再认识及其命名的建议》，得到全国同行的赞同，从此统一了30年来的混乱认识。此外，饶明俐教授在血管病方面最大的学术贡献，就是开启了医学工作者对烟雾病的全新认知。多年来，饶明俐教授承担各种科研课题16项，其中国家自然科学基金、国家攻关课题共5项，发表论文300余篇，获部省级科技进步奖17项，主编或参编专著28部。其中《脑血管疾病》《中国脑血管病防治指南》《实用神经内科》《神经病学》，都是业内晚辈们必读的经典力作，为他们开启了神经内科研究领域的大门。

饶明俐教授十分重视人才的培养，共培养了56名研究生，硕士16名，博士40名。其中的很多人都是国内三级甲等医院的神经科主任、博士生导师、学科带头人。由她担任主任的国家神经内科师资培训中心，是卫生部最早建立的培训中心，现已培养了1000余名学员。她的学生遍布全国，许多人已成为神经科的骨干、主任或学科带头人。

（五）吉林大学中日联谊医院王嘉桔

王嘉桔教授是吉林大学中日联谊医院血管外科教授、主任医师、硕士研究生导师。1949年1月到天津第一军医大学工作，1954年合校到长春第一军医大学第三临床学院工作，为普通外科血管组负责人。1983年被遴选为硕士研究生导师，同年荣获"全国卫生系统先进工作者"称号。1985年获得国务院政府特殊津贴。1986年，被评选为全国教育系统劳动模范、吉林省特等劳动模范、长春市特等劳动模范和全国优秀科技工作者，被授予"人民教师奖章"和"全国五一劳动奖章"。1983年当选中国中西医结合学会周围血管病专业委员会副主任委员。

王嘉桔教授先后从事过骨科、普通外科等工作。20世纪60年代，脉管炎在我国发病率逐步提升，但发病原因还不清楚，发病机制又很复杂，治疗非常困难。到了晚期，肢体坏死，腥臭难闻，疼痛难忍，常有截肢的危险，国内外都还没有满意的治疗方法。院党委将脉管炎临床研究工作交给了王嘉桔教授，这项研究对他来说，完全是一项陌生的工作，但他仍欣然接受了中西医结合治疗脉管炎这个艰巨的任务。其后克服各种困难，成立了血管外科小组，扩大了病床，从单一病种的研究扩大到整个血管外科疾病的研究，为我国血管外科的发展做出了贡献。

王嘉桔教授坚持以白求恩同志为学习的榜样，他常说："作为一名医生，就应该为人师表，从言语上、态度上给病人以亲切、温暖的感觉。"血管外科病人特别多，但不管病人是城市的还是农村的，不管是干部还是群众，王嘉桔教授都一样热忱对待。王嘉桔教授经常一下午看50多个患者，这对于已六十岁的王教授来说工作量实为巨大，但他却说："能看到病人满意而去，看到经过自己亲手治疗的病人脸上露出笑容，即使再苦再累，心情却是愉快的。"

血管外科在王嘉桔教授带领下采用以中药为重点、中西医结合的方法治疗脉管炎获得了较好的效果，使截肢率只有3%左右。在临床观察疗效的同时，应用现代科学方法，探讨了中药治疗的机制，提出一个新的临床病变分期方法，并用动脉造影方法研究血管病与临床表现的关系，这些首创工作得到了国内外同行的认可，治疗方法和临床分期法被编入全国中西医外科教材，并被记录在《中国血管外科发展史》丛书。

王嘉桔教授注重人才培养，他说："我年过花甲，生命的时间不太多了。但如何在有限的时间内充分发光发热，多为人民做点事情呢？人们常称颂春蚕到死丝方尽的精神，我想这也正是指导我完善一生的座右铭。"血管外科医生很少，缺乏从事血管外科的知识和经验，王嘉桔教授为了尽快把他们培养成专科人才，他在思想作风、工作精神、学习态度上以身作则，身教重于言教。王教授给新留科医生安排好学习和工作条件，鼓励他们参加各种业务学习和学术活动，用自己的稿费给他们买钢笔、笔记本和读书卡片，看到有关专业的资料也主动介绍给他们。王教授常常亲自做日常的病房工作，而让新医生们挤出时间从事研究工作，他把自己多年的读书笔记和读书卡片放在办公室里，供新医生们学习时查阅。王教授与新医生们一起做具体工作，帮助他们掌握血管外科的诊断技术及复杂手术。在王教授的指导下，新医生们能够掌握难度比较大的腹主动脉和髂动脉栓子摘除术，比较熟练地掌握血管移植术，各种动脉重建手术和复杂的血管肿瘤切除术等。

王嘉桔教授说："我所做的工作，距离党的要求、人民的期望还差得很远。我已处在夕阳西下的年龄，但是夕阳无限好，更应惜黄昏，我愿争取时间，努力工作，为更多的病人服务，培养更多的医学人才，让白求恩精神永远传承下去。"

第四章 践行学者白求恩

当半个多世纪之后的今天，人们再去追忆和缅怀中国人民的老朋友——白求恩时，白求恩人文精神的一个侧面——学者精神，一种以往偶尔被提及的白求恩精神，对当今时代的进步和科技的发展有着重要意义和深远影响的宝贵精神财富逐步显现出来。本章将在白求恩学者经历的基础上，着重解析白求恩的学者精神，并结合新时代白求恩学者的治学环境，提出践行学者白求恩精神的具体方式和路径，以期实现医学科研模式转换、医学科研成果转化和科技兴国战略的实施。

第一节 白求恩的学者经历

对于白求恩，我们更熟悉的是他的医者生涯，在与白求恩的朋友往来信件中，他曾这样概括自己家族的特点是"对真理的执着和个性的自负"，这句虽然有着些许谦虚的描述，恰恰是对他个人一生学者特点的高度概括。根据每个时期的经历和发展情况，我们将白求恩学者经历和特点分为了五个时期，分别是萌芽期、形成期、丰富期、成熟期和升华期。也正是这五个时期的积淀，形成了白求恩独特的学者气质。

一、萌芽期：家学渊源

白求恩的祖父老诺尔曼·白求恩是一个医生，也是一位治学严谨的学者，虽然老诺尔曼在白求恩很小的时候就去世了，但在白求恩的依稀印象中，祖父在其婴儿期时常常的陪伴以及老人给他所留下的书籍和医学器具一直是他前进学习的动力，也在他的脑海中留下了一个深深的学者印记，促使白求恩心中有了学习祖父成为一名学者的志向。因此，他从小就有着一种求异思维，习惯按照自己的方式来认识世界，时常保持着对待事物的新鲜感和好奇精神，质疑着、探索着一切。他去捕捉昆虫、解剖小动物去为自己的未来进行学术研究积攒本领。可以说，这种家学的传统和年少时期不断探索的经历初步显现了白求恩对于知识的渴求和对于真理的探索的萌芽状态，也为他以后努力钻研问题的科学精神提供了基础。

二、形成期：积极探索

随着白求恩的成长，他一直不懈地朝着自己的目标不断前进，因此，他的学业不断进步，并以优异的成绩升入加拿大多伦多大学。在大学里，他接触到系统的科学读物《物种起源》，他一面接受着大师们的教诲，一面积极思考丰富自己的学识。在一战期间，他奔赴欧洲战场，一边担任军医治疗一边思索医疗救治的方法，不断地坚定着他继续学习、探索医学和精进学识的决心。

1926年，当白求恩染上肺结核并不得不住进纽约州的特鲁多疗养院时，他的学者生涯走到了一个具有里程碑意义的时刻。面对着当时临床治疗近乎无解的肺结核，他没有放弃，自己多方查阅并设计制定了一个新的关于肺结核治疗的"人工气胸"研究计划，经过耐心的说服，他的治疗医生同意在他的身上试用并取得了成功。在他身体不断康复的同时，成功的喜悦让白求恩再一次意识到科研和学术的重要性，也为他开辟了向着胸外科方向不断研究的道路。他乐此不疲地继续做着一系列关于肺的动物实验，发表一系列相关学术论文。这一时期，他在学业的基础上经历从军、看诊和教学等一系列的社会活动淬炼，他的理论知识和学者能力得到了提升，并逐渐开始与社会现实相结合，其肺结核疗法的成功也成为他不断创新的重要阶梯和动力。

三、丰富期：专业学者

1929年，当白求恩在蒙特利尔皇家维多利亚医院开始医疗和教学工作时，由于原有器械的不便利性，他便不断查阅资料，思考更改的可能，用了一个星期的时间研究发明了新的肋骨剥离器，得到了导师验证并推广使用。从此，白求恩肋骨剪诞生了，并且一系列以他的名字命名的医疗器械也陆续地被发明出来，并进行了专利转化。随着他的发明被广泛地应用以及他的14篇学术论文在加、美医学刊物上发表，白求恩的名字也越来越被外科界乃至普通人所熟知。他的导师曾评价白求恩"是一个发明家，是一个医学界难得一见的人才"。

1935年白求恩当选为美国胸外科学会正式会员，并成为该学会五人理事会的理事之一，这也是对白求恩学术地位的认可。正是因为源自习承祖父的愿望和不断探索的精神，这个时期的学者白求恩是丰富的，他积累了广博的知识，掌握了熟练的技能；这个时期的学者白求恩是思考的，他摒弃了不良的器械，有了优秀的发明；这个时期的白求恩是战斗的，他忘却了世俗的目光，挑战了已有的传统。这些卓有成效的科研探索和发明创造也为下一步白求恩在世界各地革命战场的出色表现奠定了基础，也为下一步更大范围地传播他的学者精神积蓄了能量。

四、成熟期：开拓创新

随着白求恩技术水平的不断提升，学术发明的普及应用和医疗声誉的广为传播，白求恩又陷入深深思索中，他深切地感受到个人力量的有限，无法仅凭个人的行程来惠及更多人群。他不仅仅希望个体的提高，更希望整体医疗学术的提升。1935年8月，在苏联列宁格勒举办的第十五届国际生理学大会中，白求恩与大会主持人生物学家巴普洛夫进行了私下会谈，并在会议之余大量参观了医疗和疗养中心。参观后他深受触动，深深地思考后他发现，自己想要为更多人获取福祉的学者梦想应该可以在社会主义国家实现。

1935年11月，他秘密加入了共产党。从此，白求恩有了坚定的共产主义信仰，并开始积极学习马克思主义思想，这是他人生思想也是学者思想的转折点。他在一次会议上提到："真是有趣，我的一生都在不自觉地使用着辩证法。"正是对于马克思思想的学习和辩证法的运用，他的学者生涯很快上升到一个新的高度，他已经开始跳出医疗的小视野，走向学者的成熟期。

五、升华期：战地淬炼

1937年白求恩来到中国援助中国抗战。在与毛泽东进行了深切的交流后，他深切地理解了毛泽东思想并将之用于以后的革命医疗、学者实践中，这也是他在西班牙战场和中国战场能发挥不同作用的关键因素之一，也是在这里开启了他人生的又一新篇章，他的学者思想和科研发明在中国抗日战争的淬炼中得以进一步发展。他组织编写《战地救护须知》《初步疗伤》和《消毒十三步》等20多本专业著作，特别是《游击战争中师野战医院的组织和技术》一书，全书14余万字，119幅配图，是完全结合中国革命特点及医疗实际和实践的经典总结。

同时，他仍然坚持着精益求精的探索精神，将科研发明与当地人民群众的需要相结合，不断摸索出控制伤口感染的药膏和换药篮子、"药驮子"游击手术运载工具等一系列发明成果，为中国革命战地救治作出了巨大的贡献。恰如毛泽东评价的，他对工作极端负责，对人民极端热忱，对技术精益求精，对信念坚定执着，对死亡无所畏惧，这个时期白求恩追求真理、大公无私、毫不利己的学者精神得到了最大的升华。

第二节　白求恩的学者精神

一、学者的内涵及外延

（一）学者内涵

从所查得的资料来看，学者的定义一直以来都没有一个明确的限定范围。《现代汉语词典》（2015年第六版）给出的释义是"在学术上有一定成就的人"，"一定"这个词是个比较笼统的词。从百度百科查得的词义来看，学者有广义和狭义之分。广义的"学者"系指具有一定专业技能、学识水平、创造能力，能在相关领域表达思想、提出见解、引领社会文化潮流的人。狭义"学者"这样解释："学"者，觉也，系指通过学问觉悟之人，即专门从事某种学术体系研究而通达智慧的人[①]。

我国古代有不少典籍有关于学者的论述，如春秋战国时期，孔子曾提出"古之学者为己，今之学者为人"（《论语·宪问》），庄子曾提出"语仁义忠信，恭俭推让，为修而已矣；此平世之士，教诲之人，游居学者之所好也"（《庄子·刻意》），此后司马迁有"夫学者载籍极博，犹考信於六艺"（《史记·伯夷列传》），韩愈有"古之学者必有师，师者，所以传道授业解惑也"（《师说》）等。而国外典籍中由于学者的种种语境和含义与中国学者的语境未必一致，故不一一列举。可见，学者在不同的时代和不同的语境中有着不同的含义。

（二）学者的时代变迁和特点

从历史的演变来看，学者的内涵随着时代的变迁也有着不同的变化。我们通过比较归类，可以大体将学者分为传统学者和当代学者两类。传统学者是指一群致力于学术研究、探究学问根源的人，他们往往都是发自内心热爱学问，从自身对于世界、对于真理的探索出发，把学问作为生命，因求知而探索，为求源而学术，以探寻为终身志业，他们有的提出了原创学说，有的或述或著传世经典，或具有广泛学术影响力，或有深远的历史价值，或启迪心灵，或转化为造福他人的资源能量。在中国古代，这类学者坚守着"行万里路，读万卷书"的精神而进行刻苦钻研。如放弃高官厚禄的孙思邈，他结合毕生行医经验，撰写医学著作《千金方》；如弃文从医的李时珍，他坚持不懈走遍数地，遍访各处完成了药学巨著《本草纲目》。而西方古代学者也有苏格拉底、希波克拉底等，近代学者也有爱因斯坦和居里夫人等。

相区别于传统学者，另一类学者我们称之为当代学者，代表人物有西门子、贝

[①]　百度百科"学者"词条[EB]/[OL].https://baike.baidu.com/item/%E5%AD%A6%E8%80%85/1209265?fr=aladdin.2018.12.

尔、钱学森、屠呦呦和黄大年等，这类学者的共同特点为以学术活动为业，在创造知识、追求真理的同时引导社会风尚，以服务人类为专职的一批人，他们往往有其专业领域和服务对象，以及高水平的学术论文、专业的学术著作、优秀的发明专利成果等学术界所公认的代表性业绩。

（三）传统学者与当代学者区别

从上述所提及二者的特点就可以看出，无论传统学者和现代学者，他们的共性是都以学术为业，热爱学习、乐于探索，在个人研究或所从事的领域内发挥着巨大的作用。他们的区别在于，传统学者更加崇尚和追求科学的本源和价值，他们的科学目的更为纯正，但往往因为"为了科学而科学"，并且将学问当成一种纯粹的乐土，导致他们对科学目的的理解过于朴素而单一。而当代学者的进步在于其在以学问为业的同时，也看到他们的学术同科学发展与人类社会的紧密连接性，因此，他们在进行学问探索的同时，也将其学问形成并融入现代的知识体系影响着人类，服务着人类，造福着人类。

二、学者精神的内涵

学者的概念与学者的精神密不可分，学者的精神是学者概念的本质体现。德国学者费希特在《论学者的使命》中指出，学者肩负着生产知识和传播知识的使命，学者的真正使命在于高度关注人类社会发展的一般进程并利用自己的所学促进这种进程的发展。因此，任何学者精神的阐述不能离开对学者使命和信仰的挖掘，正是为了履行这种使命和忠诚于自己的信仰，学者才会具有了精神，并且是某种意义上独特的精神。这种学者精神，就是为真理而真理，为学术而学术，为知识而知识。这种学者精神，是一种纯粹的精神。只有这样，才能让知识更加纯粹，才能为真理而献身，而不是屈从于权威，屈从于权者。这种学者精神，不为任何利益而做事。它不受权威的禁锢和利益的诱惑。学者精神具体表现为：独立精神、自由精神、超越精神、批判精神和博爱精神。

（一）独立精神

独立精神是指人不依赖于任何外在的精神权威，也不依附于任何现实的政治力量，在真理的追求中具有独立的判断能力，在学术追求中具有独立自主的精神，坚持自己的主张，不受外来的干扰[①]。德国存在主义著名学者雅思贝尔斯指出，真正的学者敢于冒险，倾听内心的声音并跟着它的引导走自己的路。我国著名科学家竺可桢教授也指出：学者应当不盲从，不武断，一切以理智为依归。只问是非，不计厉害。这些都是对学者独立精神的诠释。具体来讲，学者的独立精神包含以下几个方面：

---

① 谭云刚. 军民融合发展与创新教育研究[J]. 西北工业大学学报（社会科学版），2018（1）：82—91.

1. 要有独立的学术体系和学术思想

独立精神的前提是学者本身具有独立的学术体系和学术思想，如果一位学者的科学研究尚不能自成体系，也没有自己的学术观点和学术思想，则独立精神是没有办法体现的。思想通常是指思维活动的成果，是一种比较高级、系统的理论认识，它的形成和发展是按照心理发展规律来进行的。思想政治教育研究的是人的思想、立场问题，目的是培养正确的思想政治观念和正确、科学的人生观、世界观[①]。学术思想是指学者在长期的学术研究中，对自己所从事领域研究的认识逐渐加深，逐渐系统化和理论化，并将自己的学术研究构成一个有机联系的整体，在这个体系之中所渗透出来的对该领域的一些本质性的、规律性的认识。

2. 学术思想对人类社会的一般发展规律都有所揭示，并对促进人类社会的发展起到一定的推动作用

学术体系是学术思想的载体，是学术思想的物质表现形式，是学者从事实际研究所建构起的知识框架、理论体系和对事物的认知集合。在这种学术体系中渗透着学者的学术观点，学术观点的升华、体系化和高级化的表达就是学术思想。

为什么说独立的学术体系和独立的学术思想是独立精神的前提呢？因为学者独立精神需要有承载的载体，要有表达的物质基础，皮之不存毛将焉附？如果学者没有独立的学术思想和所从事的学术研究领域，没有独立的观点和对待事物系统的、理论的和科学的看法，面对思想的争鸣、面对外来的压迫和挑战，独立精神将一触即溃，这样的独立精神是伪独立精神。因此，谈到学者的独立精神不能脱离学者的研究领域，以及在研究领域中形成的独立的学术体系和学术思想。

3. 要有抵抗外来压力的勇气

具有价值的学术研究通常都有超越时代性的特点，也就是在当时的社会普遍不能得到认同，甚至还要与既有的学术观点、学术体系和学术实力作斗争。有的时候这种斗争超越了学术分歧的范畴上升为政治斗争、文化斗争以及其他方面的斗争。这些都会给学者的研究带来外在的压力和干扰，有的时候甚至是束缚和批判。在这样的高压之下，学者的独立精神表现为"坚持自身的理论体系、理论思想抵抗外来压力和干扰的勇气"。历史上这样的事件非常之多，比如哥白尼刚刚提出日心说的时候、达尔文刚刚提出进化论的时候、马寅初的人口控制论刚刚提出的时候……这些理论在被提出的时候都遭到了巨大的批判，有的甚至是人身和生命的威胁，能否坚持真理，不畏强权，坚持学者的独立精神，在此时表现得淋漓尽致。因此，我们不能将简单日常生活中对于学术观点的表达和主张就视为学者的独立精神，这种独立精神的内涵要求学者在面对巨大艰难挑战的同时仍然能坚持自己的观点和思想，为了坚持自己的学术不惜付出生命的代价，这才是真正的学者精神。

① 周立新, 方春雅. 心理咨询与思想政治教育的关系[J]. 煤炭高等教育, 1996 (3)：50—51.

4. 要有高度的学术自信

作为学者，也要对自己的学术研究、学术探索活动具有高度的学术自信。只有这种自信才能保证其在遇到学术挑战时坚持自己的主张、据理力争维护自己的学术观点，这也是独立精神的一种体现。但是必须要强调的是，学术自信不是空中楼阁，更不是天外来物，它是学者在长期的学术研究和积累过程中，对自己所从事领域的深刻理解、洞察和掌握，是对自己多年研究的肯定和认可。这是学术自信的前提，这种自信不是盲目的，是有着坚实的学术研究载体和学术研究基础，大量的、多年的学术积累方能铸就高度的学术自信。

5. 要有长期坚持的韧性

毛泽东曾经说过，历史上新的正确的东西，在开始时时常得不到多数人的承认，只能在斗争中曲折的发展。很多在今天被认为是正确的东西，在历史上都曾经被看作是错误的东西，都曾经经历过艰难的斗争过程。这就说明，通向真理的道路从来都不是一帆风顺的，这就需要学者具备坚韧不拔的精神，短暂的激情是无法诠释学者精神的，只有长期的坚持，守卫自己的学术见解，捍卫自己学术尊严的行为才是学者的独立精神。越是那些超高水平的学术创新，就越容易受到传统的挑战，就越是需要学者具有长期坚持的学术韧性，这也是学术研究的一部分，更是对学者独立精神的时间范畴解读。

131

（二）自由精神

自由是一个政治哲学概念，是指人类可以自我支配，凭借自由意志而行动，并为自身的行为负责。学术上的自由精神是指不受限制和阻碍自由地发展学术思想、表达学术观点，构建学术体系不受束缚、控制和强制。学者只有具备自由精神才能有高水平的学术创造，才能发展学术成果，才能引领社会进步。爱因斯坦说，创造性精神活动的发展必须在内心自由的条件下才能实现。胡适主张，只有在自由独立的条件下，才有高价值的创造。这些都是学者对自由精神的诠释。总体而言学者的自由精神包括如下几个方面：

1. 自由精神包含着自由意识

相对于未知世界，人类已经知道的部分特别有限，相对于人类的求知欲望，相对于人类对一些终极问题的不停追问，人类能够解答的东西更是沧海一粟。正是对知识和未知世界的无限苛求与自身认知的有限性矛盾促使着人类一直不断地追求真理，不断前进。学者就是这类人群中的极其具有代表性的一部分，他们在自身的领域中不断地钻研，不断地探索，不断地试图解答关于人类社会发展、人类社会命运共同体的问题。从人类历史发展的过程来看，人类追求真理的过程是漫长的，是永无停息的。问题不断地被解决，从而不断地又产生新的问题，还有一些问题一直在接近但都没有被解决。而若想最大限度地接近真理和获得新知，必须要有自由的意识，也可以理解为自由的意志，就是在理性的引导下，相信人类能够选择自己的行为和动机，超越大脑和外界的束缚。学者必须认识到只有头脑中永存自由的意识才有可能在人类的长河中探索、追求真理。唯有如此才能最大限度地接近真理和获得新知。

2. 自由精神包含着自由的思想

自由的思想是指人能够在不受社会的、传统的、宗教的、民族的既有观念束缚而形成的开放、自由的观念、思维方式和基本理念[①]。这是一种内在的，并具有高度独立性和无法比较性的特征。学者的自由精神包含着学者在自身的领域中自由研究并自由思想的权利，它不应当依附于社会既有的思想，不应受到传统观念的束缚，不应附着在任何形式的宗教信仰之上，而是一种开放的、创新的、不受束缚、无边际的思考。不唯上，不唯师，只唯实，自由的思想是人类文明与社会理想境界的基本标志之一。自由精神来源于人类自由的思想，学者自由精神来源于学者在本专业领域的自由思想，如果学者固守本专业的传统思维、传统理念和既有的体系，则无法产生自由的学者精神。

3. 自由精神包含着自由的思考

面对各种各样的事物，人类应当学会用自己的头脑思考和分析。在大量的信息面前，如果我们对看到或者听到的东西不假思索就予以接受，思想就会固化。人类历史的经验可以证明，但凡是人类思维活跃、自由思考的时代，都是繁荣的时代，无论是西方文艺复兴还是东方的百家争鸣。学者一方面应当意识到自由思考的重要性，同时也要意识到自由思考往往也会引发激烈的思想领域的斗争。但是自由的思考是形成自由精神的基础，缺乏思考的精神无法推动人类追求真理的步伐。

（三）超越精神

超越精神意味着学者以及他的思想理论要超越他所处的时代，具有引领时代、引领前沿的作用。德国洪堡教授指出，学者应处于政治和社会环境的彼岸。这就要求学者的研究应当超乎时尚、超乎想象，这是对超越精神的形象注释。学术研究要求具有创新性，创新就要超越时代和当下，只有具备了超越的精神，才能引领时代进步，才能推动对真理的追求，超越是一种激情，有了这种激情，才会有勇气和自信，但超越并不是只说不做，需要的是言行合一和良好的心态。具体说来，学者的超越精神包含以下几个方面：

1. 放眼未来

超越精神要求学者既能够在当下起步、了解学科发展、本领域研究的基本情况、掌握基本学术动态，并认识到自己在整个学科体系当中的位置。还能够风物长宜放眼量，将眼光瞄准在未来。这个并不容易，认清现实本身就不容易，学者的难能可贵之处在于还要把握所在学科的未来发展动向，准确地预计所研究问题的发展趋势和发展结果。从未来的深度来审视现在科学研究，设计命题、把握研究方法、

---

① 谭云刚. 军民融合发展与创新教育研究[J]. 西北工业大学学报（社会科学版），2018（1）：82—91.

开展研究工作。这就要求学者具有在本学科领域的洞察力，在准确预计未来发展方向的前提下，制定非常精密的学术发展规划，并在日常的研究工作中将规划落实。

很多时候，我们发现一些学者埋没在眼前的问题中，不能从更高的层面、更高的视角来观察和界定手头的研究工作，造成为了研究而研究、为了解决问题而解决问题的眼前思维。超越精神要求学者既要低头走路，还要抬头望远，手中干着活，心中有蓝图，只有胸有大志才能开拓学术研究的一片天地。从另一个角度说，要想能够在未来成就一番事业，也只能从当下的点滴做起，用未来的事业指导目前的工作，这是对学者超越精神的最好诠释。这在当今时代尤为重要，一方面全球化是当今世界发展的历史潮流和客观趋势，它深刻地影响着社会主义中国的发展。另一方面，中国近几十年的迅速发展也为学者的科学研究提出了更高水准的要求，学者只有将自己的研究融入祖国未来的发展、世界未来的发展趋势中，才能更好地推动人类社会的进步。

2. 开拓创新

勇于开拓是指学者应当勇敢地面对一些新问题，进入一些新的领域。随着社会经济的发展，学术研究的领域也不断地拓宽，研究的方式方法、思维都会发生很大的变化。即便是在传统的领域当中，也会出现局部的改良、局部的创新。这就要求学者不要固守自己已经构建的知识体系和学术研究架构，要关注学科的发展，要关注学科的新动向，及时调整自己的研究方向、研究方法和研究思路。

勇于创新是指在学术领域中，用一种新的理论取代旧的理论，用一种新的理念取代旧的理念，用一种新的学说取代旧的学说；一句话，就是用一种新的认识取代旧的认识，就是观念的变革，理念的创新[1]。实质上，学术理论创新是一种思想革命，是灵魂深处的一种革命，是认识和理念的脱胎换骨。因此，必须要有一种解放思想、大胆探索、勇于开拓、积极进取的精神，要有一种彻底唯物主义者大无畏的气魄，让人们的思想从僵化的、过时的、陈旧的、错误的观念的束缚下解放出来，永不僵化，永不停滞[2]。

世界和中国都处于转型的时期，作为学者，如果没有开拓和创新的勇气和精神，很难生存，这对一个改革开放和现代化建设的国家也非常重要。但是从实际情况来看，我国的学术研究整体情况仍不容乐观。学术理论多为回顾性、介绍性、解释性和宣传性。而科技原创力层次不高，原创性的成果较少。这种状况与我国目前的世界第二大经济体的地位不相称。习近平总书记曾在中国科学院第十九次院士大会、中国工程院第十四次院士大会上指出："实践反复告诉我们，关键核心技术是要不来、买不来、讨不来的。只有把关键核心技术掌握在自己手中，才能从根本上

① 杨东升. 社会科学的内涵、作用和发展研究[J]. 大陆桥视野, 2008(7).
② 杨东升. 社会科学的内涵、作用和发展研究[J]. 大陆桥视野, 2008(7).

保障国家经济安全、国防安全和其他安全①。"中国的发展和世界的发展都离不开中国学者的积极进取和锐意创新。

3. 直面问题

应当说，在当今社会和当今时代，学者们的舞台空间非常宽广，社会发展涌现出很多问题需要理论界进行分析论证，对于学者而言，发现问题并不是太难的挑战。但是发现了一个好问题，是否意味着学术研究就有了一定的成就呢？不是这样的，如何在浩如烟海的文字中发现问题是一种能力，也是学者研究的必由之路。发现问题是解决问题的前提，看不到问题是最大的问题；不但要发现问题，还要找到问题的主要矛盾和矛盾的主要方面，牵住"牛鼻子"，找到问题后，要善于用专业思维、专业素养和专业方法，透过现象看问题的本质②。要到基层去发现问题，通过调查研究发现问题。

解决问题是本事，更是担当。要敢于面对问题，有效解决难题，用精准的办法化解矛盾，用持之以恒的精神推动工作。坚决杜绝"选择性执行""选择性解决"的行为。学者的超越精神最终还是体现在落实环节，能够发现问题的学者比能够解决问题的学者数量多很多，原因就在于发现问题是一回事，它要求学者有敏锐的观察和洞察能力。但是解决问题是另一回事，它要求学者有很强的落实能力，也就是行动力。否则任何学术假设、学术预期都无法实现。

4. 目标远大

伟大的学者通常都有远大的目标，有远大的学术抱负，胸怀大志，正是这种远大的理想才能促使学者积极思考，努力践行，最终实现理论的突破和实践层面的成功。一个学者，一定是脱离了自我、脱离了低级趣味的人，他会将人类命运看成共同体，会将自己的命运与祖国的命运、全世界的命运结合在一起，只有这样的人才是一个高尚的人，只有这样的人才能在国家、人类命运的关键时刻挺身而出，不考虑个人的利益、得失甚至是生死。斯大林曾经说过，伟大的目标产生伟大的毅力，就是说树立了一个伟大的目标，会让人能够有坚持下去的勇气。只有胸怀天下，志存高远才能最终做出伟大的事业，才能在遇到困难的时候不退缩，才能推动人类社会的进步和发展。

（四）批判精神

所谓批判，其实就是站在一个更高的层面上，对历史或现实作甄别和审视，对人或事进行分析和解剖，以期发现问题和解决问题③。其最终目的是为了更好地发展，其着眼点是广阔的未来。批判精神是指时刻保持对事物进行积极思考、质疑的精神和心理活跃状态。批判精神是十分重要的，不批判就无法深入到事物的本质，

---

① 习近平. 在中国科学院第十九次院士大会、中国工程院第十四次院士大会上的讲话. 新华社北京，2018-5-28电.
② 王文涛.《知行合一言行一致抓落实》《人民日报》2017年11月30日.
③ 周洴. 行动主义视野中的台湾社会纪录片研究[J]. 东南传播，2018（1）：35—37.

就无法寻求到一种最适合我国国情的模式，毛主席就坚持对外来的事情要保持批判的精神。当然，不仅是外来事物，对所有事物都应如此。批判的充分必要条件是思想、人格和精神的独立，因此，批判精神与独立精神、自由精神又是相辅相成，互相影响的。没有对既有理论的批判和怀疑，就没有伟大的创造。学者精神之一就是具有饱满的、甄别性的批判精神，这样才能推动社会的进步。批判精神包含如下几个方面：

1. 批判意识

批判意识是指在认知、认识和了解的基础上，对于不同于自己的存在进行评价的自觉的思维，它是人脑的活动和对事物自觉性的思考。其特点是对问题的深刻理解、自信心、接受能力以及反对逃避责任。通俗意义上来讲，批判意识是指学者在看待事物，在形成自己学术体系、学术思想的过程中，在表达学术观点的过程中时刻保持警觉，有意识地对事物的可靠性、正确性进行思考和评判，反对逃避和对事物的盲从。因为世界是复杂的，并不存在唯一的真理，并不存在普遍的、合理的命题，即使在某一阶段可以被接受的判断或者命题，世易时移，其合理性也不复存在。由于学者所承担的历史使命，对这些既存命题要有意识地进行鉴别、甄别、质疑与怀疑。虽然对批判意识还没有一个完整的概念，但是它主要是指人们对既有的知识、观点、问题持一种怀疑、质疑和探寻究竟的心态和思维意识。学者批判的意识并不是主动形成的，它是一种选择，大部分人接收信息，都是海绵式的（Sponge），这样接收的信息大多不经过思考，囫囵吞枣，非常容易遗忘，对人类的益处少之又少[1]。要想对所接收信息进行推理，形成更结构化、更纯粹或者更可靠的知识，只能用批判意识指导下的思维来进行，保持对所研究领域一切问题的察觉，只有这样才能推动人类社会的知识更新、认识升级，从而最终推动人类社会进步。

2. 批判能力

如果说有没有批判意识是敢与不敢的问题，批判能力则是能与不能的问题。有很多人并不缺乏批判的意识，在对事物的判断和分析过程中，他们经常能够提出新的观念和想法。但是却又缺乏相应的能力去证明和支持自己的观点。这便是缺乏批判的能力。批判精神不仅要具有批判的意识，还要具有批判的能力。具体而言，首先，批判能力要求人们在面对某一复杂的科学问题和社会问题，有一套完整的知识体系。这套知识体系能够帮助我们识别出这些科学问题或者社会问题的本质是什么，理论基础是什么，是否是伪命题或者判断。这是具备批判能力的第一前提。其次，批判能力要求学者具有逻辑能力。逻辑产生于古希腊，在与诡辩论的周旋中，苏格拉底、柏拉图发展了与诡辩论者就哲学史上的古希腊时代的智者的论战的方法论。到了亚里士多德集大成，成就了后人称为"逻辑"的学问。人类的一个重要特点是有语言，语言是符号的组合，而符号很多时候是对现实的抽象，逻辑便是一种

① 李东强. 新课标下高中语文批判性阅读探讨[J]. 中华少年, 2018（01）: 236.

更抽象的表达。在古代各大文明里，虽然都有对逻辑的研究，但在古希腊它获得了非常完整的表达。学者要想具有批判的能力在逻辑层面上也必须是能够讲得通的。最后，批判的能力还要有一整套话语体系，通过这种话语体系能够将作者的观点、思想传播出去，让受众了解，形成广泛认知，进而引发人类社会整体的知识进步。

3. 批判思维

批判思维是一种思维的模式，关于任何主题、内容、或者问题的思考者去提高他人思考的质量，通过巧妙地运用思维内在的结构和用智能标准对思考施加影响[1]。批判思维是一种智能上经过训练的过程，包括积极地和高度技巧化的概念、推论、分析的综合，或者评估收集而来或产生的信息，观察，实验，沉思，推理，或者交流，作为一种对信念和行动的指引[2]。学者的批判性思维的培养非常重要，这是构成批判精神的一个核心环节，也与批判能力紧密相连。是一种高层次的理性，属于高阶认知的范畴。还需要指出的是，学者也不会是从始至终的、全然的批判思维者，因为他们的批判性仅仅局限在一定的程度和一定的问题上，伴随着知识上的盲点，以及认识上的缺陷，对于学者来说，批判思维的训练和发展其实是一生的努力。

4. 批判勇气

批判意味着对现有的理论、事实、问题提出不同的看法，某种意义上说是一种质疑。发出这种质疑的声音并不容易，因为在人类历史的发展过程中，人类对事物的认识充满了曲折的过程，由于学者的理论通常具有超越性，在其所处时代通常不容易被认识、更不必说被接受。因此新的理论常常受到来自各方面的打压、斗争和迫害。这些斗争和迫害有可能来自政治、宗教、文化，或者来自于理论领域的内部。他们势力庞大，来势凶猛，占据优势和主动的地位，对学者的批判现实的勇气提出了严峻的考验。正因如此，才能彰显出批判勇气的难能、批判精神的可贵。

三、白求恩对学者精神的诠释

从我们所接触到的白求恩的传记和资料以及我们总结的白求恩的学者经历来看，白求恩的学术虽然不是同时代中最突出的，单独来看，他并没有创造独立的学说，也没有极其显著的论文和优秀成果，可以说他既不是完全意义的传统学者，也不是完全意义的当代学者，但白求恩恰好融合了传统学者与当代学者的特点，符合了学者精神的独特气质，正如习近平总书记在纪念毛泽东诞辰120周年纪念日讲话中曾指出的，"对历史人物的评价，应该放在其所处时代和社会的历史条件下去分析，不能离开对历史条件、历史过程的全面认识和对历史规律的科学把握，不能忽略历史必然性和历史偶然性的关系。不能把历史顺境中的成功简单归功于个人，也不能把历史逆境中的挫折简单归咎于个人。不能用今天的时代条件、发展水平、认

---

① 方宇. 西方批判意识和批判学派http://blog.sina.com.cn/s/blog_e0a2b54e0101fkm3.html.

② 方宇. 西方批判意识和批判学派http://blog.sina.com.cn/s/blog_e0a2b54e0101fkm3.html.

识水平去衡量和要求前人，不能苛求前人干出只有后人才能干出的业绩来"①。

白求恩处在传统学者与当代学者的历史衔接时代，他与传统学者和当代学者既有区别又有联系。他在家学启蒙和学业时期，是白求恩精神形成的基础，他继承了传统学者的对于学问孜孜不倦的精神特质。广泛深入的社会实践是白求恩学者精神形成的外因，与中国医学和革命实践的结合，以及与中国共产党的尊重和革命友谊相激励，促成了他学者经历的成熟和丰富，支援抗战的伟大事业形成了他学者精神的动力，彰显出他现代学者的特性，结合不断丰富的医学实践，他的学者精神不断升华，发明创造了很多医疗器械和实用技术，甚至影响至今。

因此，白求恩是继承于传统，发扬至当代而有其独特精神气质的学者，他是终身追求医术的进步、进行医学发明和改进、将成果用于实践检验的学者，他用自己的方式同样践行着白求恩式的学者精神。

（一）独立自主的执着追求

137

虽然白求恩的生命很短暂，但是他的学术经历非常丰富，在多个国家开创性地进行学术研究的工作。雄厚的家庭背景和青年时就成为一名外科医生本可以让白求恩一辈子衣食无忧。但学业有成后，尽管他已经身为英国皇家外科医学学会会员和美国外科学会会员和理事，其胸外科学术水平不仅在加拿大赫赫有名，在英国和美国医学界也享有盛名，白求恩毅然决然地放弃安逸，站在学者无国界的立场，积极投身到需要他的世界任何地方，投身到需要他的任何一个环境中，并在那里发挥着积极的学者作用。在有限的生命当中，尤其是生命的最后几年，白求恩辗转于不同的国家，支援过不同地区的人民，充分发挥其学者作用，反对法西斯，反对帝国主义侵略，超越国别限制，独立于当时的世界格局，对人类的苦难展现出深刻的学者人文关怀。

受制于战地的医疗环境，尤其在条件和环境都比较恶劣的地区，很多手术技术和器具尚不成熟，很多术式无法开展，白求恩不懈地迎接着战地工作的挑战，他不断地探索医学研究之路，改进和发明许多医疗器械，他发明的人工气胸器械和输血等方法，对于现代的医学发展产生了较深的影响。在白求恩从事医学研究的过程中，曾经受到了来自各方面的压力，其中之一就是家庭，他的妻子，尽管感情很好，但是也无法忍受他长期对于医学研究的执着，最终选择跟他分手。即便这样，白求恩也坚定自己的医学研究、坚定自己的医学志向，以超凡的勇气投入到无产阶级的革命之中。

白求恩的伟大之处在于他这种超越国界、超越时局伟大的人文主义关怀，对于医学技术孜孜以求的钻研精神，对于胸外科学术精益求精的创新，在长期的艰苦环境中坚持工作、开展学术事业的韧性。这种独立自主执着追求的白求恩学者精神值得每一个当代学者学习。

---

① 习近平.《在纪念毛泽东同志诞辰120周年座谈会上的讲话》,《人民日报》2013年12月27日.

（二）自由探索的不断钻研

白求恩年轻时代曾经做过轮船侍者、伐木工人、小学教师、记者等。这些职业都没能满足他对自己的人生定位，最终在26岁之后，他选择从事医学研究，救死扶伤。由于当时对于医学知识的了解还比较有限，获取知识的渠道并不丰富，医疗手段和医疗技术并不发达，医生在做手术、救治患者的过程中经常受到技术、环境、器械、手段的限制。白求恩与其他的医务工作者不同，他能够冲破条件限制，甚至不受自己的身体条件限制，发明了大量的医疗器械，大幅度提升医疗效果和医疗水平，促进了患者的康复。

同时，他还不断地钻研，发表了学术期刊14篇，在国内外引起了强烈的反响。白求恩并不是一个单纯的学术研究者，他不停地在思考，针对当时的社会现实，贫富分化，社会发展不平衡等现象，他撰写了一篇文章《从医疗事业中清除私利》，明确提出："让我们把盈利、私人经济利益从医疗事业中清除出去，是我们的职业，使我们的职业因清除了贪得无厌的个人主义而变得纯洁起来。让我们把建筑在同胞们苦难之上的致富之道，看作是一种耻辱。[①]"从此可以看出，白求恩早已脱离了个人主义，他的学术事业是致力于提高全世界的福祉。

当他与巴普洛夫进行交流并回国之后，他倡导了推动全民保健的思想，身体力行地为穷人解决就医困难问题，提高他们的救治率。这说明白求恩对于学术的追求包含着个人自由的思考，对于医疗事业的宗旨、医学研究的最终目的有着超过当时社会的认识。

他在医学领域自由驰骋，既不固守传统的医疗思维、医疗观念和既有的体系，也没有将自己的医疗事业定位于服务富人阶级和当时的政府。也正是自由开放的思想才能使白求恩在当时有限的情况下，在自己短暂的职业生涯中创造了很多在今天看来不可完成的工作。白求恩深刻地认识到，医疗技术和医疗水平可以通过人们的不断努力获得提升，医疗器械也随着人们的探索不断地精密化。他愿意突破自己，通过不断的钻研带动医学进步，这种自由的钻研和思考跨越了阶级、跨越了种族、跨越了国别，甚至自我意识也在这种研究中逐渐被他忽视，以至于自身的安全、舒适、财富、婚姻都不断地被他淡化，把全部精力都投入在医学研究事业的发展中。

（三）追求卓越的勇于实践

白求恩学者精神也来源于他做事求实求真的精神。白求恩的祖父是一名优秀的外科医生，因此，祖父对医学的严谨认真给白求恩留下了深刻印象。对于每一位病人的第一次换药，他都要求外科医生必须亲力亲为，以掌握病人的第一手研究资料。在工作中，尽管医疗救治非常繁重，他经常自问是否有更好的方法和更优的选择。在战争中，他曾指导开展对于战地救护的统计数据工作，他认为"没有准确的

---

① 石骥，颜碧玉，傅良韬. 论新时期弘扬白求恩精神与培育优秀军队医院文化[J]. 西南国防医药, 2011, 21（6）：654—655.

登记，就不可能有准确的统计，没有准确的统计，就不能有准确的分析；没有准确的分析，就不可能有准确的方法，就等于蒙着眼睛走路一样"。

白求恩的学者精神同样来自他的实践精神。正是这种精神，他在加拿大的学习没有流于形式，而将其在国际救援和学术研究中不断丰富、发展、完善，并有部分成果形成理论。白求恩认为空谈不能代替实际，必须要有行动才有效果。因此，他离开战争后方，走上前线，并结合游击队的战争实际，撰写出《游击战争中的师野战医院的组织和技术》，因地制宜，发明简便战争手术工具，组建流动医院，方便战地救治。针对战地医院手术物质短缺，还经常移动的实际情况，为了方便战地救治，组成流动医院，白求恩和医疗队的同事们一同发明了"卢沟桥药驮子"。制作了换药篮，后来被大家亲切地称为"白求恩换药篮"。白求恩回到后方，针对医疗材料、药品不足的问题，提议开办卫生材料厂、创建卫生学校等等。他敢于实践，敢于将自己所学、所想付诸行动，这种言行一致、注重落实的精神至今仍是学者们学习的榜样。

白求恩的学者精神同样来自他的工匠精神。在中国人耳熟能详的《纪念白求恩》一文中，毛泽东写道："白求恩是个医生，他以医疗为职业，对技术精益求精。"在整个八路军医务系统中，他的医术是很高明的。这对于一班见异思迁的人，对于一班鄙薄技术工作，以为微不足道、以为无出路的人，也是一个极好的教训。白求恩作为一名医生，深深地以毕生追求外科事业为己任，不断地锤炼自己。每当翻开白求恩的史料时，人们都会看到白求恩在一个极其艰苦、低矮、简陋的条件下给八路军战士做手术的照片，这只是他在战地救助的千百次中的一次，如果没有深植于医学的工匠精神，他是无法坚持、无法热爱、无法钻研、无法求精的，是无法克服常人想不到的困难，创造出惊人功绩的。

（四）舍生忘死

白求恩的学者精神也来自于他的无私忘我精神。从小，他对人仁爱，但是在他的初期医生生涯里，他发现即使医术再高，也无法救治更多的人，在痛苦的求索过程中，他走往欧洲和中国，并成为一名共产主义战士，怀着无私忘我的精神，投入了中国的革命战争。他曾经在一封信中这样描述自己和当地军民的关系，"我已经爱上他们了，我知道他们也爱我"。

他常常告诉医务人员"一个医生，一个看护，一个事务员的责任是什么？只有一个，那责任就是使你的病人快乐，帮助他们恢复健康，恢复力量。你必须看待他们每一个人，都像你的兄弟、父亲①"。正是在这样的思想指导下，白求恩放弃了欧洲优越舒适的生活，来到了最需要他的地方。先是在西班牙的反法西斯战争中贡献自己的一臂之力，随后又来到了中国，支援中国人民的抗日战争。

---

① 孙国林. 红都延安的神秘来客系列之五：白求恩从加拿大医生到中国人学习的楷模[J]. 党史博采（纪实版），2012（9）：22—26.

在中国工作期间，他的工作不仅局限于救治伤员，还包括创办学校、编写教材、制作战地医疗管理手册、创建医院、创建人民血库等等。他自己是O型血，曾经在多次缺乏血液的情况下，自己既作为医生主刀，又作为输血者献血。

在实现自己的学者志向的同时，白求恩不仅在加拿大国内要跟富人阶级进行斗争，在国际上还要跟法西斯主义斗争，他充满批判地撰写《从医疗事业中清除私利》，批判当时的医疗体制是为富人服务，而忽略了更需要医疗救助、治疗的广大贫苦人民的功利主义定位和思想。在国际舞台上，他没有将自己的发展方向定位于欧美发达国家，而是瞄准正在争取独立解放的国家和民族，这里更需要医学专家来帮助，这里更能体现医学研究者的价值。

在艰苦的环境中，白求恩没有退缩，就是这样的无私忘我精神支撑着他一步一步地前进，一次次把死的威胁抛在脑后，把生的希望留给别人，为世界反法西斯斗争和中国人民的解放事业，奉献了自己的光辉而灿烂的一生。

第三节　新时代下白求恩医学学者的治学环境

一、强国战略助推白求恩学者刻苦钻研

（一）科技强国改善白求恩学者科研条件

历史的经验证明，科学技术总是能够深刻地影响世界的格局。具体表现在以下几个方面：

1. 古代中国的优秀时期

在其时，中华民族是世界优秀的民族之一，在科技方面一直处于世界领先地位。在传统医学发展方面，可以毫不夸张地讲，中国一直领先于世界。四大发明无不代表着中国的科技水平，但我国一直没有将我们自身的先进技术应用于侵略和占有，因为我们自古就是一个爱好和平的国家。

2. 工业革命的西方变革

到了16、17世纪，以现代科学技术革命为标志的第一次工业革命开启，蒸汽机等重大发明开启了人类社会快速的现代化、工业化进程。第一次工业革命直接使英国成了世界的霸主，它征服世界的脚步最终使它成为日不落帝国。到了19世纪，以机械化向电气化发展的第二次工业革命开启，直接使德国成为一枝独秀活跃在欧洲和世界的舞台。20世纪更是各种高精尖科技频出的时代，信息、生命科学、航空、电子、核能、计算机、互联网纷纷登上了历史的舞台，这些新技术在极大提高了人类认识自然、利用自然的能力的同时，也进一步加剧和分化了世界格局，美国在这场革命中成了世界的一极，而且是特别重要的一极。

3. 闭关落后的近代中国

在西方国家借助工业革命纷纷变得强大的同时，中国正处于闭关锁国的阶段，封建体制束缚和抑制了工商业和科技的发展，甚至视科学技术为"奇技淫巧"，致使科技和医学发展远远落后。鸦片战争，英国的坚船利炮使有识之士开始反思，并致力于改革创新，但是社会体制的落后，依然留下了近现代那不忍回首的屈辱历程，同样也让人记住了"落后就要挨打"的口号。我国在近代社会与科技革命和工业革命擦身而过，从一个强大的国家变成了一个半殖民地半封建的国家。社会的动荡、战乱的纷扰使我国度过了一个极其艰难的积弱积贫的时代。

4. 现在中国科学的春天

新中国成立之后，以毛泽东为首的党和国家领导人非常重视科技的发展和科学人才的培育。他们把科技进步和知识分子作为一个整体来考量，周恩来曾说："目前党的迫切任务就是加强对于他们（知识分子）的领导，对于他们所从事的工作作出全面规划，使他们能在工作中充分地发挥力量和不断地提高业务能力。"这也充分代表了党和国家领导人对于学者培育的重要认识。许多人把1956年称为"知识分子的春天"，因为正是在这一年初，毛泽东、周恩来等领导人提出"向科学进军"的口号，并组织中国知识分子制定出中国第一个发展科学技术的长远规划，即《1956年至1967年科学技术发展远景规划》，该规划提前完成，并陆续提出一系列科技规划。

5. 经济腾飞的科学助推

1978年，邓小平在"全国科学大会"讲话中提出，要实现农业、工业、国防和科学技术现代化，关键在于实现科学技术现代化，之后又强调"科学技术是第一生产力"。时任中国科学院院长的郭沫若先生，在大会上发表了著名讲话《科学的春天》。从此，现代科学的春天逐步拉开了帷幕，中国科技也开始进入了快速发展阶段。我国在很多领域，如高温超导、干细胞研究、人类基因组测序等方面实现了科学的突破。

纵观当今的国际格局，创新始终是国家和民族发展的重要因素，错过科技发展的机遇，就会错过国家发展的时代。中华民族的伟大复兴，也将依托于科技的复兴，习近平总书记指出"中国要强盛、要复兴，就一定要大力发展科学技术，努力成为世界主要科学中心和创新高地。形势逼人，挑战逼人，使命逼人"，"科技是国之利器，国家赖之以强，企业赖之以赢，人民生活赖之以好。中国要强，中国人民生活要好，必须有强大科技[1]"。习总书记也提出了我国建设世界科技强国"三步走"的战略目标：到2020年时使我国进入创新型国家行列，到2030年时使我国进入创新型国家前列，到新中国成立100年时使我国成为世界科技强国[2]。这与"两个

---

① 习近平. 在中国科学院第十九次院士大会、中国工程院第十四次院士大会上的讲话. 新华社北京, 2018-5-28电.
② 习近平. 在中国科学院第十九次院士大会、中国工程院第十四次院士大会上的讲话. 新华社北京, 2018-5-28电.

一百年"奋斗目标高度契合,使科技创新与中华民族伟大复兴紧紧相连。

科技强国计划为白求恩学者提供了良好的学术研究条件,尽管他们已不需要像白求恩当年那样在炮火纷飞的形势下去奋发图强,他们的科研氛围却变得更加浓厚,国家对科学研究的支持和投入力度空前,白求恩学者们的学术成果也得到了极大的重视、尊重和认可。在这种有利的科研环境之下,白求恩学者更要以科技兴国为第一要务,不断锐意进取,辅助国家实现科技兴国的重要目标。

(二)医学战略激励白求恩学者刻苦钻研

在古代,我国的医学水平非常发达,流传下来很多具有中国特色的传统医学文化和书籍。但是近代,随着西方医疗体系的引进和发展,传统医学在中国的医学研究的领域中略有失色,中西医结合医学也成为一个发展方向。医学研究在我国成为一个非常有特色、又亟待寻找发展方向、发展路径的学科。这需要无数的医学研究人员付出艰苦卓绝的努力,一起寻找我国的医学研究定位、医学研究的结构和布局。

从国家战略层面来看,医学也必须得到全社会的重视,具有高度的战略意义。因为作为生命科学的组成部分,医学不仅与人民群众的身体健康相连,与民族的兴旺发达有关,更与国家的生死存亡、国际格局的发展变化紧密相关。而且,医学作为人类社会普遍的一个学科,还与很多社会领域相连,医学问题处理不好,其他问题也会受到影响。因此从战略角度上也要重视医学的研究。

医学与人民群众的身体健康相连,关乎民族的兴旺与发达。人类自古就与疾病作斗争,人类的发展史也是一部人类与疾病之间的斗争史。在斗争的过程中,医学逐渐产生并形成体系。医学对于人类发展的作用非常重大,它不仅能够保证人口的寿命,延长人类存活时间,增加社会生产力,还与人口质量紧密相关。人口质量提升,人口数量增加,社会分工的精细度增加,社会活动的领域不断扩大,国家和民族的发展也会有源源不断的动力。历史上的大城市都是人口质量高、人口数量大的繁荣地区,这一切都与医学的繁荣紧密相连。

在现代战争手段没有被发明之前,古代的国家的生死存亡都与人口有着密切的联系,人口决定着国家的生产力,同时也决定了国家的战斗力。在一切都依靠人力来解决的年代,拥有了数量众多的人口,就会牢牢地将国家的安全掌握在自己的手中,外敌入侵、内乱平定都需要一定数量的人口。由于人口的分布不同,世界格局也会被改写。现代社会中,人口因素、医学因素也都成为威胁国家安全的要素之一,很多病毒被认为是人为地制造和发明出来用来威胁人类的安全,医学在当今面临的挑战和值得研究的问题越来越多,医学研究者的使命也越来越重。

医学也是一个具有普世性的学科,它与很多社会领域紧密相连,如法律、哲学、宗教等。如果医学问题处理不好,其他的社会问题也会受到牵连,整个社会的稳定也会受到影响。这也是当代国家均把医学问题放在战略地位的原因。

新中国成立以后，国家经济实力的不断上升，推动着卫生科技事业也在不断发展，白求恩学者们的成果也不断地涌现：胰岛素的人工合成、核酸的人工合成、断肢再植和大面积烧伤的抢救等技术的实现无不代表着中国的医学卫生科学技术在迅猛发展，某些领域或技术甚至已经取得世界领先地位，人民群众的身体素质不断增强，人口生活质量不断提高，平均寿命得以延长，以往危害力强的传染性疾病或者突发的疾病可以得到有效控制甚至被全面消灭。

我们在发展的同时，世界其他诸强也一直重视医药卫生科技的发展。以美国为例，它从1980年起开始重视医学研究投入，其经费逐年上升，在2000年时甚至超过国民生产总值的五分之一。因此，我国把医药卫生作为民生科技重要组成部分，并确立了医学研究的战略地位，提出了"预防为主，依靠科技进步，动员全社会参与，中西医并重，为人民健康服务"的卫生工作方针，随着白求恩学者对于医药卫生认识的不断发展，医学研究的战略地位逐步深入，医学研究由以往的单纯研究疾病开始逐步关注人类的生命本质及其发展历程，关注围绕着人类的医学–社会–心理–环境的相互作用模式[1]。应该说，白求恩学者遇到了一个医学地位前所未有重要的时代。

2015年10月，中共十八届五中全会首次提出推进健康中国建设，"健康中国"上升为国家战略。习近平总书记强调，"没有全民健康，就没有全面小康"。医学工作者要以医药卫生科学技术的进步作为依托和先导，提高医疗卫生保健水平，完成其医学战略任务。中共中央、国务院曾在《关于打赢脱贫攻坚战的决定》中明确提出，要开展医疗保险和医疗救助脱贫，实施健康扶贫工程，保障农村贫困人口享有基本医疗卫生服务，努力防止因病致贫、因病返贫[2]。

二、科技改革促进白求恩学者研究模式转换

（一）体制改革深化白求恩学者学术环境

1949年新中国成立后，虽然当时的国家经济还在起步阶段，国家吸收并整合以往的各个科学组织，筹建中国科学院，在科技体制的建设上开始进行探索，这也是新中国科技体制正式建立的标志。但是由于我国的科技体制建立的初始阶段是参照苏联的模式建立的，且在运行中由于受到了一些"文化大革命"等政治运动的冲击，因此，早期的科技体制建设进展并不顺利。

十一届三中全会以后，国家开始重建科技体制，成立了国家科学技术委员会，恢复和建立了由国家到地方的各级科技组织和委员会，通过建章立制、培养人才、制定《1978—1985年全国科学技术发展规划纲要（草案）》和科技奖励等制度使科技体制基本重新确立。随着社会主义市场经济地位的不断确立，以及我国政治体制

① 甘牛. 调查研究是社会医学工作者的基本功[J]. 中国社会医学, 1993,（10）：3—4.
② 中共中央 国务院.《中共中央国务院关于打赢脱贫攻坚战的决定》, 2015-11-29.

和经济体制改革的不断深化，科技体制的改革也呼之欲出。邓小平提出了"科学技术是第一生产力"和"经济建设必须依靠科学技术、科学技术工作必须面向经济建设"的论断，科技开始进入与经济相互促进发展的阶段，科技工作也进一步迅猛发展。

进入21世纪以来，随着中国经济实力的不断发展，全球化的不断加剧，各国纷纷把科学技术的发展作为促进经济发展的首要推动力，我国的科技体制改革又迎来了深化阶段。党的十八大报告中指出："科技创新是提高社会生产力和综合国力的战略支撑，必须摆在国家发展全局的核心位置。" 2015年9月中共中央办公厅、国务院办公厅颁布了《深化科技体制改革实施方案》，吹响了新一轮科技体制改革的号角。总体而言，与医学相关的科技体制改革涉及如下几个方面：

构建高效的科研体系。由于白求恩所处时代的环境所限，白求恩只能以个人为主或者以小范围团队为主进行分散式研究，当我们的国家科技体制进行改革后，现代医学的研究体系应当以高校及其附属医院和科研院所为中心。一方面，高校及其附属医院和科研院所要明确自身在科技体制改革中的重要地位；另外一方面，加快科研院所分类改革，完善高校及其附属医院科研体系，推动新型研发机构发展等方面的举措。习近平总书记曾经指出："如果我们不识变、不应变、不求变，就可能陷入战略被动，错失发展机遇，甚至错过整整一个时代"，"抓住新一轮科技革命和产业变革的重大机遇，就是要在新赛场建设之初就加入其中，甚至主导一些赛场建设，从而使我们成为新的竞赛规则的重要制定者、新的竞赛场地的重要主导者[①]"。这是科技体制改革的重要部分，是医学科技发展的重要推动力量和载体，加强对高校及其附属医院和科研院所科研体系的建设、引导和管理，一定是促进医学科技体制改革的重中之重，也是白求恩学者们研究模式转换的先决条件。

改革人才和科研项目的评价机制与激励机制。目前人才和科研项目的评价机制过于单一和僵化，"四唯"（唯论文，唯职称，唯学历，唯奖项倾向）在科研项目评审、人才评价、机构评估、院士评选等科研活动中盛行，不仅科教界怨声载道，习近平总书记也高度重视。在2018年5月28日举行的两院院士大会上，习总书记指出："人才评价制度不合理，唯论文、唯职称、唯学历的现象仍然严重"。《中共中央办公厅、国务院办公厅关于深化项目评审、人才评价、机构评估改革的若干意见》指出，"突出品德、能力、业绩导向，克服唯论文、唯职称、唯学历、唯奖项倾向，推行代表作评价制度，注重标志性成果的质量、贡献、影响"。《国务院关于优化科研管理提升科研绩效若干措施的通知》要求："开展'唯论文、唯职称、唯学历'问题集中清理"。未来的评价机制要多元化，多层次，使人才和科研项目的评价立体丰满，杜绝一刀切的现象，以免损伤科研工作者的工作热情和学术

---

① 习近平. 在全国科技创新大会、中国科学院第十八次院士大会和中国工程院第十三次院士大会、中国科学技术协会第九次全国代表大会的讲话. 新华社北京, 2016-5-30.

激情。激励机制的设置也要与医学发展的总体方向和规划相连，不能为了激励而激励，要利用激励机制引导学科发展的方向，凝练白求恩学者的研究工作和凝练研究重点。要消除个别医学研究者的研究个性化、盲目化和短视化研究行为，用适当的激励机制引导白求恩学者对于高精尖问题的研究热情，最大限度地推动国家医学科技的发展。

要促进医学研究成果的转化。目前我国医学学术成果转化的比例偏低，一些项目往往满足于发文章，写报告，报专利，但是没有与生产的下游紧密结合，社会效用普遍不高，科技研发投入与科技成果化产出比过低，这表明在成果转化机制方面出现了问题。如何引导成果社会化，将社会资源分配的力量，将资本的力量引入到医学研究成果的转发层面是医学科技改革必须要考虑的问题。另外一个与之相伴的问题是，医学成果在应用于临床的整个过程过于漫长，行政管理色彩浓重，如何降低成本，规范管理过程，更高效率地实现成果转化值得研究。1996年，为促进成果转化，国家出台了《中华人民共和国促进科技成果转化法》，并于2015年进行修订，2016年，为确保《中华人民共和国促进科技成果转化法》落到实处，促进研究开发机构和高等院校技术转移，激励科技人员创新创业，营造科技成果转移转化良好环境，国务院又出台了《实施〈中华人民共和国促进科技成果转化法〉若干规定》和《促进科技成果转移转化行动方案》，这三者被称为科技成果转化"三部曲"，目的就是通过国家和政府的引导，促进成果转化落实、落地。根据以上文件，教育部、科学技术部、中科院和各高校科研院所也纷纷出台进一步实施方案，促进各领域和各部门的成果转化。习近平总书记也指出："科技创新绝不仅仅是实验室里的研究，而是必须将科技创新成果转化为推动经济社会发展的现实动力。""科技成果只有同国家需要、人民要求、市场需求相结合，完成从科学研究、实验开发、推广应用的三级跳，才能真正实现创新价值、实现创新驱动发展。"

要建立医学研究的市场导向机制。医学的研究根本上是从人道主义角度，从人文关怀的角度来展开，但是这与医学成果市场化经营和运作并不矛盾。美国的医疗市场很成熟，大公司在市场化运作的基础上反哺医学研发过程，从而形成了医学研究和市场有机联系和有效互动。我国医学研究市场的创新能力还主要依靠高校和研究机构，公司的研发机构力量相对薄弱，如何能将高等院校与市场化的公司运作紧密联系，形成医学研究产业化经营，也是科技体制改革在医学领域的必然要求。习近平总书记在全国卫生与健康大会上的讲话中指出："要倡导健康文明的生活方式，树立大卫生、大健康的观念，把以治病为中心转变为以人民健康为中心，建立健全健康教育体系，提升全民健康素养，推动全民健身和全民健康深度融合。"

医学的科技改革需要考虑的方面非常复杂，涉及到的关联学科和关联问题也比较多。当今的白求恩学者处于一个转型的时代，无论是管理体制还是研发体制都存在着巨大的空间。白求恩学者自身也要将科技体制的深化改革置于研究的意识层

面，创新性研发，优化配置资源，促进科技体制的深化改革，国家的科技实力必然将跨上一个新的台阶。随着科技管理体制机制的完善，创新资源配置的优化，白求恩学者的科研环境将会变得更加良好。

（二）模式转换拓宽白求恩学者研究边界

医学模式是对人类健康与疾病的特点和本质的哲学概括，是在不同的社会经济发展时期和医学科学发展阶段，认识和解决医学与健康问题的思考。医学模式的核心是医学观，主要研究医学的属性、职能、结构和发展规律。

在古代，人们主要建立起神明模式或者自然模式的医学观念，例如中国的阴阳理论和五行学说，西方的巫术等等。随着人类社会发展和疾病谱的变化，随着科技体制改革的不断深化，作为民生科技的重要推动能力之一的医药卫生科技也在不断地飞速发展，在政府的宏观调控下，白求恩学者对于疾病的病因和发病机制、疾病与人类的关系的研究也在不断地更新，医学研究变革从"经验医学"走向了"医学科学"，相应医学模式已经从早期的单一疾病模式逐步发展到"生活-医学-社会-心理模式"，还有部分学者也提出"生活-医学-社会-心理-环境模式"。这种学说从生物医学模式发展起来，从纯生物学角度研究宿主、环境和病因三大因素的动态平衡，为现代医学开拓了广阔的空间，赋予了更丰富的内涵，拓展了医学的境界。强调关心病人，关注社会，注重技术与服务的共同提高。并且在一定程度上与中国传统医学有趋于一致之处，提示了现代医学的发展方向。

这种模式的改变以及医学研究技术和仪器的发展也相应地带来医学科研模式的快速发展，转化医学、精准医学的理念不断涌出，医学科研已经开始从分子和细胞水平，从生理、生物、心理学、物理学、计算机科学和信息多科学合作的全方位、立体化的角度来进行研究。随着国际"人类基因组计划"和"脑科学"的全面开展，可以说，这种医学科研模式的不断变化已经是国际科技革命的斗技场，是民生发展必然着手的战略，也是为中国走向世界提供支持。

同时在这种医学研究模式的转变过程中，人们的健康需求日益提高和多样化，人们已经不能满足医学仅能提供对疾病的预防和治疗，而是积极要求提高健康水平、生活水平、追求身心统一，向往和谐的人际关系和社会心理氛围。因此医学模式转化的过程中，医学模式的内涵和外延也发生了很大的变化，这也是传统的医学模式所没有遇到的问题，它要求医学的包容性、兼容性和覆盖面不断地提高，从关注疾病，到关注人的整体。由此也产生了现代医学学科与其他相关学科的渗透，学科精细度提高，也产生了很多新的学科领域，如行为医学、分子医学、病理学等等。医学被要求从不同的侧面、不同的层面解释人体活动规律及人体内在和外在的互动与联系。在这一层之外，又产生了社会医学、环境医学、医事法学、信息医学等不同的学科。

目前，我国医药卫生的发展已经在逐步缩小与欧美之间的差距，对于重大基础性疾病的防控和重大卫生突发事件的管控能力在全面加强。科研实力的凸显，研究条件的改善吸引着留学海外的高水平人才不断回流，回报祖国，形成科研合力，促进卫生生物产业的发展。同时，国内高水平院校和科研院所与国外先进医学生物科研机构的合作也不断加强，中国声音不断加强，国际市场竞争力不断提升，大健康产业链不断形成，是有可能快速实现"弯道超车"的一个领域。在这种历史机遇之下，白求恩学者要抓住时机，不断地强化我国医学研究的实力，扩展医学研究的成果，不断加强分工协作，加强不同专业协同对疾病的考察，实现认识上的互补，增强医学研究的整体实力。

三、健康观念前移整合白求恩学者研究链条

（一）健康观念前移趋势性

经济的发展，人们物质生活水平的提高，人们已经不满足医学只能实现对于疾病的治疗，还要求医学能够预防疾病，甚至医学能够满足提高生活质量、提高精神状态、保持身心健康等各方面的综合需求。这便是健康观念的前移，人们也愿意为此投入更多的关注。在这种社会条件和公众认知的情况下，如果现代医学仍然集中在对于疾病的研究上，忽视人民群众日益增长的、在生命全链条的健康需求，医学研究必然是落后的，更跟不上时代要求的。

古代中医就曾提出"治未病"的理念。"治未病"最早见于中医传统思想中《素问·四气调神大论》："上工治未病，是故圣人不治已病治未病，不治已乱治未乱，此之谓也。夫病已成而后药之，乱已成而后治之，譬犹渴而穿井，斗而铸锥，不亦晚乎！"这种模式具有朴素自然辩证法的思维和理论优势，一直在医疗中发挥着积极的作用，但是受到中医医学模式和科学研究方式的限制，"治未病"往往只能是一对一地进行或者只能面对少数人进行，并未能得到大规模、整体化的应用。

在新中国成立以后，国家提出了"治疗为辅、预防为主"的健康观念，在医学科技体制改革不断深化和医学研究模式不断扩展的情况下，人民群众对于医学认识也在不断地加深，中西医结合、大健康、大卫生和大医学的观念被不断树立，因此，健康的观念也在不断地前移。以往对于疾病的关注点往往关注于临床环节，即有了疾病就交给医院和医生去处理，没有前期预防和后期康复的想法。而随着医药卫生科学技术的发展，常见急重症已经得到有效的救治和处理，而治疗后康复阶段和提前预防阶段也逐步走入了人民的视野，慢性疾病和生活方式疾病逐渐成了主流，健康观念也逐渐地从以往以人为中心的下游健康前移至以生态为出发点的上游健康观。

目前，在美国，已经开始全面地重视健康风险管理和社区关怀，真正做到"战略前移、重心下移"。我国在近年来推行全民和全面医保使得人民群众的日常医疗

得以保障，随着医疗技术和其他领域科学技术的发展，正在逐步建立全民健康档案，增进健康维护。但这对于全民的需求仍然是不够的，医学的关怀应当是从生到死，从摇篮到坟墓。近些年临终关怀的兴起就提示医学研究要关注人类的情感、人文需要，而不是仅仅针对疾病的发生、发展、进程和变化来展开研究。

未来如何以人类生存全过程作为医学研究的全链条，展开全方位、立体化的研究，是配合健康观念前移做出医学研究调整的必不可少的一个重要环节。这也是社会发展、人类文明推进到今天产生的必然要求。习近平总书记在全国卫生与健康大会上的讲话中指出，"要坚定不移贯彻预防为主方针，坚持防治结合、联防联控、群防群控，努力为人民群众提供全生命周期的卫生与健康服务①"。

（二）观念转变深化白求恩学者链条整合

新中国成立以来，国家成立了中国科学院、国家和地方各级科学组织和科学技术委员会，促进了各级科研人员的热情，涌现出"863""973"、国家自然科学基金和国家科技支撑计划等国家乃至地方各类项目，在一定的时间内极大地激发了科研工作者的热情，促进了科研事业的发展。

随着科技体制改革走向深化阶段，国家逐渐发现已有的科研体系不能完全适应现代化的科研进展，原有的科技计划体系由于缺乏顶层设计，不能进行分类指导，资助渠道多而且分散，资助项目碎片化和重复化现象时有发生，导致科技人员多头申报，且项目绩效产出不高。针对科研管理方面存在的各种问题，国务院颁发了《关于深化中央财政科技计划（专项、基金等）管理改革的方案》，根据《方案》，将形成联席会议制度（一个决策平台），专业机构、战略咨询与综合评审委员会、统一的评估和监管机制（三大运行支柱），国家科技管理信息系统（一套管理系统）。

通过改革原有科技计划管理模式，强化全链条整合，分段资助，信息公开透明，加强事中监管和事后审查，提高质量和效益，发挥科技支撑的引领作用。整合后的科技环境，尤其是医药卫生科学技术的研发环境和产业链条的结合更加紧密，更有利于优化医药卫生事业在全社会的资源配置。

习近平总书记《在中国科学院第十七次院士大会、中国工程院第十二次院士大会上的讲话》中强调，"进入21世纪以来，新一轮科技革命和产业变革正在孕育兴起，全球科技创新呈现出新的发展态势和特征。学科交叉融合加速，新兴学科不断涌现，前沿领域不断延伸，物质结构、宇宙演化、生命起源、意识本质等基础科学领域正在或有望取得重大突破性进展。信息技术、生物技术、新材料技术、新能源技术广泛渗透，带动几乎所有领域发生了以绿色、智能、泛在为特征的群体性技术革命。传统意义上的基础研究、应用研究、技术开发和产业化的边界日趋模糊，科

---

① 陈成文. 牢牢扭住精准扶贫的"牛鼻子"——论习近平的健康扶贫观及其政策意义[J]. 湖南社会科学，2017（6）：63—70.

技创新链条更加灵巧，技术更新和成果转化更加快捷，产业更新换代不断加快。科技创新活动不断突破地域、组织、技术的界限，演化为创新体系的竞争，创新战略竞争在综合国力竞争中的地位日益重要。科技创新，就像撬动地球的杠杆，总能创造令人意想不到的奇迹。当代科技发展历程充分证明了这个过程①"。

在这种背景之下，白求恩学者一方面将自己的研究调整到国家宏观调控的范畴之内，紧密结合时代的需求，注重科研成果的实际效用。另一方面白求恩学者利用国家的资助和平台，采用多维手段来合理规划、设计自己的研究领域和方向。在科研链条整合的背景之下，对医学科研工作者的问题捕捉力、研究方向的敏感性和对自身科研规划的能力都提出的新的要求。

四、全民健康要求白求恩学者成果转化

（一）全民健康要求白求恩学者立体交叉

在国家经济飞速发展的同时，人民群众的收入得以提高，物质生活丰富的同时，精神生活也得到了一定的满足，因此，在医药卫生方面，人民群众对于医学的要求也不再局限于能看病、看好病延长生命的阶段，而是要求能对疾病进行精准治疗，延长生命的同时要提高生存质量，这也对医药卫生科学技术提出了一个新的挑战。

白求恩学者不仅要加快研究的步伐，根据社会的需求凝练研究方向，更重要的是白求恩学者们必须要关注如何将基础研究的成果转化为临床应用，如何将临床发现的问题通过基础研究得以解决，并将有效产品进行产业化，以满足人民群众日益增长的监看需求，正是在这样的背景之下，转化医学应运而生。提高医学研究成果的社会效用，是目前医学研究的重要方向。

随着人们对人体、疾病和生命认识程度的加深，人们对医学的认识也不端加深。传统上医生和患者之间的信息不对称现象正在随着患者就医体验的不断提高而产生变化。人们要求就医诊疗的环节更加透明、更加具有说服力和科学性。传统的中医虽然注重经验，但注重全面地看待疾病，具有整体观念。现代西方医学虽建立在科学基础上，注重数据，但是对人体的诊疗集中于局部，缺乏整体的意识。

在中国，传统医学和现代医学的结合衍生出一门新的医学分支——中西医结合，它既能对疾病采取辩证的观点，全面整体地看待疾病，避免头疼医头、脚疼医脚，又能将西方医学的科学观念、精准医疗和数据呈现结合起来，于是整合医学逐渐兴起。这极大提高了人们的就医体验，增加了患者和医生之间交流的透明度与信息的对称度。

同样，遗传学和人类疾病的有机结合也是人类认识能力不断加强的产物。人们用追溯过往的方式来探寻生物传承过程中的某些特质与人类疾病之间的必然联系，

---

① 习近平.《在中国科学院第十七次院士大会、中国工程院第十二次院士大会上的讲话》，2014-6-9.

将遗传学与人类疾病有机结合，从而实现疾病风险评估、防控，对已发生的疾病筛选有效的方法并采用最佳的治疗方案，精准医学开创了新的局面。信息时代，用大数据进行人群疾病监测，临床决策支持，远程治疗监控也开始进入了成熟的阶段。各种医学技术突飞猛进的发展，也将促进人民群众健康事业的发展。

习近平总书记在全国卫生与健康大会上的重要讲话强调，"没有全民健康，就没有全面小康"，"要把人民健康放在优先发展的战略地位，重点普及健康生活、优化健康服务、完善健康保障、建设健康环境、发展健康产业，加快推进健康中国建设，努力全方位、全周期保障人民健康，为实现'两个一百年'奋斗目标、实现中华民族伟大复兴的中国梦打下坚实健康基础[①]"。中共中央办公厅、国务院办公厅转发了《国务院深化医药卫生体制改革领导小组关于进一步推广深化医药卫生体制改革经验的若干意见》，以促进新医改的继续实施。与新医改同行的还有建设健康中国的纲领性文件《"健康中国2030"规划纲要》，推进健康中国建设上升为国家战略。

（二）成果转化推动白求恩学者精准医疗

以往在谈及医药卫生科研成果的时候，大部分在医学研究项目产生出论文、著作之后就结束了，在评价上也往往采用同行评议的方式，转化的成果较少甚至不转化，往往出现了医学发现、技术发明与卫生行业发展三层皮相互脱节的现象。习近平总书记曾指出"科技体制改革还存在一些有待解决的突出问题，主要是国家创新体系整体效能还不强，科技创新资源分散、重复、低效的问题还没有从根本上得到解决，'项目多、帽子多、牌子多'等现象仍较突出，科技投入的产出效益不高，科技成果转移转化、实现产业化、创造市场价值的能力不足，科研院所改革、建立健全科技和金融结合机制、创新型人才培养等领域的进展滞后于总体进展，科研人员开展原创性科技创新的积极性还没有充分激发出来，等等"[②]。

这里的原因是多方面的，一方面，科研工作者集中于埋头研究，并不在意，也不精通科研成果的转化，因为转化的过程是一个商业化运作的过程，需要商业化的专门人士来处理。另一方面，市场化运行的主体——公司也没有能够与高等院校的科学研究形成良好的互动和联系。当然，这在市场经济发育的初期是正常的，随着人民群众的健康需求不断地增长，这个问题必将得到解决。医学学者、医药行业人士、医院、科研院所也在创新驱动、大众创业的同时开始进一步关注和加强医学科研成果的转化。这时候，国家的调控作用就显现出来，在研究主体和市场主体之间搭建一个通路，帮助医学成果的转化。

我国在深化科技体制改革后，整合了科研项目平台建设，在国家重大研究计划里面针对成果转化设立专项，推动临床医学研究中心建设，加强临床研究资源的整

① 曹艳林，郑忠伟，贾菲. 健康基本法立法原则与框架分析[J]. 中国卫生法制，2018（3）：41—44.
② 习近平. 在中国科学院第十九次院士大会、中国工程院第十四次院士大会上的讲话. 新华社北京，2018-5-28电.

合、共享和开放，公开科研信息和科研成果，各级地方和高校也纷纷建立了对接平台，促使产业和科研成果有效对接，从而避免成果从实验室产生后就无人问津了。国家也适时出台了《中华人民共和国促进科技成果转化法》，提高了科研人员的奖励和股份分配，极大地激励了科研人员的成果转化热情，一系列科研成果纷纷走向了企业实验室开始了小试、中试甚至已经投入到市场使用。在各种政策的激励下，国家的科研转化平台将会日趋成熟。

与此同时，社会主义市场经济也已经推行二十多年，这期间市场培育出一批成熟的市场主体，它们在长期的经营中也关注到了创新发展的重要性，更加注重产学研一体化，将企业的布局深入到高校的研究环节之中，构建起从源头到市场的整个环节。这也必将会调动一批了解临床需求和实验室科研的优秀人员以及能将实验室和临床成果快速对接到企业的专业技术人员的积极性，从而推动医药卫生科学技术的更快发展。

综上，白求恩学者的整体研究环境已经发生变化，无论是国家层面还是高校层面，无论是在研究环节还是在转化环节，无论是在研究平台还是在管理平台，整个医疗体系的各个组成部分都处于一个转轨时期，一切都在迈向更成熟、更规范、更有序的医学研究环境和氛围。这就为白求恩学者提供了良好的研究空间和平台。与此同时，社会的高速发展，文明程度的增加，人们对疾病要求认识的不断深入，白求恩学者的医学研究任务也不断加大，医学研究能力也不断地提升，对医学研究的方向感、目的性把握也要非常明确，对医学研究人员的整体素质要求不断提高。

第四节　新时代践行学者白求恩

白求恩在其成长的各个时期发挥着独立、探索、求实、忘我的学者精神，这种独特精神气质对于医疗技术的进步、医学发明改进和成果应用发挥了极其重要的作用。在新中国成立后，科研体系不断确立，学者环境不断改善，新时代继承并践行白求恩精神已经成为当代学者尤其是医学学者的主要任务。他们弘扬学术道德，塑造学术人格，促进学术风气，秉承学者精神，涌现出一批践行白求恩精神，形成白求恩学术传承的优秀医学科研工作者，激励着一代又一代白求恩学者不断向前迈进。

一、弘扬学术道德，塑造学术人格

（一）加强自律，维护学术尊严

中国自古以来，有名的学者尤其爱护自己的声誉，司马光曾经在《资治通鉴》提到"才者，德之资也；德者，才之帅也"，可见，德是第一位的，有才无德是无法成为优秀的学者的。在当代，对于学者来说，学术自律和学术操守也是一件极其重要的事情。

然而，在当代社会的发展过程中，一少部分学者没有能够坚守住内心的道德底线，出现了"跑部前进弄项目"、雇佣枪手和盗用学术成果等种种令人瞠目结舌的怪现象，究其原因，就是没有做到学术自律。古人曾云"吾日三省吾身"，省，即为反思和自律。做好自省和自律才能建立独立的学术人格。在学术人格的指引下，才能保持一颗审慎、独立和清醒的大脑，忍得住清贫，耐得住寂寞，在学术研究中追逐真理，坚守本心，从而形成学术向心力，维护学术尊严。

（二）建章立制，提供制度保障

诚然，学术道德的维护主体是人，如果每位学者确实能做到严格自律，那么学术不端必然不会产生。但是，在全社会学术诚信体系尚未构建完全，单单靠人的自我意识是不能保证的，还需要建章立制，通过制度的约束，使想跨越雷池的投机冒险者不敢犯，不能犯，不想犯。

在20世纪80年代，美国率先建设了"科学不端"相关惩处机构和部门，并在大学和科研院所建立了管理部门，对于违背科研诚信行为的学者进行严厉的查处和惩治。我国已有全国人大代表呼吁制定处理"学术不端"的相关法规，中科协印发《科技工作者道德行为自律规范》，教育部出台了《高校人文社科学术规范指南》《高校科学技术学术规范指南》和《高等学校预防与处理学术不端行为办法》等指导性文件，科技部、国家卫生和计划生育委员会、国家自然科学基金委员会等在各类科研项目条例、章程中明确了相关处理办法，中国科协、教育部、科技部、卫生计生委、中科院、工程院和自然科学基金会联合发布《发表学术论文"五不准"》。中国知网和万方网建立了"学术不端文献检测系统"和"论文相似性检测"来预防和查处学术违规行为。各种规章制度交织形成保护体系，为促进学术道德提供保障。

（三）加强引导，遵守学术规范

就像土壤能够给予花儿生长的养分一样，学术环境对于学者的影响十分重要。国家积极引导各级部门、各地科协、高校和科研院所建立适合本地区本单位的学术规范机构，通过机构内如学术委员会、学风建设委员会等落实和加强科研诚信和学风建设，从教育、社会责任感和学术的荣誉感角度引导激励学者们进行学术自律，遵守学术规范。目前在许多高校里科学道德和科学伦理已经被列为公共基础课程，从教育初始引导青年学生如何规范地开展科学观察。国家在教育的同时，也在引导和设计多维度的评价体系，避免以往完全"唯论文、唯职称、唯学历、唯奖项"等片面的职称晋升和评价体系，通过各级机构的努力，形成全面覆盖、协同共管、广泛参与的社会学术氛围。

（四）严格治理，反对学术不端

2015年，我国遭遇了国外SCI杂志和出版社的连续大规模退稿，其中涉及国内很多知名高校和科研院所，对于中国学者的整体世界声誉产生了较大的影响，这恰恰是印证了一少部分学者没有能坚守底线，存在追名逐利的侥幸心理。教育部曾出台了《关于严肃处理高等学校学术不端行为的通知》《关于切实加强和改进高等学校学风建设的实施意见》《学位论文作假行为处理办法》等指导性文件，很多高校也结合自己处理学术不端行为的规定，严肃查处和曝光了一批不端行为案件，以国家自然科学基金委员会为例，针对近年来被下架的中国论文，按照国家的要求，以科技部为主要调查方及协调方，对学术不端行为持零容忍态度，已立项的项目全部撤项，一百多位相关责任人被通报批评，并取消申请资格1~7年。

二、促进学术风气，秉承学者精神

（一）探索突破的精神

北宋著名理学家张载曾提出，学者的责任是"为天地立心，为生民立命，为往圣继绝学，为万世开太平"，一直是由古至今学者追求的最高境界。要做到其中的"立、继、开"，就要有一往直前、探索突破的精神。叶剑英元帅曾提出的"科学有险阻，苦战能过关"，也是这个意思。因此，作为当代白求恩学者，要学习和传承白求恩的探索精神，在和平建设的年代，能够继续深入钻研，勇于担当，不满足于已有的现状，不躺在功劳本上享福，把不断创新作为发展的源动力。

习近平总书记曾专门针对科技创新指出："纵观人类发展历史，创新始终是推动一个国家、一个民族向前发展的重要力量，也是推动整个人类社会向前发展的重要力量。创新是多方面的，包括理论创新、体制创新、制度创新、人才创新等，但科技创新作用十分显要。我国是一个发展中大国，目前正在大力推进经济发展方式转变和经济结构调整，正在为实现'两个一百年'奋斗目标而努力，必须把创新驱动发展战略实施好。这是一个重大战略，必须在贯彻落实党的十八大和十八届三中全会精神的过程中作为一项重大工作抓紧抓好[1]。"这也是我们新时代白求恩学者寻求探索突破的精神纲领和源动力。

（二）严谨细致的作风

西汉政治家、文学家和思想家陆贾曾说过"垂大名于万世者，必先行之于纤微之事"，西方管理学界有句谚语"魔鬼出于细节"，说的也是一个意思，细节决定成败。这与白求恩的求实精神也是不谋而合的。白求恩学者无论从事何种职业，无论从事哪个岗位，也都应该从小事做起，从我做起，兢兢业业，细致入微，这样才能把继承和发扬白求恩精神贯彻到实践中去，才能不断锤炼提高。

2014年3月9日，习近平总书记在中华人民共和国第十二届全国人民代表大会第

---

① 习近平. 中央财经领导小组第七次会议，2014-8-18.

二次会议参加安徽代表团审议时，对于推进作风建设，提出"既严以修身、严以用权、严以律己，又谋事要实、创业要实、做人要实"①。同年，习总书记指出"创新要实，就是要推动全面创新，更多靠产业化的创新来培育和形成新的增长点。创新不是发表论文、申请到专利就大功告成了，创新必须落实到创造新的增长点上，把创新成果变成实实在在的产业活动②"。

（三）勇于创新的胆魄

邓小平曾在《改革是中国的第二次革命》（1985年3月28日）提出"摸着石头过河"，这句话对于我们国家改革开放具有不可估量的作用，它焕发了社会主义市场经济体制的优越性，使国家经济进入了快速发展时期。这个"摸"就体现了邓小平开拓改革的进取心和胆魄。同样，继承和发扬白求恩精神极其重要的一点就是能发扬白求恩勇于创新的精神。

当今时代是处于知识经济时代和信息全球化时代，我们的生活方式日益加速，如果因循守旧，不思进取，不敢于争先，就要落后，而"落后就要挨打"承载着我们中华民族痛苦的历史。习近平总书记在全国科技创新大会、中国科学院第十八次院士大会和中国工程院第十三次院士大会、中国科学技术协会第九次全国代表大会指出，"如果我们不识变、不应变、不求变，就可能陷入战略被动，错失发展机遇，甚至错过整整一个时代③"。

（四）兼容并包的胸怀

秦国丞相李斯的《谏逐客书》提到"泰山不拒细壤，故能成其高；江海不择细流，故能就其深"。牛顿对于自己的贡献曾这样说："如果说我比别人看得更远些，那是因为我站在了巨人的肩上。"海纳百川，有容乃大。白求恩的工作同样离不开他的助手、护士以及许许多多的工作者来配合和帮助完成。如果白求恩没有兼容并蓄的胸怀，同样是无法完成的。

对于继承和发扬白求恩学者精神的当代白求恩学者来说，当今正是一个多学科快速发展并交叉融合的时代，只有用辩证、联系的观点，包容地看待问题，融合一切可以融合的智慧和力量，才能取长补短，博采众长。我们国家由习近平总书记提出并倡导的"一带一路"倡议和"建设人类命运共同体"就是要以兼容并蓄、求同存异的胸怀，和谐发展，促进共同进步。

三、践行学术精魂，形成学术传承

（一）诺贝尔奖台上的中国医学专家——屠呦呦

屠呦呦，著名药学家。1930年生人。1955年，毕业于原北京医学院，现为中

① 舒荟苹. "三严三实" 重要论述在高校辅导员工作中的实践[J]. 承德石油高等专科学校学报, 2018(4)：57—59.
② 中共中央文献研究室. 习近平关于科技创新论述摘编（一）[M]. 中央文献出版社，2016-01-01.
③ 习近平. 在中国科学院第十九次院士大会、中国工程院第十四次院士大会上的讲话. 新华社北京，2018-5-28电.

国中医科学院的首席科学家，中国中医研究院终身研究员兼首席研究员，青蒿素研究开发中心主任，博士生导师，诺贝尔医学奖获得者。屠老师在本科学习时就对植物学和药学产生了浓厚的兴趣。1969年，屠老师领导课题组开始承担抗疟药研究，艰苦的环境和多次的失败并没有使他们退缩，他们在古代中医文集和验方中得到启发，反复的探索和实践，终于在1971年研制青蒿素获得成功。在一系列奖励后，1992年青蒿素类新药——双氢青蒿素片获得新药证书并转让投产。她的团队同事描述，屠老师的时间全部投入给了工作，整天想的是如何再开发青蒿素。近些年来，她关注的青蒿素老药新用，有望在治疗系统性红斑狼疮方面得到应用。正是这样一位孜孜不倦、一心钻研的人，在博士学位、留洋背景和院士头衔加身的背景下，2011年获得美国拉斯克临床医学奖，2015年获得中国内地科学家首个诺贝尔医学奖，2016年获得了习总书记亲自颁发的国家最高科技奖。

（二）肾病领域的医学科技之星——陈香美

陈香美院士，我国著名肾脏病专家。1951年生人。1977年毕业于原白求恩医科大学医疗系，解放军总医院肾病专科医院院长，教授，博士生导师，中华医学会理事、中华肾脏病学会主任委员。2007年当选为中国工程院院士。陈院士在20世纪八十年代曾前往日本北里大学学习，获得外国人在日留学的第一个医学博士学位。本有优厚待遇留日工作的她，心系祖国，立志要将所学知识用以造福中国人民，因此毅然决然地拒绝了导师的挽留，回到国内。从一个仅有12张床位的小科室、一间小小的实验室到现在全军集临床诊疗和科学研究于一体的全军肾脏病中心、国家重点学科和国家重点实验室，承担多项973等国家科技项目并获得国家科技进步二等奖和军队科技进步奖等许多奖励和荣誉。陈院士经常说的一句话就是"八小时内出不了科学家"，她所领导的科室和实验室人员也会经常自觉地加班，做实验、查文献。

（三）普通外科领域的求索者——赵玉沛

赵玉沛院士，著名胰腺外科专家。1954年生人。1982年毕业于白求恩医科大学，北京协和医院院长，教授，博士生导师。2007年被授予"英格兰皇家外科学院荣誉院士"称号。2011年当选为中国科学院院士。2016年，赵院士当选为中国科学技术协会第九届副主席。赵院士多年来致力于基础和临床双结合，在国内最早采用腹腔镜技术进行胰岛素瘤切除术，主持多个科教部、国家自然科学基金项目进行胰腺疾病的研究，成为国内外胰腺外科医疗和科研的领导者，获得国家科技进步二等奖、中华医学科技一等奖等多个奖项，主持编写了《胰腺病学》《外科学》等多部专著。赵院士每日的工作时间均远超12个小时，他认为"如果你想成为一个好医生，就不能按8小时工作制来为自己的生活设限"，并且对于他来说，攻关解决难题就像登山一样，当历尽千辛万苦到达顶峰时，是最幸福最快乐的时候。对于学生，他认真要求，率先垂范，他认为"学生不会干的事，首先不是学生的问题，是老师的责任"。

（四）产妇新生儿的保护神——郎景和

郎景和院士，著名妇产科专家。1940年生人。1964年毕业于白求恩医科大学。中国医学科学院北京协和医院妇产科主任，教授，博士生导师。2011年当选为中国工程院院士。郎院士曾是中国第一代妇产科的专家林巧稚的学生和学术秘书，并赴挪威和加拿大研修妇科肿瘤。郎院士一直致力于临床诊疗和科学研究，主持国家级科研项目并获得国家、卫生部和教育部等科技进步奖项。他的爱人曾抱怨，他每周除了上班就是学术会议，甚至没有给孩子开过一次家长会。在科研上，他也极其认真，他的同事看见他大夏天和学生一起在做猪的实验，以保证自己能亲眼看到效果。他的另一个长项是文字，《一个医生的故事》就是他用文字生动活泼的描述行医的经历和感悟。得益于他早年担任过林巧稚的学术秘书，参与过林巧稚的学术科普，他也用自己的笔为多种报刊开辟科普园地并积极进行科普宣传工作。

（五）抗击癌症的医学卫士——赫捷

赫捷院士，著名胸外科专家。1960年生人，1984年毕业于原白求恩医科大学，中国国家癌症中心副主任，中国医学科学院肿瘤医院院长，教授，博士生导师。2013年当选为中国科学院院士。赫院士在美国俄亥俄医学院和印地安纳大学获得博士后，作为国内胸外科的唯一院士，多年来，他一直致力于胸外科疾病诊疗和食道肿瘤的规范诊治和研究工作。2009年，赫捷领导全国同行编写并出版了中国第一部《食管癌规范化诊治指南》和《中华人民共和国卫生行业标准——食管癌诊断标准》，得到了国家的肯定和大力推行。随后，他又主持了建立了食管癌规范化治疗的实时监控智能化网络平台，对食管癌患者的情况进行实时监控，有效地提高了患者的生存质量和五年生存率。多年来，赫院士发表了大量的科学论文，主持了许多的科研项目，他经常起早贪黑，没有休息日，但是他却乐此不疲，攻克一个又一个科学难题。在教导他的学生时，他曾说过："做学问就得有严谨认真的态度，实验的数据当然得精益求精，可以无数次验证，可以经得起别人的评判，经得起时间的检验，经得起科学的推敲。你可以做不出来，但不可以做得不准。"

第五章　践行使者白求恩

第一节　使者白求恩

一、使者白求恩的界定

（一）使者的定义

纵观古今，凡能被称之为使者的皆是英雄。古代的使者，首先是士，是有专业知识和某种技能的人，同时兼具顽强的毅力和不屈的气节。晏子折冲樽俎为大齐，苏武出使匈奴为西汉。使者从来都是智勇双全的志士，晏子的足智多谋，刚正不阿，为齐国昌盛，立下了汗马功劳；苏武的忠贞赤诚，坚毅不屈，对胡汉交好，可谓功勋卓著。张骞是史上第一位有影响的外交使者，促进汉朝与西域交往；而班超广善辩给，博览群书，为西域回归，民族融合，做出卓绝贡献。在中国五千年的历史中，使者扮演着一种至关重要的角色，除了上述志士，唐朝鉴真、王玄策和明朝郑和，都在我国历史的长河中闪耀着光芒，他们推动历史进步，促进文明融合，是历史的功臣。

翻阅《汉典》，人们对使者给出的定义是：受命出使的人，泛指奉命办事的人[①]。（见《礼记·投壶》："司射、庭长及冠士立者，皆属宾党；乐人及使者、童子，皆属主党。"）另一种释义是，"比喻带来某种信息的人或事物"。而在伊斯兰教中，使者还泛指受神的启示且负有宗教使命的人，即是受安拉之命向世人传播一神教教义的人。

从使者的三个含义中我们不难看出，在任何一个时代，任何一个领域，使者都是一个引人注目的群体，他们解决冲突，搭架桥梁，传播道义。或受命于君主，行走于国与国间，或非政权指令，追求自己的理想。而相同的是，他们都是在一种精神驱使下，实现一种事业向往与担当。使者精神，是正义与奉献，是责任与使命。

如果说，从前的使者，是为统治阶级或主流社会谋得时代需求的有识之士，更多以小国利益求大同，用单一领域的思想求得文明大统，仅代表那个时期的价值取

---

① 汉典. 使者[EB/OL].http://www.zdic.net/c/f/37/85427.htm.

向和道德标准，他们体现的，是不同国家对时代文明的多层次理解。现代，随着社会和历史文化的发展，人们对当代的使者有着更宽泛的认识，它依托于人类博大精深的文化传承，对其界定，已不仅仅要求其客观的驱使性和指令性，亦可凭借一副铮铮铁骨和一腔热血，将某种信息、信念，或者精神传递给人们，它更多是自发自愿自觉地去完成某种使命的活动，体现的是一种志愿性、服务性与无私性。使者，已变成一种专业精神和职业信仰。

白求恩就是这样一位使者，他在中国抗日战争期间，不顾安危，率领由加拿大人和美国人组成的医疗队来到中国，在抗日前线开展医疗救治，并积极筹建卫生学校培养医务人员，支援前线。他诠释的是一种人间大爱与和平使者的真谛，在特殊年代为医疗事业的发展，为我国抗日战争的胜利，做出了卓越的贡献。

白求恩的精神是伟大的，毛泽东同志曾给予了高度的评价。人们在谈论白求恩精神的同时，更多的谈论的是其国际主义精神，无私忘我的精神，仁心良术，救死扶伤的精神，其实这正是使者精神的体现，它传递一种信念和操守，一种大爱无疆的人类情感，是使者精神的行动外化。白求恩这个外援医生的使者精神，给当时灾难的中国注入一股正义的力量，也一直鞭策广大的医疗工作者，发扬忘我无私的医疗信守，传递光明与希望。

我们学习白求恩的使者精神，是引导广大医务工作者学做白求恩式的医生，义无反顾地完成医学事业使命，发扬无私奉献、志愿服务的中国特色社会主义精神。

（二）白求恩的使者界定

中国的抗日战争爆发后，我国著名的教育家陶行知先生先后奔走香港、法国、荷兰等20多个国家和地区，联合国际进步人士支持国内抗战。而白求恩医生就是陶先生在这次奔走中结识的国际友人。1937年7月30日，陶行知应邀参加美国洛杉矶医友晚餐会，恰巧加拿大共产党员、著名胸外科医师白求恩也在，当时，白求恩大夫是加拿大蒙特利尔皇家维多利亚医院胸外科主任。他曾在德、意法西斯武装干涉西班牙时，跟随加拿大志愿军到西班牙前线冒着生命危险抢救过伤员。当白求恩听说陶行知来自战火纷飞的中国时，深深地被其满腔爱国热情所感动，他毫不犹豫地向陶行知表示："如果需要，我愿意到中国去"。

白求恩从美国返回加拿大后，立即按与陶行知先生的约定展开工作，他向纽约国际援华委员会报名，并主动请求组建一个医疗队到中国北部和游击队一同工作。1938年3月末，他率医疗队不远万里到达了革命圣地延安，不久便转赴晋察冀边区工作。白求恩大夫以精湛的医疗技术，为中国的抗日军民服务，培养了一大批医务工作者，为中国人民的解放事业作出了卓越的贡献，直至献出宝贵的生命。

作为一名外籍医生，白求恩是一位使者，是共产国际派到中国抗日战场的一名特殊战士，他带着使命，悉心致力于改进中国部队的医疗工作和战地救治现状，降低了伤员的死亡率和残废率，挽救了那些无辜的生命。他把军区后方医院建为模范医院，提高医护人员的医疗水平，组织制作医疗器材，传授救治知识，编写图解手册，想尽办法帮助中国人民，在艰苦卓绝的抗战中，和中国人民一起，为挽救民族危亡，并肩战斗。

作为一名共产党员，白求恩自觉请命，主动放弃了本国优越的工作环境和生活环境，来到充满硝烟的抗日战场，自觉自愿地加入了这场反对法西斯的战斗中，最后献出生命。这种自觉自愿，是胸怀大志，心藏大爱，是对生命有守护有尊重，对和平有期待有向往①。

白求恩逝世后，毛主席在《纪念白求恩》中说道："我和白求恩同志只见过一面，对于他的死，我是很悲痛的。现在大家纪念他，可见他的精神感人之深。我们大家要学习他毫无自私自利之心的精神。从这点出发，就可以变为大有利于人民的人。一个人能力有大小，但只要有这点精神，就是一个高尚的人，一个纯粹的人，一个有道德的人，一个脱离了低级趣味的人，一个有益于人民的人。"

毛泽东在《毛泽东选集》第二卷中还写道：一个外国人，毫不利己的动机，把中国人民的解放事业当作他自己的事业，这是国际主义精神，这是共产主义精神。表现在他对工作的极端的负责任，对同志、对人民的极端的热忱②。

159

1998年，加拿大医学名人纪念堂也正式接纳了白求恩；2004年，加拿大广播公司评选"最伟大的加拿大人"，白求恩被评选为第26位伟人。白求恩在征服"死亡"威胁过程的坚强毅力，处处为他人服务，为医疗社会化而不懈奋争的精神，使白求恩的使者行为，泛化成一种行业精神，已成为那些不计个人安危，无私为他人服务的群体的一个响亮的代名词。

（三）使者白求恩的内涵

白求恩身上所具备的使者和志愿者的双重身份，使"使者白求恩"，已经固化成一个独特的群体名词，它从白求恩这个个体中派生出来，把使者和志愿者有机结合，早已超越了人们最早对使者的理解。人们把那些具有医疗专业优长，在危难时刻挺身而出的医务工作者，称为白求恩式使者。他们仁爱贤善，致力于呵护和守卫人类生命的健康，怀着对生命的敬畏与珍爱，为人类预防与治疗疾病，为恢复病患健康无私地奉献。正是因为这种奉献，使人们对医护工作者有着"健康使者"、"白衣使者"的赞誉，它饱含着对医务工作者的感恩与感激，也更加突显出广大医务工作者存在的现实意义。

白求恩式的使者被赋予一个神圣的名字——使者白求恩。其深厚的内涵富有大爱，这种大爱是无疆的，是国际的、共产主义的、和平的、医学的，传承的，这些内化在其中的含义，使"使者白求恩"，成为白求恩精神中的一种具体呈现，是对白求恩精神的继承和发扬，是白求恩精神在新时代的深化和发展。

① 白求恩医科大学校史编委会. 白求恩医科大学校史（1939—1989）[M]. 四川人民出版社, 1989: 5.
② 《毛泽东选集》第2卷（人民文学出版社1991年版）.

使者白求恩，将使者的使命感与志愿服务的无私性，体现在一次次医疗志愿服务之中，它倡导的是人类为共同利益而开展的更广泛的经济和政治的合作运动，它主张活动应考量全世界人类的状况，要跨越国界，突破人种，将大爱放在一种更大的范畴中。

使者白求恩不仅仅是指那些忙碌于医学事业机构中各级医院、疾控中心、体检中心、社区医疗服务中心等一线医护人员，更多的是指那些人类遇到重大灾害及突发公共卫生事件时，秉承仁心良术，自觉自愿前往一线的医务志愿者。

突发的公共卫生事件，是指那些已经发生的，或者可能发生的对公众健康造成或者可能造成重大损失的传染病疫情及不明原因的群体性疫病。其中也包括重大食物中毒和职业中毒，及其他危害公共健康突发的公共事件。这些事件所具有的时间突发性、成因多样性、传播广泛性、危害复杂性等特点，使突发公共卫生事件对百姓健康、地区发展、社会稳定造成了巨大危害，更显出使者白求恩群体的重要，近年的"SARS"事件、"汶川地震"等都属于这类事件，在这些突发公共卫生事件的现场上，有无数"使者白求恩"无私奉献的身影，他们为受难者解痛，为病患家属解忧，是突发事件时最前沿的卫士，是挽救生命的天使。

二、使者白求恩的历史生成

（一）幼年成长与医生职业理想的确立

白求恩生长于一个宗教气氛浓厚的医师家庭，父母是著名的传教士，虔诚的基督教家庭背景，使白求恩在小小的年纪就形成了浓厚的宗教情怀和丰沛的人文情感，但白求恩的家庭生活并不富裕，父母供不起他们兄弟上学，生活的艰辛使他在中学期间就卖过报纸、在食堂当过招待员、做过轮船烧火、报社兼职记者和乡村小学教师。1911年，白求恩在阿尔戈马区丛林里当了一年的伐木工人，并为移民工人补习英语和文化课，这使他结识了生活在社会最底层的工人群众。后来他在给弟弟的信中写道："我和工人们有了共同的语言，和他们在一起，我感到青年人的轻浮在我身上显著减少，我学会思考关于'社会'这个字眼了。"这些经历，奠定了白求恩为广大劳苦大众服务的思想基础[①]。

白求恩的曾祖父是著名的医生，他在加拿大蒙特利尔市建立了该市第一个基督教长老教会，祖父是多伦多市三一医学院的创办人之一，也是有名的外科医生，他们对医学事业的严肃态度和顽强探索精神，深深地影响着白求恩，少年时代，白求恩就常以他们为自豪，立志成为一名医生，1909年他考入了加拿大多伦多医学院，毕业后拿到了博士学位，实现了自己的理想。

（二）军旅生活与顽强意志的养成。

1914年9月8日，白求恩中断了学业，加入加拿大军队。他在加拿大第一师担任

---

① 冀军梅等. 白求恩的故事[M]. 河北教育出版社, 2005.

救护队担架员，亲眼看见了法国境内的战斗。6个月后，在伊普瑞斯（Ypres）的第二次战斗中，他伤了腿，在英国治疗了3个月后返回了加拿大。早期的军旅生活是艰苦的，面对战场上满脸是血的伤员，他意识到战伤救治工作的重要，坚定了他深入学习医学，践行医务工作者的使命。几年后，赴英国爱丁堡皇家医院进修，1916年毕业后再次到军中服役，被任命为中尉军医，在英国海军工作。在停战前6个月，白求恩由英国海军调到了加拿大空军，并作为加拿大空军的军医一直在海外服役直至战争结束。获准退役时，他正驻扎英国。战争让他认识到帝国主义腐朽的本质，为他成为一名医疗使者奠定了基础。

（三）反法西斯意志与医疗救助道路的开辟

白求恩公开反对德国、意大利和西班牙的纳粹主义和法西斯主义，当"加拿大援助西班牙民主委员会"（Canadian Committee to Aid Spanish Democracy，CASD）要求他率领一支医疗队前往马德里时，白求恩欣然同意了。从那时起，他成为一名全职的军医，开始成为志愿反法西斯的一名医疗斗士。特别是1937年10月，白求恩听说，以纽约为基地的"援助中国基金会"和孙中山夫人的"保卫中国同盟"正在寻找志愿义务人员，以帮助中国人民抵御日本法西斯的侵略。白求恩得知后于12月前往纽约报名参加。1938年1月，他与护士简·伊文小姐以及大批捐赠的药品和物资离开了温哥华，前往中国。在一封写给他前妻的告别信中，他这样写道："西班牙是我心头的一块伤疤……西班牙和中国为同一个目的而战斗，我去中国，因为那儿最需要我，在那儿我可以发挥更大的作用"[①]。爱好和平的理想，和坚定的反法西斯信念，为他未来成为一名优秀的医疗使者，提供了内在的精神保证。

三、使者白求恩的志愿性

（一）志愿性的内涵与特点

志愿在《辞海》中解释是期望和愿意，唐赵元一《奉天录》卷一中录："郭曙与家仆数十人，於苑中猎射。闻跸，伏谒道左。上宣劳之。志愿翊从，上许之。"其中的志愿就是这一层意思。志愿在《辞海》里的另外一层含义是指人的志向和愿望。嵇康曾在《与山巨源绝交书》中写道："今但愿守陋巷，教养子孙，时与亲旧叙阔，陈说平生，浊酒一杯，弹琴一曲，志愿毕矣。"表明了其淡泊名利，恬静旷达的心志。当代作家巴金也在小说《家》中描写道："只要使弟妹们长大，好好地做人，替爹妈争口气，我一生的志愿也就实现了。"可见，志愿暗含着人在某一方面的决心和方向，也饱含人对一某事物美好的期待和设想。

志愿者（volunteer）一词来源于拉丁文中的"voluntas"，是指自愿贡献个人时间和精力，在不计物质报酬的前提下，为推动人类发展、社会进步和社会福利事业提供服务的人。志愿性服务（volunteer service）则是任何人自愿贡献时间和精力，

---

① 乔振琪. 白求恩——伟大的革命, 伟大的精神[N]. 中国报道, 2009, 11.

在不为物质报酬的前提下；为推动人类发展、社会进步和社会福利事业而提供的服务①。随着现代志愿服务理念的形成，志愿者精神得以广泛的传播和普及，志愿性服务已是目前国际社会最普遍流行的服务方式，它在全球范围内更深层次地推进了国际文化的交流与融合，展示了全球化历史背景下一种新的公民社会价值旨向和文化承载。

志愿性服务最早可以追溯到古罗马或更早时期的宗教慈善性活动，真正起源于19世纪初期的西方国家宗教性慈善服务，一些国家率先动员和征募了志愿人员从事社会福利的有关工作。到了19世纪末至20世纪初，欧美社会福利事业快速发展，很快通过了一系列的法案，在依靠职业化的社会工作者之外，还征募大量的志愿人员，并得到政府的重视和鼓励。

第二次世界大战爆发后，志愿性服务进一步发展，共产主义人士、社会各界人士纷纷发起各阶级志愿支援反法西斯战争，白求恩大夫就是在这种情况下来到中国的。随着二次世界大战的结束，西方志愿性服务领域扩展到社会生活的各个层面，大批志愿组织如春笋般相继产生，志愿性服务扩展为广泛性的社会服务，并逐步走上组织化、规范化、社会化的轨道，成为调整社会结构与社会关系的重要力量。带有持续性、交互性的社会化特点。在组织形态上展现最基本的原则是人的"自愿性"，并有充分的民间性、非官方性的自主特征。志愿性服务在伦理学意义上的核心是爱心善怀、道义美德，无论是和平时期的热心帮扶，还是危难时刻的慷慨救助，志愿性服务都彰显了人类社会恒久鲜活的人性光辉，在大的灾难祸患面前，这种不屈、坚毅、美好的人性之本，更得以激励和张扬，并在世界范围内广泛传承。

志愿的自主权益体现了人的多方发展需求，包括自我意愿、自我价值的追求，对物质的有效抑制或理性的缓解②，志愿性服务所彰显的志愿性、公益性、公民性等特征，已成为衡量一个国家和地区社会结构及其文明程度的显著标志。

（二）与使者的辩证关系

我们上文曾经论述到，使者是为人们带来某种信息或传递某种精神的人或事物，本身具有传递、输送的特点；而志愿性服务具有公益性、自愿性、无偿性和组织性的基本特征，包含着奉献、友爱、互助和进步，提倡欣赏他人、与人为善、平等尊重、助人自助，并通过参与志愿性服务行为，提升个人能力和促进社会进步。这二者在内涵上有着深层融合和联系，使者，带着使命出发，为了完成使命竭尽全力，他内心需要承载着一份神圣的使命感，在这份使命感的暗示、鼓舞下，为完成它而不懈努力；而志愿性服务以甘愿、奉献为本，服务人民和社会，更需要一份不辱使命的责任感支撑，需要一种无私奉献的志气与心愿。但使者带着一定的目的和责任完成自己的使命，在一定意义上有利益的驱使，而志愿性服务则将以实现个人

① 360百科. 志愿服务[EB/OL].http://baike.so.com/doc/6755355-6969 938.html.

② [德]马克斯·韦伯. 新教伦理与资本主义精神[M]. 三联书店, 1987.

利益或本组织利益为根本目的进行各类活动，二者又有区别。

白求恩带着抗击反法西斯的光荣使命，放弃个人利益，志愿投身于反法西斯战争前线，体现了一个共产主义使者无私奉献、志愿服务医疗事业的精神。白求恩精神是使者和志愿服务完整统一的体现，其内在的精神历经传承与发扬，将使者的使命感与志愿服务的无私奉献相结合，使者白求恩精神，具有使者和志愿服务的双重含义。

（三）使者白求恩精神的时代需求

1.完成医学的崇高使命，需要使者白求恩精神

我国医学学生入学誓言中写道，"健康所系、性命相托！当我步入神圣医学学府的时刻，谨庄严宣誓：我志愿献身医学，热爱祖国，忠于人民，恪守医德，尊师守纪，刻苦钻研，孜孜不倦，精益求精，全面发展。我决心竭尽全力除人类之病痛，助健康之完美，维护医术的圣洁和荣誉。救死扶伤，不辞艰辛，执着追求，为祖国医药卫生事业的发展和人类身心健康奋斗终生！[①]"医学的誓言里，本身就带着崇高的使命感，从事医疗服务的人，就必须有慈善为怀和病人为本胸怀，当一个人决定成为一名医生时，就注定被赋予了一种精神，这种精神逐渐变成一种信念理想，指导他们完成蜕变，成为一名合格的医生，践行使者白求恩精神，是医学事业对医务工作者的根本要求，是完成医学崇高使命感的时代需要。

2.构建共产主义理论体系，完善中国特色社会主义医疗事业，需要使者白求恩精神

《共产党宣言》的发表，标志着科学社会主义理论体系的诞生，它将中国人民引向了革命的道路，也将一大批像白求恩大夫这样的国际主义战士，坚定地走上反法西斯的道路。现今，共产主义思想已成为具有中国特色的社会主义理论体系，它不断指导中国社会主义现代化的建设进程，党和政府围绕精神文明建设领域的相关问题进行多次探讨，对新时期宣传思想文化和精神文明建设工作作出重要部署，践行社会主义核心价值观，弘扬使者白求恩精神，使践行使者白求恩，成为新时期建设中国特色社会主义医学事业的重要内容。

3.使者白求恩是医学事业迅猛发展的要求

当今社会，医疗技术的日新月异，医学模式的与时俱进，医学教育的深入改革，使医疗服务有了新的要求。信息时代里的医院就像一个完整的人体，职能科室、临床科室如骨骼，人力、物资如血液，政策信息如神经；患者需求是刺激源，服务患者是生命线，医学誓言作为中枢神经系统，使者白求恩的使命和志愿精神就成了医学发展的命脉。生命科学的进步使得人们对健康的需求越来越高，人们对于医务工作者也有了更多的要求，医者不仅要掌握先进的医疗技术，更需要全方位提高自身素养，弘扬白求恩精神，成为新时代背景下卫生事业发展的重要保障。

---

① 云峰.国家教委高教司医药处1991年九项工作重点[J].中国高等医学教育，1991（1）.

4.使者白求恩是缓解当前医患矛盾的需求

当前的社会背景下，紧张的医患关系需要我们用"以人为本"的奉献精神，回归人文本质。人们对健康需求的更高和医疗资源的缺乏及现行医疗体制的矛盾，日渐激烈，医患相互戒备，甚至防御性医疗开始出现，有专家曾对全国10个城市4000名住院患者进行问卷调查，发现48%的患者对医生或医院最不满意的就是"不负责任"，其次有"态度冷漠""技术不过关"等[①]。这些问题的大部分原因可以归结于医学人文的失落，医师职业责任感的缺失。这一方面要求医疗体制进一步进行改革，另一方也需要医疗工作者深入弘扬和践行使者白求恩精神，使医者全面提升服务，这也是我国医学人文精神的重要内容，从而更好地以多元化的志愿服务完成医者的使命。

第二节　白求恩使者精神

1938年1月，白求恩来到中国，他被中国共产党及中国人民热爱祖国、反抗侵略的斗争精神，和团结互助、无私无畏的崇高品德深深感染，晋察冀边区艰苦的战斗经历也进一步锤炼了他，使他懂得，如何使自己成为一个更高明的外科专家和不屈的战士，成为更加坚强的共产党人。

他说："我万分幸运，能够来到你们中间，与你们一起工作"。他在逝世前一天给聂荣臻司令员的信中写道："最近两年是我平生最愉快、最有意义的时日。"[②]中国共产党领导的抗日战争，成为白求恩精神形成的源头，是他成为一名医疗使者的精神源泉。

一、使者白求恩的精神源头

（一）受命出使，不辱使命

1935年10月，诺尔曼·白求恩加入加拿大共产党之后，"加拿大援助西班牙民主委员会"要求他率领一支医疗队前往西班牙马德里，他欣然同意，从此，白求恩成为一名正式的全职军医。

1936年10月29日，带着大批捐赠的医疗物品，白求恩到达了西班牙，去帮助正在与弗朗哥将军战斗的西班牙人民，很快人们就领略到了白求恩大夫的医术，充分肯定他对人们的贡献，欣然授予了他少校军衔。这使白求恩受到巨大的鼓舞，为

① 孔祥金，杜治政，赵明杰，等. 医学专业精神的核心：医师执业责任感——全国10城市4000名住院患者问卷调查研究报告之二[J]. 医学与哲学，2011，32（3）：10—15.
② 白求恩医科大学校史编委会. 白求恩医科大学校史（1939—1989）[M]. 四川人民出版社，1989：5.

人民做事，为苦难的民众做事，是他执着追求的愿望。在那里，他利用了许多调价差的军队医院，进行血液筹集，并将血液运送前线，展开输血治疗，最大限度地减少无数战士的伤亡。白求恩还利用在巴黎和伦敦的短期旅程，求得资助，寻找到设备，建立了一个由他指挥的流动军用血库，并发展了大量的志愿献血者，截止到1936年底，志愿献血者人数已经达到1000人之多[①]。

无数的医疗实践中，白求恩清楚地发现，各国医疗制度和医疗现状并不合理，也不平等，特别是在加拿大当时那种不合理的社会制度下，医疗药品实际上"就是一种奢侈品的买卖"，"人民的健康没有保护"。"穷人有穷人的肺结核，富人有富人的肺结核，富人复原而穷人死亡。"这种不公平的待遇，既让白求恩极度愤慨，也激发了他为大多数劳苦大众求得幸福的决心和渴望，他决心寻找方式改变这种不合理的现象，使生者平等，贫富同然。他不断地辗转于各国战场，利用各种可行方式，为战争中忧苦万端的百姓解难，悉心进行救护。

1935年8月他应邀去苏联参加国际生理学大会，从苏联先进的社会主义制度对人民医疗事业的巨大促进上，他看到了医务工作者真正的出路。此后，他又参加了西班牙反法西斯主义的正义斗争，并公开发表演讲揭露法西斯的暴行。一个国际共产主义者的思想和行为开始显现，他决心以自己精湛的医疗技术，为世界大多数人谋利益，从此，使者精神初步萌发。

（二）服务民众，无私奉献

白求恩成为一名无私奉献的外科医师的信念，从未动摇。他多才多艺，曾在法国，利用业余时间绘画和雕塑，出售作品以补充津贴。1935年加入了共产党后，更是将共产党人为大多数民众谋福利的理想信念融入自身的行动中，他不计报酬，悉心致力于医疗体系改革运动，得到蒙特利尔"人民健康与安全协会"的资助。在担任胸外科主任期间，他经常为患结核病的穷人看病，无偿为他们买食品、衣物和药品。他极富同情心，经常说，他们死了，我的一部分也随他们去了。甚至开始批评他的同事没有尽力帮助那些患结核病的穷人，也曾经一度受到了同事和同行的排挤，但是他并不停止。

白求恩是一个诚实的人，他从不捞取政治资本，低调做人，高调做事，他说，他加入加拿大共产党，并不是为了实现自己的共产主义理想，而是为了尽一个医生的职责，救死扶伤，特别是救助那些无产者。这种朴素的愿望，使白求恩从骨子里就种下了慈悲的种子。白求恩的外甥女贝蒂曾回忆说："舅舅加入共产党的一个原因就是为了医疗事业，因为当时富人和穷人在接受治疗时完全是两种境遇，他对此很烦恼。穷人经常承担不起医疗费用，而他认为每个人都应得到国家提供的药物和治疗，此时的白求恩，虽然没有认识到自己的行为已经是一名共产主义战士，其医

---

① Franco A, Cortes J, Alvarez J: The Development of Blood Transfusion: the Contribution of Norman Bethune in the Spanish Civil War(1936—1939), Canadian J of Anaesthesia 1996, 43(10): 1076—1078.

者仁心，无私奉献的精神，早已成就了他价值观体系的雏形，为他日后践行使者精神，奠定了坚实的思想基础。

（三）志愿服务，执着事业

志愿服务，对事业无比忠诚，是他成为医疗使者的信念驱使。白求恩志愿服务在中国的目的地是八路军在延安的总部。当他离开祖国，奔赴延安途经武汉时，见到了周恩来。周恩来建议他去前线之前先休息一下，适应一下中国的乡村生活。白求恩大夫不顾忠告，经过长途跋涉继续前往目的地。经过10周的艰苦旅程，他们终于在3月31日到达延安。

尽管在途中多数药品物资损毁，他和同伴一路上仍救治了不少伤病员。白求恩被正式任命为八路军医院外科主任和晋察冀军区的医学顾问。很快，他就将一所医疗条件差的后方医院重建成一家模范医院，施行严格的医疗护理操作规范，并协助建立了我党第一所卫生学校并担任校长，培养了一批又一批医学战士与医学人才，为我国医学事业做出了突出贡献。

他还坚持对医务工作者进行定期培训，因此工作更加繁忙。在日记中，白求恩写道"我们现在有2500名伤员，这占满了我们的后方医院……无论请来多少外国医生，都不可能替代受过训练的当地人。"

在回加拿大之前，白求恩开始对下面一些医疗队的工作进行巡回检查，战地指挥员非常高兴。考虑到他即将回国旅行，聂荣臻将军曾试图阻止他去前线，但是没有成功。当战场上的士兵听说白求恩要到他们中来，他们欢呼了起来。白求恩再一次投入流动医疗队工作。药品供应非常少，由于缺乏橡皮手套，白求恩不得不赤手做手术。1939年10月28日，在给一位士兵做手术时，他割破了自己的手，并继续给伤员手术。白求恩伤口感染，持续高烧，并发展成败血症。他拒绝离开前线，在一位指挥官的命令下，白求恩被用马匹和担架抬离了前线。1939年11月12日，在黄石口村等待转移时，白求恩在一位农民家中去世，他为了中国人民反法西斯战争贡献出自己伟大的生命。白求恩对事业的忠诚，是他使者精神的行为体现。

（四）顺应潮流，服务社会

白求恩奔赴各国战场时，正值世界反法西斯战争的斗争高潮，世界正义的声音一浪高过一浪，日德法西斯在战争中节节败退，人们对和平与健康的无比渴望，让一大批像白求恩这样的仁人志士成为国际主义战士，他们以和平为理想，以美好生活为愿望，带着拯救人类苦难民众的崇高信念，无私地服务社会，这是时代发展对人类发出的呼唤，而白求恩的使者精神，是时代对人类提出的迫切的客观要求，他开始带领着医疗队到战斗前沿进行治疗，经常拿出自己的食物、衣服分给那些他治疗过的穷人和当地的村民，有时还用自己的薪水给大家买日用品。为了筹款，白求恩还亲自回了一趟加拿大，呼吁上层人士捐款到灾区建立学校和医疗救助，他将自己的爱与慈悲转化成一种服务于社会的责任和使命，是他使者精神的动力和源泉。

二、白求恩使者精神体现

（一）不畏困难，奋斗在前线

白求恩的使者精神体现在他坚定理想，不畏困难，始终奋斗在战争的最前沿。在中国人民最需要帮助时，他毫不犹豫地放弃了自己在国内的舒适生活，义无反顾地来到中国，他把中国人民的解放事业当成自己的事业，在充满艰辛和危险的反法西斯战场上，诠释生命的意义。"你们和我们都是国际主义者，没有任何种族、肤色、语言、国界能把我们分开"。"反抗法西斯是我们共同的任务，我们来中国，不仅是为了你们，也是为了我们。"这是白求恩来到中国后，向人们多次袒露的心声。当时的中国，生活艰苦，缺医少药，无论是生活和工作条件都极其简陋，白求恩没有被困难住，迅速地利用现有的条件开展工作，他的手术台，就曾经安在离前线五里地的村中简陋的小庙里，大炮和机关枪在平原上咆哮着，敌人的炮弹落在手术室后面炸开，震得小庙上的瓦片格格地响。白求恩大夫却在小庙里紧张地动着手术。他不肯转移，他说："离火线远了，伤员到达的时间会延长，死亡率就会增高。战士在火线上都不怕危险，我们怕什么危险？"两天两夜，他一直在手术台上工作着，直到战斗结束。

（二）一丝不苟，精于业务

1933年初，白求恩任加拿大蒙特利尔圣心医院胸外科主任，开始了胸外科医生生涯，从医期间他发明、改进了多种医疗仪器，为提高医疗质量大胆探索，与传统医德的紧密结合，使白求恩精神得到升华，此后3年里，他在伦敦的几家医院担任外科巡诊医士，后师从加拿大"肺部手术之父"爱德华·阿奇博尔德，担任加拿大蒙特利尔皇家维多利亚医院主治医师5年多。他一生他致力于医疗事业，对技术精益求精。白求恩是一位善于用科学技术向人类生命之敌和民族独立之敌作斗争的医生。他一生拥有许多发明创造，特别是在中国抗日战场上，他针对医疗条件和救护经验都十分缺乏的情况，着力进行了四个方面的创新，即创新战地救援理念、创新医疗技术，创新救治模式、创新医院管理。毛泽东同志高度评价了他对技术精益求精的精神，并告诫大家对照反思："这对于一班见异思迁的人，对于一班鄙薄技术以为不足道、以为无出路的人，也是一个极好的教训。"

这些在延安工作时发明创新，不仅包括理论上的，也包括许多实际工作中遇到困难时的土方法，土工具。他利用自己的知识创造和发明的那些小器械，在其他医疗同行看来，简直不可思议。延安医疗条件差，战争时期由于人手有限，无法在手术中配置更多的助理，白求恩就发明了铁制"助理医生"。这种铁制的装置像一个架子，可以固定在手术台上，利用机械扳手的原理，把人的肋骨辅助翻开，这样可以节省1～2名助理医生。他发明的肋骨剪是白求恩修鞋时产生的灵感。有一次白求恩去修鞋，鞋匠完成最后一道工序时，不用把鞋翻开，就能把剪子伸进去把里面的线剪断。白求恩想，要是能把这把剪子用在手术中，就不需要把胸腔翻开，再剪缝合线或是肋骨，只要用手摸到了，用剪刀"咔"的一下就能剪断。于是，肋骨剪诞生了。"卢沟桥"药驮子是白求恩的另一个创新，游击战忽东忽西，医院的药械装备搬动极不方便。白求恩带领医疗队到了河北冀中时，时值春耕时节，河北农民用毛驴向耕地送粪的粪驮子又好装又好卸，引起了白求恩的兴趣。白求恩马上联想到可以用粪驮子的原理，做一副箱子，放在驴背上搬运药械。白求恩发明的这副药驮子正好可以放下一套手术器械，取下后放在地上，上面放一块门板就是手术台，非常方便。一天清晨，白求恩听到民兵们在唱"卢沟桥"小曲，觉得这个名字很有意义，于是就给他的药驮子取名叫"卢沟桥"。这种药驮子一直用到解放战争，进了大城市。药驮子的原件现保存在中国人民革命军事博物馆。白求恩回到冀西山地参加军区卫生机关的组织领导工作时，又提议开办卫生材料厂，解决了药品不足的问题；他还创办卫生学校，为八路军培养了大批医务干部，为了提高八路军医疗队伍的整体水平，他还编写了《游击战争中师野战医院的组织和技术》《战地救护须知》《战场治疗技术》《模范医院组织法》等多种战地医疗教材。并将自己的X光机、显微镜、一套手术器械和一批药品捐赠给军区卫生学校。白求恩无论在加拿大还是中国，他一生挚爱医疗事业，致力于拯救病人，救死扶伤，这种无私奉献的使者精神，促使他在任何条件下，都能将心智发挥到极致，做出最出色的成绩。

（三）毫不利己，专门利人

白求恩是一个纯粹的人，他致力于自己终生追求的事业，毛泽东曾对他高度评价：毫不利己，专门利人。

白求恩到达前线后不久，毛泽东亲自给聂荣臻发电报，指示每月付给白求恩100元。白求恩当即给毛主席写了一封信："敬爱的毛泽东主席，来电敬复如下：我谢绝每月百元津贴。我自己不需要钱，因为衣食等一切均已供给……"

白求恩的战友、原北京军区总医院原副院长张业胜说，在1938年抗日战争初期，这100元津贴还是不少的。当时八路军官兵一律实行供给制，发给每人每月的津贴费最低是1元，最高是5元。但卫生技术人员的津贴费比军政人员多一倍，当然都是晋察冀边区票，但是白求恩却不讲这些，他认为他做的事儿是他的分内事，不应当也不愿意搞特殊化，他跟大家同吃同住，一点都不像个外国人。当时从前线回来的人说到白求恩，没有一个不佩服，没有一个不为他的精神所感动。晋察冀边区的军民，凡亲身受过白求恩医生的治疗和亲眼看过白求恩医生的工作的，无不怀念他。

三、白求恩使者精神实质

（一）履行誓言的责任心和荣誉感

无论是作为共产党员还是作为医务工作者，在宣誓的那一刹那，内心是充满神圣的，充满了自豪感和崇高感。在白求恩身上，对医疗卫生事业的执着追求，不是虚渺空泛的口号，而是自觉和一贯的行为。

纵观他的一生，无私奉献是他勇于为理想牺牲一切的真实写照。为医疗事业和共产主义理想奉献出了无限忠诚，体现在他对信仰的坚定性，为中华民族的独立和解放奉献出宝贵生命，体现在他追求和平正义的执着性。

作为一代名医，他总是以天下苍生为第一牵挂，即使1926年在他身患肺结核面临死亡的时候，仍想到的是"富人复原而穷人死亡"的命运，全身心地同肺结核进行斗争，终于解决了一个多世纪以来使医学感到棘手的难题；作为八路军的一员，他总是以同中国人民并肩战斗为最大快乐，即使在最困难的时候，他仍热烈地表示"我在此间不胜愉快，且深感我们应以英勇的中国同志们为其美丽的国家而对野蛮搏斗的伟大精神，来解放亚洲。"正如原国家名誉主席宋庆龄对他的评价："白求恩同志一生曾在三个国家生活、工作和斗争——在加拿大，他的祖国；在西班牙，各国高瞻远瞩的人士曾成群结队地去那儿参加人民反抗纳粹主义和法西斯主义的黑暗势力的、第一次伟大的斗争；在中国，他曾在这里协助我们的游击队，在日本法西斯军人自以为已经被他们征服的地区，夺取并建立了民族自由与民主的新根据地，并且协助我们锻炼出最终解放全中国的、强大的人民军队。在一种特殊的意义上，他属于这三个国家的人民。在更广泛的意义上，他属于和对国家对人民的压迫进行斗争的一切人。"

而作为一名共产党员，信念和理想的力量更是激励他坚守誓言的动力源泉。身为一名为实现共产主义理想而奋斗的无产阶级战士，他内心有对实现这个目标而产生一种荣誉感的渴望。按照马克思主义理论，共产主义是整个社会生产力和物质财富极大增长的社会，是全体人民的思想觉悟和道德品质极大提高的社会，是实行各尽所能、按需分配的社会，是消灭了私有制、消灭了阶级和阶级差别的社会，是国家作为无产阶级专政的工具完成了自己的历史使命而趋于消亡的社会①。这种社会，正是白求恩理想中最完美的社会。他一生主要是作为国际共产主义者和反法西斯战士而存在的，白求恩一生不带任何利益驱动，能够驱动他生命像火一样燃烧的，是国际共产主义事业，在他心目中，全人类的解放比自己的生命更重要。哪怕是他所参加的西班牙反法西斯斗争最后失败了，也丝毫没有动摇他为国际共产主义事业奋斗的信心和决心，又不远万里来到中国共产党领导的解放区战场，同中国人民一起战斗，直到生命的最后一息，真正做到了为了理想鞠躬尽瘁，死而后已。

（二）敬畏生命的慈悲心和责任感

生命之脆弱，在白求恩所在的战争年代更为严峻，人类的发展与传承，是整个人类全体需要肩负的重任。白求恩作为一个医疗工作者，一直觉得责任重大。他把救死扶伤视为医生的最高道德标准，认为"医务工作者必须成为传统的、一贯利于他人的人类健康的捍卫者"；他以造福人民为神圣职责，提出"到人民中间去，把

---

① 马克思恩格斯文集（第2卷）[M]. 人民出版社，2009：53.

医药直接送给贫民，取消挂牌行医，改变整个医疗制度，到每幢房屋里去，到每个农庄去，挨家挨户，把医药送到最需要的人们那里去"；他坚决反对把医疗技术作为谋取私人经济利益的商人行为，主张"把盈利、私人经济利益从医疗事业中清除出去，使我们的职业因清除了贪得无厌的个人主义而变得纯洁起来。"由于对医生职业的强烈使命意识，他一贯真心实意地、竭尽全力地、坚持不懈地为人民排难解忧，一贯坚持运用技术去增进亿万人的幸福而不是用技术去增加少数人的财富，以满腔的热忱和自己的生命，谱写了全心全意为人民服务的壮丽诗篇。

对事业的忠诚和无私忘我的精神，使他对工作有着高度的责任感，在战争年代极其艰苦的条件下，他做到了人们所不能想象到的工作。根据医治战伤的经验，要避免创伤感染，缩短治疗时间，在24小时内为伤者施行手术是最可靠的办法，为此他提出了一个具有历史意义的观点和口号，那就是"医生坐在家里等着病人来叩门的时代已经过去了。我们要到受伤的人那里去，不要等受伤的人来找我们"，并亲自带领医疗队在炮火下抢救伤员。由于手术及时，使75%的伤员得以复原。他不仅从认识上而且在行动上真正把伤病员视为亲人，由此他为医务工作提出了一句划时代的名言，那就是"你必须把每一个病人看作是你的兄弟，你的父亲，因为实在说，他们比父兄还亲——他是你的同志"，并身体力行，将真挚的情和爱奉献给伤病员。当一位股动脉大出血伤员生命垂危急需输血时，他毫不犹豫地说："输血救活一个战士，胜于打死十个敌人。我是'O'型，万能输血者，输我的。"300毫升的鲜血输入一个战士身上，三个星期后伤员恢复了健康。

白求恩做人行医的定位就是一切为了人民健康。白求恩以一个伟大国际共产主义战士的远大视野，深深懂得："一个医生、一个护士、一个护理员的责任是什么？只有一个，那就是责任，就是使我们的病人快乐，帮助他们恢复健康，恢复力量。"他曾郑重地提醒医务人员做到："让我们不要对人民说：'你们有多少钱？'而是说：'我们怎样才能为你们服务得最好。'我们的口号应该是：'我们是为你们的健康而工作的'。"为了履行医生特别是作为八路军军医的责任，可以说他把毕生的精力和心血都倾注到了为人民服务当中。他一生没有任何索取，为保障人民健康"唯一的希望就是多有贡献。"1939年2月至6月间，他带领医疗队行程1500多里赴冀中救治伤病员，开展战地手术315次，一次连续工作69个小时，及时为115名伤员施行了外科手术。他说："对抢救重伤员来说，时间就是生命。将士们在前方不怕流血牺牲，英勇杀敌。我们在后方工作，三五个晚上不睡觉，又有什么关系呢？能抢救一个伤员，能为伤员减轻一份痛苦，就是我们医务工作者的最大愉快。"在他生命的最后时刻，还十分牵挂地说："我十分忧虑的，就是前方流血的伤员。"白求恩对生命的极度珍惜和尊重，彰显了医学背后的人文精髓，也充分诠释了白求恩做人行医的高尚道德和情怀。

（三）志愿服务的公德心和使命感

使命感是人最高的精神需求，是人进行自我实现的心理要求。当一个人的精神层面达到一定层次时，这种需要就是他行为的心理动力。白求恩经历丰富，见识颇广，他已经不是那种仅仅满足于固守家园以谋生活的普通大夫，知识和阅历，让他的胸怀装有更大、更广阔的世界，他所了解的多种族生命的状态，让他对人类生命的前景忧心忡忡，为大多数人谋幸福的愿望成为他对社会抱有责任的基本理解，这种愿望跟他的教育背景和生活背景都有很大的关系，与他半生游历也息息相关。父母的影响使他对生命理解深刻，愿意用自己的努力去实现大多数人的幸福梦想；转战各地的眼见所感，让他对拯救生命怀有深深的使命感，特别是加入加拿大共产党之后，这种为民众奉献的公德心已不再是一句口号和好看的标识，它深深地融入了他的生命，变成日常的行动，对医生这个职业异于常人的认识，使他认为这不仅是一个谋生的手段，而是实现自己内心世界美好理想的一个桥梁，只有这样的心理基础，在20世纪的反法西斯战争中，白求恩才能勇敢地站在正义的一方，抛家舍国，为抗日战争提供无私援助，付出了知识、热情、鲜血乃至生命。在今天，这种志愿服务的公德心和使命感仍然存在于大多数医疗工作者的心中，促使他们将使者的真正使命付诸行动，因此我们的身边才出现那么多白求恩式的医生。使者白求恩的精神实质，让这种精神成为永恒。

第三节　新时期践行白求恩使者精神的志愿服务

一、志愿服务精神与中国传统文化一脉相承

（一）对"仁者爱人"思想的继承

"志愿者"这一词在我国使用时间虽然不长，但志愿服务的思想却与我国传统的慈善文化一脉相承，中华民族自古就有"助人为乐"和"扶贫济困"的优良品德，早在中国古代，就出现过"义仓""义米""义舍"等具有近现代志愿意义的活动。中国传统文化中，儒家的"仁爱""义利"的思想和墨家的"兼爱""非攻"的学说，都是现代志愿服务元素中"助人为善"的理论来源，它跟近代志愿服务中深厚的"人文"思想，和对社会"和谐文化"的追求，从本质是一致的。

儒家中的"仁爱"和"义利"，主张的是用伦理道德建立一个理想社会，这种思想一直影响并促成中国传统主流文化，特别是"仁者爱人"的思想，可谓是中国慈善思想的源头，它被后人不断地继承发展，延续至今。

（二）对"老吾老，幼吾幼"思想的继承

孔子之后，有孟子的"亲亲而仁民，仁民而爱物"，倡导人从单一的爱人，扩

展到对广泛的对物的热爱，以"老吾老以及人之老，幼吾幼以及人之幼"之心，最终形成推己及人的仁爱方式。再后来，墨家提出"兼爱"的伦理思想，推崇用个体的优长和富足，以互惠互利，互助互爱的方式，彼此共有，倡导所有人不计亲疏贵贱，都得以相爱、相助。

（二）对"兼相爱"思想的继承

墨子的这种"兼爱"思想，倡导的是爱无等级差别，"视人之国若视其国，视人之家若视其家，视人之身若视其身"，如果每个人都能够站在别人的立场上换位思考，天下就有望"兼相爱"，社会就能够稳定，人与人、国与国之间就能够和平相处。这一思想也使人从自然属性升华成为具有社会属性的人，从而获得社会性的意义。该理论的提升，又使"仁爱"思想更具广泛的平等性。

在中国传统文化的这些理论中，我们可看出，这种"仁者之心"，正是志愿服务精神的内心所在，中国传统文化中认为的人与生俱来的善之本性，使人们更具同情之心、恻隐之心，是仁爱精神的源泉，是道德的始端，是道德最初的动力，也正是出于人们最初的恻隐之心，人们同情的本能和仁爱的情感才被召唤醒来，才使人们能够直觉地感知他人的困境和不幸。当然，恻隐只是道德意识最初的动力，它有待于进一步扩充和发展。即人们需要通过想象或者是换位思考来发展恻隐之心，实现自身对他人苦难的深入感知。正是借由设想或与受难者易地而处，人们才能对他人的感受有所感知，他人的感受也才会影响我们。古人云"死徙无出乡，乡田同井，出入相友，守望相助，疾病相扶持，则百姓亲睦。"这种对守望相助的本能感知，让人们也越发希冀能有更多的恻隐之情不断扩充与发展，这样也就使得社会上更多人们的助人、利他行为具有了更大的可能性。由此可见，中国传统文化中的心存仁爱的同时，恻隐之心有所扩充，实现助人的利他行为，更可以做到推己及人的仁爱模式，其构成志愿文化最朴素的样态。普通人对他人的救助这种具有同舟共济色彩的志愿行为，也正是志愿精神所在，是志愿文化的源出之处。我国志愿文化的历史与中国传统优秀文化息息相关，既是对中国传统文化的继承，也是对其的丰富与发展。

二、国家层面对志愿服务发展的倡导和扶持

新中国成立后，为树立社会新风尚，曾大力开展的一系列带有一定的志愿性质的"义务运动"。如爱国卫生运动、学雷锋运动、全民义务植树运动。

（一）爱国卫生运动

1952年起，全国掀起了以反对美军细菌战为中心的轰轰烈烈的爱国卫生运动。这一运动一直持续至今，其内容从最初的以粉碎细菌战、改变旧中国遗留下来的落后卫生面貌为中心，到以除"四害"、农村"两管五改"、消除传染病和寄生虫病为重点，再到以完善基础卫生设施、改善城乡环境卫生面貌、防治污染、提高人居

环境质量、保障人民群众健康为重点。爱国卫生运动有效地改变了中国城乡的卫生面貌，提高了人民群众的科学卫生水平，使爱清洁、讲卫生成了全社会的风尚。

（二）学雷锋活动

1963年3月，毛泽东主席发出了"向雷锋同志学习"的号召，此后雷锋事迹得以迅速传播，在全社会产生了巨大反响。20世纪90年代，中共中央多次发出学雷锋活动的号召，各级政府也努力不懈地探索着学习雷锋、贯彻雷锋精神的新形式和新方法，对学雷锋活动起到了巨大的导向和推动作用。2012年3月，为贯彻落实中共十七届六中全会精神，深入开展学雷锋活动，推动学雷锋活动常态化，中共中央办公厅印发了《关于深入开展学雷锋活动的意见》[1]，进一步促进了学雷锋活动的持续开展，雷锋精神在融合了中华民族传统美德的同时又融入了共产主义、集体主义的思想，适应了社会需求，成为当代中国高尚道德风貌的象征。学雷锋活动在中国志愿服务事业的发展中扮演了十分重要的角色，为后来的志愿服务事业奠定了扎实的基础。

（三）全民义务植树运动

1956年，中国开始了第一个"12年绿化运动"，开展全民义务植树运动，为深入持久地动员全国各族人民植树造林，1979年，五届全国人大常委会第六次会议根据国务院提议，将每年3月12日定为全国植树节[2]。1981年，五届全国人大四次会议又审议通过了《关于开展全民义务植树运动的决议》，号召全国各族人民"人人动手，年年植树，愚公移山，坚持不懈"[3]，全民义务植树运动开展得持久而有效，成为世界上参加人数最多、持续时间最长、声势最浩大、影响最深远的一项群众性运动[4]。

173

（四）公益事业和社区服务

从新中国成立至20世纪80年代初，党和各级政府的号召成为社会公益事业的主要推动力量，各级政府组织是公益事业的发起者和实施者，从一定程度上激发了人们的主动性和创造性，普通民众积极响应党和政府号召，长期坚持参加各种义务活动，民众服务社会的意识得到增强，为中国志愿服务事业打下了良好的群众基础。但政府主导下的义务运动，从志愿性本身来说，终究违背现代志愿服务强调的自愿原则，有明显的计划性、行政性，此外，强调公益活动的无偿参与，虽然强化了民众对他人、集体和社会应尽义务的责任感，有利于民众对公民义务与社会责任的正确理解，但也强化了人们对公益事务与金钱不能有任何关联的认识，将回报与公益

---

① 中共中央办公厅：《关于深入开展学雷锋活动的意见》，中华人民共和国中央人民政府网，http://www.gov.cn/jrzg/2012-03/02/content_2081558.htm.

② 《中共中央致五省（自治区）青年造林大会的贺电》，《人民日报》1956年3月2日，第1版；《向大地园林化前进》，《人民日报》1959年3月27日，第3版.

③ 《五届人大四次会议通过决议开展全民义务植树运动每人每年植树三至五棵》，《人民日报》1981年12月16日，第1版.

④ 《全民义务植树运动30年取得巨大成就》，中国林业网，http://www.forestry.gov.cn//portal/main/s/195/content—515105.html.

完全对立起来。这种认知与现代志愿服务理念中权利保障与义务付出是有机并存的思想也存在着一定的冲突。

20世纪八九十年代，中国社区服务产生和发展起来，它得益于民政部门的倡导和推动。自1986年起，民政部就在全国城市范围内动员街道、居民委员会组织开展社区服务。1987年9月，民政部在武汉市举办了全国社区服务工作座谈会。此后，社区服务在北京、上海、天津、深圳等各大城市广泛地开展起来，其中表现最突出的是天津市和平区，它最早建立起覆盖全区的志愿服务网络。1988年，和平区新兴街道朝阳里居委会率先成立了为民服务志愿者小组，随后该街道成立了"社区服务志愿者协会"，这是全国首家以"社区志愿服务协会"来命名的组织。他们组织团员青年结合本职工作、发挥各自专长，与身边的孤寡病残及军烈属签订服务协议，帮助解决他们生活中的困难，并将这种服务长期固定下来，这是在政府倡导下开展的最接近于志愿服务性质的公益活动①。

随着社区组织的发展，社区志愿服务逐渐由京津沪等大城市扩展到全国。1994年，北京市民政局、文明办、总工会、共青团、妇联等联合确定每年10月第三个周六为社区服务志愿者活动日，此举极大地推动了志愿服务在大中城市街道社区的开展。北京市成立了志愿者协会的居委会更是占到了90%以上。

在社区服务广泛开展的这十年间，为了迎接1990年第十一届亚运会，北京市4万名大学生成立了"首都高校亚运会义务服务大队"，承担了有关宣传准备、环境清理、会务服务等重要职责，开创了大学生义务服务国家大型项目的先河。其后的第三届远南残疾人运动会、第四届世界妇女大会等大型赛事和会议，也都采用了这一义务服务方式。

从这些志愿服务的形式和内容来看，是基层组织发扬助人为乐的文化传统，同时借鉴西方社会提倡的自愿、互助、专业服务的现代志愿精神，结合社区生活实际需求，摸索出来的一种新型社会服务形式，内容主要还是集中在生活互助、照顾老弱病残、关心特殊群体上，是中国志愿服务事业萌发阶段的基本形式，也是向现代意义上的志愿服务演变发展的必经阶段。1993年下半年团中央发起了青年志愿活动，力推倡导全国青少年自愿且无偿参与的各类社会公益活动，其宗旨是："奉献、友爱、互助、进步"。在1993年12月共青团十三届二中全会上，"青年志愿者"这一名词首次出现在官方文本中，并且作为共青团中央实施跨世纪青年文明工程的一项重要内容，郑重地写进了《在建立社会主义市场经济体制进程中我国青年工作战略发展规划》1993年12月5日，北京市志愿者协会正式成立，这是全国范围内第一个省级志愿者组织。1994年12月，中国青年志愿者协会成立，它是由志愿从事社会公益事业与社会保障事业的各界青年组成的全国性社会团体。

1993年12月，共青团中央决定实施"跨世纪青年文明工程"，将学雷锋活动从

---

① 侯玉兰，唐中新. 社区志愿服务理论与实务[M]. 中国社会出版社，2009：55.

"自上而下"、有组织的活动向自觉的、多向的、有组织的方向转变。同年年底，2万名铁路青年职工率先打出了"青年志愿者"的旗帜，自发地在京广铁路沿线为旅客服务、送温暖。以此为始，全国各地、各行各业的年轻人围绕着各自的岗位职责，发挥专长，开展了各种形式的志愿活动，其范围涵盖了社会保障、社区服务、救援抢险、大型活动、城区建设、环境保护等众多领域①。

　　1998年起，共青团中央、教育部共同筹划、组织西部支教活动，它采取的是自愿报名、公开招募、定期轮换的"志愿接力"方式，每年在全国部分重点高校中招募一定数量的具备保送研究生资格并有奉献精神和服务意愿的应届本科毕业生或在读研究生，到国家中西部贫困地区中小学开展为期一年的教育、教学服务，同时开展力所能及的其他扶贫工作。从2003年开始，更大规模的"大学生志愿服务西部计划"轰轰烈烈地在全国各地展开，同年6月，全国学联第23届委员会全委会向全国应届高校毕业生发出"相约西部，放飞梦想"的倡议，号召2003届高校毕业生积极参加国家西部开发计划，到贫困地区开展志愿服务，为振兴西部教育事业贡献力量。该计划仍然本着公开、自愿的原则，采取组织选拔、集中派遣的方式，每年招募一定数量的普通高等学校应届毕业生，到西部贫困县的乡镇从事为期1～2年的志愿服务，服务内容涵盖中小学教育教学、乡村卫生、农技、扶贫以及当地青年中心建设和管理等各方面。现在，支教活动得到了越来越多的社会肯定和政府支持。团中央、教育部、财政部、人力资源和社会保障部四部委联合协同，针对大学生志愿支教活动出台了一系列较为完善的保障和激励措施。支教志愿者在服务期满后，无论是扎根基层，还是自主择业或者继续深造，都将得到一定的政策优惠，为改善贫困落后地区的教育面貌做出贡献②。

　　从制度建设上看，中国政府对志愿服务活动也是大力扶持和倡导的，早在1996年，中共十四届六中全会把深入开展青年志愿者行动写入了《中共中央关于加强社会主义精神文明建设若干重要问题的决议》；中共十六届六中全会明确提出建立与政府服务、市场服务相衔接的社会志愿服务体系的要求；在国务院2003年批准颁布的《中国21世纪初可持续发展的行动纲要》中，也表示要大力开展志愿服务促进中国社会发展。这些政策和文件的实施对中国志愿服务事业的发展起了重要的支持和保障作用。此外，全国有16个省市制定实施了有关志愿者的地方性法规，如广东省早在1999年就通过了中国第一部关于青年志愿服务的地方性法规——《广东省青年志愿服务条例》。建立稳定而完善的制度和法规有助于志愿服务事业的长期化、规范化发展，也有利于在公众中普及志愿服务的理念，提升志愿服务的质量。

　　中央文明办于2008年与民政部、全国总工会、共青团中央、全国妇联、中国科

①　丁元竹：《中国的志愿者情况》，公益中国网，http://www.pubchn.com/articles/31076.htm.
②　全国大学生志愿服务、西部计划项目管理办公室编：《大学生志愿服务西部计划简报》2013年第16期，中国青年网，http://xibu.youth.cn/gzjb/201305/t20130507_3197150.htm.

协、中国残联、中国红十字总会和全国老龄办共同组建了全国志愿服务活动协调小组，为规划和指导全国志愿者队伍建设提供了协调工作机制。并与民政部门、共青团、工会、妇联、红十字会等经过多年探索和努力在各自组织体系内形成了志愿服务工作网络[①]。截止到2011年年底，18个省市自治区、7个副省级城市颁布实施了志愿服务条例或办法，全国性志愿服务立法也在研究起草之中，部分地区还制定了志愿行为的奖励制度，明确表示志愿者在公务员录用、高校招生和企业招工等方面享受优惠，另外深圳、上海等地还开始了政府购买志愿服务项目的尝试[②]。

在政府的扶持和倡导下，中国志愿服务事业进入了稳定的发展阶段，越来越显示出其魅力和价值，志愿意识也越发深入人心，志愿服务在历次重大社会事件中都发挥了重要作用。

（四）白求恩医疗志愿服务的基本现状及问题

近三十年来，处于转型期的中国经济蓬勃发展，与此同时，整个社会的价值观念与文明程度也在悄然发生着变化。在中国大地，志愿组织不断涌现，志愿者人数成倍增长，医疗志愿服务队伍也稳步提升。医疗相关志愿服务围绕医疗过程而开展，与医务人员相互配合，帮助患者及其家属解决因疾病引起的经济、心理、社会、家庭等方面的问题，最终引导病人从生理上适应疾病，从心理上战胜疾病，重新融入正常的社会生活中。

1978年12月18日至22日，中国共产党第十一届中央委员会第三次全体会议在北京举行，做出了实行改革开放的伟大决策，新的政策为我国经济复苏与发展带来了机遇，也为面对突发的全国公共卫生事件时，国家能够更加积极地调动全国的医疗力量，充分发挥对卫生事业的主导作用。2009年卫生部联合八部委决定自2009—2012年，在全国范围内开展"志愿者医院服务"活动，自此正式拉开了中国医院志愿服务的序幕。

医疗志愿服务发展至今，无论是在我们现实的日常生活中，还是重大事件，都有他们的志愿精神的充分展现。2008汶川地震、2010芦山地震等等，我们都可以看到志愿者的奋斗在救助第一线的身影。但目前来看，也存在着组织、引导以及管理上的许多问题。例如志愿服务人才缺失严重、志愿者管理不够专业化、志愿者专业资质相对匮乏等等。从志愿服务人才上看，社会参与的深度和广度不够，我国成年人参与志愿服务的积极性和主动性不高，青年学生是构成志愿服务的主体；从志愿者组织管理来看，多数非营利组织的管理者并不具备专业的管理知识和管理技能，缺乏有效的管理方式，或者使用行政手段推动工作的开展，丧失了志愿服务工作的灵活性和针对性，导致志愿服务工作的僵化和短期行为，影响其发展的长期化、规范化和社会化。此外，很多医疗相关志愿服务者的工作专业性不够，医疗志愿服务

---

① 《全国注册志愿者总人数达2511万》，人民网，http://news.people.com.cn/GB/8159/6618794.html.

② 《我国志愿服务法规制度逐步建立健全》，法制网，http://www.legaldaily.com.cn/index/content/2011.

涉及的知识包括医疗、心理学、伦理学、法律等范畴，作为一名医疗志愿者，如果专业程度不够，心理承受能力较弱，或者接触过多的生老病死的场面，无法像医务人员一样排解，导致负面能量堆积，便会处于束手无策甚至自己也需要心理疏导的难堪局面。

三、不同阶段医疗志愿服务活动的相关工作

（一）社会主义市场经济下的医疗志愿服务（1992—2011）

李克强提出，市场经济需要志愿服务，社会需要志愿行动。我国在社会市场经济发展和改革开放过程中，正是一批批青年人破解很多难题，克服困难，不断摸索，使社会主义市场经济体制不断健全和发展，不断求异创新，取得了成绩。"社会需要志愿行动。"使青年人受教育，建立社会主义核心价值观，"市场经济需要志愿服务。"使青年人在社会主义经济实践中增长才干。一批批、一代代志愿者，正在不同的岗位为国家发展，为社会做出贡献。

在20世纪80年代，团中央提出三下乡活动（文化下乡，科技下乡，卫生下乡），从1984年开始，白求恩医科大学就开展了"三下乡"实践教育活动，组织了近百支医疗服务小分队，参加学生近万人次，为农民服务近五万人次。1990年暑假，白求恩医科大学组织了学校第一支"寻白求恩足迹"医疗服务队，到老白校的创建地——河北省唐县葛公村，开始了寻根之旅，医疗队发现农村医疗常识缺乏，医疗条件落后，肝炎等流行病患者在偏远地区得不到及时诊治，病情拖延。志愿医疗队开展扫除医盲的活动，向农民普及医疗常识，保健常识、预防常识还有环保常识，目的在于提高人民的医疗保健意识和疾病预防意识，转变当地农村人口的观念。

1994年，为了响应团中央十三届二中全会倡导在全国开展青年志愿者服务行动的号召，各地青年志愿者行动在中国大地兴起。5月，白求恩医科大学率先在全国成立了白求恩青年志愿者协会，开展白求恩青年志愿者活动，共有会员1700多名。1994年9月，团中央在北京成立了中国大学生青年志愿者服务总队，白求恩青年志愿者协会是第一批会员单位，是吉林省唯一的一支协会，在全国高校和全国医疗行业里率先举起了第一面青年志愿者旗帜。全国高校也纷纷成立了青年志愿者协会，北大成立了"爱心社"，东北师范大学成立了"红烛"协会，长春地质学院成立了"MM协会"等。

2003年，"非典"疫情爆发，这是全球众多国家和地区共同面临的一场大的疫病危机，其中中国内地是重灾区。在抗击非典的战斗中，在党中央正确领导下，广大医务工作者身先士卒，与患者一起共斗病魔，涌现了一批又一批白求恩式的医务工作者，更有数位医生、护士为抗击病魔献出了自己宝贵的生命。2003年3月25日，广东省中医院护士长叶欣殉职，是抗非典战斗中第一位被患者传染而牺牲的医护人

员。在这些白求恩式医务工作者的不懈努力下，我们共同消解了全国"非典"的恐慌，最终取得了胜利。

2008年5月12日四川汶川发生8.0级强烈地震，全国各地高水平、高素质的医学专家组成的抗震救灾医疗救援小分队，携医疗器械、药品及其他物资赶赴灾区，大量的志愿者前往服务，中国志愿服务的大行动，引发国外和港台的广泛关注和高度评价，关于中国四川灾区的志愿服务，他们有两个评价，一个没想到志愿者与救灾服务这么快，一个是没想到志愿救灾这么井然有序，让世界真正感受到中国医疗服务的志愿精神。

（二）党的十八大以来新常态背景下出现的医疗志愿服务（2012至今）

长期以来，重大疾病已成为导致百姓积贫积弱的主要原因，义诊活动是医疗支援服务的一部分。2013年，国家卫生计生委印发"服务百姓健康行动"实施计划，开展"服务百姓健康行动"全国大型义诊周活动，活动累计服务群众1400余万人次，减免医疗费用9300余万元，义诊周期间，全国共有1700余家三级医院，近6000家二级医院，1.7万余家其他医疗机构开展了义诊活动。参加义诊的医务人员约69万人次，其中医师约40万人次，护士27万人次，药师和医技人员2万人次。其中，8支国家医疗队累计接诊3万余人次，指导查房1200余人次，疑难病例会诊1300余人次，义诊手术70余台次，开展技术与管理培训300余场次，培训基层医务人员2万余人次。

2014年，白求恩志愿者协会的5000多名志愿者给中共中央政治局常委、国务院总理李克强写了一封信，汇报了开展志愿服务的情况，同时寄去了白求恩志愿者20年志愿服务的图册。李克强总理回信道，"白求恩志愿者继承和发扬老白校光荣传统，在工作和学习中做白求恩精神的传承者；把握时代特征，听从组织召唤，争做白求恩青年志愿者行动的倡导者；为了祖国的寄托和人民的需要，争做白求恩青年志愿者行动的推动者；结合医学特色和医疗专业特点，争做白求恩青年志愿者精神的弘扬者；担负起时代的责任和历史使命，争做白求恩青年志愿者行动的引领者，进一步砥砺品行，服务社会，在国家发展、人民福祉奉献中成长进步。"2014年当听到克强总理回信的消息时，写信的执笔者——吉林大学白求恩志愿者林栋说道，"每一个白求恩志愿者，都是努力发光的星星。我们聚在一起，是白求恩精神的火炬，散布天空"。1994年时任团中央书记处第一书记的李克强同志在吉林考察时专门接见了白求恩志愿者，并题词勉励了他们。2014年，正好距总理题词已二十周年。二十年来，"白求恩"成了志愿者们共同的名字。白求恩志愿者也成了一张响亮的名片。

2016年是全面贯彻落实中央扶贫开发战略部署，打赢"十三五"脱贫攻坚战的开局之年。10月17日，在全国第三个扶贫日到来之际，山西省卫生计生委组织全省三级医院，在58个贫困县开展健康义诊活动。根据安排，山西全省有超过5000名医务人员参与扶贫日健康义诊活动，累计将为超过50万贫困县群众免费诊疗。

这些年来，全国的医疗机构依托医联体，积极选派群众需求较大专科的医疗、药学、护理专家组成医疗队，采取多种志愿服务形式开展健康义诊活动，他们采用集中诊治和入户诊治相结合的方式开展巡回义诊和送医送约活动，为建档立卡贫困人口进行诊治，结合地区疾病谱开展健康知识大讲堂，对县（区）、乡镇卫生院和村卫生室医务人员进行培训，走近群众，讲授和传播健康知识，提高广大人民群众的健康意识，培养正确的就医和用药理念，都做了大量的工作，中国医疗志愿服务，以中国特色的方式，因地制宜，开展广泛的医疗志愿服务活动。

第四节　新时期践行白求恩使者精神的典范举要

一、地震废墟中的白衣天使

（一）唐山大地震

唐山地震发生在1976年7月28日，强度里氏7.8级地震，死亡24万多人，伤16.9万余人，城市一夜之间化为废墟。

地震发生后，全国各地的医务工作志愿者组织有序地被派往唐山。他们发扬了"舍小我，顾大局"的使者精神，那里有需要，就到那里去。救灾现场中，这些可爱的医护志愿使者，克服种种困难，以忘我的精神救死扶伤。

21岁的曹红芬是石家庄地区医院（现石家庄市第二医院）的手术室的护士长。7月28日清晨，当她接到医院命令，要求准备器械，随时参与紧急救助的时候，她还不知道要去哪里，而下午3点多就已经在满目疮痍的唐山现场了。看到满眼的废墟，满地的伤员，她根本没有时间感伤和流泪，迅速就地找到了一块空地，投入了救灾的战斗中。由于日夜兼劳，曹红芬几次昏厥过去，但一想到自己是在跟时间抢生命，她就咬紧牙关坚持，直到后续救援到达。在石家庄运送伤员的途中，一位伤员情况紧急，曹红芬还口对口对他做人工呼吸，飞机上的机组人员感动了，而她却说，我是医护人员，这是我的职责。

40岁的王玉民已是中年，担任石家庄地区卫生局的医政科科长。唐山大地震发生，他接到组织调度石家庄地区医疗队伍、支援灾区和接收伤病员的任务。为了抢救生命，争取时间，他们从第一批接到任务到第四批医疗队派出，仅仅用了27个小时，共派出600多名人员。大家都是接到命令直接出发，家里人根本不知道人去了哪里，就连正参加集训的81岁的石家庄市第一医院检验科主任杜长义，也是接受命令直赴唐山。震区的医疗条件也非常艰苦，许多伤病员的治疗受到限制，他们只好想尽办法，最大限度地利用有限的条件救治。由于伤员人数众多，尿道管不够用了，就将电线管里面的丝抽出来，再把头上的部位打磨好、消毒，就成了当时的"尿道管"。带去的医疗帐篷不够用，就就地搭建几个席棚，下着雨，席棚漏雨，消毒的酒精也没有了，就用行医战备的小锅进行高压消毒。骨折的病人太多，夹板不够用了，就从废墟里找些木棍用来固定。印象特别深的是，大家喝的第一口水是泥水，为了保证救援工作的进行，也顾不上那么多了，很多医护人员几乎都没有休息。灾区停水停电，生活、居住环境极差，在给患者进行洗胃，靠的完全是临床经验。大家连续作战几天几夜，几乎就没有时间去吃饭，常常是刚抢救完中毒患者，又接到紧急出诊通知。有一次，强大的地震波把一个人从5楼抛了下来，树枝刺进他的一条腿，而他怀孕6个月的妻子顺着楼梯从5楼滚到了1楼，出现大出血流产症状，由于及时抢救，这对夫妇保住了性命。白求恩国际和平医院医生陈建源因连续三天三夜没有合眼，加之水土不适和高强度工作，出现了拉肚子、发烧的症状，但他硬是撑着坚守在一线，直到自己负责的病人病情解除。

这些只不过是全国救援人员的几个缩影，面对灾害，医生们恪尽职守，所展现的公而忘私、患难与共、百折不挠、勇往直前的使者精神，在这里得到了永恒的传承。他们不顾一切，与时间赛跑，与艰苦环境抗争，以生命为大，以军命如山，这是一种生命的招呼，一种职业的敏感与自觉。

而唐山，在全国军民的无私援助下，也以最快的速度于废墟上重建。震后不到一周，数十万群众衣食、饮水得到解决；震后不到一个月，供电、供水、交通、电信等生命线工程初步恢复；震后的冬天，全部住进简易房；震的后一年，生产得到全面恢复；震后10年，唐山人民已经用自己勤劳的双手，和坚强的意志，重建家园，而又一个10年过后，则完成国民经济的全面振兴；等到第三个10年，跨进了经济快速发展的新阶段。而在重建的战役中，那些无数的白衣使者，秉承着舍己为人、治病救人的白求恩精神，则永远记在人们的心中。

（二）2008年汶川大地震

汶川大地震是新中国成立以来受灾最重、波及最广的一次地震。2008年5月12日，四川汶川、北川发生8级强震，面积达6.5万平方公里，直接受灾人数1000多万，其中69159人遇难，374141人受伤，17469人失踪。

5月17日，党中央、国务院紧急部署，四川万余名较重伤员运往全国20个省区市。卫生、铁路、民航全力配合，"救"字头列车航班一马当先，创造了中外历史非战时期最大规模的一次伤转，其指挥得当，行动迅速，受到国际好评。而与此同时，国内著名专家急速汇集，指导重症伤员救治的工作有序进行。卫生部部长陈竺迅速制定了"集中伤员、集中专家、集中资源、集中救治"的方针和原则，责令专家提高抢救率，降低死亡率和减少残疾率，而有关心理康复和伤残康复的工作也同步进行。

在党中央的统一指挥下，医疗工作者又冲在了前沿，5月13日凌晨，重庆市医疗队员翻山越岭，抵达灾区，成为第一支进入灾区的外省救助队。

吉林大学中日联谊医院迅速组建了一支由22名高水平、高素质的医学专家组成的抗震救灾医疗救援队，由副院长尹维田教授担任领队，骨科主任朱庆三担任队长，医院连夜采购了100余件、总价值50余万元的医疗器械、药品及其他相关物资，于5月14日10:30，医院抗震救灾医疗救援队乘坐专机赶赴灾区。15日10时，医疗救援队到达四川地震灾区。随后，根据灾区的实际需要，医疗队被分成两个医疗小队开展救援。一支医疗小队由副院长尹维田教授带领，全队共有18人，5月15日，该医疗小队进驻成都市南约100公里的眉山市第二人民医院开展医疗救援工作，协助治疗从绵竹、绵阳等地运送来的伤员90余人。后接到四川省紧急调令，立即第四次进入汶川。进入汶川的路线沿着红军长征的足迹，全程1000余公里，最高海拔4000余米。地震造成的山体滑坡使进入汶川的盘山公路危险重重，医疗队员不畏艰险努力前行，最终在上级领导的统一安排下，进入阿坝州人民医院对灾区转运来的伤员实施医疗救治，并负责阿坝州体育场及马尔康敬老院灾民安置点的灾民巡诊治疗工作。在此期间，共接诊伤病员1000余人，开展会诊68人，抢救危重病人3人，施行手术18例。

另一支医疗小队留在四川大学华西医院，与吉林省医疗队中来自其他医院的医护人员共同组成吉林省医疗队华西分队，由中日联谊医院骨科主任朱庆三担任队长，武汉副教授作为志愿者也在华西医院参与救治工作。吉林省驻华西医院救灾医疗队共收治灾区伤员180余人，开展手术治疗65例，手术部位93个；麻醉组实施麻醉140例；护理组配台开展手术128例。

5月14日下午，广东省医疗队随后到达映秀镇后，挺进耿达乡。组成"敢死队"的医护人员写好遗书，乘机穿越山谷，降落"生命孤岛"。

5月16日下午，第三军医大学医疗队头顶危石，脚踩塌方，背着药械和食品，历经九死一生，突破几百公里的"死亡之路"，直抵汶川。

绵竹市人民医院的救护现场，天摇地动，楼体摇晃，护士台虽然紧靠楼梯口，但护士们依然冲进病房救人。

茂县中医院的退休返聘医生余国林，跑到楼上疏散病人，自己却被砖块砸得鲜血淋漓。病人被瓦砾埋住了，而他顾不上包扎伤口，用手刨挖石头，最终献出了生命。

冒着危险的彭州市妇幼保健院医务人员，把所有产妇抬到安全地带时，发现一名产妇急需剖宫产，医务人员又再次冲回手术室，在频频的余震中手术。

煤炭总医院护士孔令煜产子还在哺乳期，义无反顾地奔赴绵竹广济，日夜不停地为伤员输液换药。

北京医疗队的救治现场，严重颅脑外伤的一名伤员，就地实施手术，仅仅3个小时，救命的固定架就免费从北京厂家空运到绵阳。

这些剪影，生动地组合成一幅幅感人的画面，直到如今，仍然留在我们的心里。而越是在生命的危急时刻关键时刻，越是考验我们的医疗工作者。重庆第三医院的护士陈晨，她管理的病人中有一位老年痴呆和下身瘫痪的病人，地震发生后患者的家属和护工都"逃命"去了，老人依旧躺在病床上无法动弹，陈晨用床单拧成绳子，将其固定在轮椅上救出。

生命对于每个人都只有一次，而"只要病人在，我们就在"的誓言，是中国医务工作者发扬使者精神的响亮声音。这是生死场上考验，是奏响生命华章的回声。护佑生命，履行职责，中国的志愿使者，在罕见的汶川大地震中，在"同一个世界，同一个梦想"的国际大背景下，谱写出一曲感天动地、大爱无疆的壮歌。

（三）玉树地震

2010年4月14日，青海省玉树藏族自治州玉树市发生地震，频度为6次，震级最高至7.1级，震中位于县城附近，造成2698人遇难，270人失踪。地震发生后，各地医疗救治专家组成医疗队，迅速奔赴现场，同样出现了许多感人的事迹。

牟云，49岁，是一位具有32年丰富医疗经验的外科医生，奔赴灾区后，3天时间和救护队一起，接诊病人70多名，进行了卫生防疫知识宣传和健康教育600余人次，几天几夜没有合眼的牟云，双眼布满血丝，常常是来不及休息，一忙就是几天，但是看到了那么多的病人得到了治疗，他倍感欣慰。

吴殿华75岁，灾区年龄最大的志愿者，河北衡水冀州职工医院院长，外科主任医师，享受国家特殊津贴，有着50多年治病救人的经验。他已是第四次迅速赶到震区了，"大地震后，最缺的就是医生，这时候不上什么时候上"，吴殿华对记者说，"不是我要来，是我不能不来。15日上午，吴殿华带着一支4人的医疗队，包括一名内科专家和一名护理专家，开车出发了。这一走就是35个小时没停，走过了5个省，终于在16日下午赶到了玉树灾区。面对众多的病患，75岁的老人顾不上休息，也忘记了高原反应带来的不适，带领着医疗小队，在病人最集中的玉树州体育场展开了巡诊。两天内，虽然只能住帐篷、睡土地、吃方便面，但吴殿华却精神抖擞，毫无怨言地进入工作状态。

在地震中，医护人员救死扶伤的使者精神，让人动容。在玉树藏族自治州，外科医生尼玛才仁在地震时，正在格萨尔广场锻炼身体，一股巨大的冲击力把他推倒在地，旁边的房屋轰然倒塌，哭喊声中，他立即从地上爬起来，发疯似的跑向医院。院内已经送来了十多名受伤的病人，尼玛才仁投入了救治病人的工作中。而此时，他的侄子哭着打来电话告知家里的房子已倒，家人埋在了废墟。尼玛才仁看到医院的病人越来越多，没有回家。10点左右，州医院的医生们陆续赶到，尼玛才仁才发疯似的往家跑，可是，眼前的景象让他惊呆了，两层小楼全部垮塌，两个姐姐，三个侄女、一个侄子和姨娘都被埋在废墟下，他拼命地用手去挖，没有工具，他用手去刨，手指挖出了血，砖瓦太厚，怎么也扒不出。而这时隔壁倒塌的民房下有小女孩微弱的呼救声传来，他忍着内心的焦灼与苦痛，前去营救，当小女孩被救出时，大批的营救人员赶来。尼玛才仁想，"有部队营救，我又没有工具，在这发挥不了作用，医院有那么多病人，那里更需要我"，他犹豫再三，让侄子守候在废墟旁，又赶回到了医院。地震发生后的60多个小时里，尼玛才仁一直在抢救伤员，转移危重病人，没有躺下休息一分钟。他对人说，地震摧毁的不只是我一个家庭，国家把我培养成一名医生，我又是一名党员，救死扶伤是我义不容辞的职责。而尼玛才仁的七位家人，在这场地震中，则全部遇难。像这样的事迹在玉树数不胜数，青才这位67岁的老人，曾经是仲达乡卫生所的医生，退休以后本来回到家乡养老，而他的三个儿子都成了当地小有名气的医生。地震发生后，他不顾自己年迈的身体，也顾不上抢救自家的财产，而是带领两个儿子，全身心地扑在救人上，人们亲切地称呼他"阿吾（哥哥）青才"。在最初地震的关键两天里，青才父子三人已经救治伤民100多名。

许多人对青才和尼玛的行为表示不理解，难道家人不是比其他人更重要吗？而玉树的两位医生的话语，却让人深思，他们说，医生的价值体现在何时？是在病人最危急的时刻。这平凡的语言，朴实而动情，却是一名救死扶伤的医生，在践行医护使者精神中，最具体的表现，豪情壮语易出口，点点滴滴最难得。

（四）九寨沟地震

2017年8月8日21时19分49秒，四川省阿坝州九寨沟县发生7.0级地震。20人死亡，431人受伤。

美丽的九寨沟，地震是令人恐慌的，这里游人如梭，地势险要，出现灾情非常容易造成心理的特殊阴影，因此在救治和疏导上需更有耐心。

地震发生后，华西医院立即启动应急预案，医院总值班李为民院长、张伟书记集结救灾物资和应急队员，向灾区进发。

四川省卫计委已从阿坝州、绵阳市及九寨沟周边县紧急抽调医疗救援力量赶赴地震灾区。

成都市第三人民医院启动应急预案，由院长赵聪亲自部署，各部门、科室及医联体、托管医院均积极响应。

在四川华西医院医生微信群里，间隔不到一分钟，是医生们一长串齐整的回复："神经科待命""妇科待命""胸外科全体人员待命""神内待命""儿外科已通知所有人员保持通讯畅通，随时待命""呼吸内科待命""神经外科待命"……一声声齐刷刷的"到""在"深深地温暖了我们每一个人的心，灾区人人想出来，他们却第一批冲进去，救人民于危难之中。23点50分，8名来自急诊科、重症医学科、骨科、普外科等科室的专家已经出发了。4个小时后，来自神经外科、康复科、心理卫生中心等科室的"第二梯队"也乘航班出发了。

而在生命与时间赛跑的过程中，医护人员与地震伤员间，上演着一个个动人故事。

27岁的王爱花是一个怀孕7个多月的准妈妈。九寨沟地震发生后，她自己已怀有7个月身孕，却仍然和同事们一起，连夜从成都赶赴灾区救援，直到第二天中午，她连续工作15小时都没休息。

神经科医生何宗泽，他和护士将4名地震伤员护送上从九寨沟飞往成都的直升机后，由于直升机内部狭小，无法安置输液架，何宗泽硬是把自己的双手当作了输液架，一直坚持举着输液瓶，在长达近3个小时的转运途中，他一直托举着自己的手，当伤员到达成都，送上了省医院的救护车时，他的双手已经肿胀。

而在重庆合川区，也传颂着另一位震中见义勇为，抢救伤员的医护人员事迹，他是合川人民医院的骨科医生袁中华。

袁中华在地震时，正在九寨沟与家人休假，地震发生后，他把家人安置在安全地带，就立刻投入到了救援第一线，他对前来救援的人员说："我是一名来自重庆的骨科医生，请让我和你们一起参加救援行动！袁中华与当地救援人员一起，冒着余震的危险，为地震受伤人员清创缝合伤口、打石膏、扎绷带……先后参与十几起伤员抢救，直到各地医疗救援队赶来，他才和家人悄悄离开。

谁说我们新一代的年轻人信仰危机？危难之时显身手，医者仁心扬美名，这些地震中默默奉献的医护工作者们，在举起右手进行宣誓的时候，就已经在内心根植了医生最神圣的使命感，这种使命感，无时无刻不提醒着他们，作为一名医者的责任。而人们也深深意识到，有灾情，就有白衣使者的出现，有医护人员的地方，才是最有安全的地方。

二、非典病魔中的白衣天使

（一）疫情爆发

2003年，全球众多国家和地区面临"非典"疫情危机，其中中国内地则为重灾区。

据世界卫生组织统计，日内瓦时间2002年11月1日至2003年6月9日下午2时，席卷30余个国家和地区的SARS疫情，导致全球累计临床报告病例8421例，而中国内地5328例；全球死亡病例784例，中国内地340例。

（二）奉献与牺牲

疫情危机，是考验广大医务工作者的时刻，在这次非典疫情中，出现了许多身先士卒，不知疲倦诊治病人的医生，涌现了一批又一批白求恩式的医务工作者，数位医生护士献出了生命。正是在这些白求恩式医务工作者的不懈努力下，才消解了全国人民对"非典"的恐慌，才最终取得了抗非典的伟大胜利。

吉林大学中日联谊医院迅速成立了抗击"非典"领导小组，并成立专家指导小组，共同迎战病情，做出了突出贡献。科研人员自行研制的医用隔离防护服成功通过专家鉴定并申请专利，随即在临床推广试用。

1. 白衣战士叶欣

2003年3月25日凌晨，广东省中医院二沙分院急诊科护士长叶欣永远闭上了她的双眼，科室里似乎仍回荡着她那欢快的笑声，病患似乎仍感受到她那温暖的话语，然而，在这阳光明媚的三月，47岁的叶欣却永远地走了，倒在了与非典型肺炎昼夜搏斗的战场上。

非典型肺炎在广州出现端倪时，叶欣所在的医院率先开始收治"非典"病人，随着患者的增多，叶欣加班的日子越来越多，忙的时候甚至连家人的电话都拒绝接听。叶欣对患者非常有耐心，有位患有冠心病的"非典"患者梁先生，发热咳嗽后病情急剧恶化，最后呼吸困难，情绪也烦躁不安。叶欣赶来时，很多护士都已被梁先生骂走，叶欣不顾梁先生的责难，迅速将病床摇高，让患者半坐卧位，给面罩吸氧，静脉注射，监测心率、血压、呼吸……两小时过去了，患者终于平复下来，感激地向叶欣致谢。处理完梁先生的病情，她顾不上休息，又投入到对另一个患者的抢救中去，几天几夜的高风险、高强度、高效率的工作状态，她已经筋疲力尽，但仍然像一台永不疲倦的机器那样不停地运转，把一个又一个患者从死神手中夺了回来。有时为了保证患者呼吸道通畅，必须将堵塞其间的大量脓血痰排出来，而这又是最具传染性的，面对危险和死亡，叶欣总是斩钉截铁地说，"这里危险，让我来吧！"叶欣包揽对危重病人的抢救、护理工作，有时甚至声色俱厉地把同事关在门外，她深知，也许有一天自己可能倒下，但不能让自己的同事受感染。

这是一场艰难的阻击战，当一批批患者从死亡线上被拉回来时，持续作战的叶欣终于倒在了她最热爱的岗位上，3月4日清晨，叶欣仍像往常一样早早来到科室，巡视病房，了解危重病人病情，布置隔离病房……虽然上班前她就感到身体疲倦不适，但还是坚持在科室里忙碌，连水都没喝一口，慢慢地只觉得周身困乏疼痛，不得不费力地爬到床上。中午刚过，叶欣开始出现发热症状，病魔最终没有放过她。经检查，叶欣染上了非典型肺炎。3月25日凌晨，叶欣永远离开了她所热爱的岗位、战友和亲人。在叶欣的办公桌上，留下了一本本厚厚的工作记录，那是用废弃的化验单背面写的工作记录。点点滴滴，记载着她在这场没有硝烟的战斗中拼搏的足迹，凝聚着她一生对护士职业永恒的热爱与追求。

2. 广东首位殉职医生邓练贤

2003年4月21日下午5时40分，中山大学附属第三医院传染病科党支部书记邓练贤不幸逝世，终年53岁。这是广东省在抗击非典型肺炎战斗中第一位因公殉职的医生。对面着邓练贤的离去，人们不觉想起他初入非典战场的那一天。那天，正好是除夕，接到医院电话的邓练贤听说外院又转入了两个危重非典型肺炎病人，因为正值春假，突发事件人员配置特别紧张，邓练贤立即以传染病科党支部书记和副主任的身份，挑起调配和组织协调的担子。他十分清楚这个工作的风险，对每一个救治的过程都亲力亲为，与科室医务人员共同战斗在抢救病人的第一线。最后，传染科的医护人员无一幸免地染上了非典型肺炎，而病得最重的邓练贤终于在与病魔坚强战斗了两个多月后离开了人世。邓练贤曾说，既然选择了做一名医生，就意味着付出，病人的需要就是我们的需要。

在这场抗非典的战役中，因公离世的不止邓练贤一个。洛阳市直机关第二门诊部51岁的副主任医师卫保周，因劳累过度导致心脏病复发，于5月29日牺牲在她所热爱的岗位上。32岁的北京大学人民医院护士王晶，同非典病魔顽强抗争了一个多月后，于5月27日下午与世长辞。

不幸感染病毒殉职的首位香港女医生是谢婉雯，于5月13日逝世被视为香港的"南丁格尔"，其生命永远的凝固在年轻的35岁。武警北京总队医院内二科年仅28岁的主治医师李晓红，也在工作中猝然倒在了抗击非典的战场上。是第一个牺牲在救治非典患者第一线的军队医生。

在抗击"非典"的过程中，往往是一个"非典"重症患者的抢救，伴随多名医护人员的倒下，这些舍己救人的白衣使者，不顾安危地奋战在这场没有硝烟的战场，以自己的生命之躯，经受着肆虐的灾情对医者的考验，为人世间谱写出一曲悲壮的生命之歌。他们的离去，唤起了无数人逆境中团结求生的勇气，他们的使者精神，让灾难中的人们奋力求生。

（三）科学的态度与勇气

灾难来临，自然会引起人们的恐慌。2003年的非典突袭，让人们噤若寒蝉，顿时谣言四起。面对恐慌，中国最著名的呼吸病专家钟南山以高度的责任感和勇气站了出来。他郑重宣称，非典型肺炎并非不治之症，是"可防、可控、可治"的，"绝大部分病人都可以治愈"。

作为临危受命的的专家，钟南山有发言权，他是广东非典医疗救治专家指导小组组长，是最早接诊非典患者的专家之一，也是最早觉察到非典蔓延的严重后果，并果断向有关部门提出紧急报告的第一人。他始终坚信，人类定能战胜非典，但也始终保持着科学家的理性和冷静。在有关权威部门发布"引起广东非典型肺炎的病因基本查清"，元凶是"衣原体"，并建议使用抗生素进行治疗时，钟南山以他的科学家的良知和临床的实践提出异议，他认为，根据以往经验，如果是衣原体感染，患者应伴有上呼吸道炎，而所有病例均无上呼吸道感染症状，并且临床证明，大量使用各种抗生素对非典病人均没有效果。而实践证明，钟南山是对的。实事求是，尊重科学，坚持真理，是他的专业原则，他用良知和道德指导研究，成为世界上第一个对非典病因发表公开性学术意见的人。有些人提醒他，判断失误就可能有损院士的声誉。而钟南山平静地说，"我只尊重事实和真理，明哲保身不是科学家的品格"。

在抗非典斗争的严峻考验面前，钟南山展现出作为一个科学家的学术精神，更展现了医者仁心的使者勇气。在这场关系到无数人生命安全的重大斗争中，捍卫了科学的尊严，也捍卫了中国科学界的道德水准。他所代表的精神，是抗非典斗争一面旗帜，他和同事们，用生命和热血换来的防治非典的宝贵经验，是全人类的宝贵财富。

三、抗洪一线中的白衣天使

（一）1998年特大洪水灾害

1998年发生的特大洪水灾害包括长江、嫩江、松花江等地。长江洪水是二十世纪继1931年和1954年两次洪水后的又一次全流域型特大洪灾之一；嫩江、松花江洪水同样是150年来最严重的全流域特大洪灾。受灾最重是江西、湖南、湖北、黑龙江四省，全国共29个省（区、市）遭受了不同程度的灾害，面积3.18亿亩中成灾面积1.96亿亩，受灾人口2.23亿人，死亡4150人，倒塌房屋685万间，直接经济损失达1660亿元。

危险来临，又是一次考验医疗志愿使者的时刻。灾情无情人有情，各地医疗队纷纷集结而至。青岛市医院派出了以医院副院长、外科副主任医师李杨为总领队，包括皮肤科副主任医师赵旭传，外科主治医师孙冰，消化内科主治医师解祥军，与市卫生防疫站程美文、常鲁山等人组成的青岛市医疗小组，筹备30万余元药品前往受灾最严重的九江。

随后，青岛市立医院、烟台毓璜顶医院等5家医院30名医务人员组成的山东省第二批对口支援江西救灾防病医疗队，也迅速抵达了目的地。他们顾不上舟车劳顿，为灾民开展救灾防病工作。没有住处，就在大坝上搭建帐篷，没有诊疗台，就用药品箱子组合代替，室外温度高达40℃，很多人顾不上喝水，一忙就是几个小时，面对环境差、气温高、饮食不适等重重困难，他们依旧起早贪黑，不厌其烦地为灾民救治，在灾区的十几天里，先后走过36个村民居住点，累计诊治病人2600余人次，清创、换药和小手术100余例，发放药品价值12万余元，而他们的一日三餐就是方便面和盒饭，每天的工作时间也都在12个小时以上。有一次医疗队载了很多的药品的小船遇上风浪，小船摇晃严重倾斜，几个医疗队员怕药品掉进水里，想都没想就都纷纷跳进水里，水里有血吸虫，感染血吸虫病，会引起发热、肝脾肿大以及消化道问题，但是那一刻队员们根本顾不上那么多。他们的行为感动了当地居民，一张张大红感谢信和锦旗挂满了临时的帐篷，字字句句都写满了灾民对医疗队的感激之情。

（二）2010年永吉特大洪水灾害

2010年，吉林永吉遭遇特大水灾让当地的居民损失惨重，医护人员在抗灾救援中又一次彰显出白衣战士的责任和风采。当时县城多数药店已被洪水侵袭，医疗基础设施受到了不同程度的重创。吉林市各医院义诊队伍迅速地进入永吉县。

吉林大学第一医院也启动紧急预案，救援队伍4个小时便接诊各类患者92人次，整个过程中，各部门井然有序，及时就位，储备丰富的医疗用品，显示了平时训练有素的应急能力和专业素养。在救援中，人们还传颂着一家三口，不同角色，不同责任，相同奉献的故事。吉林大学中日联谊医院组建7人抗洪救灾医疗队并筹集了价值5万元的药品奔赴灾区，共为900多灾民提供了医疗服务，收治病人287人次，受到温家宝总理的亲切接见。同时医院捐赠给永吉县医院DR系统、彩超仪等价值约230万元的医疗设备，帮助该院灾后重建。

吉林市医院疼痛科护士长闫春莲，和医院人事科干事女儿邹琰都是医疗救援队员。邹琰的爱人吴科霖是参与救灾的武警吉林市支队司令部通信科参谋。永吉县洪灾发生后，三人不约而同地接到了任务。女婿吴科霖的部队说走就走，打个电话就出发了。闫春莲和女儿也到了前线进行救援，三个人各自在不同的救助团队担任不同的角色，几十天除了偶尔的电话，根本就见不到面，女儿牵挂丈夫，母亲牵挂女儿，事情就是这么巧，当医院医疗保障队来到永吉实验高级中学驻扎点为部队官兵送医送药时，三人竟然意外相遇了。那一刻格外让人激动，他们情不自禁地拥抱在一起，一家人互问了身体情况，叮嘱要注意安全，仅仅半个小时的时间，就又要回到各自的救助岗位，临走时，三人依依不舍，周围的群众见了十分感动，执意为三人合了影，并将事迹风传网上。

事后，闫春莲感慨地说，军人以服从命令为天职，以奉献为光荣，医疗工作者救死扶伤、治病救人是他们的使命，我们一家人以不同身份汇集到受灾地点进行救援，感到十分自豪。这普通的话语，道出了为医者的本分，也道出了白衣使者的情操。

四、贫困边区中的白衣天使

（一）好军医庄仕华

在祖国的西部边陲，有庄仕华这样的一位好医生，作为军医，他始终把人民群众放在心里，从军39年，为数十万患者解除病痛。他常年坚持为当地百姓送医送药，崎岖的山路，处处有他的脚印，有人为他统计，如果说，把他行医的行程全都加起来，大约能有四十多万公里。在38万多人次的巡诊中，他义务帮助19个偏远贫困农牧区医院改善了医疗条件，培养了120名技术骨干，帮助了500多个患者解除贫困。庄仕华对于好医生的理解非常简单，就是一句话，为患者做好事，做很多很多好事。这句朴实的话语，如同他的外表，如同常挂脸上的微笑，总是让他那么温暖，当地人们都说，有庄仕华这样的好军医，人民定然安康，百姓定然安心。

（二）白衣圣使吴登云

吴登云是江苏省高邮郭集镇柳坝村的共产党员，百位感动中国人物之一，曾荣获全国五一劳动奖章和白求恩奖章，先后被评为全国劳动模范、全国双拥先进个人、全国优秀共产党员、全国先进工作者，被人们称为白衣圣使。

吴登云的事迹感动很多人，有一次，一位患者突发功能性子宫出血，必须立即输血治疗，然而简陋医院没有血库，吴登云毅然地抽了自己的血输给患者，救了这位妇女一命，像这样的事情，30多年来他不知做了多少次，仅仅无偿献血就有30多回，计7000多毫升，这些血量，相当于一个成年人全身血液的总和。而另一件事情更是让人听了落泪。一位新疆的小患不慎扑入火堆，全身50%以上的皮肤被烧焦时，吴登云倾心救治，幼儿度过了休克关、感染关，接下来就是创面愈合的难关，由于完好的皮肤所剩无几，无法过多取用那些细嫩的皮肤了，吴登云把目光投向了幼儿的父亲，父亲听说要从自己身上取皮，吓得惊恐万状，连连说不行。吴登云竟然决定从自己身上取皮，手术室护士不忍，拒绝配合吴登云，吴登云就自己给自己注射麻药，先从两条大腿上取皮，又在小腿上注射麻药，果断下刀。当他拖着麻醉的双腿走上了手术台，把自己的皮肤植到幼儿身上时，在场的人感动得流出了眼泪。吴登云的行为，已经不仅仅是医生本分，而是白求恩使者精神的升华，他的坚守，他的执着，他的勇于担当和奉献，是使者精神的再现，是鞭策我们前行的动力和榜样。

（三）农奴的女儿曲尼旺姆

透过曲尼旺姆的眼睛，让人能感到一种安宁，她淳朴的眼神里燃着一盏明灯，服务的热情是灯油，党员的觉悟是灯芯。曲尼旺姆是一个新中国成立前出生在农奴主佣人家庭的孩子，新中国成立后，凭借着自己的天分与勤奋，成为了一名光荣的乡村卫生员。他所工作的卫生所没有房子，没有设备，在她的百般筹措下才盖起了诊疗室、药房和病房。从医几十年，她用自己的医术救治了不计其数的病患者。随着曲尼旺姆医疗水平的提高，由于工作需要，她又被调到了县医院，当时的县人民医院，正处于组建阶段，一切都要从零开始，空荡荡的科室里除了一副生物显微镜什么都没有，为了获得必要的检验设备、仪器和用具，曲尼旺姆利用每个培训机会，找遍了每个认识的关系人。作为医生，曲尼旺姆深刻地理解自己的职责所在，医者之根本，在于纯正的医德、体贴的服务和过硬的技术。她努力提高自己的医学理论，不断总结临床实践，几乎不放过任何一次县、地区组织的医务人员培训。从医40多年，曲尼旺姆始终坚持以精湛的医术服务病人，以亲人般的情感关心群众，把本职工作与社会公益做到实处，在平凡的岗位上履行这医疗使者的使命。

（四）赤脚医生李春燕

在贵州的大山里，34岁的李春燕是最后的赤脚医生，从提着篮子在田垄里行医，到一间四壁透风的竹楼诊室，给予了大山里的人们最温暖的庇护。她用一副瘦弱的肩膀，负起大山里人们的健康，她不是迁徙的候鸟，而是照亮苗乡温暖的月亮，她是2005年感动中国的人物之一。

李春燕卫校毕业，后随丈夫来到贵州的大塘村。因为从小见惯了父亲带着药箱走乡串寨，对着这药箱有着最亲切的感情，在成为赤脚医生那天起，她便像父亲一样，拎上那只用竹篮改成的药箱，在这个山高路陡、交通闭塞的苗族村寨中，一走

189

就是11年。

为了让乡亲们有更好的诊疗条件，她多方努力，终于也有了自己的卫生室。2006年，总投资22万余元的大塘村卫生室终于竣工了，这个使用面积达270平方米的村卫生室，有药房、治疗室、病房、办公室、B超室等。现在，李春燕工作的卫生站共有医务人员4人，每年都有志愿者前来服务。李春燕没有什么豪言壮语，她说，我是一名普通的乡村医生，能够守护乡亲们的健康，就是我最大的职责和心愿。

五、社区家庭中的白衣天使

（一）百年行医胡佩兰

胡佩兰已经98岁了，在解放军3519职工医院和郑州市建中街社区卫生服务中心做坐诊医生。

胡佩兰是河南大学医学部的老毕业生，一生从医，70岁时才从郑州铁路中心医院的妇产科主任位上退休。由于精湛的医术，退休后仍然被人请去坐诊。她生活节俭，从不舍得给自己多花一分钱，却经常大方地给病人垫付医药费，还拿出微薄的坐诊收入和退休金，捐建了50多个"希望书屋"。她看病不太依靠高科技仪器，都是靠几十年的行医经验，慕名找上门的病人很多，但她每天都是坚持看完所有病人才下班，对病人无比耐心，开的药也很少超过一百元。虽然现在记忆力下降了，耳朵也不那么灵，但病人的情况她却毅然记得清楚。她常说，现在的医患关系搞不好，都是因为与病人的交流不够，医生只要对病人认真负责，病人也自然会对医生极力配合。把患者当成自己的亲人来对待，没有处不好的关系。直至今日，胡佩兰已经连续坐诊20多年，每周出诊6天，像一棵坚定的磁针，吸引和安慰着无数人。

（二）艾滋病人的慈母高耀洁

在山东省的曹县，有一个慈母般的医生，她被媒体亲切地称为艾滋病的亲人，中国民间防艾第一人。

1954年，高耀洁从河南大学医学院毕业，毕业后来到河南中医学院工作，是著名的妇科专家。作为妇科专家，高耀洁的贡献却在艾滋病的宣传和防治上，一个偶然的机会，她接触到了艾滋病人，他们的痛苦让高耀洁产生同情，从此，她将毕生的精力放在了关爱艾滋病病人身上。行医几十年，她走访调研了百余个村庄，途径豫、冀、鲁、晋、陕、皖、湘、鄂、浙、苏、云、贵、川、粤、桂、沪等16个省市，访问了1000个艾滋家庭，并对收到的15000封信件一一回复，这些信件后来被集编为《一万封信》，已出版发行。

高耀洁对艾滋病人的关爱，缘于她的医者的慈悲。艾滋病是一个特殊的病种，病人心理和生理上的痛苦会纠缠一生。高耀洁亲切地对待他们，开导和鼓励他们努力求生，经她亲手救助的艾滋孤儿就有164个，接访患者最多一个月竟达58位。她自编自写，并自费印刷邮寄防艾读物130多万册，把国内外所获奖金和个人积蓄100

多万元人民币，用在了中原血祸、百姓血难的救助工作上。她的努力，也为她赢得了许多殊荣。她曾是河南省第七届人大代表；荣获联合国世界卫生组织的"乔纳森·曼恩世界健康与人权奖"，被《时代》周刊评为"亚洲英雄"，而国际天文学会的第38980号小行星也是用她的名字命名的。高耀洁的一生是平凡的，也是传奇的，虽然她最后旅居美国，但她的心却从来没有离开过艾滋病病人。平凡人做平凡事，贵在坚持，高耀洁的执着和坚守，是所有医者应该学习的典范。

（三）乡村医生周月华

周月华是第九届中国医师奖的候选人，她是我国基层医生的时代楷模，是重庆市北碚区柳荫镇西河村的村医。周月华出生时被诊断为先天性小儿麻痹症，终生都无法正常行走，身体上的残疾并没有打倒周月华，而是让她更加坚强。凭着执着的个性和顽强的毅力，周月华考上了卫校。毕业回到家乡后，她看到乡亲每次都要步行几个小时到镇上才能看病，就自己开办了一个村诊所。进药不方便，爸爸和哥哥就担着箩筐帮她挑，出诊走得慢，她就手脚并用在大山里爬。人们被她身残志坚的精神所打动，而丈夫艾起，更是用一句"背你一辈子"的承诺来表达对周月华的爱。常常是，周月华背着医药箱，丈夫背着周月华，走遍了家乡的大山小岭。周月华每年诊病近3000人次，周月华在丈夫的背上，一背就是20年，每到一处，带给病人的先是那份感动和执着，人们亲切地称他们为最美丽的"连体医"。

在中国的医疗史册上，无数的白衣战士传颂着千古佳话，无论在任何时期和任何阶段，只要有危险，只要有需要，就会有他们的身影。他们身上的使者精神，早就化作一种人格力量，融在了医护人员的心中，从而形成一种风范，一种楷模，一种传统，和一柱风标。

在新时代的征途上，使者精神会不断填充新的含义，它会像一座灯塔一样，永远照耀和指引着人们，在人类的医疗卫生事业中，稳步前行。

六、白求恩青年志愿者协会典范举要

（一）白求恩青年志愿者协会的成立

1994年，为了响应团中央实施"跨世纪青年文明工程"和深入开展大学生社会实践活动的号召，白求恩医科大学成立了白求恩青年志愿者协会，下设十三个分会，共有会员1700多名。

会　　长：高继成

副会长：李催春、李危石、王旭东

1994年，白求恩青年志愿者协会充分发挥自身的医学优势，组建6支大学生志愿者服务小分队，奔赴地方病高发区——吉林省长春市双阳县佟家乡、太平镇和山河乡等地开展了为期10天的支援服务活动，走访农户2200家，对近6000名农民进行了健康普查和医疗服务，诊治常见病患者3000多人次，重患158例，通过走访地方病患者、采集水土样进行化验分析等，重点对地方病进行了诊治和调查研究，服务队还无偿为农民患者赠送价值4000多元的药品。一位将军村的老乡来到医疗点，请同学们为他岳父看病。路上经他介绍得知老大爷是位教师，两年前被当地医院诊断为膀胱癌，穿了几次寿衣，两个月前开始浑身消瘦，以为自己没有希望了，在家里等死。到老乡家，同学们为老人核查化验后，对膀胱癌诊断持有怀疑，经老师的指导，临床初步诊断为尿路感染和上行性肾炎。老人一听还有救，眼泪就流了下来，鼓足了劲从炕上爬起来，紧紧地握住同学们的手说："原来我听说得了癌症，绝食了好几次，这回我有救了，是你们大学生救了我，我年纪大了，不能跪下谢你们了。"

（二）志愿服务的感人故事

在一个叫"螺旋背"的山沟里，同学们遇到一个正在发病的小男孩，浑身浮肿，已两天多排不出尿，家里人急得手足无措，经同学们检查，孩子患的是急性肾炎，如果再不采取措施会有生命危险，用药后一个小时，孩子开始排尿，病情得到了控制和缓解。孩子的妈妈跪在地上说："多亏了你们，保住了我们家的根哪！"

晚上九点多，一位妇女抱着一位重感冒的孩子推开了流动诊所大门。孩子发着高烧，呼吸急促，颜面发红，伴有剧烈的咳嗽，母亲急得满头大汗，经学生诊断是重感冒。可由于负责药品的同学到总部开会，11点多才能回来，我们只好留下了她家的地址，让母子回家等候。为了让孩子及时得到救治，半夜11点半我们硬是带着药物，翻山越岭，在伸手不见五指的山路上几经周折，终于在半夜12点钟赶到了患儿家中为患儿诊治。听着孩子渐转均匀的呼吸，孩子的母亲感动得说不出话来。

十天的社会实践活动，给同学们留下了永生难忘的记忆。活动中，同学们与老乡同吃同住同劳动，主动帮助农民打扫院落，下地干农活儿，加深了对农民的了解，增进了与农民的感情。

时任团中央第一书记李克强及省市领导专程赶到双阳看望志愿者，对活动给予了充分肯定。

从1994年吉林大学白求恩志愿者协会成立至今，白求恩志愿者人数已多达5000余人，服务基地500余处。协会以医学部各医院为主要阵地，以服务社会、实践育人为核心工作任务，志愿者们发挥专业优势，开展了诸多具有吉大特色和时代特征的服务活动，"蓝、红、白马甲志愿服务队"集导诊、分诊、陪检、康复看护为一体，有效缓解了医患矛盾。吉大白求恩志愿者，用实际行动将白求恩志愿服务精神代代相传。

第六章 践行国际主义者白求恩

第一节 国际主义者白求恩

一、白求恩国际主义者的精神特征

（一）以天下为己任的奉献情怀

白求恩从小就有一个性格倾向——"以天下为己任"的奉献意识，他10岁时就能舍身救落水的小孩，17岁时能为底层工人的自由抗争，而他勇于冒险的胆识和正义感也正是他"以天下为己任"的具体表现，以身犯险的事情他做过很多，比如到危险的地方游泳，为求结核的治疗新方法，不惜亲自尝试，为了能救更多的伤员，他坚持到前线去。之所以在成年后能替工人说话，能为生活在社会底层的人群服务，是因为他经历过人类的疾苦，心系人类的疾苦，才能发自内心地从技术上的治病救人过渡到改革社会制度的救治，想要让一切处在不平等社会体系下的弱势人类得到救赎。

就像鲁迅一样，他也认识到世界社会之疾病岂是一个医者所能干预的，医人之躯体之疾病，莫若医人之思想精神之病，医人之病，莫若医世界体制之垢弊。从他的生平中我们可以看到他的耿直、无私、奉献都源于他想让自己有形的身躯有用武之地，做一个有益于人类的人。他经历了第一次世界大战、经历了疾病对生死的考验，也经历了法西斯对弱者惨无人道的荼毒，这些更加坚定了他要为人类的公平而战的决心和毅力，他的那种无论是在国内、还是在国外都不顾一切地想要救治弱者的勇气也正是国际主义者所必备的性格特点。

他所经历的残酷的生存条件毫不留情地将他所有的弱点都去除殆尽，只留能活下去的身躯和意志。一切磨难都成为他成长的最佳途径。所以作为一个国际主义者，也就会将那些别人眼中不可能超越的荆棘视为坦途，视为平常，如此才站在国际主义的高度。他的忘我的工作状态也源于他对人类弱者的怜悯和同情，他对老百姓的疾苦和需要有切身体会，他对解决底层人民的疾苦和帮助他们脱离苦难有一种天生的使命感，而这种使命感炙热到不光是付出自己的技术拯救处于水深火热中的老百姓的生命，甚至不惜牺牲生命来拯救更多的生命，以期为了人类的和平理想做些许贡献。他曾在遗嘱中写到："我在这里十分快乐，我唯一的希望就是能够作贡献"①。也唯有这样，才是他追求的生命价值。爱因斯坦说过，人只有献身社会，才能找出那实际上是短暂而有风险的生命意义。白求恩就是这样的人，是实现以社会和天下为己任的价值而存在过的伟人之一。

同样具有白求恩一样的奉献精神的医者，还有抗战时期的印度援华医疗队员柯棣华，在他援华期间，他的父亲不幸去世，家里人特别希望他能回国一趟，可是当他收到家信时，他说服家人要留在中国，他说："父亲是如此尊重我所从事的事业，甚至为之做出了最后的牺牲。我除了为这个事业献身之外，没有其他的道路可走。"面对被轰炸的城市，男人、女人以及无辜婴儿的尸体被从瓦砾堆中拉出来，他无法不去救治②。

（二）实事求是的求真精神

求真就是探求事物本来的样子，科学发展的过程就是一部人类不断战胜愚昧获得真知的过程。白求恩是一个信念坚定的人，他像科学史上的巨人一样，只要他想要弄清楚的事情，他都会努力做到，他不断地突破世人的局限和认知，因为醉心于医学，他做出了将动物器官放在锅里煮，将人体器官放在冰箱等违背生活常理的事情；因为想要了解苏联的医疗制度，不确定是否真的像别人讲的那样人人享有医疗，他想方设法到苏联亲自去看，去了解；而且在西班牙期间他为了能够更进一步地让自己的输血小组发挥作用，更愿意接近前线；在中国，虽然条件非常艰苦，他也对每一个医疗点实地检查指导。这种脚踏实地、实事求是的做事信念也正是他能够践行为全人类的发展进步做点事情的途径和方法，也是追求科学真理的途径。

求真求实精神也是当下的社会人需要追求的行事信仰，只有求真求实才会在纷乱的环境，复杂的事件中有耐心、有信心厘清所有的真相，才能看清诸多社会现象背后的本质，才能拨开浓雾做出对人类有益的抉择和取舍。白求恩的国际主义精神，来源于他追求共产主义真理并为共产主义真理而献身的革命精神，是他为共产主义的伟大理想而献身的必然结果③。

（三）坚持世界和平的正义精神

白求恩是一个热爱世界和平和自由的人，对于任何有益于人类的事情都有无尽的热情，从而激发出他的无处不在的创新能力，在他看来创新是人在无能为力时最孤注一掷的选择，要么生，要么死，有何惧？为了和平而创新，也是他有意义的一生最富激情的追求，在艰苦的中国战场，他能就地取材，设计出实用简便又有效的物件来满足生活工作的需要，以期让所有人，都能获得有效的治疗，保存更多的战

① 阿元. 白求恩的生前身后. 九州史话, 2003（7）：22—23.
② 陈永成. 抗战时期的援华医疗队[J]. 史事本末, 2014（2）：17—22.
③ 高学栋，宗景才. 论白求恩精神的内涵及其现实意义[J]. 山东省青年管理干部学学报, 2000（4）：87—89.

斗力，为中国抗日战争贡献自己的力量。

当不公平的社会制度让穷更穷，苦更苦时，所有能标价的东西在他眼中都被视为无物，而生命、劳苦的大众、社会的弱势群体便是他拯救的目标，他希望世界绝大多数人都享有公平和自由，而医者的技能只是救一人、救一时，放眼整个世界，技能又何其弱，追求社会公正必以革命为践。为了公平和正义，他勇于挑战权威，写文章揭露法西斯的罪恶，揭露日本帝国主义恶劣的侵华行径。这些都是他热爱和平和正义的思想所决定的。

1938年，他动身到中国时写给弗朗西斯的信中说："我拒绝生活在一个制造屠杀和腐败的世界里而不奋起反抗。我拒绝以默认或忽视职责的方式来容忍那些贪得无厌的人向其他人发动的战争……西班牙和中国都是同一场战争中的一部分。我现在到中国去，因为我觉得那儿是需要我最迫切的地方；那儿是我最能够发挥作用的地方。"这些话是他坚持世界公正和平的真实写照。很多人在同一种环境中生活工作一定时间后，会对很多现象习以为常，甚至融入其中，当人的思想麻木时，便会将不正常视为正常，对不公平熟视无睹，但白求恩不是，他始终以挑剔的眼光审视周围的一切，不因自己生活条件的改善而忘记世界上还存在着饥饿、疾病和贫穷的人们。

坚持世界公正和平是马克思主义者们一直以来坚持和奋斗的理想，也是无数为人类做出重大贡献的科学家们毕生追求的目标，更是无数的像白求恩一样的纯粹的人们追求的理想，这是他们生命存在的方向、灵魂和精神支柱。

（四）无私的助人精神

助人、谦逊，常常自省也是白求恩的性格特点。毛泽东说他高尚、纯粹、脱离低级趣味，也正是对他无私的最真实写照。白求恩将为人民的服务当作生命，若没有这个生命，他便空有躯壳，只能是行尸走肉，没有灵魂，这是他能无私奉献的根源。

白求恩的助人不仅仅单纯地做某一简单的事件，而是像一是颗种子一样，让它在不同的土地上生根发芽，长成参天大树。在他就职晋察冀军区卫生顾问后的第一件事就是计划把一个简陋的后方医院改建为一个模范医院，并且想要开办一个附属于这个医院的卫生学校来训练护士和医生，同时他自己编写医学教科书，亲自教学授课。他的这种做法正是帮助人要"授之以渔"的无私做法。更重要的是他的做法也是真正地对人性的尊重，尊重需要帮助者的尊严、价值和自我发展的需要。他的行为正如马克思恩格斯所说，如果我们选择了最能为人类谋福利劳动的职业，那么，重担就不能把我们压倒，因为这是为大家而献身；那时我们所感到的就不是可怜、有限的、自私的乐趣，我们的幸福将属于千百万人，我们的事业将默默地，但永恒发挥作用地存在下去，而面对我们的骨灰，高尚的人将洒下热泪[1]。白求恩就是

---

① 马克思恩格斯全集，第40卷，第7页，袁仁贵，人的哲学，工人出版社出版，1988年9月第1版，450页.

这样的人。

二、白求恩国际主义者的价值追求

（一）为自己的信念不断创新的价值追求

白求恩不但具有为人类公平而努力奋斗的理想信念，还有坚持自己理想信念的勇气和信心。坚持自己的信念并不是墨守成规，而是要在原有的科学基础上建立新的更有利于全体人民的、创新的、有益的价值观，能够打破常规，取人之长，补己之短的宽阔胸襟，和视死如归的革命勇气。为探索结核治疗的新方法他做了那个敢吃螃蟹的第一人，在日常工作生活中我们也经常会说"置之死地而后生"，但实际上能做到的人太少了，而白求恩做到了，他为了理想价值能够放弃生命的勇气，是他对人生价值追求的最高境界，也唯有此，才能在任何大是大非面前做出符合历史发展规律和人类进步愿望的抉择。白求恩也是一个彻底的价值践行者，他厌恶那些繁文缛节，在他看来也许繁文缛节都只是虚伪的遮羞布，没有什么比一针见血和立竿见影对解决实际问题更有效了。

（二）超越金钱的精神价值追求

他追求彻底的精神财富，金钱的富有不能赚取精神的财富，在当时的那种社会环境下，对于白求恩来说自己的价值是不能用金钱衡量的，他所要的是能对别人的好，能对社会公平有益的事，生活的富裕并不能抵过精神的充实。他所追求的一直都是精神的充实感、成就感和价值感。在给穷人治病时，他可以不收取费用，甚至还会追踪到病人的康复，他所要的并不是救治对象对他的感恩戴德，更多的是能让他们有能力担负起自己的职责和使命。

白求恩是个伟大的人，但他同时也是一个平凡的人。平凡的人，如果找到一件自己喜欢干的事，便如找到自己最理想的情人，时间、精力、身体、欢乐、痛苦等一切，便都托付给它，一定要做到为它牺牲一切。他喜欢干的事情就是拯救人类免受战争，就像几千年来那些无畏生死的科学家们，他们为促进科学的发展和人类的进步和平，不做权势名利的奴隶和傀儡，用自己有限的生命做对人类无限有意义的事情。

人是人类的构成部分，而一个人生命的几十年在人类的历史构成中却非常渺小，在人类科学发展的进程中，追求真理的人不惧怕火刑柱，不惧怕权势的逼迫，也不惧怕名誉的毁损，最惧怕的是自己的实验和手稿的破坏，其实质是惧怕自己追求和验证的真理会被无视和毁损，而科学真理总是造福于人类的，一个国际义者最优秀的品质就是没有"自我"（这里的"自我"是指人满足于自己的物质享受），而他们最自我的意识是放眼人类历史科学发展长河的胸怀和意志。白求恩所追求的正是这样的精神价值，也是身处现代的想为人类进步做点事情的人需敬仰和追随的精神。

（三）坚持真理的价值追求

当自己积累的知识足够支撑自己的思想观点时，一定要坚持到底，成熟的思想总会在煎熬之后变得清晰，当别人用异样的眼光看你时，就要看你对自己的判断如何坚持了，做小事情，坚持做下去，不要在意别人的眼光。有能力透过现象看到内在，立于现在预知未来，这是科学追求的目标，也是社会进步发展需要的能力和觉悟，共产主义是白求恩在思想混沌，现实黑暗中觅到的一丝亮光，社会化的医疗制度让他对医疗世界疾病有了新策，是一剂良药。正是他的坚持精神才促使他在不同的国家践行自己的价值信仰时毫不动摇。

三、白求恩国际主义者的价值深化

（一）把有意义的事情升华成一种精神

一个人做的事情如果能引起其他人灵魂的震撼就是伟大的，白求恩的所作所为赢得了人民的支持，尤其是劳苦的中国老百姓和处于艰难处境的中国人民军队，当人们用话剧的形式来表达对白求恩的爱戴和尊敬时，不光是因为他的行为让人震撼，更重要的是人民和社会需要将这种精神继承和发扬光大，这是国际人道主义的最高境界，也是白求恩国际主义的直接体现。白求恩在经历了西班牙反法西斯战争，经历了资本主义社会不公平医疗体制，社会主义社会的公平分配制度后，激发了他为世界公平而战的决心和勇气，他是一个善于思考的人，他的思想和灵魂因为社会的污浊而倍受煎熬，精神的困顿迫使他竭力要突破一切体制的束缚，所以他所做事情都想要做到极致，形成一种精神，一种能够影响到人类价值追求的行为榜样。

（二）把对大多数人有益的事升华成一种品质

对于一个有专业基础的人来说，将自己的技能练到精益求精是终极追求目标。精益求精是一种完美的品质追求，要把对大多数人有益的事情做到没有瑕疵是实践国际主义精神的前提。在工作中不论做什么都需要坚持以完美的品质做为正确的标准，方能用得通，否则会很曲折。标准是否正确，就依赖于制定标准的人员熟悉工作流程和并能明确的判定结果的对错，要有专业精神和专业品质。要想做到完美践行者必须身先士卒，凡有一项新的举措要实施时，不光是想法好就可以实行，首先要让大家了解具体的做法，熟悉流程，规范者自己先做好，否则会让合作者有疑虑，甚至反对。只有自己了解熟悉所有流程，连细节都了然于胸时，对别人的指导和建议才能有意义，否则只能失之毫厘，谬以千里。人只有为同时代人的完美，为他们的幸福工作，自己才能达到完美。如果一个人只为自己劳动，他也许能够成为著名的学者、伟大的哲人、卓越的诗人，然而他永远不能成为完美的、真正伟大的人物。历史把那些为共同目标工作因而自己变得高尚的人称为最伟大的人物[①]。

---

① 马克思. 青年在选择职业时的考虑[M].//马克思, 恩格斯. 马克思恩格斯全集（第1版）：第3卷. 人民出版社, 1995: 459—460.

（三）把追求完美的品质内化成一种态度

看德国工程师的布线图时就能深切地体会到"工作在哪儿，心就在哪儿"，用心工作的人对每一个细节都会慎之又慎，这是一种严谨认真的态度，只有这种严谨的态度，才能让一个平凡的人在人类社会发展的历史长河中做出自己的贡献。把追求完美的品质内化成人生行为的一种态度，是提高整个国民素质，践行为人类服务的意识铺垫。马克思认为个人的全面发展，只有到了外部世界对个人才能的实际发展所起的推动作用为个人本身所驾驭的时候，才不再是理想、职责等等，这正是共产主义所向往的①。正是这种态度的形成，才能实现个人的全面发展。作为一个思想上成熟的国际主义者，在行为上会追求所从事专业的科学性，而不分国界、不分肤色、不同种族的科学家们一个共同的使命就是用严谨的科学力量推动人类文明的进步。一个严谨的人，就是一个追求做事品质完美的人。白求恩是这样的人，当今中国仍有千千万万在一线岗位上的医者们以这种态度服务于各国各族人民。

第二节　白求恩国际主义精神

一、马克思主义视域中的国际主义观

在不同的历史时期和不同的社会背景下，人们对国际主义的定义和认识不尽相同，下面略做综述：

（一）马克思、恩格斯的国际主义观

"国际主义"这一概念和思想起初是由科学共产主义的创始人马克思和恩格斯提出来的。"全世界无产者，联合起来！"的著名的口号奠定了国际主义的思想基础，也是马克思处理国际关系事务的基本原则。马克思主义认为，凡是顺应时代潮流，促进社会进步，为人类谋利益的政治观，才称得上是正确的政治观。国际主义是国家或团体在对外活动中进行合作的超越国家界限的一种思想理念，主张政治活动应考量全世界人类的状况，而不是只专注于某一特定国家的利益。无产阶级国际主义的基础首先在于全世界无产阶级的阶级地位、根本利益和最终目的的一致性。根据马克思主义的论述，无产阶级国际主义就是各国无产阶级为了在全世界消灭一切压迫和剥削制度、实现共产主义社会而彼此加强团结并联合一切群众共同战斗的思想②。国际主义是一种思想，是国家或团体在对外活动中进行合作的超越国家界限的一种思想理念。其核心内容是国际无产阶级团结起来反对国际资本主义，建立无

---

① 马克思，恩格斯. 德意志意识形态[M].//马克思，恩格斯. 马克思恩格斯全集（第1版）：第3卷. 人民出版社，1965：330.

② 李爱华. 马克思主义国际关系专题研究[M]. 人民出版社，2013：155.

产阶级专政，实现共产主义，也是社会历史发展的必然趋势。

（二）列宁的国际主义观

列宁较早地提出和使用了"无产阶级国际主义"这一概念。他所讲的国际主义范畴主要是指民族国家之间的关系。列宁倡导了"全世界无产者和被压迫民族联合起来！"的著名口号。他认为真正的国际主义者只有一种，就是进行忘我的工作来发展本国的革命运动和革命斗争，毫无例外地支持（用宣传、同情和物质来支持）所有国家的同样的斗争、同样的路线，而且只支持这种斗争和这种路线[1]。其核心是指世界革命尤其是欧洲革命，保卫新生的苏维埃俄国被视为国际主义的直接目标。他认为无产阶级国际主义是从各国无产阶级的根本益出发，并服务于无产阶级解放斗争的总目标[2]。列宁所倡导的国际主义是为了联合和团结无产者和被压迫民族，是为了推翻资产阶级统治，联合世界无产阶级力量进行阶级斗争。

（三）毛泽东的国际主义观

1939年，毛泽东在《纪念白求恩》一文中写到："一个外国人，毫无利己的动机，把中国人民的解放事业当作他自己的事业，这是什么精神？这是国际主义的精神，这是共产主义的精神，每一个中国共产党员都要学习这种精神。……我们要和一切资本主义国家的无产阶级联合起来，要和日本的、英国的、美国的、德国的、意大利的以及一切资本主义国家的无产阶级联合起来，才能打倒帝国主义，解放我们的民族和人民，解放世界的民族和人民。这就是我们的国际主义，这就是我们用以反对狭隘民族主义和狭隘爱国主义的国际主义。"拥有毫不利己、专门利人、无私奉献和对工作精益求精、对人民满腔热忱精神才能践行国际主义。其核心是坚定的共产主义信念和全心全意为人民服务的思想。毛泽东在《论持久战》中提出中国革命就是为"永久和平而战""就是要争取中国和世界的永久和平"。毛泽东在接见非洲朋友的谈话中强调：已经获得革命胜利的人民，应援助正在争取解放的人民，这是我们国际主义的义务[3]。毛泽东倡导的国际主义是一种忘我的精神状态，是无论做小事，还是做大事，都要竭尽全力达到利人的目标，这种国际主义精神使得人与人之间、国与国之间，没有了利益之争，只有大家都好才好。毛泽东曾说爱国主义就是国际主义在民族解放战争中的具体实施，日本侵略者和希特勒的战争，不但损害世界人民，也是损害本国人民的[4]。在争取民族解放的斗争，为无产阶级的解放而斗争者皆是国际主义者。

（四）白求恩的国际主义

白求恩以自己的实际行动阐释了国际主义精神，他的行为蕴含了马克思和毛泽

---

① 列宁全集，第24卷52页.

② 李爱华. 马克思主义国际关系理论专题研究[M]. 人民卫生出版社，2013：155.

③ Kin, Samuel, The Third World in Chinese World Policy, Princeton University, 1989.

④ 毛泽东. 中国共产党在民放战争中的地位. 毛泽东选集（第2卷）. 人民出版社，1968：486—487.

东关于国际主义、集体主义、革命的人道主义的所有概括。1939年7月，白求恩作为特邀代表参加晋察冀边区党代表大会发言时说：我们来中国不仅是为了你们，也是为了我们……我决心和中国同志并肩战斗，直到抗战最后胜利。我们努力奋斗的共产主义事业，是不分民族，没有国界的，这正是他对国际主义最朴实的理解。白求恩精神是以反战争、爱和平，由科学精神、探索和创新精神、奋斗与牺牲精神相互渗透、相互贯通而形成的国际主义精神。白求恩智慧财富的主要特征是："对工作的极端负责，对人民的极端热忱，对技术的精益求精，对信念的坚定执着，对死亡的无所畏惧。"这既是加拿大共产党主流价值观的体现，也是国际主义者的高尚情操。白求恩生前说过一句话：人只要活着，就要与这个世界上的罪恶与腐败斗争到底！白求恩的事迹与精神不仅在加拿大，在中国，在西班牙，在所有尊重生命、热爱和平的国度，都一直鼓舞激励着正义的人们与邪恶抗争[1]。白求恩把中国人民解放事业当作自己的事业的崇高品质，是他对国际主义和共产主义真正信仰、执着追求的集中体现。他具有正确的道德观、幸福观和技术观。他具有清廉的医德，他把技术看作是为人民谋幸福的最有效的方法[2]。

2013年3月，习主席访问刚果（布）期间，首次提炼总结出"不畏艰苦，甘于奉献，救死扶伤，大爱无疆"的援外医疗队精神。践行和弘扬"不畏艰苦、甘于奉献、救死扶伤、大爱无疆"的精神，是白求恩国际主义精神在新时期的延续与升华，是社会主义核心价值观在卫生计生系统的培育与践行。

习近平同志自2015年始多次在国际会议上提出人类命运共同体的理念，他说国家不论大小、强弱、贫富，都应该平等相待，既把自己发展好，也帮助其他国家发展好。大家都好，世界才能更美好。这一论断正是马克思哲学思想在当今世界白求恩国际主义践行的延伸和扩大，是对已出现的人类整体利益或共同利益的实现和维护。2018年3月11日，第十三届全国人民代表大会第一次会议通过宪法修正案，将宪法序言第十二自然段修改为"发展同各国的外交关系和经济、文化交流，推动构建人类命运共同体"，这是当前白求恩国际主义精神实践的理论前提和必要条件。

二、白求恩国际主义

（一）白求恩国际主义者为人类谋福利的坚定立场

国际主义者的立场是站在为人类谋福利的基础上，唯有以人类的幸福、发展为前提，才能对自己的思想、行为指明方向，才能因要把工作做好而努力修正自己的局限，提高自己的技能，端正态度，改进工作方法。而国际主义的具体实施主要是

---

① 特稿：白求恩国际主义智慧财富必将为人类做出贡献——纪念白求恩诞辰125周年，2015-03-25，白求恩国际联合会 加拿大白求恩国际联合会.
② 马安宁，张志健，张洪才. 关于重温《纪念白求恩》保持共产党先进性的思考[J]. 中国卫生事业管理，2005（6）：371—373.

要立足于世界绝大部分的劳动阶级，劳动阶级不会因自己的权力为自己谋福利，而是为整个世界的进步和发展，为整个人类的进步和发展谋福利。

人的躯体进化由猿而人，而人的思想意识进化又如何？人生而为自然人，毛泽东说白求恩是个纯粹的人，这应该就是人的意识进化的一种状态，马克思说，当阶级被消灭后，就没有国家之说，国际主义的目标应该就是这样。国际主义的思想和行动不能局限于某个以地域而设的界限，应是以自己的技能和能力被需要为方向，不分种族和地域。国际主义的愿望是扼制所有对人类劳动成果的破坏和毁灭，保持人类的兄弟情谊和人类的共同利益。要实践国际主义需要一些有理智的、真诚的追求美好生活并相信自己的创造力的人，如马克思、毛泽东、白求恩等。

马克思的座右铭是"为全人类而工作"，毛泽东在《论持久战》中提出中国革命就是"为永久和平而战"；就是要"争取中国和世界的永久和平"，同时明确指出："人类一经消灭了资本主义，便到达永久和平的时代，那时候便再也不要战争了"[①]，要建立一个永久的和平世界，不但要求一国的和平，而且求世界的和平。白求恩是一位精神勇士，他用自己毕生的精力践行自己的信仰，为弱势人群服务，为人类世界和平服务，为了让更多的人掌握相同的思想理念拯救需要拯救的人而传播自己的技能和信仰。

（二）白求恩国际主义者的行事原则

人类的发展不仅仅是靠某一个人的力量发展，而是靠全人类的力量，一个人有先进的思想，高超的技能，娴熟的手法，并不能一力拯救全人类，而是需要一大批人有同样先进的思想，高超的技能，娴熟的手法才能使整个人类社会享有平等的发展机会，要为人类谋福利，就要将自己的所长像播种一样，播撒在全人类的土壤中，让它生根发芽，这种授人以渔的态度和方式是国际主义者的行事准则。

（三）白求恩国际主义精神、国际主义精神、人道主义精神之间的关系

国际主义是指各国无产阶级在反对剥削制度，争取自身解放斗争中，在政治、经济、道义等方面互相支持，互相援助，坚持国际团结的思想和政治原则。是无产阶级处理民族问题的基本原则，也是无产阶级认识和处理各国无产阶级之间、各国无产阶级政党之间以及社会主义国家之间相互关系的行为准则。倡导和支持国家间为共同利益而开展更广泛的经济和政治合作的政治运动，不同国家和地区对国际主义有不同的理解，特点是主张政治活动应考虑全世界人类的状况，而不是专注于某一个特定国家的利益[②]。

人道主义泛指一切强调人的价值，维护人的尊严及权利的思想和理论，人道主义有两种含义：一种是作为世界观和价值观的人道主义，另一种是作为伦理原则和道德规范的人道主义，最早是作为欧洲资产阶级早期的思想体系，产生于文艺复兴

---

① 毛泽东. 论持久战（1938年5月）. 毛泽东选集（第2卷）. 人民出版社, 1991: 474—475.

② 国际主义，引自百度百科。

时期，提出以人为本、以人为中心的世界观，提倡"人权"，尊重人的价值，人的尊严，人的自由意志。17、18世纪资产阶级革命中，启蒙运动的思想家把人道主义原则具体化为自由、平等、博爱的口号。资产阶级的人道主义，仅局限于伦理道德方面的要求，但其理论基础是抽象的人，是唯心主义的美化。

社会主义的人道主义是社会主义意识形态的组成部分，是在伦理道德领域中调整人们之间相互关系的准则之一。它要求社会对个人以及人们相互之间的关心和同情，尊重个人对社会作出贡献，尊重人格，维护社会成员的基本权利，并促进全体社会主义成员的全面发展。

白求恩国际主义是国际主义和人道主义的具体升华，将无产阶级国际主义的世界观、价值观和社会主义的人道主义的伦理道德原则凝炼、融合，并具体化在人在专业技术应用过程中的方向和指引。白求恩国际主义将马克思的无产阶级国际主义价值观和自然科学的客观真实的世界观有机结合，是立足于人类和平、自由、平等、互助、全面发展的基础上，追求真理、信仰和精神的充实，实现人为社会、世界、人类态度和品质的升华。

（四）白求恩国际主义与红十字国际委员会和无国界医生

红十字国际委员会由瑞士人于1863年2月9日倡议成立，是世界上最早成立的红十字组织，是一个民间团体。红十字国际委员会从成立到现在的历史发展可分为四个阶段，即红十字创建初期，第一次世界大战期间，1918年至1939年，第二次世界大战期间。根据《日内瓦公约》以及红十字与红新月运动章程所赋予的使命和权力，在国际性或非国际性的武装冲突和内乱中，以中立者身份，开展保护和救助战争和冲突受害者的人道主义活动[①]。无国界医生组织于1971年在法国由一群医生和记者在比亚夫拉战争和饥荒之后成立。他们的目标是建立一个独立的组织，专注于快速、有效、公正地提供急救药品。无国界医生组织历经四个时期，并于1999年10月15日获诺贝尔和平奖。

白求恩国际主义是一个人的价值信仰，人性向善本性的追求和和平理想的自身践行坐标，是个人，尤其是各行各业的从业者需提升自我精神修养的风向标，是不求回报的只为人类服务的奉献精神和牺牲精神。是相信无产阶级共产主义社会的政治追求和努力的步伐。白求恩国际主义立足于为全人类服务，有坚定的政治立场和政治信仰，而红十字国际委员会和无国界医生偏于欧洲传统的人道主义，以及堂吉诃德式的侠客作风和永不褪色的理想主义，严格遵守医疗守则，坚守提供人道援助的权利，保持中立不偏的立场，无关政治信仰。无国界医生在面对暴力、战争、不公平时采取的主要措施是公开表述、谴责等不彻底的方式[②]。白求恩国际主义意在以自己的无私奉献的行为、先进坚定的政治立场、追求人类和平的美好理想，吸引

① 红十字国际委员会, 中华人民共和国外交部, 2016年12月19日.

② 孙茹. 无国界医生组织. 国际资料信息[J]. 2002（10）：27—31.

绝大多数的无产阶级信仰者，彻底地为实现全人类的目标而奋斗，是站在强大的阶级和国家政治的肩膀上的战斗者和践行者。历数红十字国际委员会和无国界医生的救援活动，他们更注重提供给受难者的物质帮助和庇护，更多的是"授之以鱼而非渔"，更多的是出于同情心而非激发受难者对不公平、暴力、战争和解放的抗争。先哲有言，人皆有不忍人之心。此不忍人之心，实即为生命之活力。惟不忍，故能爱人；亦惟不忍，乃能发扬其生命之伟力，以表示人类不甘为奴隶之心[①]，因此要建立和平、美好、人人享有自由和他人服务的社会，需要唤醒那些被奴役、压迫、剥削的人民和贫穷落后人民的抗争意识和抗争能力才是白求恩国际主义者们追求的目标。

（五）白求恩国际主义与人类命运共同体

白求恩国际主义和人类命运共同体理念都立足于为人类谋福祉，追求世界人民的和平幸福、公平自由；都反对强权主义、霸权主义；都是对共同命运者的团结，而非相同利益者的勾结；都是对长久命运发展的谋划，而非逞一时之勇的匹夫行径；都是朝着人类社会发展方向而努力和奉献。践行白求恩国际主义和人类命运共同体理念都是在走一条曲折，却又令人朝思暮想、欲罢不能的路。

白求恩国际主义精神是个人实现全面发展和理想追求的目标，人类命运共同体理念是人类发展的全球参照点。2017年2月10日构建人类命运共同体理念被写入联合国决议，3月17日被载入安理会决议，3月23日被载入联合国人权理事会决议[②]。新时代人类命运共同体的构建是世界课题，也是人类文明走向的新航标。自2011年《中国的和平发展》白皮书提出，要以"命运共同体"的新视角，寻求人类共同利益和共同价值的新内涵。习近平同志在多个国际舞台上对"人类命运共同体"进行了多角度的阐述解释，目标是建立一个世界和平、全球合作、各国人民共有共享、携手努力，共同担当、同舟共济的美好世界，也正是白求恩国际主义者所追求的理想世界状态。

三、白求恩国际主义的现实意义

（一）白求恩国际主义的历史性

国际主义是人类历史发展的产物，马克思指出人类社会不断从民族地域走向世界历史性趋势，人类社会依次经历了原始社会、奴隶社会、封建社会和资本主义社会，最终将走向社会主义和共产主义社会，在这一发展过程中，资本主义社会向社会主义的转变是一个漫长而曲折的过程，在生产力和生产关系不断发展进步的基础上，民族地域性逐渐弱化而形成以人类进步为趋势的社会形态，经济、政治形态也会逐渐趋同，人类会向同一个目标——公平、自由而努力，国际主义应运而生，全

---

① 秦邦宪. 国际主义和革命民族主义[J]. 解放周刊, 1938(39).

② 杜尚泽, 宋宇, 曲颂. 习近平致力倡建"人类命运共同体"——系列报道十三, 人类命运共同体篇. 人民日报, 2018年10月7日.

世界的人应凝聚在一起不仅为战争和和平，更应为人类的发展和进步。要实现国际主义，人类的活动就要打破国界，打破因地域不同而形成的国家政体，国际主义是实现共产主义的必经途径。当今社会的发展，生产力在不断变革，互联网将全世界联成一个整体，世界正在因信息的共享而变成一个整体。习近平主席提出建设"新丝绸之路经济带"和"21世纪海上丝绸之路"的合作倡议，也正是把全球的发展联成一体，不论是政治经济、科学技术还是社会民生方面，都希望能将发达国家和发展中国家联结起来，手挽手，肩并肩的前进和发展，只有把对大家好的事情当作是只有为自己的好的事情来做，才是实现马克思、毛泽东及一代又一代中国领导人们企盼的人类命运共同体的途径，才会像白求恩一样纯粹、无私、奉献，实现共产主义的理想飞跃。

白求恩国际主义是马克思主义永恒、美好理想的具体表现。马克思所描述的共产主义社会是"是以每个人的全面而自由和发展为原则"。每个人的自由全面发展是马克思主义伦理学的道德目标和最高境界，正如共产党宣言中所说的："每个人的自由发展是所有人自由发展的条件"[1]。白求恩的生平就是这样以自由全面发展为主线的一生，他的思想和行为都达到了马克思主义伦理学的道德目标和最高境界。而这又离不开白求恩所处的历史时期，他亲历了多次战争，看到了战争对劳苦大众的摧残，在当时的历史时期，作为一个有理想、有抱负的人，他迫切地想要通过参与到战争中去实现自己的理想。他到中国后，中国革命正处在抵御日本帝国主义入侵最艰难的时期，条件非常艰苦，但是他没有退缩，凭着自己的知识和毅力为共产党军队的医疗卫生工作从无到有的发展作出了贡献，正是他对自己理想和追求实现的最佳历史契机，而他这种在异国他乡仍然忘我的工作精神正是国际主义精神的最好诠释。

战争带给人类的只有破坏和毁灭，战争不能带来和平，只有以人类的幸福和发展为立足点，和平才有望实现，所以人们渴望和平、富裕、民主、文明。在当今世界，国际主义仍然对世界和平起着举足轻重的作用，在物质条件远远优于白求恩时代的今天，继承"毫不利己专门利人""大公无私"的精神依然是建设新时代具有中国特色社会主义和维护世界和平的需要。当前"一带一路"国际合作高峰论坛也是对我国医疗卫生事业国际主义践行具有历史性节点意义——从原来的援外救助转变为以共商、共建、共享，共同推进全球公共卫生事业。

（二）白求恩国际主义的时代性

随着时代的发展，白求恩国际主义也在不同历史阶段表现既一脉相承又与时俱进的时代特征。在战争年代或者说是在有战乱发生的地方，白求恩国际主义是苦难中人民的希望，像一粒火种，给人以活下去的勇气，就像白求恩在马拉加用救护车转移难民一样，他就是濒临绝望的人的希望，而他的这种积极的帮助无助、绝望的

---

[1]　王京跃. 白求恩精神的现代意义[J]. 马克思主义研究, 2009（12）：102—106.

人重新找到希望的行为，能够激发人们对生活的信心、勇气和行动的力量。不论是第一次世界大战还是第二次世界大战都是资本主义国家为了满足统治阶级的野心发起的对外侵略和掠夺的血腥战争，在战争中受苦受难的民族和人民需要联合起来与资本主义阵营对战，需要鼓起以弱胜强的信心和勇气，无产阶级必须以民族的独立与解放为目的，进行反帝、反霸权和反种族主义的斗争。

在和平时代帮助贫困国家是促进国与国、人与人之间相互信任的基础，就像我国自1963年以来对非洲国家的援助，经历了从支持国家民族独立和解放运动逐渐过渡到和平与发展以及构建人类命运共同体的时代变化，中国不但对非洲进行经济建设的援助，还从医疗技术的应用到人才技术培养方面做了大量工作，是对国际主义最真切的延伸。

如今习近平主席指出"不畏艰苦，甘于奉献，救死扶伤，大爱无疆"的援外医疗队精神，正是当今中国人民对国际主义、人道主义最实在的践行。在新一轮技术革命蓬勃发展的今天，人类要以"命运共同体"的新视角，寻求人类共同利益和共同价值的新内涵，这是新时代国际主义精神的升华，全人类应坚持相互依存的国际权力观、共同利益观、可持续发展观和全球治理观。白求恩国际主义的时代价值是在历史时代做出对人类有益的贡献，价值的大小在于其对社会进步推动的大小，"人类命运共同体"的实现就是对人类最有益的贡献，是推动世界和平、发展、富裕、平等、友好、和谐的有力途径。

（三）白求恩国际主义的阶级性

马克思运用阶级斗争的方法分析了资本统治的残酷性、反抗资本统治斗争的彻底性，揭示了阶级斗争的国际性质，因此无产阶级国际主义包含着无产阶级革命和全人类解放的基本内涵[①]。白求恩国际主义与马克思国际主义是一脉相承的，所代表的是大多数无产阶级者的思想和行事方式；是先公后私和集体主义观念的集中体现，具备无产阶级思想特征的精神；白求恩国际主义者的工作方式是以维护和提高无产阶级的利益为目的的，是服务于广大普通人民的；也是广大人民利益的最直接体现。

列宁认为，资产阶级的民族主义和无产阶级的国际主义，是不可调和，是两大世界观，而白求恩国际主义者是无产阶级最忠实的代表和践行者，无产阶级也就是广大的普通人民生来就是创造价值的人，他们创造的价值造福世界人类，他们最基本的需求是最广大的劳动阶级的需求，因此他们懂得奉献、牺牲和帮助，他们是国际主义精神最忠实的践行者。2014年，西非埃博拉疫情严重时，只有中国的医务人员一如既往地在疫情最严重的地区工作，中国在援助西非抗击埃博拉时，不仅有医务人员援助，还有大量医疗物资援助和技术培训，这是白求恩国际主义阶级性在具有中国特色社会主义国家与资本主义国家之间的差别，白求恩国际主义者奉行的

---

① 沈艳荣，尹占文.推动马克思国际主义思想发展的因素分析[J].陕西行政学院学报，2012，26（3）：79—81.

不仅是在和平时期的"锦上添花"，更是在别人危难之际不顾自身安危的"雪中送炭"精神。

（四）白求恩国际主义的开放性

虽然白求恩的一生是以一个医者的身份作为他的职业身份，但是他的精神内涵却很丰富，是具有开放性的，我们应把白求恩国际主义精神的内涵标定到人的思想实质上，人的品德上，人的存在价值上，才能更有效地让从业者规范自己的言行。学习白求恩国际主义精神就要懂得在思想、行为、贡献等方面树立正确的观念，对人的情感越深，责任就越大，尝试做到情中出精神、情中出人格、情中出效益[①]。白求恩国际主义精神对于个人来说，不仅仅是从技术上追求精湛，也奉行正确的价值信仰，积极热情的实践追求；对于一个集体甚至国家来说，具有更开放的意义，是一种破除了地域的世界共循的精神。白求恩国际主义精神在随着社会文明的不断进步，其开放性也在不断地促进全人类共同发展的趋势。

马克思恩格斯有丰富的人类命运共同体思想，他们认为"只有在共同体中，个人才能获得全面发展其才能的手段。"个人的全面发展，只有到了外部世界对个人才能的实际发展所起的推动作用为个人本身所驾驭的时候，才不再是理想、职责等等，这正是共产主义所向往的[②]，马克思、恩格斯指出自由人的联合体是每个人自由而全面发展的社会，而这正是理想中的共产主义。只有在共同体中，个人才能获得全面发展其才能的手段，也就是说，只有在共同体中才可能有个人自由。在过去的其他的共同体中，个人自由只是那些在统治阶级范围内的个人来说是存在的，他们之所以有个人自由，只是因为他们是这一阶级的人[③]。

习近平同志提出的"人类命运共同体"继承中国五千年的伟大文化传统，中华民族历来追求和睦、爱好和平、倡导和谐，"亲仁善邻""协和万邦"，无一不倡导一个"和"字，"和"文化蕴含着天人合一的宇宙观、协和万邦的国际观、和而不同的社会观、人心和善的道德观。中国传统文化蕴含着更多的"仁""爱""和"的优秀基因，是中华文明得以传承和繁荣的精神支柱，也是构建人类命运共同体的思想渊源，并且与马克思主义、毛泽东思想一脉相承的以人类自由和发展为终极目标的新举措。在当今世界，大发展、大变革、大调整是趋势，但和平与发展仍是时代的主题，世界各国的联系和依存越来越紧密，越来越成为你中有我，我中有你的命运共同体，在贫富分化、恐怖主义、网络安全、传染性疾病等多方面的问题都需要人类共同面对、共同应对，构建人类命运共同体，建设持久和平、普遍安全、共同繁荣、开放包容、清洁美丽的世界是全球人共同的理想[④]。

① 陈蕃. 试论"德源资产"在弘扬白求恩精神中的作用. 中国医学伦理学, 1998（6）: 12—23.

② 马克思, 恩格斯. 德意志意识形态（1845年秋—1846年5月）

③ 马克思, 恩格斯. 德意志意识形态（1845年秋—1846年5月）. 马克思恩格斯全集（第1版）: 第3卷. 人民出版社, 1965: 571.

④ 冯颜利, 唐庆. 习近平人类命运共同体思想的深刻内涵和时代价值[J]. 当代世界, 2017（11）.

（五）白求恩国际主义在技术领域的服务性

白求恩对待技术的观点是提高技术、运用技术为人民的幸福服务，为人类的发展和进步尽力。随着社会的发展和技术日新月异的更迭，越来越先进的技术被掌握和应用，掌握技术的人要本着白求恩精神，把技术用之于民，提升人民生活的幸福感，自己也会有成就感，倘若掌握技术者将技术用于其他方面可能会产生不良影响，比如电信诈骗、过度医疗、医药卫材市场的混乱，这些现象与白求恩国际主义的价值观有着天壤之别。只有具备白求恩国际主义素养的技术掌握者，才会把职责、信仰和精神彻底践行，而不会做出对社会人民无益之事。

第三节　在中国国际医疗援助中践行白求恩国际主义精神

一、非洲国家的医疗卫生状况

非洲地区地大物博人口多，但是卫生条件极差，传染病肆虐，至今还在被疟疾、艾滋病、埃博拉病等多种传染病困扰，传统风俗习惯的影响和卫生习惯落后，使得非洲的传染病预防控制成为当今世界的难题，妇女儿童的健康问题也牵动着全世界人的心。

（一）非洲国家的医疗卫生条件差

在当今世界180多个主权国家中，广大亚非拉地区的发展中国家占80%以上，总人口占世界人口的四分之三以上，总面积占世界面积的三分之二以上。但是在这些地区，人们的生活状况却是世界上最差的，医疗卫生状况也是世界上最差的，他们需要援助，更需要发展。

非洲国家的卫生支出严重不足，而且大量靠外来援助，2009年全球卫生支出是全球GDP的9.4%，但非洲仅为6.5%，且外部援助占了其中10.2%，远远高于全球0.4%的平均水平[①]。在尼日尔，人口期望寿命仅为58岁，5岁以下儿童死亡率为104‰，孕产妇死亡率630/（10万），人均卫生费用仅25美元；科摩罗人口期望寿命为61岁，5岁以下儿童死亡率为78‰，孕产妇死亡记率350/（10万），人均卫生费用仅38美元，当地的医疗卫生状况极度落后，全科摩罗仅有5所医院且规模很小，最多不超过500张床位，有10个卫生中心和1个卫生站，每万人拥有医生数仅1.5人，低于非洲平均水平（2.5人）和全球水平（13.9人）。在有医疗设施的地区，往往都是设施老化，卫生条件相对较差。

① 文少彪、王畅. 全球治理视角下的中国对非洲医疗援助[J]. 国际关系研究.

（二）非洲有两大杀手—— 一个是艾滋病，另一个是疟疾

1.疟疾、艾滋病是非洲发展中国家常见的传染病，也是当地的高发病

据2017年世界疟疾报告：2016年全世界共发生2.16亿疟疾病例，90%的病例发生在非洲区域，恶性疟原虫是撒哈拉以南非洲最流行的疟疾寄生虫，其引发的病例占2016年疟疾病例数的99%。全球有44.5万人死于疟疾①。非洲大部分地区炎热潮湿，卫生条件差、蚊虫等传播热带疾病的昆虫多，疟疾、脑膜炎等热带疾病发病率很高。疟疾的发病也造成非洲经济的巨大负担。

2017年12月1日瑞士日内瓦联合国艾滋病规划署的世界艾滋病日年度报告指出，生活在撒哈拉以南非洲地区的年轻妇女正在经历着一个"特别危险的时间"，放眼全世界，乌干达是世界艾滋病高发区，HIV阳性率高达76%，艾滋病传染率达35%以上②。

2.艾滋病是撒哈拉以南非洲地区过早死亡的首要原因，也是全世界第四大杀手

在非洲每分钟就有一名儿童死于艾滋病。2015年联合国发布的全球艾滋病蔓延趋势报告指出：在全球约有690万人携带艾滋病毒，其中约70%生活在撒哈拉以南非洲地区，而且，由于1500万患者正在服用抗逆转录病毒药物，因此该数量仍在增加。而南非约有680万艾滋病毒感染者，数量高于其他国家③。截至2015年底，在中西非25个国家中，有650万人感染艾滋病，其中有50万是儿童，成年艾滋感染者中有54%是女性，有370万人因艾滋病失去亲人④。2018年联合国艾滋病规划署发布了相关数据，全球约有3690万艾滋病毒携带者，其中2 170万人正在接受抗病毒治疗，有180万人在2017年被确诊为HIV阳性，94万人死于HIV/AIDS相关疾病；全球已累计有3 540万人死于HIV/AIDS相关疾病。在艾滋病携带者中有3 510万为成年感染者，180万为15岁以下的儿童。

3.全世界都为抗击艾滋病而努力

面对如此庞大的发病人数和蔓延趋势，2000年9月，在联合国千年首脑会议上，各国领导人就曾提出针对与艾滋病毒/艾滋病、疟疾和其他疾病作斗争的目标。2015年7月，《中国实施千年发展目标报告2000—2015》中提出中国科技部与盖茨基金会在全球健康领域开展合作，已确定了7个优先合作领域。

（三）非洲妇女儿童健康状况问题仍然很严重

非洲妇女儿童的健康问题是联合国千年发展目标之一，但据2017年世界卫生组织的报告，非洲妇女儿童的营养问题仍然十分严重，非洲区域很多国家的儿童消瘦比例仍然高于全球营养目标，仅5%或更低，其中19个国家处于5%~9%的比例，

---

① 2017年11月29日，2017年世界疟疾报告：主要信息.

② 徐学虎. 中国对外医疗援助与中国国际关系[J]. 中国人民大学，2004.

③ 联合国发布全球艾滋病趋势报告. 中国科学报，2015年7月7日.

④ 联合国艾滋病规划署：中西非可以在2030年消灭艾滋，2017年7月13日.

6个国家处于10%~14%的比例，还有3个国家超过了15%，分别是：厄立特里亚国15.3%，尼日尔18.7%，南苏丹22.7%[①]。撒哈拉到南非洲地区新生儿死亡数量约占全球的40%，2015年孕产妇死亡占全球总数的比例由从1990年的42%升高至66%[②]。全球每天约有7000名儿童死于可预防的原因，撒哈拉以南非洲地区儿童在出生后一个月内死亡的可能性是高收入国家新生儿死亡的9倍[③]。在2000年9月千年首脑会议的宣言中，妇女问题也被列入发展目标，联合国秘书长安南作为提出和发起者，千年发展目标是他毕生追求的缩影[④]。

（四）非洲的医学教育发展缓慢

撒哈拉以南非洲是我国医疗援助的重点区域，虽然此地区的医学教育发展史已超过了100年，但因其特殊的历史背景，医学教育的发展并没有像其他地区一样迅速。20世纪前半叶，欧洲国家在殖民地开设初级医学教育，但培养的人数极少，且培养的医生都为助理医生，只能在欧洲医生的指导下为欧洲人及与欧洲人关系较密切的人员服务，直到60—70年代，助理医生才逐渐转化为医科学生，他们有可能到欧洲去学习，也有可能在医学院重新学习5~6年才能执业。得益于独立运动，非洲的医学教育得到了一定程度的发展，但学校之间存在较大的差异，没有一所是能够自给自足的。70年代末到90年代前非洲医学院的发展基本上止步不前，冷战时期虽然有部分非洲人有机会到苏联学习，但因为政治经济原因半途而废，使得他们的基础能力欠缺，不能承担执业责任。90年代以来，非洲的医学教育发展较为迅速，但毕业后教育发展还是很缓慢，医学人才流失严重。过去支持非洲医学教育发展的力量主要来自美国、英国等西方发达国家，随着我国经济实力的提升、医学技术的发展、医学专业人员语言交流能力的提高，在中、非医疗合作中支持并发展非洲的医学教育[⑤]，并取得较好的成效，所培养的医生在当地都是骨干力量。

（五）新世纪非洲医疗卫生发展变化

随着世界经济的发展变化，非洲的经济状况也在发展和变化，医疗卫生也不例外，进入21世纪，非洲的医学发展也有了较大变化，医生的数量逐渐增加，除了本土培养外，还有部分欧洲留学生回到非洲工作。医生数量虽然增加，但大都分布在首都和相对发达的城市，相对偏远落后地区的医生数量还是很少；由于医疗教育体系的完善和发展，非洲地区医生的技术水平也在相应提高；受援国的疾病谱也随经济发展发生变化，肿瘤、意外伤害也较为常见；经济发展，医疗卫生供需也在发生变化，受援国对医疗人员的要求也在不断提高[⑥]。

---

① 世卫组织：非洲营养不良儿童增加，超重儿童15年间增50%，澎湃新闻，2017年11月18日.
② 联合国儿童基金会：中国经验帮助非洲国家应对妇幼健康挑战，新华社新媒体，2018年8月
③ 2018年8月17日，中非卫生合作高级别会议，2018年8月18日，中国新闻网.
④ 安南：来自非洲，心系教育，中国教育报，2018年9月7日.
⑤ 肖毅，田时明，徐安辉，等. 撒哈拉以南非洲地区的医学教育发展史[J]. 西北医学教育，2016，24（1）：45—129.
⑥ 雷良华. 对经济相对发达国家援外医疗的策略思考[J]. 中国卫生，2004（2）：19—21.

据世界卫生组织统计，非洲出生期望寿命由1990年的51岁上升到2008年的53岁，婴儿死亡率由1990年的10.8%下降到2008年的8.5%。5岁以下儿童死亡率由1990年的18.2%下降到2008年的14.2%，能获得改良饮用水来源的人口比例由1990年的51%增加到2008年的61%①。非洲医疗技术的发展和进步对医疗援助的方向提出新要求。

20世纪60年代，非洲地区医疗条件极其落后，我国的援助受到很大的欢迎，援助人员在技术上居主导地位，但随着非洲医学技术的发展，医疗环境也发生了变化，许多从欧洲留学归来的非洲的医生趋利倾向较重，在治疗技术上与援助医生发生分歧，再加上语言文化的优势，迫使援助人员在受援国的工作趋于从属地位，也极大地限制了医疗措施实施的正确性②。

恶劣的医疗卫生条件和残酷的疾病流行情况使得非洲国家对医疗援助的渴望更加急切，而自身的发展是非洲国家能够摆脱如此困境唯一良策。中国的历史阶段发展有辉煌，也有极度落后和无助的时候，曾尝尽人为刀俎、我为鱼肉的悲怆和无奈，看到如此相似的境况，不得不伸出援助之手，中国政府和中国人民一直以来都将全世界人民看作是共同体，我们要发展，更要带动和帮助落后国家一起发展，要教会他们发展的途径和方法。

二、中国国际医疗援助概况

面对如此落后的地区和国家，中国对相对落后的发展中国家尤其是非洲伸出医疗援助之手，一系列举措体现了中国与第三世界国家合作对于维护世界和平，谋求共同发展，建立公正、合理的国际秩序，实现人类命运共同体的重要意义。

（一）中国援助非洲的历史见证

60年前毛泽东在《纪念孙中山》一文中提出，因为中国是一个具有960万平方公里和四万万人民的国家，中国应当对人类有较大的贡献。30多年前邓小平曾强调到实现了四个现代化，国际经济发展了，我们对第三世界的贡献可能会多一点。20年前江泽民说，不能因为自己的经济发展或因为我们发展迅速，需要发达国家的资金技术而忘记穷朋友。10年前胡锦涛也说推动发展中国家加速发展使21世纪人人享有发展。

近60年来新中国的领导人们一直关注和关心着贫穷的非洲大地的发展，关心着生活在这一片广袤贫瘠的土地上的人民，也一直坚持和践行由周恩来总理在访问亚非拉期间提出中国对非洲国家的两个重要原则：一是中国同非洲国家和阿拉伯国家相互关系的五项原则，二是中国对外援助的八项原则。也正是这两个重要原则的提出，保证了中国和阿拉伯、非洲国家之间公平公正的发展关系，同时也表明了中国

---

① 张善纲，赵育新，姚国庆，等. 对外医疗援助的新态势[J]. 2013, 27（9）：672—679
② 杨桂林，谢少波，王旭梅. 援外医疗面临的困惑和思考[J]. 观察与思考, 2008, 29（5）：77.

与西方国家不平等、附带条件、要求特权援助的本质不同。80年代邓小平提出世界和平和发展的两主题，确立维护世界和平，反对强权和霸权，也明确了我国对外医疗援助的指导思想。习近平在十九大报告中提出要建立人类命运共同体，在对外医疗援助上要弘扬"不畏艰苦、甘于奉献、救死扶伤、大爱无疆"的援外精神，也正是最地道的白求恩国际主义精神。

60多年来，中国尽最大的努力对发展中国家提供援助，中国的无私援助，受到广大受援国家人民的欢迎和称赞。中国对发展中国家的医疗援助不仅仅局限于医疗队的人员、物资，更重要的是教会和发展发展中国家在医疗卫生方面能担负起本国发展需要的能力，也不是支配性的、居高临下的援助。

中国援非医疗队是中非合作时间最长、涉及国家和地区最多、成效也最为显著的合作项目，也是中非合作中争议最少的项目[1]。2007年美国Pew研究中心发布的民意调查9个接受中国医疗队的非洲国家的被调查者认为，中国发挥"好的政治影响力"的比例比美国平均高出21%[2]。

（二）我国对外医疗援助

1.中国对外医疗援助的起源与发展

早在1953年，我国就曾帮助蒙古援建了一所100张床位的结核病疗养院[3]，而中国正式开始医疗援外始于1962年阿尔及利亚的一封求助信。阿尔及利亚位于非洲北部，临地中海，曾先后被西班牙、葡萄牙、法国等国殖民。1958年11月，阿尔及利亚临时政府成立，1962年7月摆脱外国130年的殖民宣告独立，刚独立的阿尔及利亚面临着的是严重的战争创伤，满目疮痍、弹痕累累，医疗行业短缺、空白，政府便向世界发出呼吁，希望得到医疗救助。当时的中国刚刚历经了三年自然灾害，又值与苏联的关系破裂，也正处于经济恢复的初始阶段，对外医疗救援有很大的压力，但是我国政府还是义不容辞地响应阿尔及利亚政府的邀请，勒紧裤带组织了一支从7个省份抽调的24名成员的医疗专家队，13名第一批队员历经奔波，辗转十多天才抵达阿尔及利亚，开启了中国医疗卫生战士们履行国际主义援助义务的序幕。在此后的近60年间中国先后向发展中的亚、非、拉、欧和大洋洲的66个国家和地区派遣援外医疗队，累计派出医疗队员约2.4万人次，诊治患者2.7亿人次。目前，中国向51个国家派有援外医疗队，其中有43个国家在非洲，1178名医疗队员分布在115个医疗点上[4][5]。全国有27个省（区、市）承担着派遣援外医疗队的任务。迄今已有1001名医

① 张春. 医疗外交和软实力培育[J]. 现代国际关系, 2010, 30（3）：49—53.

② Andrew Kohut.How the World Sees China[EB/OL].http://www.pewglobal.org/2007/12/11/how-the-world-sees-china/.

③ 王云屏, 金楠, 攀晓丹. 中国对外援助医疗卫生机构的历史、现状与发展趋势[J]. 中国卫生政策研究, 2017, 10（8）：60—67.

④ 新华网http://www.xinhuanet.com/2017-03-24/c_1120689931.htm.

⑤ 中国日报中文网http://cn.chinadaily.com.cn/2017-03-20/content_28619262.htm.

疗队员获得受援国首脑颁发的勋章等多种荣誉，有50名医疗队员因疾病、工伤、战乱、意外事故等在受援国牺牲①。

2.对外医疗援助原则

1953年12月，周恩来总理在接待印度访华代表时，首次提出的"互相尊重主权和领土完整、互不侵犯、互不干涉内政、平等互利、和平共处"五项原则，一直以来都是我国对外援助和处理国际关系的宗旨。和平共处五项原则体现了人类自古以来"和合共生"的美好愿望和追求，有深厚的思想渊源，具有强大生命力的精神底蕴；在优化世界关系，促进各国友好合作、和维护世界和平方面起到良好的作用。

在首次派出医疗队期间，周总理开始出访亚非欧14国，当时非洲开始反殖民主义风暴，很多国家纷纷独立，虽然在周恩来总理非洲之行期间，非洲的政治形势非常不稳定，战火纷飞，政局动荡不稳，身边的人一再劝说周恩来总理取消或者推迟到非洲的访问，但是周恩来总理却说，越是人家困难的时候去，越是能体现我们真正的友好，也正是这种雪中送炭的援助理念使得中国医疗援外的队员们在异地工作更加认真负责，克服困难、甘于奉献，在不同的国家赢得信任。

中国医疗队的派出，是本着和平共处五项原则，以救治生命、救死扶伤、医者仁心的医务工作者的基本准则和甘于奉献的大爱精神，传递着全心全意为人类健康服务的宗旨，促进人类命运共同体的互通有无、共同发展，共建美好未来目标的实现。

3.对外医疗援助实现途径

（1）管理机制

我国援外医疗队主要实行国家卫生计生委归口管理与分省组派相结合的工作机制，医疗队在国外期间接受中国驻所在国大使馆和经济商务参赞处的领导，医疗队物资实行供应口岸统一采购和配送的机制，中国对外医疗援助自1963年以来，除因非洲国家的战争等原因导致撤回以外，一直坚持以"省包国"的方式实施对外援助，即一个省份承包1~2个国家，援助一个国家的人员均由同一个省统一组派。派出人员基本都来自各省较大的医院，三级医院居多，人员的技术能力以中高级职称多见，能担负起相关专业的技术任务。

对于援外人员的管理，国家也出台了一系列管理制度，包括《援外医疗队员选拔暂行规定》（国卫办国际发〔2016〕37号）、《卫生部关于援外医疗工作人员管理办法》（卫人发〔2003〕184号）、《援外医疗队标识使用管理办法》及《援外出国人员生活待遇管理办法》等。中国医疗援外队，既有综合队，又有专业组，既有西医，也有中医，以临床科室为主，辅以卫生检疫、药品检验、预防保健、设备维修等多方面②。随着国家对外援助历史阶段的发展与变化，我国对外医疗援助机制也

---

① 中央政府门户网站www.gov.cn.人民日报，2013年08月17日.
② 师昀煜.对外医疗援助中的医药援助[J].海峡药学，2010，22（8）：275—277.

越来越完善，形成了有效的援外管理体系和援外支持体系。

中国的援外机制比较复杂，是一种管理机构多元的官方援助模式，没有专门的涉及医疗援外的法案①。

（2）援助方式

我国对外医疗卫生援助的方式与对外经济援助的方式一致，主要有成套项目、一般物资、技术合作、人力资源开发合作、医疗援助、紧急人道主义援助、债务减免。

新时代医疗对外援助方式有三大创新，其一：把疾病防控的关口前移到发病地区，如埃博拉的防治，中国就派遣出医疗人员、物资到疫区进行救治，不但能更好地救治当地人民，更重要的是，能预防严重传染病向地区蔓延，是为世界人民的健康生活的负责；其二是在援建医院的基础上创新，做到公共卫生设施的建设，把在中国已经做得很好的经验和方案拿到非洲，和他们一起做，这种基础设施的建设更有利于当地人民的民生；其三，联合世界各国公共卫生相关的机构做联合人才培训，把双边和某一种合作做成多边的公共卫生合作，有利于世界先进卫生技术人才的培养②。

根据受援国需求和我国实际能力，我国对外医疗援助的方式也在不断创新，逐渐实现长期派出和短期派出相结合、定期支援和项目管理相结合、一般技术和高端技术相结合、医疗服务和医学教育相结合、走出去和请进来相结合、政府与民间相结合、双边与多边相结合，向受援国提供多层次、多形式、全方位的医疗卫生援助方式。

（三）中国援外医疗的历史阶段及其特点

纵观中国的医疗援外史，随着近60年间世界政治经济和中国的政治经济形势翻天覆地的变化，中国的医疗援外也发生了不同的变化，主要可分为三个阶段。

1.第一阶段：开拓阶段（50年代中期—1978年）

此期间中国主要是计划经济时期，中国对外医疗援助是一项重要的政治任务，卫生部视派遣医疗队为一项"反殖、反帝、反霸、反修"国际主义义务③，到70年代后期，医疗援助作为政治任务的核心和意识形态的特色逐渐淡化④。主要特点是无偿提供人员和技术援助比较落后的地区，主要援助比较落后的地区⑤。

中国医疗援外起始于1953年帮助蒙古援建了一所100张床位的结核病疗养院，60年代之前，中国在抗美援朝、抗法援越、抗美援越及周边其他国家的重建中也援建

---

① 黄祎晨，李绵绵，宋欣阳. 中医药参与国际多边合作策略分析[J]. 中医药导报, 2017, 23（17）: 7—10.

② 中国疾控中心主任高福: 卫生援外方式创新重在关口前移[N]. 中国访谈世界对话, 2018-08-20.

③ 王程. 中国对外医疗援助软实力的提升——以中国援助桑给巴尔为例[D]. 北京外国语大学, 2017.

④ 蒋华杰. 中国援非医疗历史的再考察（1963—1983）——兼议国际援助的效果和可持续问题[J]. 外交评论, 2015（4）: 61—81.

⑤ 朱玉. 中国医疗援外悲喜录[J]. 健康大视野, 2006（6）: 28.

过医院、捐助赠过药品和器械①。

1962年收到阿尔及利亚的求助信时，中国自身还处在十分困难的情况，但是，非洲国家与新中国成立前的中国相似，正处于战火纷飞和进行解放和独立战争，相似的命运使中国和非洲情同手足，危难之中的救助弥足珍贵，对人的生命的医疗援助更是义不容辞，全国上下都将医疗援外的工作作为重要的政治任务来看待，都为能承担此重任为荣。医疗队的人员、物资、设备都准备最好的，而且是无偿的。

20世纪60—70年代非洲医疗卫生工作者极其稀少，医疗资源稀缺，卫生环境恶劣，人民的健康水平低下。据坦桑尼亚政府报告，1966年桑给巴尔地区只有4所医院，29名医生。其中本地医生只有5名，其他则是来自中国、东德、保加利亚和古巴等地的外国医生，1972年坦桑尼亚全国只有566名从业医师，医生与患者比例大约为1/25 000②。

此时期的医疗援助围绕非洲国家医务人员缺乏、医疗技术的落后开展，主要致力于提高农村及边远地区的医疗卫生水平，医患之间也建立了超越了政治和医疗的文化传递关系，医疗队员们以"全心全意为世界人民服务"和"做一个白求恩式的无产阶级国际主义的白衣战士"为光荣，因此他们虽然身处资源缺乏，条件艰苦的环境中，但在工作中却甘之如饴。

在非洲人民最困难的时候，中国政府、中国人民、中国的医疗卫生人员向他们无条件地伸出了援助之手，尤其是在1973年石油输出国揭开建立国际新秩序斗争的序幕之际，中国对非洲医疗卫生援助的范围、规模及在当地官方民间的影响力都大大提高，受到受援国热烈的欢迎，不但提高了受援国人民的医疗卫生水平，同时也增强了发展中国家人民之间纯粹的友谊。在此阶段，中国对非洲的医疗援助始终坚持无偿原则，即援外医疗的各项经费均由中国承担。

60年代，中国对拉美国家也提供过援助，中国红十字会曾多次向中美洲几个国家提供过多笔人道主义自然灾害现金援助③。

2.第二阶段：发展阶段（1979年—1999年）

此期间中国正值计划经济向市场经济转变时期，援外医疗队的模式和资金援助方式发生转变，医疗队向更能发挥作用的大中城市转移，要求受援国适当分担部分费用、为中国医药工业"走出去"战略牵线搭桥等，以促进我国与受援方实现共同发展④。

世界冷战结束，非洲国家的政局也在发生变化，中国援外医疗队的发展也在不

① 王云屏，金楠，攀晓丹.中国对外援助医疗卫生机构的历史、现状与发展趋势[J].中国卫生政策研究，2017，10（8）：60—67.
② 丁旭虹，张大庆.早期中国医疗队在非洲（1963年~1978年）[J].医学史研究，2010，31（8）：76—78.
③ 孙洪波.中国对拉美援助：目标选择与政策转型[J].外交评论，2010（5）64—75.
④ 王云屏，梁文杰，杨洪伟，等.中国卫生发展援助的理念与实践[J].中国卫生政策研究，2015，8（5），37—43.

断地调整和变化。援外医疗队的模式也逐渐向国际惯例的援助模式靠拢①，医疗援助的模式注重援助与国内经济发展的统一，中国对外援助的总体规模较70年代下降，医疗队整体数量下降，但医疗援外仍保持较快发展趋势②。此阶段受援国的经济状况也在逐渐改善，中国医疗援外的费用负担也逐渐发生变化，1978年以后，根据情况不同，中国和受援国对医疗队的费用负担方式分三种：对经济状况较好的国家，由受援国承担全部费用；经济状况一般的国家，由中国和受援国分别负担一部分或者由中国政府提供经援贷款项下支付；对经济状况困难的国家，全部费用由中国无偿提供③。1978年无偿医疗援助结束，1983年，中国援外的35个医疗队中，只有4个医疗队为无偿援助，其余医疗队均采用由受援方负担，双方共同负担，或由贷款支付等方式进行④。

在培训和管理上发生变革，由各省成立负责援外培训的基地，定期培训。1992年援外医疗由卫生部专门成立的援外办公室管理，而双边合作医疗队和现有医疗队的协议签商仍由外事部负责。

3.第三阶段：繁荣阶段（2000年—至今）

此阶段中国卫生发展援助进入新阶段，投入规模增长迅速，援助渠道更为广阔，参与主体更为多元，援助方式更为多样，涵盖了派遣援外医疗队、援建医疗卫生设施、捐赠医疗设备和药品、卫生人力资源开发合作、公共卫生援助、卫生相关的紧急人道主义援助、人口和生殖健康领域的南南合作等方式⑤。新时代医疗援外的特点和原则是"新义利观"，倡导在援助中弘义融利，以义为先，义利并举，互利共赢⑥。

（1）2000年中非合作论坛的召开，标志着中国同非洲国家开始建立全面的新型伙伴关系，援外医疗也开启了新模式，在与国际接轨的同时也保持与中国传统的结合。援外的形式也更多元化。中国在援外医疗方面不仅派出人员直接到当地进行医疗服务、医疗教学、建立医疗机构，而且还承担了当地医疗卫生人力资源的培训，不但招收发展中国家的医科学生和进修生，还设立政府奖学金招收受援国学员⑦，使受援国的年轻人和官员了解中国，学习中国发展的经验，真正实施授人以渔的能力建设援助。

（2）2007始中国已帮助非洲建成了89家医院和30家疟疾防治中心，并提供了大量的抗疟疾药品、医疗设备和其他药品，中国援建的医院对当地的医疗服务水平

① 刘倩倩，朱纪明，王小林.中国卫生软援助：实践、问题与对策[J].中国卫生政策研究，2014，7（3）：58—63.
② 王云屏，金楠，攀晓丹.中国对外援助医疗卫生机构的历史、现状与发展趋势[J].中国卫生政策研究，2017，10（8）：60—67.
③ 许文颖.上海援摩洛哥医疗队研究1975—1985[D].华东师范大学，2011.
④ 王程.中国对外医疗援助软实力的提升——以中国援助桑给巴尔为例.2017届北京外国语大学硕士学位论文.
⑤ 王云屏，梁文杰，杨洪伟，等.中国卫生发展援助的理念与实践[J].中国卫生政策研究，2015，8（5），37—43.
⑥ 王云屏，梁文杰，杨洪伟，等.中国卫生发展援助的理念与实践[J].中国卫生政策研究，2015，8（5），37—43.
⑦ 刘倩倩，朱纪明，王小林.中国卫生软援助：实践、问题与对策[J].中国卫生政策研究，2014，7（3）：58—63.

的提高作出了重大贡献。同时不光在受援国开展实践培训，还举办卫生技术研修和培训班，培训范围不仅仅局限于治病救人的技术，也包括卫生管理、传统医药、传染病防控、实验室检测、卫生检疫、护理及紧急救援管理等多方面能力的培养和训练。

（3）2007年第二届中国–加勒比经贸合作论坛上，中国明确了对加勒比在医疗方面的合作，向有需求的国家派遣医疗队[①]。

（4）2008年，中国原卫生部出台《卫生部关于进一步加强和改进援外医疗队工作的意见》（卫国际发（2008）11号），提出"巩固和发展我国与受援国政府和人民的双边友好合作关系，逐步拓宽我国与受援国在医药技术领域内的互利合作，为我国医药产业'走出去'战略服务"。支持受援国学生来华学习和举办各类卫生系统的培训班的方式实施人力资源援助的软实力提升。

（5）2008年中国首次发面对拉美政策文件，积极推动同拉美的医疗卫生交流合作，继续向该地区派遣医疗队，提供派遣医疗队的医疗物资设备及药品，帮助改善医疗卫生设施条件[②]。

（6）2010年9月，在原国家卫生部，现卫计委统一领导和中国各驻外领事馆经商机构的指导下，各援外医疗队全面开展"和谐进取、创先争优"活动。

（7）2012年6月，第三届中非合作国际研讨会召开，时任卫生部部长陈竺发表演讲，提出："我国将进一步探索派遣长、短期医疗队相结合，专家派遣和来华培训相结合，专科医疗队和常规医疗队相结合，临床服务和公共卫生、卫生政策支持相结合"的中非卫生合作新思路。

（8）2013年3月，习主席访问刚果（布）期间，首次提炼总结出"不畏艰苦，甘于奉献，救死扶伤，大爱无疆"的援外医疗队精神。

（9）2013年8月全国卫生援外工作暨援外医疗队派遣50周年大会在北京召开，卫生计生委主任李斌在会议上指出："援外医疗队工作具有重大历史和现实意义。中国开展医疗援外工作，帮助受援国提高卫生健康水平，为我国开展与广大发展中国家友好合作、加深和发展中国家友谊、塑造我国良好国际形象起到决定性作用。"根据以上工作要求和指示，各省及地区也对医疗援外工作的具体执行做了大量工作。

（10）2013年8月16日，中非洲部长级卫生合作发展会议在北京召开，此次会议中非卫生官员共同签署了《中国–非洲部长级卫生合作发展会议北京宣言》，其中与会各国决定采取一系列措施推动中非卫生领域合作深化发展，具体包括：共同开发卫生人力资源、推动中非职业技术培训合作；推动建立中非医疗卫生联合实验室；

---

① 《第二届中国–加勒双经贸合作论坛联合申明》，中央人民政府网：http://www.gov.cn/gadi/2007-09-09/con tent-743372.htn.

② 《中国对拉丁美洲和加勒比政策文件》，中国政府网：http://www.gov.cn/jrzg/2008-11-05/content_1140303.htm

支持非洲国家卫生政策和项目；支持传染病和非传染病防控合作、支持免疫体系建设；开展血吸虫、疟疾、艾滋病领域公共卫生合作项目；捐赠全科模块化病房诊所；支持中医药合作、鼓励技术转让；加强全球卫生事务中的协调和合作。由此可以看出，我国对非洲的医疗援助已经打破了以往以单一的医疗队援助为主的援助模式，逐渐形成以发展非洲国家提升自身医疗卫生技术能力的培养和发展援助，更符合习近平主席提出来的打造"人类命运共同体"共同发展的宏伟理想。

（11）安徽省2013年月10月印发了《安徽省援外医疗工作管理办法》，甘肃省2013年月10月下发《关于建立中医药对外服务人才库通知》。其他各省也对医疗援助工作做了大量规范和要求。

（12）2015年10月23日，国家卫生计生委办公厅印发了《国家卫生计生委关于推进"一带一路"卫生交流合作实施方案（2015—2017）》[①]，在此方案中从多角度阐述了卫生交流合作的方案。包括

①明确了以中东欧和中亚为重点区域，辐射西亚，以捷克、俄罗斯、蒙古和中亚作为重点国家，以中国-中东欧国家卫生部长论坛和上合组织为主要合作机制；和以南亚和东南亚为重点区域，以东盟、印度、巴基斯坦、澳大利亚和斐济为重点国家，以中国-东盟、大湄公河次区域经济合作、澜湄合作、亚太经合组织、中巴经济走廊和孟中缅经济走廊为主要合作机制。

②明确了中央与地方、重点与全面、多边与双边、政府与民间、援助与合作相结合的五大原则。重点加强传染病防控、能力建设和人才培养、卫生应急和紧急医疗援助、传统医药、卫生体制和政策、卫生发展援助、健康产业发展等方面进行合作。

③通过举办"丝绸之路卫生合作论坛"、"中国-东盟卫生合作论坛"、"中国-东欧国家卫生部长论坛"、"中阿卫生合作论坛"的方式建设合作机制；通过中亚地区传染病联防联控机制、大湄公河次区域传染病监测与防控项目、大湄公灌次区域跨境传染病联防联控项目、湄公河流域青蒿素类疟疾治疗药物性联防项目、湄公河流域血吸虫病消除与控制合作项目进行传染病防控；通过"中国-东盟卫生人才培养百人计划""中国-印尼公共卫生人才合作培训计划""中国-东欧国家公立医院合作网络"、中俄医科大学联盟、中国-老挝医疗服务共同体项目、举办2016年第五届世界儿童全球儿科学共识行动儿科健康大会，实现能力建设和人才培养；通过中俄灾害医学合作项目、广西海难紧急医救援中心建设项目，进行卫生应急和紧急医疗援助；通过"海上丝绸之路东盟行""中国-东盟传统医药交流合作中心建设项目""第十六届世界传统药物学大会""2015年中国-东盟传统医药健康旅游国际论坛（巴马论坛）"、第三届中国（宁夏）民族医经博览会、中国-捷克中医中心建设项目、中国泉州-东南亚中医药学术研讨会、阿曼中医孔子学院建设项目、捷克伊

① 《国家卫生计生委关于推进"一带一路"卫生交流合作实施方案（2015—2017）》：中国一带一路网，2015-10-15

赫拉瓦医院中心项目、捷克皮尔森州州立医院中医诊疗中心项目，进行传统医药合作；通过APEC经济体全民健康覆盖进展监测研究网络、2015丝绸之路经济带战略与健康促进研讨会进行卫生体制和政策的合作；通过开展"光明行"活动进行卫生发展援助；通过新疆丝绸之路经济带核心区医疗服务中心建设项目、哈萨克斯坦"陕西村"医院援建项目、中国-中亚国家制造医疗设备推广应用合作项目、内蒙古国际蒙医医院蒙古国分院建设项目、阿联酋中阿友好医院建设项目、中国-东盟医疗保健合作中心建设项目，实现健康产业发展及其他项目支撑。

此方案的提出，更具体地将中国与发展中国家医疗卫生事业的发展联为一体，共同发展和进步。

此外，也有学者对中国医疗援外队的发展经历分四个阶段[①]分别是1963年—1969年的初创时期，此期间中国向8个非洲国家派遣医疗队；20世纪70、80年代的快速发展期，此期间中国向38个非洲国家派遣了医疗队，增长了近5倍；20世纪90年代前半期的派遣减少期，由于非洲战乱的影响，我国派遣医疗队的非洲国家有所减少；21世纪的稳步增长和纵深发展期。

（四）中国医疗援外的宗旨和和行事原则

1.中国医疗援外以全心全意为受援国人民服务为宗旨

中国医疗援外的宗旨是全心全意为受援国人民服务，此宗旨与马克思为全人类服务的思想一脉相承，也是我国一贯坚持的思想和理念。在医疗援外的历史过程中，队员们践行"不畏艰苦，甘于奉献，救死扶伤，大爱无疆"的国际主义精神，肩负国家使命，远离祖国亲人，克服工作和生活困难，以精湛的医术和高尚的医德，在防治传染病、常见病和多发病方面做出了重大贡献。

中国从1963年始对非洲的医疗援助一直待续了近60年，从困顿之境开始，到逐渐崛起成为世界第二大经济体，始终向非洲及其他一些发展中国家派遣医疗队，提供医疗技术和设备支持，传播医疗经验、援建综合性医院、疾病防控防疫体系、组织医疗人力资源的培养和发展，真正发挥了白求恩国际主义精神，为广大非洲人民的健康提供了保障，赢得了世界的认可。

2.中国医疗援外，更注重授人以渔

在全球经济发展严重不平衡和地区贫富差别日益拉大的当下，受害最甚的非洲国家理应得到外界更多更有效的帮助。据报道在撒哈拉以南的47个非洲国家中，总共只有168所医学院。其中11个国家完全没有医学院，24个国家只有一所医学院[②]。他们急需帮助，但是这种帮助并不能直接替代非洲国家承担全部的医疗责任，也不应是施舍，而应该更多地帮助当地人民建立发展符合当地医疗卫生状况的医疗卫生

---

① 张春. 医疗外交与软实力培育[J]. 现代国际关系, 2010（3）: 49—51.

② World Health Organization.Global health workforce shortage to reach 12.9 million in coming decades[EB/OL]. [2014-02-24]. http://www.who.int/mediacentre/news/releases/2013/health work force shortage/en/.

体系和人力资源体系。

在世界医疗援外的各种形式中，中国的援助独具特色，不是替代当地的医务工作而是授人以渔，把中国医疗行业的全部本事，毫无保留地传授给非洲朋友。近年来，中国政府积极落实习近平主席在出席联合国成立70周年系列峰会、2015年中非合作论坛约翰内斯堡峰会期间宣布的中非公共卫生合作计划、100个妇幼健康工程、100所医院和诊所等卫生援外举措，无非是想通过中国对这些国家医疗事业的帮助，让他们能成长强大起来，能担负起促进本国人民生存健康的责任。

在医疗援外历史发展变化中，我国一直根据非洲国家的需求，不断创新卫生援助方式。2016年以来在毛里塔尼亚、布隆迪等8国开展"光明行"，为白内障患者实施免费复明手术；与几内亚、塞拉利昂等10国建立对口医院合作关系，选择重点专科予以支持，派遣专家赴对口医院开展工作，培养当地医务人员，并邀请对口医院医护人员来华进修培训；与埃塞俄比亚、柬埔寨等5国签署妇幼健康工程协议，探索开展生殖健康、妇女保健、儿科急救技术培训或义诊活动；赴加纳开展"爱心行"，建立心脏中心并开展心血管疾病危险因素流行病学调研。同时与非盟签署合作协议，积极支持、参与非盟疾控中心总部和区域疾控中心建设，培训工作人员；支持塞拉利昂热带病研究中心建设项目和利比里亚实验室项目。派遣公共卫生专家组赴安哥拉防控黄热病，获得国际社会和安哥拉政府等广泛好评；在科摩罗、马拉维开展疟疾防治工作[①]。

中国这样做，无非是希望非洲有更多更成熟的人才，希望非洲经济更具有自身造血和持续发展的功能。授人以渔，体现了实用有效、无私助人的白求恩国际主义精神。中国在生产力发展水平、经济增长模式等方面与非洲国家相近，因此，中国建设的经验对非洲来说更具共通性、借鉴性和实用性。在非洲国家急切地寻找繁荣和富强之路时，中国可以为他们提供一些可学可仿的范例，减少他们走弯路的机会，缩短自我发展的历程。事实表明，在中国学习和培训过的非洲人，在自己国家的各项事业中都干得很出色，成为社会中坚力量，也在非洲社会的发展中起着举足轻重的作用，这是实现人类共同进步目标的最佳途径。

三、中国对外医疗援助的实施

（一）中国国际医疗受援国家

近60年来，中国政府坚持向广大发展中国家派遣援外医疗队。自1963年湖北省首次向阿尔及利亚派出医疗援外队后，中国政府也先后向马里、坦桑尼亚、刚果（布）、毛里塔尼亚、几内亚、苏丹、赤道几内亚、塞拉利昂、突尼斯、埃塞阿比亚、多哥、喀麦隆、马达加斯加、摩洛哥、尼日尔、莫桑比克、几内亚比绍、加蓬、贝宁、赞比亚、中非、博茨瓦纳、吉布提、卢旺达、乌干达、佛得角、津巴布

[①] 中国日报中文网http://cn.chinadaily.com.cn/2017-03-20/content_28619262.htm.

韦、塞舌尔、布隆迪、科摩罗、纳米比亚、莱索托、厄立特里亚等66个非洲国家和地区派出医疗队，这些国家多为发展中国家，医疗卫生状况非常落后。1992年由15个南非国家组成发展共同体，旨在保证南非的经济福利，提高南非人民的生活水平和生活质量，尽管在成立后的20多年间，南非的经济有所增长，但是在许多南非国家中，疾病的总量在增加，而医疗基础设施的人才十分稀缺，在马拉维2个医生和59个护士服务于十万人，而全赞比亚只有646个医生、9000个护士，医患比不足世界卫生组织推荐的三分之一①。在如此简陋和落后的医疗卫生条件下，中国的医疗援助是一支最有效的解药，尤其是对贫穷落后的农村地区，是人们对生命的延续和健康的希望源泉。在对外医疗援助的艰难历程中涌现出一批批不畏艰苦，甘于奉献，救死扶伤，大爱无疆的白衣天使。

中国对亚、非、拉、欧及大洋洲等发展中国家的医疗援助，并非是替代当地的医疗服务，更重要的是对他们国家医疗行业的扶植和发展，只有这样才能促进人类和平，提高发展中国家人民的健康水平。长期向非洲国家派遣医疗队，提供药品和医疗物资援助，帮助非洲国家建立和改善医疗设施。中国向非洲派遣医疗队是国际上最伟大、最无私的国际主义援助之一，展现了中华民族博大的情怀，是中国政府和人民支持非洲民族独立，维护人民生存权力的真实写照②。

2013年，习近平主席提出了"一带一路"的倡议，使中国在能力所及的范围内承担起更多的国际责任和义务，为人类的和平和发展做出更多的贡献，强化与周边国家传染病疫情、防治技术、专业人才培养方面的合作，提高处理公共卫生事件的能力，真正体现了我国对外援助的目的是增强发展中国家自我发展的能力，而非让发展中国家依赖援助的陷井。为有关国家提供医疗援助，在妇幼健康残疾人康复以及艾滋病、结核、疟疾等主要传染病领域开展务实合作，扩大传统医药领域的合作③。

（二）国际医疗援助队伍

截至2012年末，全国援外医疗人员达22581人次，我国对外医疗援助的人数以到阿尔及利亚、北也门等22个国家为主，受援国主要分布在亚非拉等洲，以非洲国家为最多，历史最久，人数最多的是首个被援助的国家阿尔及利亚，有2944人次。

各省对医疗援外人员的派出遵循《援外医疗队选拔和出国前培训暂行规定》的指导意见，派出的人员不但能够出色地完成任务，并在各援助国受到热烈的欢迎和多种奖励。对外医疗援助人数超过1000人的省份有湖北、辽宁、上海、陕西、安徽、山东、天津、浙江等省。湖北省是自周恩来总理出访非洲后，第一批派出医疗援外队员的省份，也是派出援外人员最多的省份，对外援助国家最多的是上海市，

---

① 卫华（编译）南部非洲发展共同体的医疗状况——没有修剪的玫瑰丛[J]. 中国医疗器械信息，2011，17（5）：44—45.
② 中国援外医疗队非洲史歌——献给中国援外医疗队派遣50周年2013年8月1日.
③ 国家发展和改革委员会，"一带一路"总规划，2014年6月10日.

上海市派出的医疗专家在各个国家的疾病诊疗、卫生机构的建设等方面起到重要的指导作用。

（三）援外医疗技术的开展

中国对外的医疗援助自始至终坚持实事求是，量力而行的原则，1963年始，中国在自力更生发展自己国内医疗卫生事业的同时，积极支援比中国更困难的发展中国家，尊重和照顾受援国的卫生健康的利益和需要，中国医生在援助期间，在艰苦的条件下开展并实施了许多高难度的治疗措施，在泌尿外科、手外科、肿瘤学科、颅脑外科、眼鼻学科、肝胆外科、血管外科、骨科、妇产科、烧伤外科等诸多领域中填补了近30项空白，在切除巨大肿瘤、抢救大面积心梗、断肢再植、大面积重度烧伤及心脏手术方面创造了许多奇迹，并帮助一些国家建设公共卫生及预防相关的实验室和检测方法的普及。

中国援外医疗队给受援国带来的不仅是现代医学诊疗手段，更重要的是将中国的传统医学、针灸、推拿等简单有效的诊治方法也带到了受援国，更符合经济不发达国家的国情，将中西医有效结合，创造了一个又一个奇迹。他们可以用简单的大蒜、土豆做为治病的药材，效果良好，既实用又便宜，也赢得了当地人民的信任和赞扬。

医疗队的技术和规模是任何国家都比不上的，下至黎民百姓，上至总统都接受过中国医生的诊治。中国医生不论是在国内还是在国外、不论是对黄皮肤还是对黑皮肤、不论是对高官还是对普通老百姓、不论是对富人还是对穷人，都一视同仁的医者仁心的情怀正是对白求恩国际主义精神最朴实的践行。

（四）援建医院及医疗机构

受援国的医疗卫生条件差也体现在医疗机构的稀少方面，我国在受援国积极推动当地医院及医疗机构的建设与发展，特别是2006中非合作论坛北京峰会之后，中国为非洲援建了30所现代化医院，为30个疟疾防治中心援建了疟疾诊断实验室，捐赠了大批抗疟药品。已完成向27个非洲国家派出疟疾防治专家组的任务。这些医院和疾病防治工作提升了非洲许多国家的医疗技术水平。2015年12月《中国对非洲政策文件》中提出要支持非洲加强公共卫生防控体系和能力的建设。积极参与非洲疾病控制中心筹建，协助非洲国家提高实验室技术能力和开展卫生人力资源培训，支持非洲各国口岸卫生检疫核心能力建设、传染病监测哨点建设、妇幼医疗能力建设和现有医疗机构专业科室建设；支持非洲国家卫生基础设施建设。

截至2015年，中国共为发展中国家援建了180多个医疗卫生成套项目，建设综合性医院、流动性医院、保健中心、专科诊疗中心、中医中心等，有效地缓解了当地卫生设施不足的问题。

（五）医药援助

中国曾向受援国输出大量的药品，尤其是我国自主研发的抗疟药青蒿素，同时

还有禽流感、甲型流感疫苗等。向许多非洲国家签署交换抗疟药品项目交接证书①。

针对受援国家的主要疾病情况，在20世纪70—80年代，我国为完成抗疟疾药物的研制，研究完成了具有国内外先进水平的科研成果892项。生产抗疟疾药品百余吨。80年代以研制抗疟疾药品作为为基础，各单位申报国家发明奖、国家科技进步奖、新药证书和生产批件20多项②。

2007年中国与科摩罗启动青蒿素复方快速控制疟疾合作项目，科摩罗莫埃利岛疟疾发病率较下降90%③。

（六）对外人才培养

1965年，周恩来总理在桑给巴尔接见江苏省第1批援桑医疗队时曾嘱咐队员要培养当地医务人员，为他们留下一支带不走的医疗队，为此中国医疗队对受援国的医务人员的培训也在逐步加强。早在1968年援桑给巴尔医疗队就在当地开办了医助培训班，并历经几年时间编写了《非洲外科学》，自1971年始桑给巴尔开始派留学生到中国学习医疗技术，2008年江苏正式启动受援国卫生技术人员中国培训的项目。2015年12月《中国对非洲政策文件》中提出要持续增加对非洲发展的援助，包括医疗卫生，扩大教育和人力资源开发合作，帮助非洲国家培养培训更多急需人才，特别是师资和医护人才。要加强教育机构之间的交流与合作。继续实施"非洲人才计划"，逐步增加对非洲国家的政府奖学金名额，鼓励地方政府、高校、企业和社会团体设立奖学金，欢迎更多非洲青年来华学习。

卫生人力资源开发合作是我国医疗援外重要的组成部分，通过多边或双边渠道，采用培训、学位学历教育、人员交流等形式，传播先进的发展理念和医疗技术，以帮助其他发展中国家培养医疗卫生人才，促进医疗卫生事业发展④。我国对外人力资源开发合作的主要方式是短期来华培训，援外医疗队的带教与技术培训的效果突显，走出去的培训步伐加快，而学历学位教育比重略小，派遣志愿者的项目逐渐增加。

中医药学是中华传统文化的一部分，在疾病预防和强身健体方面，有着其显著效果和独到之处。"简、便、廉"的中医疗法，尤其适合发展中国家的医疗需求。自2004年至今的十余年间，北京中医医院、北京市中医研究所在中华人民共和国商务部的领导和支持下承办援外培训项目。我国从20世纪70年代起就开始接收国际友人来华学习中医针灸的工作。我国承办的援外培训班中多边中医技术培训班、多边传统医学管理研修班、多边传统医学妇幼保健技术培训班、多边医院护理技术培训

① 商务部援外司网站.

② 师昀煜. 对外医疗援助中的医药援助[J]. 海峡医学, 2010, 22（8）：275—277.

③ 《中国对外援助（2014）白皮书》, 中央政府门户网站. 2017-07-10

④ 樊晓丹、王云屏、杨洪伟、等. 卫生援外人力资源开发合作：现状、问题与策略[J]. 中国卫生政策研究, 10（8），68—75.

班、双边传统医疗培训班丰富实用的教学内容，受到受援国学员们的高度评价①。

（七）荣誉

近60年来，我国连续派出具有较高业务素质的医疗卫生人员承担援外医疗任务，为提高非洲人民的健康水平作出了重大贡献，有力推动了我国与非洲国家的友好合作，为树立我国良好的国际形象发挥了重要作用。队员们秉承为人类服务、救死扶伤、以人类健康为核心的国际主义精神，不畏艰苦、甘于奉献、救死扶伤、大爱无疆，践行了医者对人类和生命的神圣承诺，将我国先进的医疗技术、设备及博大精深的传统医学传播到落后的发展中国家，不仅治病救人，也更多地想治未病，在重大医疗事件易发地非洲建立疾病预防实验室，派遣防疫人员，他们在一线与最残酷的微生物作战，甚至反复被疟疾感染，但他们仍然不忘初心，将服务于病人作为己任，尽心尽力，他们用青春和爱浇筑起中非友谊的桥梁，向全世界人展示了"爱和平，重责任"的大国形象，被受援国誉为"不走的医疗卫生队""南南合作典范""最受欢迎的人"。广大援外医疗队员以高度负责的态度、高尚的医德和精湛的医疗技术，赢得了受援国政府和人民的高度评价，先后有1000余名医疗队队员获得受援国政府颁发的各种嘉奖，有50名医疗队队员献出了宝贵的生命。中国援外医疗队队员卓有成效的工作和优秀表现，增进了我国与发展中国家的深厚情谊。

第四节　国际医疗援助典型事迹

自1963年至今近60年中，中国援非医疗队有千余人获得受援国总统颁发的总统勋章或骑士勋章。在近60年的援外医疗历程中，因战乱、意外和疾病所致，50位优秀医疗队员献出了宝贵的生命，为国捐躯，大部分安葬在国外。如果说，当今社会大家都在寻求自己发展的机遇，中国医疗队员则抓住了报效祖国的机会，他们敢于"先天下人之忧而忧"，为共和国的发展行万里之遥，实现人生的价值；他们甘于"后天下人之乐而乐"，为共和国的利益而拼搏，放弃舒适的家庭生活和儿女私情。正是中国医疗队不畏艰苦，甘于奉献，救死扶伤，大爱无疆的伟大精神，惊天地、泣鬼神，感动着非洲大地，他们在那些艰苦的环境中磨炼出高度负责的态度、精益求精的品质和极端热忱的为人类健康服务的行动，用自己的青春、热血甚至生命捍卫人类健康生命价值和精神信仰，是一代又一代白求恩国际主义者的坚定践行者。

---

① 王晶，王天.中国援外工作传统医学人才培养模式探索[J].世界科学技术——中医药现代化思路和方法，2015，17（8）：1608—1611.

一、中国援助非洲抗击埃博拉

埃博拉病毒是一种能引起人类和灵长类动物产生埃博拉出血热的烈性传染性病毒，因其极高的致死率而被世界卫生组织列为对人类危害最严重的病毒之一。

（一）西非埃博拉感染爆发

2014年2月西非埃博拉疫情大爆发，截至2014年12月2日，世界卫生组织关于埃博拉疫情报告称：几内亚、利比里亚、塞拉里昂、马里、美国以及已结束疫情的尼日利亚、塞内加尔与西班牙累计出现埃博拉确诊、疑似和可能感染病例17290例，其中6128人死亡。2014年8月26日，世界卫生组织表示，埃博拉疫情爆发后，超过240名医护人员感染，20名医护人员死亡。医护人员高感染率来自于医护人员的防护措施短缺或不正确，医护人员严重不足。据估计，在3个疫情严重的国家中，每10万人仅有1~2名医师。

（二）西非埃博拉疫情发生发展的特征

第一，西非埃博拉暴发，传播范围广，死亡人数多。埃博拉的传播突破了以往偏远农村的界限，在人员流动相对较多的地方传播，而且在不同国家之间传播，造成感染人数众多。第二，埃博拉疫情的爆发与植被、气候等自然条件密切相关，埃博拉疫情暴发地区主要集中在中非和西非的热带雨林气候区，该地区终年高温多雨，无干旱期，植被是茂密的常绿阔叶林，温度和降雨在埃博拉疫情的暴发过程中发挥了重要作用[1]。普林斯顿大学学者研究了目前已经发生的28次埃博拉暴发疫情和温度降雨之间的关系，筛选出最优模型显示，每次暴发疫情与前2个月的温度和前3个月的绝对湿度密切相关[2]。第三，疫情发展受政治、经济发展水平影响较大，疫情爆发的国家的政局不稳，社会贫穷，经济落后，医疗公共卫生落后，当地百姓为了生计无限制扩大活动范围，被感染后救治受限，又没有相关的预防隔离知识，使得医务人员的感染率较百姓还要高。

（三）西非埃博拉疫情对世界的影响

受经济全球化的影响，卫生健康的影响因素也在全球化，西非埃博拉疫情的暴发，给全球带了健康危机。在埃博拉病毒肆虐西非大地时，引起了世界各国的高度重视，世界卫生组织认为埃博拉疫情是"国际公共卫生紧急状况"，需要"特别回应"[3]。

在各国医疗队都恐慌、撤回时，中国医疗队一直坚持在抗埃第一线，并成为当地抗击埃博拉的中坚力量，中国政府向埃博拉疫区提供了大量医疗物资、医疗队和专业防疫队员，真正体现了大爱无疆的国际主义精神，在抗击埃博拉期间，当地

① 邵壮超，贺祯. 西非应对埃博拉疫情报的主要做法和有关启示[J]. 解放军预防医学杂志，2016，34（1）：84—86.
② 罗芳，刘增加，张军民. 埃博拉出血热的发病机制及其防治[J]. 解放军预防医学杂志，2014，32（5）：470—472.
③ 刘德. 埃博拉病毒西非肆虐，各国如何应对[N]. 环球网国际新闻，2014-08-09.

新生儿患疟疾后几乎是不治身亡，在援非医疗队的努力救助下，将众多的几内亚新生儿的性命从死亡边缘拉了回来。中国不但多批次派遣医疗人员、物资，而且在实验室研究方面也加强力量，取得了很大的成就。参与抗击埃博拉病毒疫情是迄今为止我国最大的单次对外卫生援助项目，也是最大程度地参与突发公共卫生事件的治理[①]。

（四）中国援助非洲抗击埃博拉事件索引

2014年8月9日，中国宣布掌握埃博拉病毒抗体基因，同时具备对埃博拉病毒进行及时检测的诊断试剂研发能力。

2014年8月11日，北京卫计委从各医疗机构选派人手组建了三支医疗队前往西非参与抗击埃博拉疫情。三支医疗队分别由协和医院、佑安医院、北京大学第一医院、北京大学人民医院、北医三院和地坛医院组成，前往几内亚，每一个月轮换一次。

2014年8月13日，江苏苏州金唯知生物科技有限公司介绍，成功完成了埃博拉病毒的基因合成，并交付于中国疾控中心。

2014年8月14日，华大基因联合军事科学院微生物流行病研究所成功研制出埃博拉病毒核酸检测试剂。

2014年8月15日，根据国家卫计委部署，黑龙江省援助利比里亚医疗小组从哈尔滨出发，奔赴利比里亚，由哈尔滨医科大学附属第二、四医院及黑龙江省疾控中心的三名医疗专家组成。

2014年9月8日，中国疾病预防控制中心主任王宇在塞拉里昂首都弗里敦表示，中国将帮助塞拉里昂建立埃博拉病毒检测实验室和埃博拉病例隔离治疗中心，合作建立一个生物安全三级实验室。

2014年9月12日，中国政府决定向非洲有关国家和国际组织提供新一轮总价值2亿元人民币的紧急人道主义援助。

2014年9月13日，中国赴利比里亚医疗专家组搭乘联合国航班赴格林维尔，实地指导埃博拉疫情防控工作。

2014年9月16日，中国政府派出由59人组成的中国疾病预防控制中心移动实验室检测队，赴塞拉里昂开展埃博拉出血热检测工作。

2014年9月19日，中国驻埃塞俄比亚大使解晓岩代表中国政府向非盟资助200万美元，用于支持非洲国家抗击埃博拉病毒。

2014年9月29日，中国驻加纳大使孙保红代表中国政府向加纳政府捐助价值500万人民币的救治物资，用于支持该国防控埃博拉疫情。

2014年10月16日，李克强总理在出席亚欧首脑会议期间宣布，中国将向西非国家提供第四批总额至少1亿元人民币援助，其中包括60辆救护车、100辆摩托车、1万

---

① 臧颖洁, 王欢, 罗旭, 等. 中国援外应急医疗队发展综述[J]. 西南国防医药, 2017, 27（5）: 532—534.

个防控护理包，15万套个人防护装备。此外，中方将派出几十名专家，计划培训1万名医疗护理人员和社区骨干防控人员。

2014年10月17日，受国家卫生计生委、国家疾病防控中心委派，北京大学人民医院急诊科曹宝平副主任医师与北京市疾病预防控制中心、佑安医院的两名专家一同前往非洲开展抗埃博拉出血热支援工作。

2014年10月24日，国家主席习近平在北京会见坦桑尼亚总统基奎特时宣布，中国政府再向利比里亚、塞拉里昂、几内亚3国和有关国际组织提供总价值5亿元人民币的急需物资和现汇援助，派出更多中国防疫专家和医护人员并为利比里亚援建一个治疗中心。

2014年非洲埃博拉病毒肆虐，我国不仅先后派出医疗队员及医疗卫生物资进行援助，同时还派出公共卫生专家进行工作指导，更重要的是在防治埃博拉的研究方面也做出了重大努力，为治未病提供了可能的技术和方向。这一系列的举措，不仅体现了负责任大国的形象，更有力地证明了中国为构建人类命运共同体作出的努力和诚意。新加坡《海峡时报》报道说，这是中国首次将人道主义援助对象扩大到遭遇公共卫生突发事件的国家，新加坡国家媒体称这是履行大国责任，是无私的。中国派人赴非洲援助抗击埃博拉时，正值美国、欧洲、日本因担心传染撤回了大部分医疗人员和志愿者，这种情况下，中国不但没有撤回本国援助人员，反而派了更多的人员前往非洲。这是白求恩国际主义精神最深刻的体现。华盛顿战略与国际研究中心的全球卫生政策中心主任J·斯蒂芬·莫里森（Dr J. Stephen Morrison）表示："中国派出几组专家过去，这说明它对此次国际紧急事件的严峻形势有所认识……他们没有抽身逃离，而是慨然奔赴险地。这是中国医者对生命的承诺和对医者誓言的践行，更是高尚的、纯粹的、毫不利己的白求恩国际主义精神。"

在非洲埃博拉流行期间，中国向疫情最严重的国家派出医疗队，所有医疗队员在工作岗位出色地完成了任务，而且实现了零感染的目标。他们的事迹值得每一个医者了解和学习。

（五）可爱的抗埃勇士们的工作点滴

1.中国援利比里亚队的工作[①]——战胜病魔，拥抱健康

2015年1月12日，仍在利比里亚首都蒙罗维亚坚守岗位的中国人民解放军第一批援助医疗队传出捷报，在中国援利埃博拉诊疗中心接受治疗的3名埃博拉确诊病人已康复出院。中国外交部发言人洪磊介绍说，此次出院的3名患者为两名女性和一名7岁男童。他们于2014年12月入院后血液检测呈埃博拉阳性，病情一度危重。经医疗队近20天的努力工作，悉心治疗，3人连续两次血液检测呈阴性，根据世卫组织规定，可确认为治愈。这标志着中国援利抗击埃博拉工作取得了阶段性成果。经过医疗队员们的精心治疗，金度过了危险期并逐步进入平稳期和康复期。2015年1月8

---

① 摘自观察者网，2015-01-14.

日，按照世界卫生组织规定，金连续两次埃博拉血液检测结果为阴性，确定治愈。这一振奋人心的消息让医疗队员们激动不已，大家为金和另外两名治愈出院的患者举行了欢送仪式，为他们送上祝福，赠送了服装、乒乓球拍等礼物。为表示感谢，3名患者一起种下了3棵象征着健康、生命和友谊的橄榄树，并与医疗队员们共同唱起了一首名叫《消灭埃博拉》的歌："埃博拉肆虐，人民饱受痛苦。别人因埃博拉走了，中国因埃博拉来了。让我们共同努力，一定能消灭埃博拉。"解放军援利比里亚医疗队队长王云贵对记者说，2014年11月医疗队抵达利比里亚后，许多工作都是从零开始，面对高温酷暑和肆虐的病毒，队员们顶着生理和心理上的双重考验，取得了令人骄傲的成绩。由于长期的动荡和内战，利比里亚公共卫生系统十分薄弱。该国医生数量非常有限，在埃博拉疫情暴发后，很多医务人员逃离岗位。当地民众由于缺乏对埃博拉病毒的正确认识，导致疫情暴发初期感染病例迅速上升，感染源防控工作面临严重挑战。尽管利比里亚的疫情目前得到了控制，但仍然存在反弹的可能。为利比里亚培训医务人员、帮助其重建公共卫生体系是项重要工作。援利医疗队根据实际情况制定了相应的培训计划，通过实际案例向利比里亚医护人员、军队、警察和社区工作者传授埃博拉防控知识。医疗队为利比里亚培养了1516名医疗骨干和社区工作者。恩耶斯瓦表示，中国医疗队为利培养了大批拥有专业防控知识的医疗人员，对抗击埃博拉疫情起到了关键作用，同时也为利医疗体系重建提供了巨大的帮助，"抗击埃博拉，我们离不开中国医疗队，重建卫生体系也离不开中国的帮助，利比里亚人民愿与中国人民世代友好！"

2.中国援助弗里敦防埃培训①——埃博拉式握手

在距弗里敦市区70公里的科索镇，中国援塞医疗队工作的塞中友好医院、中国疾控中心援塞移动实验室检测队所在的移动P3实验室，每天都在直面埃博拉病毒，队员们在工作时，连体防护服、一次性手套、防护面罩、N99口罩等个人防护设备都装备齐全。不过，40多摄氏度的高温，在密闭的防护设备里是什么感受，可想而知。

情况比较特殊的是中国公共卫生师资培训队。他们培训的教室在塞拉利昂国家图书馆，位于弗里敦最繁华的区域。尽管疫情严重，图书馆依旧照常开放，在培训教室对面的阅览室，每天都有弗里敦市民来借阅书籍。这无疑增加了疫情传播的风险。

风险评估和安全问题也成了培训队员们讨论最多的话题。穿防护衣、戴口罩显然不现实，毕竟培训课程面对的是正常的弗里敦市民，老师们如果把自己裹得严严实实，不仅会给沟通带来障碍，更会引起培训对象的反感和抵触，培训效果肯定大打折扣。

既要确保安全第一，还要尊重当地人的感受，怎么办？培训队的两位临床专

---

① 摘自健康报, 2014-11-19, 首席记者, 曹政, 发自塞拉利昂.

家——复旦大学附属公共卫生临床中心传染病专家卢洪洲教授和北京地坛医院感染中心医生蒋荣猛提出了两条最重要的防护原则：不发生肢体接触，注意手卫生。两位医生告诉记者，埃博拉病毒最主要的传播途径是通过体液传播，切断这个传播途径最直接的办法就是不接触。同时，由于手掌汗腺最为发达，做好手部清洁消毒至关重要。在每位专家的背包里，都随身带着便携式手部消毒剂，有了这种主要成分为酒精的消毒剂，避免了找水洗手的麻烦，非常方便。

实际上，这两点也已成为塞拉利昂当地防控埃博拉的关键环节。现在当地人见面都已不再握手，而是穿着长袖衣服相互用胳膊肘碰一下，称之为"埃博拉式握手"。

3.团队汗水凝铸抗埃勇士①——302医院

常年和传染病打交道的抗埃队员：解放军第302医院是全国最大、全军唯一的传染病医院，抗埃队员年龄最大54岁，最小18岁。队员们分别来自感染性疾病、重症医学、感染管理、临床检验、感染护理等专业，大多参加过抗震救灾、抗击非典、防控甲流、亚丁湾护航等多样化任务。尽管不少人有实际困难，但302医院所有军人干部都写了请战书。舍小家顾大家的队员比比皆是：医疗保障组队员詹宁波本已定了春节和爱人办喜事，后勤保障组队员于宏毅的小孩出生不到两个月，指挥组队员孙业勤出发前一天当上了爸爸……。临行前，孙业勤给女儿起名"爱爱"，寓意人间大爱，而这也正是全体医疗队员无私胸怀的生动写照。

从站军姿到耐高温，充满种种想不到的训练。抗击埃博拉就是一场严酷的战斗，战胜对手要有强健的体魄。医疗队全体队员每天都要进行队列、器械训练。当然，专业技能训练也必不可少。从组建开始，医院先后对第三批援塞医疗队全体队员进行了埃博拉防控、西非常见传染病、穿脱防护服、实用医学英语、当地风俗、个人心理等专业的培训。来到302医院卫勤模拟培训中心，眼前所见又让我们吃了一惊：为逼真模拟任务区环境，这里几乎按原样复制了一所援塞留观诊疗中心。考虑到第三批援塞医疗队的任务期将是非洲一年中最热的时候，培训中心内也是热浪袭人，至少有30多摄氏度。在这样的环境中训练真不轻松，就拿穿脱防护服来说，每一次，受训队员都要经36道流程，穿上多层防护服，不一会儿全身就湿透了。第三批援塞医疗队队员孙志强形象地说："这好比在桑拿天穿羽绒服逛街，太减肥了。" 除了在留观诊疗中心工作，抵达塞拉利昂后，队员们还要外出执行任务。为此，国内强化训练期间，他们经常被拉到野外，进行勘察地形、搭建营地、转运伤员、检测标本、疫区消毒等课目的演练。

每天一小考三天一大考，不达标就换人。世界卫生组织1月9日发布的数据显示，西非疫情重灾区几内亚、利比里亚和塞拉利昂累计发现埃博拉病毒确诊、疑似

---

① 摘自中华人民共和国国防部网站，来源：解放军报，记者：罗铮、张晓祺；特约通讯员：洪建国，时间：2015-01-16.

或可能感染病例20972例，死亡8259人。军队突发公共卫生事件专家组成员、第三批援塞医疗队队员赵敏告诉记者："埃博拉是最高等级的病毒，出征西非，我们将面临非同寻常的严峻考验。这对我们的个人身心、战斗意志、防治技术等方面提出了更高要求。""我们的任务不仅是接诊患者，还包括对塞拉利昂的医疗人员进行技术培训，帮助当地人民提高自身防控能力。"第三批援塞医疗队教官李可萍说，为了不辱使命，在一个多月的强化训练期间，医疗队实行每天一小考、三天一大考的制度，受训人员不达标就会被替换下来。"在各种考核中，考官除了严格把关外，有时甚至故意'下套'。"第三批援塞医疗队队员刘翀回忆说，有一次穿脱防护服训练，李可萍故意将一件破了个小洞的防护服塞进他的包里，就是想看他能否发现问题。"最终确定的43名队员全部在考核中成绩优异。"段惠娟说："这次出征，我们有信心继续实现中塞双方医护人员'零感染'、住院患者'零交叉感染'的目标，做一支能打仗、打胜仗的医疗队。"

4.援非抗埃报告文学《大国担当》获评"中国好书"[1]

2017年4月23日世界读书日当天，由中共中央宣传部、国家新闻出版广电总局、中央电视台和中国图书评论学会联合推出的"2016年度中国好书颁奖盛典"，在中央电视台一套综合频道黄金时段首播。中国首部援非抗埃长篇报告文学《大国担当——中国人民解放军援塞医疗队抗击埃博拉疫情纪实》（以下简称《大国担当》）获评"2016年度中国好书"。

颁奖一开场，大屏幕纪录片就把观众引入2014年西非爆发的40年来规模最大的埃博拉疫情环境中，一条条鲜活的生命惨遭吞噬。危急时刻，中国伸出援助之手，从解放军第三〇二医院独立抽组中国人民解放军援塞医疗队奔赴非洲抗击埃博拉，这是中国第一支成建制援非抗击埃博拉医疗队，以实际行动展示了中国的国际责任和大国担当。

《大国担当》是一部39万字长篇报告文学，这是中国首部全景反映解放军援塞医疗队抗击埃博拉疫情的长篇报告文学，也是中国首部由援非抗埃队员通过"兵说兵事"形式自行撰写的纪实文学，是援塞队员"冒着生命危险抢救出来的文字"。

书中以大量的第一线采访资料，忠实反映了自2014年9月至2015年3月，由解放军第三〇二医院独立抽组的中国人民解放军援塞医疗队，直面生死，忘我工作，始终坚持零距离观察治疗，以实际行动彰显了"不畏艰苦、甘于奉献、救死扶伤、大爱无疆"精神，向世界展示了中国和中国军队的良好形象，展示了中国速度、中国标准、中国技术和中国精神。

颁奖现场，三名抗埃队员讲述的三个抗埃故事令人感动。首批援塞医疗队队员秦玉玲，接到出征命令后将生病的母亲托付给姐姐照看，第三天就到达非洲抗埃战场。面对口吐鲜血的危重埃博拉病人，面对致死率高达90%的埃博拉病毒，她不顾个

---

[1] 摘自中国新闻网，2017-04-24.

人安危勇敢地进入病区清理污染源，其感人事迹赢得在场观众的热烈掌声。第二批援塞医疗队队员黄顺，面对两次入住中塞友好医院的9岁埃博拉孤儿雅尤玛，与其他女队友用"中国妈妈"慈母般的爱，对雅尤玛不离不弃，精心护理、悉心照料，最终帮助她战胜可怕的埃博拉。第三批援塞医疗队队员李雷，现场展示讲解了抗击埃博拉时的防护服，倾情讲述了医疗队治疗年龄最大的埃博拉患者穆苏老人的故事。其实，在没有硝烟的战场、在远离家乡的异国，中国医疗队员用大义担当、牺牲奉献、仁心仁术，创造了一个又一个生命的奇迹。

盛典上，40多名援非抗埃队员共同唱响了《雪白的爱》。这首写给援非抗埃勇士的歌曲，写出了援非抗埃勇士的大医精诚、大爱无疆，写出了医护人员的共同心声。援助非洲抗击埃博拉疫情，是新中国成立以来最大规模的卫生援外行动，历史将永远铭记这一伟大壮举。

2016年4月，《大国担当》一经时代文艺出版社出版就引起社会广泛关注，人民日报、新华社、解放军报、光明日报、中央人民广播电台等100余家媒体对该书出版进行了报道，天津交通广播电台还对此书进行了播讲，北京大学医学部也对此书进行了读书交流。中国报告文学副会长、报告文学理论研究会李炳银先生，著名军旅作家、原北京军区善后办副政委马誉炜将军等人，分别以《与魔鬼博弈》《大国担当的正气歌》为题，对《大国担当》进行了深入评论。

该书先后入选国家新闻出版广电总局"十三五"国家重点图书出版规划，中共中央宣传部对外推广局国家图书对外推广书目，被中国图书评论学会评为"2016年度中国好书"，被中国医师协会、医师报、健康时报社等单位评为"2016年度中国医界好书"。

5.大爱无疆——寻找最美援外医生①

2015年6月中国人民对外友好协会和国家卫生和计生委主办的2015"大爱无疆——寻找最美援外医生"大型公益活动开启，表彰为世界医疗卫生事业做出突出贡献的医生和团体，特别是奋战在抗击埃博拉疫情一线的中国援外医生。2014年2月，西非地区爆发了大规模埃博拉出血热疫情，中国先后向西非各国提供了4轮总价值7.5亿人民币的紧急援助，派遣了近10批次的医疗专家和医疗小组，中国向疫区派出医务人员和防疫专家超过1 000人次。此次最美援外医生"公益活动"评选出了10位"最美援外医生"和1个团体。他们默默地传递着中国人民的无疆大爱。

西非当地公共卫生体系匮乏，民众的防护意识非常薄弱，在疫情来临时，中国医疗队数以千计的中国公共卫生专家走出国门，义无反顾地和西非人民一起，以防治SARS积累的公共卫生防护防疫经验，协助西非国家建立公共卫生体系，在国际社会面前展示了大国形象。

---

① 吴辛欣，寻找"最美援外医生"：专访卫计委国际合作司副司长王立基，2015年3月27日.

二、白求恩国际主义灾难救援

我国在唐代时，张九龄与唐朝帝王们就对遇难的日本难民有"存抚发遣"之策，更不用说当前我国提倡的带动世界发展的"人类命运共同体"理念和"一带一路"倡议，在各行各业的发展中，中国人都力图自强更强人，更希望以自己的长处带动世界都往长处发展，尤其是在攸关人类生死存亡的灾难救援领域，世界各国无论哪里发生灾难都有中国援助的身影。

（一）中国在国际救援中的努力历程

2005年1月6日，温家宝总理在印度尼西亚雅加达的救灾峰会上做题为"同舟共济重建美好家园"的讲话时，以"各位同事"开场，不经意间显示了中国对于人类共同利益、国际共同事务的认知，将涉及人类共同利益的"全球性问题"的解决方法立足于人类的共同发展，这种精神高于一切，这种责任没有国界。

2003年5月21日，阿尔及利亚发生6.2级地震。这次地震波及阿尔及利亚北部8个省，地震破坏伤亡严重。2 273人死亡，1万多人受伤，受灾人数达10万人。震后，中国政府迅速反应，立即派出中国国际救援队和医疗队，并提供紧急无偿援助500万人民币[①]，包括大量救灾物资，药品和手术器械也是必不可少的物资。此次救援是中国国际救援队首次参与，成绩斐然，以出色的表现获得联合国有关机构好评和全世界的关注。中国医疗小组，对灾区伤员进行医疗巡诊，为DELLYS市医院提供了部分急救医疗器械和药品，3天时间内共医治伤病员170名，成功实施了远程转运[②③]。另外中国红十字会向阿尔及利亚红新月会转交5万美元的支票。

2003年12月26日，伊朗巴姆发生7.0级地震。此次地震造成极大的人员和建筑损失，巴姆市约10万人口，死亡人数超过4.1万人，伤4万余人，是全球自唐山大地震以来最惨重的地震之一。中国国际救援队于第二天到达极震区开始救援，医疗小组配合搜救队员，进行卫生防疫保障，对现场20名伤员进行医疗处理，对三处居民区100多顶帐篷中的灾民进行医疗巡诊，救援队还向当地医疗机构赠送了部分急救药品和器械，完成医疗救治任务[④]。救援期间伊朗总统专程到基地慰问救援队员。

2004年12月26日，印度洋地震与海啸。震中位于苏门答腊以北的海底，为近百年来全球第五次大地震，并引发人类有史以来最严重的海啸，波及范围达6个时区，包括东南亚、北非等十几个国家，造成28万人死亡。中国在第一时间派出救援队，

① 张洪由. 2003年5月22日阿尔及利亚6.9级地震概述[J]. 国际地震动态, 2003（6）: 294.
② 吴学杰, 郑表晨, 彭碧波, 等. 阿尔及利亚、伊朗地震灾区紧急医疗救援体会[J]. 武警医学, 2005, 16（6）: 471—472.
③ 吴学杰. 中国国际救援队成长历程和救援实践. 突发公共卫生事件应急预案编制与完善暨救援医学发展大会, 2009
④ 吴学杰, 郑表晨, 彭碧波, 等. 阿尔及利亚、伊朗地震灾区紧急医疗救援体会[J]. 武警医学, 2005, 16（6）: 471—472.

分别向印度、印度尼西亚、斯里兰卡、马尔代夫和泰国等五国提供国际援助，2004年12月31日，第一批100人的10支卫生救援第一队从上海出发前往受灾最严重的印尼北部亚齐省首府班达亚齐市，下午第二队从广东出发赴泰国进行救援。仅亚齐省死亡人数就可能超过20万，占印尼总死亡人数的90%。此次救援以医疗救援为主，第一、二批医疗卫生队员分别为16人和21人，包括多个临床专业、护理、检验、卫生防疫、营养等人员，救援历时28天，先后为10 280余名伤病员提供了各种医疗救助，开展手术284例，救治危重病人448例，完成298项检验工作，清理遇难者遗体69具。医疗队还坚持对10余个大型难民营巡诊，每天巡诊人员达300多人次；组织急危重症伤员的多国联合转运；帮助当地恢复Kota Jantho医院、FANKINA医院、陆军总医院和亚齐总医院；宣传卫生防疫知识，发放消毒药片，消毒喷雾、消毒湿纸巾，对巡诊的各难民区进行消毒；帮助培训当地医疗卫生人员，进行了医疗、护理、救护、防疫等技术培训，增强了当地医院收治病人的能力[1]。

2005年10月8日，巴基斯坦7.8级地震，7.3万人死亡，近7万人重伤。中国派出49人的救援队提供620万美元的救援物资。中国国防部向巴基斯坦国防部提供10万美金现汇的人道主义紧急援助，用于救灾和灾后重建[2]。巴基斯坦昼夜温差大，受灾区为山区，交通不便，人员居住分散，疫情复杂，医疗设施欠缺，地震导致伤员多，伤情复杂，伤势严重，救治困难。救援人员组建流动医院，开展外科手术、重症休克治疗、卫生防疫工作，保证了地震救援体系的效能[3]。

2006年5月27日，印度尼西亚6.4级地震，造成严重损失，死亡5 857人，重伤26 967人，轻伤6 630人[4]。中国政府第一时间向灾区提供了200万美元紧急援助，并于30日向印尼政府提供了价值1 000万元人民币的紧急救灾物资[5]。

2010年1月12日海地发生里氏7.3级大地震，造成22.25万人死亡，19.6万人受伤。中国于1月13日晚即派出国际救援队，携带约1 200万元人民币的救灾物资，包括救援、通讯、后勤保障、医疗、食品等参加救援。

截至2014年8月，中国国际救援队已远赴阿尔及利亚、伊朗、印度尼西亚、巴基斯坦、海地、新西兰和日本等国进行国际救援活动，成功营救63名幸存者，医治4万余名伤病员。在救援中中国驻海地维和部队中有8人被埋，10多人失踪[6]。

2011年3月13日，日本9.0级地震，此次地震发生在日本东北部太平洋海域，为历史第四大地震，引发高达23米的海啸，造成15 985人遇难，2 539人下落不明，还有

---

① 吴学杰. 中国国际救援队成长历程和救援实践, 突发公共卫生事件应急预案编制与完善暨救援医学发展大会, 2009.

② 李小军, 曲国胜, 张晓东. 2005年巴基斯坦北部7.8级地震灾害调查与分析[J]. 震灾防御技术, 2007, 2（4）: 354—361.

③ 刘庆, 郑静晨, 彭碧波, 等. 援外地震救援流动医院的组织与管理[J]. 人民军医, 2006, 49（5）: 254—255.

④ 曲国胜, 赵凤新, 黄建发, 等. 印度尼西亚日惹地震灾害及其特征[J]. 震灾防御技术, 2017, 2（4）: 363—375.

⑤ http://www.sina.com.cn 2006年05月29日03:00 中国青年报.

⑥ 2010年海地地震, 互动百科.

3 647人因困难条件、核辐射等原因死亡。日本发生地震后中国国际救援队和医疗队于13日下午抵达灾区开展救援工作，是第一支抵达和最后一支撤出的外国救援队。

2015年4月26日，尼泊尔8.1级地震，此次地震造成8 786人死亡，223 032受伤。地震发生后，中国国际救援队派出40名救援队员，携带装备开展救援。西藏成立抗震救灾指挥部，组织官兵和医护人员，并向受灾区捐助6 000万元人民币的物资援助和980万美元的救灾款。四川省尼泊尔抗震救灾队，在救援工作中，接诊伤病员606人，开展各类手术276台，收治住院患者258例，提供免费健康体检200余人次，完成实验室检查6 106项次，发放药品314人次，提供心理干预和防疫培训300人次[①]。

三、吉林省医疗卫生援外情况

（一）吉林省医疗援外历史

早在1963年组成第一批援助阿尔及利亚的医疗队时就有吉林省医务人员参加，此后我国于1976年始向科威特派遣医疗队，1993年始由吉林省执行承派任务。2018年中国首次援助萨摩亚医疗队由吉林省承派。

（二）医疗援助科威特工作点滴

233

1962年建立的苏莱哈比医院，是科威特唯一的康复理疗专科医院，设内科、外科、儿科、矫正科、神经科、放射科、病理科、理疗科、运动医学研究室、CT科、B超室、心电科、脑电科、假肢科等科室，医护人员除科威特本国人员以外，还有来自中国、印度、埃及、保加利亚等国家的；全国每千人有医生18.3人，护理人员48.5人[②]。1990年夏季，阿拉伯半岛风云骤起，伊拉克以闪电般的攻势占领了科威特，一场现代化的战争在中国驻科威特第七批医疗队员面前，战场就在身边，医疗队的队员们在患者烦躁不安的喊声中值班，武装士兵闯进病房，用枪抵住护士，这种危急时刻，科威特政府派人接出中国的医疗队员，按计划将他们送回中国，可是医疗队员们开会研究后一致认为，战争需要医生，大家准备留下来，接收使馆交给的任务，经过战争的洗礼，中国医疗队不仅是医疗单位，更是战斗的集体[③]。在过去的近40年，吉林省已经向科威特派遣中医医疗队11批，派遣的队员多由吉林省中医药系统的医护人员组成，派出人员160余人，诊治病人40余万人次。由于科威特人的饮食结构和生活习惯不太合理，而且可供人们室外活动的空间狭小，出门以车代步，食物饱含高糖、高热，导致患肥胖和体重超常者的比例高达50%以上，腰部负荷超常。同时科威特沙漠气候，夏季绵长炎热干燥，大部分时间使用空调，使当地腰椎间盘突出的患者多见[④]，医疗队在当地主要进行推拿、针灸、火罐等传统中医诊疗，经过几

① 于磊, 占美, 蒋学华. 中国政府医疗队在尼泊尔地震救援中的药品使用分析[J]. 中国药房, 2016, 27（17）：2317—2319.
② 温爽, 吉林省对外中医医疗援助现状调查及相关问题分析, 硕士研究生论文, 2015年3月.
③ 柳林, 走出纷飞的战火——中国援科威特医疗队撤离纪实[J], 国际人才交流, 1999年4月6日.
④ 胡春光, 电针配合按摩治疗腰椎间盘突出症在科威特应用的体会[J], 中国社区医师, 2008年11月10日.

代人的努力，中国传统中医的"绿色疗法"在科威特家喻户晓，很多科威特民众慕名而来就诊，来就诊的人数逐年上升，平均每天接诊达200多人次。队员们把诊治重点确立在临床常见病和多发病上，为风湿病、颈椎病、腰椎病、膝关节病、肩周炎、面神经麻痹、肥胖症等患者解除了病痛。在医疗队的影响下，很多科威特人对中医产生了浓厚的兴趣，争相到中国学习中医。2016年10月，科威特主要新闻媒体《科威特时报》刊文介绍中国第十一批援助科威特医疗队，《传统中医疗法正在科威特蓬勃发展》提到，中国传统医学对大部分人来说是一笔宝贵的财富，相信世界各地也会有越来越多的人探索传统中医疗法的瑰丽和神奇①。长春中医药大学教研室越宏巨是第五批医疗队员，从2003年10月被派到科威特进行中医援助，一干就是9年，他在当地，改进了当地拔罐治疗的方法，对科威特副首相兼司法大臣拉希德·阿卜杜·马哈萨尼·哈马德的腰椎间盘突出症治疗效果显著，并被《科威特时报》报道②。

（三）援萨摩亚医疗队

2018年6月30日，中国首次援萨摩亚医疗队出发赴受援国，此次援外任务是由吉林省承担，第一批队员由吉林大学第一医院组成，此后将有第二批和第三批医疗队员每半年轮换一次，将分别由吉林大学第二医院和吉林大学中日联谊医院及吉林省医院派出相关医务人员。首批医疗队分别由神经外科、泌尿外科、创伤骨科、心内科、眼科、内分泌科组成。

不论是在艰苦岁月时期向阿尔及利亚派遣援外医疗队，还是飞速发展中的今天向萨摩亚派遣援外医疗队，吉林省各位援外医疗队员始终坚持为人类健康奉献力量，为中国援外医疗史增添新的篇章，以精湛的医术和高尚的医德挽救了数以万计的患者。如今站在新的起点上，为发扬"不畏艰苦、甘于奉献、救死扶伤、大爱无疆"的援外医疗队精神，他们依然义无反顾，架起我国同广大发展中国家医学发展的桥梁，为继承和发扬白求恩国际主义精神而做一个脱离低级趣味、纯粹的、毫不利己的白求恩式医者。

四、吉林大学中日联谊医院医疗援外

（一）吉林大学中日联谊医院概况

吉林大学中日联谊医院是教育部直属高校——吉林大学所属的、卫生部部管、集医疗、科研、教学、预防、保健、康复为一体的大型现代化综合性三级甲等医院。医院成立于1949年11月，前身是中国人民解放军"长春医科大学外科学院"。医院先后经历了中国人民解放军第一军医大学第三临床医学院时期、吉林医科大学第

---

① 李晓峰，中医药成中科两国"健康信使"，中国中医药报，2017年2月17日.

② 李晓峰，张启军，传递中科友谊的中医使者——记中国援助科威特医疗队队长赵宏巨，中国中医药报，2013年2月26日.

三临床学院时期、白求恩医科大学第三临床医学院时期。1993年7月，医院主体迁入位于长春市经济技术开发区的新址，新医院是由吉林省政府和长春市政府拨地、卫生部投资基建、日本政府无偿援助价值26亿日元先进设备而共同兴建的，为纪念中日两国人民及政府间的友谊，医院被命名为中日联谊医院。2000年6月，吉林大学、白求恩医科大学等5所高校合并组建新吉林大学，医院易名为"吉林大学中日联谊医院"。

该医院被中华人民共和国卫生部、联合国儿童基金会、世界卫生组织评定为"爱婴医院"，是卫生部国际紧急救援中心网络医院，国家药品临床研究基地，是吉林省国家紧急救援培训鉴定中心、紧急救援定点医院。

（二）吉林大学中日联谊医院医疗援外

1950年10月，抗美援朝战争爆发，医院积极投入到抗美援朝伤员救治准备工作，并派遣三名朝族同志参加赴朝手术队（1名护士，2名护理员）。同时有5名同志参加了为志愿军准备口粮的工作。1951年1月，我院接收抗美援朝第一批志愿军伤员，大部分是骨折、战伤、烧伤、四肢残缺，人数多、伤势重，在此次接收伤员救治中有4名护士和16名护理员被评为人民功臣。

1952年3月10日，根据东北后勤部卫生部指示，学校组织第一批抗美援朝志愿手术队（48人）赴朝工作，包括三院的张碧林、李惠林、左宝瑞、岳振生、刘英炳、陈学军等人。

1953年1月，医院奉命派遣第2批抗美援朝手术队，人员包括刘彦、李柏苍、武焕堂、徐国生、金盛权，还有护士徐福生、金胜生、张金生。7月抗美援朝战争结束，医疗队返回单位。

自1969年起，三院开始派遣医生参加吉林省赴索马里医疗队，当年王牧、姜鸿志、宋翔翎3人随队赴索马里开始为期2年的援助活动。

1971年，三院6名同志参加哲盟巡回医疗队，其中有医生何忠兰、王福忠到索马里进行援外医疗工作[①]。

另外调研走访我院离退休老职工得知，还有一些未被记录于院志的援外人员，他们分别是杨德发、杨智泉、李亚然、杨玉芝。他们用自己的青春谱写了吉林大学中日联谊医院医疗援外的每一个篇章。

（三）吉林大学中日联谊医院援外代表人员访谈记录

1.听杨德发书记讲援非故事[②]

（1）突如其来的任务

1973年我被调入三院工作，正式工作后的一天，正在查房，党支部书记突然找我说："院政治处找我谈话"。听到这个消息，我有点紧张，心里寻思，是不是

---

① 资料来源于《吉林大学中日联谊医院院志（1949—2009）》
② 讲述人：杨德发

我的入党申请被批准了，正嘀咕着，就到了政治处。一进门，政治处的代表和院领导表情严肃地坐在桌前，我就更紧张了。政治处代表安抚我说："你别紧张，有好事，院里接到一个非常重要的任务，省地质局到埃塞俄比亚的打井工程队，需要一名保健医生，经过各方面的考查和挑选，认为你较适合承担这个任务，组织讨论决定由我代表组织跟你谈话，了解一下你的想法。"听到这番话，我紧张的情绪稍微缓解了一些，我说："如果组织需要，我能承担这个任务，党指哪儿，我就打哪儿。"政治处代表当时就决定："那今天查完房，明天找人接替你的工作，过完春节你就到地质局报道。"接到任务后我才了解到保健医生只有我一人，没有其他医务人员随队，工程队所有的医务工作由我一人承担，任务很重，心里有些紧张，但跟家人沟通后，家人非常支持，我就对完成这次任务有了足够的信心。

（2）出国前的任务

1973年6月至9月，根据任务要求，我和工程队的人一起到北京参加出国人员的培训，主要学习出国人员守则，出国的相关政策文件。在技能方面我主要学习外科的基本技能，如小夹板固定等有关的和其他方面的基本技能，尽可能加强自己应对各种疾病情况的技能。

作为仅有的随行医疗人员，最主要的任务是制定带药计划。出国培训结束后，出发前要准备120人两年的用药计划。多方查资料了解埃塞俄比亚当时的医疗状况和疾病情况，由于当地缺医少药，所有的医院和诊所都是外国人开办的，而且诊疗费很贵，当地百姓看不起病，也没有相应的医疗配备，所以在做计划时越详尽越好，另外工程队的医疗工作主要服务对象以打井队的工作人员为主（包括当地工人），结合临床工作经验和当地的医疗卫生情况，多次和科主任讨论，决定以外伤用药为主制定了完善的带药计划。计划完成后，各级领导都很满意，并按计划将药品准备齐全，发往埃塞俄比亚。

（3）在埃塞俄比亚有影响的五件事

第一次被批评：到埃塞俄比亚后根据打井工程队的统一安排，在市内外活动以适应当地的气候条件和高原反应，在这阶段，通过对城市内外各种条件和状况的了解，我发现城市内的条件还不错，但是农村就很落后，看到当时农村的场景心血来潮写了一首诗。"荒山秃岭坡连坡，草木稀疏树不多。千顷良田乱石滚，一无江水二无河""烈日炎炎似火烧，百草枯黄禾苗焦。千顷良田待雨露，何时迎来谷香飘。"同事对我做的诗赞不绝口，并在工程队传开了。大使馆的秘书在一次大使馆的会议上私下嘀咕我写的诗，被大使听到，怕对当地的影响不好，要求工程队的队长批评教育写诗的人。队长教育我后，我心里有点怕，如果因此被送回国就很难堪，就再也不敢有写诗的念头了。这首诗虽然受到了批评，但也从一些方面比较形象地反映了当地的现实状况。"荒山秃岭坡连坡"是当时埃塞俄比亚的地形地貌，荒芜、萧条。"草木稀疏树不多"埃塞俄比亚由于纬度跨度和海拔高度差距较大，虽地处热带，但是各地温度冷热不均。每年6—9月为大雨季，10—1月为旱季，2—5月为小雨季。由于不同季节和地区降雨不均，易出现局部干旱。植被生长受气候影响较大，庄稼收成并不好，人民的生活就可想而知了。

第二次被批评：给当地人看病。开始上班后，帮助厨房买菜时，常出入农贸市场，发现当地病人很多。有一个病人说自己的身上太痒了，我就给他看了看，他全身都是粟粒性荨麻疹，就拿了对症的药给他吃，一周后就痊愈了。经他宣传，当地人都知道，中国打井工程队里有个医生很厉害，会看病，能治好"痒"病。所以当地一些老百姓都来找我看病。大概一个月左右，每天都有成百的人来看病，当时秩序混乱，经大使馆协调派当地警察来值班，秩序才有好转。

给更夫看病：有一天金翻译说，他看到更夫把军大衣脱了之后肚子很大，可能生病了。我就去看他，发现他吐血、又便血，胡言乱语，双手扑翼样振颤，触诊后发现满腹腹水，病情非常严重，急需通知家属及当地城建处。家属来后将病人的病情详细地进行了解释，并根据经验判断，病人病情非常严重，很难救治，愈后很差，希望家属将病人接走。家属对我所说的病情很质疑，接病人走时说："如果他活过一个月就再送来。"谈完病情后的第二天，岗德尔流感暴发，我被派去救治，半个月后，原先打井的地方流感暴发，我回来处理才发现很多当地工人因为流感都不上班，都说要等杨医生回来看看，自己能不能活。一开始我很纳闷儿，为什么会这样呢？后来问大伙儿才知道，被家属接走的那个更夫回家后第16天就去世了，埃方工人都传说我能看出病人的生死，所以流感暴发时埃方工人都不上班等中国医生回来给他们看看生死。于是我就针对这些人做了有关流感知识的讲解，安抚大家的情绪，大概一周左右才把大家的情绪稳定下来。至此当地人都把我当作神人，都说："中国医生能看出人的生死。"

能看出血液中有毒的中国医生：一次当地人拿医院的化验单来看病，我看化验的结果是梅毒感染，就推断他的病史可能是去过妓院，建议他不能去那个地方，并用当地话跟他说："那个地方特别脏，比厕所还脏"。后来，他调整了自己的习惯并宣传说，中国打井工程队的医生眼睛独，能看出我的血液里有毒。中国医生真棒、中国医生真厉害。

诊断带状疱疹：大使馆的秘书生病，经外国医院诊断病历记载为："有个丝带紧紧地勒在你的腰上，这个带子上起了很多水疱，火烧火燎的疼，夜间最甚。而且没有特殊药治疗。"秘书虽然英文很厉害，但是他没弄明白这是什么病，就找我给他看看。经过我的解释他才明白这就是临床上所说的带状疱疹。我给他讲了带状疱疹的发病机理和过程，并嘱咐他用维生素、止疼药对症治疗，发热时用退热药。他非常感谢，临别时给我两条中华烟以示感谢。

（4）当地的医疗状况

埃塞俄比亚当时的医疗条件非常差，只有简单的血压计、体温计、听诊器，诊断主要还是靠自己的临床经验。找我来看病的人都很穷，没有钱，我也只能给病人口服药，注射用药需到当地医院。埃塞俄比亚当地的医院都是外国人开的，收费很贵，老百姓们看不起病。

（5）最大的收获

我在那儿看病都看对了，没白去，给中国人争了光，给中国医疗卫生工作作出了贡献。

遇到危险的事。工程队在埃塞俄比亚主要工作是打井，打完一个井要到另外一个地方，距离较远需搬家，搬家的路上遇到当地持枪的土匪，是最危险的时候。当时还有一个河南援助埃塞俄比亚的医疗队，我经常跟他们联系，一次，河南医疗队遭遇当地土匪，发生了车祸，援外医疗队长梅庚年不幸牺牲。

2.王牧主任访谈记录[①]

（1）索马里医疗队

20世纪60年代，中国对非洲的援助伊始，1967年中国派出援索马里医疗队，首批医疗队由上海组建，1969年吉林省首次接派，1969年4月卫生部委托吉林省组成医疗先遣队援助索马里，王牧主任是援助医疗队的成员之一。因为当时派出的医疗队是吉林省的第一批，所以被称为先遣队，队长刘玉岐、副队长李千令、队员王牧（医大三院外科）等17人。接着我院（医大三院）先后又选派王福忠、姜洪志、宋翔翎、肖连升、何忠兰、巴凤海、何信田（厨师）等多科多人，还有医大一、二院和省、市、县医院也先后陆续选派出医护和后勤人员。

1969年4月组队完成，4月6日从长春出发到北京学习，主要学习出国有关纪律和注意事项，定制服装和购买日用必需物品（说着他起身让我们看他身上穿的裤子，就是当时置办的，质地很柔软，保存得很好，跟新的一样），一周后经广州乘巴航飞机出境，经停达卡，夜宿卡拉奇，在亚丁、开罗转机，辗转一周后到达索马里首都摩加迪沙。

（2）在索马里工作的基本情况

到索马里后，医疗队被分成三组，分别到首都摩加迪沙的马蒂诺医院（这个医院是由军营改建的）、西兰州首府贝莱特温的医院（西兰州在索马里的北部，跟中国的农村相差无几）和哈尔格沙的一个医院（与吉布提相界）工作。摩加迪沙和西兰州是意大利的殖民地，哈尔格沙是英国的殖民地。除马提诺医院规模较大，另外两地医院规模都很小，房屋和设备都十分简陋，以贝莱德温医院为例，院内仅有简单的手术室、药房、一台简易的X光机和10张左右病床（不分科）。医院有1名院长，没有本国医生，只有两名男护士，一名药士，严重缺医少药，手术需用的酒精临时现买，少许医疗器具都是外国援助的，医院无电，夜间急诊或手术要用手电或柴油机发电，手术器械、手套和纱布等卫材，手术单和衣服，均需术前用手提消毒

锅消毒（首都马提诺医院较好些）。

（3）学习

初到索马里主要是语言障碍，索马里有语言无文字，语言中多夹杂意大利语、阿拉伯语，医疗队员边工作边学习，由于上海队打下一定基础，在索方翻译（在中国留过学的）的协助下，逐渐可以应付工作。由于没有供学习索马里语的书籍，医疗队的中国翻译编写了简单的索英发音对照的语言小册子供大家学习。

（4）巡回医疗

医疗队主要在当地医院执行医疗任务，由于当地的医疗条件很差，很多地区都没有医生，医疗队就不定期到各地区进行巡回医疗，免费为当地的老百姓体检和发放药品，尤其是当时很珍贵的土霉素、四环素等抗生素类药品也是免费发放；有时应约到中国其他援索单位出诊，所有医生全科诊疗，一专多能。索马里常见病以感染、结核、热带病较多见，外科以外伤（包括车祸、动物咬伤等）、腹外疝、慢性阑尾炎（主要跟当地的饮食有关，当地人的主要食物是骆驼奶及牛羊奶）、肛周疾病、淋病等多见，而急腹症则较少见。当地患有一种中国很少见的病——足菌肿病（mycetoma），是由热带真菌和放线菌经外伤（多由带菌的树的木刺刺伤）引起。主要发生在常年赤脚劳动的农牧民，由于经济原因常年不穿鞋预防，轻微外伤不能及时就医处理，所以都是在病情很重时才来就医，对这样的病人医疗队都会免费给他们进行清创治疗，并给他们讲解预防措施；索马里也有血吸虫病——埃及血吸虫病，主要症状为尿血。因为医疗条件很差，较重的患者无法在当地及时治疗，但是医疗队也尽所能地处理好，防止并发症和合并症的发生。一天晚上，一名车祸伤的病人被急诊送来救治。病人颅骨粉碎性骨折，处于昏迷状态，需急诊清创治疗，以防病情恶化，但医院没有电，医疗队组织现场进行发电，连夜进行了手术，没有全麻，王牧主任在局麻下进行了清创手术，清创术后病情很快稳定，第二天早晨病人就清醒了，后转到上一级医院治疗。

（5）担任教官

在索马里工作期间，王牧主任还受世界卫生组织委派，担任索马里助产士考核，并在考核合格后为他们签发证书。他在考核过程中提出了会阴修补的助产方法，受到考核人员的认可和推广。

索马里地处热带，气候炎热干燥，白天骄阳似火，队员居住条件狭窄，生活单调，但大家毫无怨言，发扬白求恩精神，全心全意为索马里人民服务，受到了索马里人民的好评。